"985工程"哲学社会科学创新基地
教育部人文社会科学重点研究基地 资助
中国海洋大学海洋发展研究院

KEY RESEARCH INSTITUTE IN UNIVERSITY

中国环境法学评论

CHINA ENVIRONMENT LAW REVIEW

（2008年卷）

徐祥民 主编

中国法学会环境资源法学研究会主办
中国海洋大学法政学院承办

人民出版社

《中国环境法学评论》学术委员会名单

《中国环境法学评论》编辑部成员

目　录

外国环境法与国际环境法研究

环境法律制度研究

环境法学书评

案例评析

环境资源法学研究进展

卷首语

一

《中国环境资源法学评论》已经出版了3卷。即将呈现给各位尊敬的读者的第四卷采用一个更简洁一点的名字——《中国环境法学评论》。这样做丝毫没有要降低对资源法律研究的重视程度,从而减少登载研究资源法律问题的论文的意思。作为一个学科,环境法学,或者如以往我们常用的叫法——环境与资源法学,应当有一个完整的理论体系。这是一个基本的估计。环境与资源法学作为一个学科的名称,其中的环境与资源的关系,显然与作为我国的一个学位授权点的“宪法与行政法学”中的宪法与行政法的关系是不同的。可以这样认为,杜群教授撰写《环境法融合论》的追求是寻找从文字上看存在“拼接”之嫌的环境与资源法学的统一的法理。韩德培先生所说的“环境保护法”、“环境与资源保护法”、“环境资源法”或“环境与资源法”,“从根本上讲都是‘环境法’,都存在于大‘环境法’的框架体系中”(杜群《〈环境法融合论〉序》),从法律体系的角度说明了带有环境标签和资源标签的法律法规存在同一性。这种同一性显然构成对同一的法理的支持。我们的《评论》改用现在的简洁的名字,或许对宣扬我们所从事的环境法学的同一的法理会有某种象征意义。

二

本卷共设8个栏目,其中包括“环境法学基本问题研究”、“能源资源法研究”、“环境公益诉讼立法研究”、“外国环境法与国际环境法研究”、“环境法律制度研究”、“环境法学书评”、“案例评析”和“环境资源法学研究进展”。这些栏目的设置与以往有所不同，最明显的变化是增设了“环境法学书评”和“案例评析”两个栏目。这些栏目未必一定是以后各卷都要安排的栏目，因为我们本来就不想把《评论》办成一个先固定框架再往里面硬塞填充物的“千部一腔”的出版物，但同时也表达了我们的一些想法，比如，《评论》应尽可能地反映环境法学研究和我国环境保护实践的进展。

三

环境法学作为法学领域里的一个新兴学科，其各个方面都存在等待人们发现的特征，研究方法就是一个需要研究者认真对待的问题。本卷收录的李爱年教授的论文《论环境法学的研究方法》是一篇既重视环境法学的研究方法，又对环境法学研究方法的建立或选择很有心得的论文。李教授认为当前的环境法学研究方法存在解释性方法占主体地位、片面使用传统的法学研究方法、对其他学科的方法借鉴不够等缺陷。

我曾写过《从全球视野看环境法的本位》的论文（见吕忠梅、徐祥民主编《环境法学论丛》第三卷，法律出版社 2003 年版）。这篇论文表达了我从事环境法学研究的深切体会，即必须从宏观视野看环境才能发现环境的道理。我还从“人权历史分期的视角”研究过作为人权发展历史中的一种类型的“人类环境权”（见《中国社会科学》2004 年第 4 期）。我相信，把事物放在大跨度的历史视野里更容易把握其本质。在环境法学的研究上，李爱年教授向我们推荐的基本方法是生态学研究方法——一种强调整体、强调整体中的部分之间以及部分与整体之间相互作用的方法。这个方法毫无疑问与作为环境法学研究对象的人类环境的整体性、部分间的联系、整体与部分的相互作用等特点存在某种一致性。

不过，罗俊杰先生的论文《公平与效率：法经济学视角下环境监管立法目标与实现途径》显然不是使用生态学方法的作品。该文的方法（“视角”或许也有方法的作用）是法经济学方法。从论文所做的一些分析来看，法经济学方法，如果法经济学者同意我对方法的理解的话，也是研究环境法学问题的有用方法。

四

学界对环境公益诉讼制度及其在我国的建立开展了卓有成效的研究。一些有影响力的人员、人大代表、政协委员等对建立我国的环境公益诉讼制度表现出了极高的热情，一些身陷环境纠纷之中的或对人类环境的不断恶化担忧的百姓出于维护个人权益或实现环境状况的好转等目的而对环境公益诉讼制度寄予厚望，一些处于环境保护前沿的或自认为担当了某种法律职责的机关也为建立我国的环境公益诉讼制度做了大胆的尝试。如此等等的努力让我们感受到了社会各界对有效的环境保护手段的热切期待，也让赞成建立这项制度的人们感觉到响应唱和的亲切，但我们却不能根据这些就志得意满地坐等我国环境公益诉讼制度的到来。在相对完整的法律体系已经建立的今天，在飘扬着法治旗帜的中国，一项新的法律制度的建立显然不能仅仅以一时的热情和某些个人的喜好为根据。我们必须习惯这样的思路，这样的逻辑，即从法律到法律。

我国能否建立环境公益诉讼制度，用法治的眼光看问题，首先不是一个应该不应该的问题，而是一个可以不可以的问题。面对各界对环境公益诉讼制度所表现的支持，不管是愿意还是不愿意建立这项制度的人们，都首先应当回答我国法律是否支持环境公益诉讼制度这个问题。

梅宏和其他参加中华环保联合会下达的“环境公益诉讼立法调研项目”的师生对我国现行法律中的环境公益诉讼的根据做了一次拉网式的大搜索。他们得出的基本结论是：在我国法律中存在支持环境公益诉讼的法律原则、基本政策和法理，但却不存在支持这种制度的具体、明确的法律规范。目前我们还无法循着现行法律中的规范走进环境公益诉讼的殿堂。我国现行法律留给我们的路只有两条：一条是立法之路，一条是法律解释之路。

五

在环境法学发展的不算悠久的历史中，吸收其他学科的学术滋养是其迅速成长的重要条件。环境哲学、环境政治学、环境经济学、环境伦理学等都曾给环境法学者提供过支持。当然，也是由于环境法学与这些学科之间存在着相互影响的关系，给环境法学研究和环境法学理论体系的形成带来了一些混乱和其他消极的影响。为了得到从环境哲学、环境政治学等吸取影响的好处，避免给环境法学研究带来混乱等的坏处，我们需要认真研读有关的著作，需要对有关著作的得失，尤其在对法学发展方面的得失有明确的认识。本卷设"环境法学书评"栏目就是想陆续选择一些有较大读者群、对环境法学研究有一定参考价值的书做较为系统的点评。

本栏目名为"环境法学书评"，但贝克的《风险社会》与《世界风险社会》并不是法学著作，以后被评的有可能也不是法学著作。之所以把评价非法学书的书评叫做"环境法学书评"，只能解释为为了法学目的的书评。或许这种做法能够对环境法学的繁荣发挥一定的作用。

六

特雷尔冶炼厂案创立过国际间处理污染的法律原则，美国的环境公民诉讼案件推动了环境法的进步和环境法学理论的发展，日本的水俣病诉讼在相当长的历史时段内是日本环境法学界和司法界关注的焦点。这些都说明，环境法学研究的进步和提高与环境保护的实践、环境诉讼的实践有不可分割的联系。

我国并不是一个十分看重案例作用的国家，不管是在实践中还是在学术研究中。但在环境法制建设的实践中，人们的"常态"似乎有所改变，开始对案例产生兴趣。这种转变在一定程度上是出于对现行的法律制度无法有效处理环境问题的无奈。我们需要从实际发生的案例中发现环境保护的实际需要，寻找解决环境问题的办法，探寻完善环境法制的出路。

《评论》以后每期都将登载一篇精彩案例评析。

七

学术的使命在创新,而创新的实现以学术活动、学术思想的连续为条件。没有地基难建高楼,没有港湾难成万里航程。《评论》一直重视对以往研究成果的总结。从本卷起,我们加强了这种看起来更像是回顾的总结工作。一方面,我们继续做环境法学年度研究状况的综述;另一方面,我们对每年一度的中国环境资源法学研究会的年会的学术内容也制作综述。通过这两个方面的努力,《评论》可以比较全面地反映一个年度内环境法学发展的概貌。

这是一项有利于环境法学长远发展的工作,是一项有利于环境法学研究者的工作。

徐祥民

2009年5月21日于青岛海滨寓所

环境法学基本问题研究

HUANJING FAXUE JIBEN WENTI YANJIU

论环境法学的研究方法*

李 爱 年**

摘 要：在环境法学研究中，研究方法是首先需要明确的问题。当前的环境法学研究方法存在解释性方法占主体地位、片面使用传统的法学研究方法、对其他学科的方法借鉴不够等缺陷。而由环境法学的特性所决定，生态学研究方法应是环境法学研究中不可或缺的方法之一。但在运用生态学研究方法时应避免出现两大误区：其一是重整体轻个体——公民环境权研究的缺失；其二是过于强调自然价值——自然可以成为环境法律关系的主体。

关键词：研究方法　生态学研究方法　缺陷　生态整体观

古人云：工欲善其事，必先利其器。研究的方法论、方法本身是否科学和正确，是决定科学研究活动成功与失败的关键因素。正如拉普拉斯所说："认识一种天才的研究方法，对于利学的进步并不比发现本身更少用处"①。环境保护法学作为研究环境保护法理论与实践及其发展规律的一门科学，其同样要遵循一定的方法。然而作为晚起的环境法学，在起步和发展的过程中未曾受到过严格的"规训"，其研究方法主要是吸收、过滤、加工和改造其他部门法学专有的方法而逐步形成的。相对于其他传统的部门法学科，还是相当简单、

---

* 本论文为教育部人文社会科学重点研究基地武汉大学环境法研究所重大研究项目招标课题"环境法学的研究方法研究（06JJD820007）"阶段性成果。

** 李爱年，女，1962 年生，哲学博士，湖南师范大学教授，湖南师范大学法学院法律系主任，环境法研究所所长，中国法学会环境与资源法学研究会常务理事，中国环境科学学会环境法学分会副主任委员。

① 张文显主编：《法理学》，高等教育出版社、北京大学出版社 1999 年版，第 34 页。

落后的。研究方法的落后，使我们的学者难以保持理性、严谨和科学的问学态度，从而导致了20世纪90年代以后中国环境法学研究在理论上的低水平重复和相对停滞的状态①。与发达国家的环境法学研究相比较，无论是在学术水平、范围广度还是在理论深度诸方面都还存在着差距；与其他法学学科的对话能力也很差，以致许多涉及中国改革开放和现代化建设重大问题的法治讨论很少有环境法学界的声音②。事实上，研究方法的单调和落后正日益成为阻碍我国环境法学研究深入发展的关键性原因，也是中外环境法学交流、对话的"拦路虎"之一。因此，总结环境法学在研究方法上的不足并提出完善的建议非常重要。环境法学以往的成就、突破、纷争和遗憾，都可在研究方法的得失上觅求原因；环境法学未来的发展，关键也在于如何选择和运用科学的研究方法。有了新颖的研究方法或原有研究方法的改革，新观点、新内容才会滚滚而来，正所谓得"鱼"不若得"渔"。

一、研究方法对环境法学研究的意义

尽管目前学术界对"方法"与"方法论"是否为同一词有不同的观点③。但我们同意方法论不同于方法。对"方法论"的定义，在朗内斯特1983年所编的《哲学词典》中指的是"对那些总是指导着科学探索的推理和实验原理及过程的一种系统分析和组织……，也称之为科学的方法，因而，方法论是作为每一门科学的特殊方法的一种总称"④。梁慧星先生在论及方法论时，认为"方法论与人的活动有关，它给人以某种行动的批示，说明人应该怎样树立自

① 汪劲：《环境法律的解释：问题与方法》，人民法院出版社2006年版，第17页。

② 王灿发教授在2008年10月16—19日召开的环境资源保护法学研究会年会的小组讨论上提到了这个观点。

③ 关于这一点，学术界似乎存在着两种不同的意见：一种观点认为，"方法"就是"方法论"；另一种观点认为，方法论是对方法的哲学研究。见胡玉鸿：《法学方法论导论》，山东人民出版社2002年版，第95—96页。

④ See E. thridge, Done, *Research Methodlolgy in applied Economics*, Iowa University Press, 1995, pp. 24 - 25.

己的认识目的,应该使用哪些辅助手段,以便能够有效地获得科学认识”①。目前普遍所认为的“方法论”是指,根据某一学科内各具体方法的生成顺序和内在逻辑结构等特点,将其按一定的方法论原则组织起来,并予以理论化和系统化的结构体系。②

“方法”一词源于希腊文,原意为“遵循某一道路”,是“论述(正确)行动的途径”或“通向正确之路”。③ 也即意味着在给定的前提条件下,人们为达到一个目的而采用的行动、手段和方式。④ 后来,“方法”的定义则多种多样。⑤ 黑格尔对“方法”进行了哲学层面的更进一步的探讨,认为它是联系主客体之间的工具,“在探索的认识中,方法也同样被列为工具,是站在主观方面的手段,主观方面通过它与客体相关”。⑥ 从这些定义中,我们不难看出,“方法”着重于实现目的的手段、技术、工具和方式,是构筑主客体之间的桥梁。“方法”本身依附于主体的认识活动这一主体性原理以及事物的客观性使得我们得出这样一个结论:科学作为一种理性的、有目的的行为,它必然与“方法”紧密相连。无论是自然科学还是人文科学,都离不开正确的方法,方法是一切科学研究获得成功的必要前提,方法是人类获得新知识的途径和手段,是人类认识世界和改造世界能动性的表现,是认识通向真理的桥梁,是“一切理论和实践的开拓、改造、成功、发展的最基本的前提条件”。⑦

环境法学的研究方法,是指在环境法学研究过程中所应遵循的一套原则、手段程序和技巧等。它对环境法学研究具有重要的意义。

1. 研究方法是环境法学研究中的先导性因素

---

① 梁慧星:《民法解释学》,中国政法大学出版社 1995 年版,第 81 页。

② 李可:《法学方法论基本问题研究》,http://www. fatianxia. com/paper_list. asp? id = 22654.,最后访问时间 2007 年 11 月 26 日。

③ 李其瑞:《法学研究与方法论》,山东人民出版社 2005 年版,第 6 页。

④ [德]阿·迈纳:《方法论导论》,王路译,生活·读书·新知三联书店 1991 年版,第 6 页。转引自胡玉鸿:《法学方法论导论》,山东人民出版社 2006 年版,第 88 页。

⑤ 例如《韦伯斯特大学词典》(1977 年)将“方法”定义为“做某件事或为做某件事的方式、技术或过程”;《韦氏新世界美国英语词典》(1968 年)将“方法”定义为“做任何事的方式、模式、程序、过程……有规则的、有条理的、明确的程序或方式”。

⑥ [德]黑格尔:《逻辑学》(下册),杨一之译,商务印书馆 1976 年版,第 532 页。

⑦ 李志才:《方法论全书》(第 1 卷),南京大学出版社 2000 年版,第 1 页。

研究方法的先进与否决定着学科本身可能的发展前景。同样，法学研究方法的导向功能为法学理论的形成提供了坚实的基础，为法学理论的发展指引着前进方向，促成法学学科新分支和新理论的萌生、成长和结果。例如，如果没有理性主义支配下的对演绎方法的强调利用及 19 世纪个人主义方法的广泛传播和盛行，就不可能有法国民法典，以民法为核心的许多现代私法理论和私法制度也无从产生和发展。① 同样，对于环境法学而言，环境权理论是典型的个体主义方法在世界盛行进而应用到环境法学中所产生的一大基础理论。同时，比较分析的方法引导我们对环境法学的研究不但要注重不同时期的纵向比较研究，更要着眼于国别环境法的横向研究，进而促成了环境法学研究中的中国环境法学研究方向、外国环境法学研究方向和比较环境法学研究方向。

2. 研究方法有助于环境法学研究的深化

学科发展与深入的途径有两种：一是继承，即对前贤的研究成果进行清理，吸收其精华，作为学术绵延与发展的“薪火”；二是借鉴，即借鉴其他学科所取得的成果，特别是方法论因解释框架、论述格式上的共通性而更应加以重视，必须大胆借鉴，为我所用。② 而且学界普遍认同，现代法律科学是建立在人们以往所有观点和方法上的，法学的时代特征不但表现在人们获得思想的成果上，还表现在为获得这些成果所使用的方法上。法学研究方法已经成为法学新思想、新观念、新学派的生长点。③ 正如俄国著名生物学家巴甫洛夫所说：“科学是随着研究法获得的成就而前进的。研究法每前进一步，我们就更提高一步，随之在我们面前也就开拓了一个充满着种种新鲜事物的、更辽阔的远景。因此，我们头等重要的任务乃是制定研究法。”④对于环境法学研究而言，这一特点体现得尤为明显。例如经济分析方法运用于环境法学研究之后，大大拓展了环境法学研究的思路，对“经济人”、“外部性”理论深刻理解和同环境法理论的关联印证，使得我们在环境法学的一系列制度研究，税费设计的

① 刘水林：《法学方法论研究》，载《法学研究》2001 年第 3 期。

② 胡玉鸿：《法学方法论导论》，山东人民出版社 2002 年版，第 180 页。

③ 李其瑞：《法学研究与方法论》，山东人民出版社 2005 年版，第 33 页。

④ ［俄］巴甫洛夫：《巴甫洛夫选集》，转引自卓泽渊：《法学导论》，法律出版社 1988 年版，第 291 页。

理论论证和制约、激励机制的建立方面更加深入,并且与实际相连,增强了可行性,避免了环境法学研究的"空中楼阁"。

3. 研究方法的探讨有助于加深对环境法学理论研究的认识

由于方法不可能脱离理论,理论也不可能离开方法。因此,环境法学研究方法与环境法学理论本身有着不可分割的内在联系。从这个意义上说,我们对现有环境法研究方法的审视和批判,也就是对环境法学理论研究发展历史的梳理和展望。但二者是根本不同的,这种不同体现在环境法学理论与环境法学研究方法关注的对象不同,环境法学理论主要关注的是环境法"是什么"和"为什么"的各种观点和学说,而环境法学研究方法关注的是如何认识和揭示环境法"是什么"和"为什么"的途径。所以,对环境法研究方法的审视,有助于我们整理和检视以往的环境法认识路径并从中获得"如何认识环境法"的一些有意义的启发。

综上分析可知,环境法学研究方法是环境法学研究的基本内核,对环境法学研究方法的掌握和深入研究使得我们对环境法认识在"方法之手"的牵引下一步一步地接近真理,这对于这门新兴的边缘性学科来说尤为重要。对于环境法学研究方法,我们一方面应明确其对环境法学研究的重要意义,另一方面也应以发展、开放的眼光来看待它,以期推动环境法学研究的进步。

二、对环境法学研究方法的反思

近几年来,环境法学研究者注意博采各家之长,广泛借鉴和运用各种研究方法。当然,主要还是传统法学的研究方法,对自然科学领域的研究方法(如生态学的方法、系统论、控制论等)鲜有涉及。审视环境法学研究方法,目前存在的主要问题是:

1. 解释性方法占主体地位

法律是需要解释的。① 法律解释是法治构建中不可或缺的部分,这正如

① 这是因为法律是一种社会存在,是人们创造性活动的产物。但它的运用和实施,则依赖于人们对它的认识和解读。李宏勃:《成文法解释的客观性:标准及其途径》,载陈金钊、谢晖:《法律方法》第3卷,山东人民出版社2004年版,第467页。

谢晖先生所说:“法治作为生命的肌体,乃为成长的概念。其成长之途,端在于诠释。立法(法律)为法治之花,诠释显法治之果。故无诠释则无法治,百世不移之理。”①承载对环境法现象说明任务的环境法学,对静态的环境法律现象和动态的环境法律现象进行理论说明、学理解释是其基本的职能。通过解释和说明建立起环境法学的概念分析框架,有助于人们对环境法现象的认识,因此解释方法也是环境法学最基本的、不可缺少的法学方法。在西方,实证分析法学派就极力推崇对法律现象的逻辑分析,以揭示法律体系、法律结构各构成要素之间的逻辑联系,从而使法律的形式化研究达到了较高的水平。虽然该学派的形式主义倾向受到了其他学派的批评,但是它所创造的规范分析方法对法学的独立和走向科学却起到了积极的作用②。然而,在目前的环境法学界,存在一种用政策性注释、非学理性解释来取代真正严格的规范分析方法的现象。这正如一位学者所言:“现在,环境法学研究的主要方法还局限于阐释的方法,并且这种阐释方法不是像传统的注释法学派那样严密地从理论的角度客观分析、推导和评价现行环境法律制度,而是拘泥于部门长官意志和部门行政解释,因此,呈现出一种‘长官出思想,学者作解释(理论)’的现象。”③这种政策性解释、注释性解释既不利于环境法理论体系的建立,也不利于环境法研究领域的拓宽,而且“过度倡导政治性的结果必然会导致学术性的式微”。④

2. 片面使用传统的法学研究方法

第一,阶级分析方法的教条性。传统法学方法中使用的最为频繁、占据核心地位的就是阶级分析方法。阶级分析方法是指从社会分层的角度分析阶级

① 谢晖、陈金钊:《法律:诠释与应用》序言,上海译文出版社 2002 年版。转引自《论法律解释的合法性》,载陈金钊、谢晖:《法律方法》第 3 卷,山东人民出版社 2004 年版,第 430 页。

② 谭智雄:《当代中国行政法学的功能缺陷与法学方法论上的救治》,载《广西师范大学学报》(哲学社会科学版)2007 年第 3 期。

③ 汪劲:《环境法律的解释:问题与方法》,人民法院出版社 2006 年版,第 17 页;金瑞林、汪劲:《20 世纪环境法学研究述评》,北京大学出版社 2003 年版,第 19—20 页。

④ 谭智雄:《当代中国行政法学的功能缺陷与法学方法论上的救治》,载《广西师范大学学报》(哲学社会科学版)2007 年第 3 期。

社会的法现象尤其是该法现象后面隐藏的法本质的法学方法。阶级分析方法的主要内容是:阶级的存在是历史的,法律制度是阶级斗争的结果,其发展和消亡与阶级斗争的涨落同步。法律由主权者制定,或者由主权者的机构承认或适用,但是这种创制、认可或适用,只不过表达了统治阶级自身的利益。这乃是法律的阶级分析的经典的表述。① 运用阶级分析方法可以解决法学领域中许多重大的理论问题,诸如法的本质、法的运动规律等。同时,根据马克思的哲学理论,运用阶级分析方法不能与历史唯物史观相脱离。在马克思的唯物史观中,历史主义方法和阶级分析方法是辩证统一的,历史主义方法是辩证法对历史过程的理解,而阶级分析则是唯物史观的核心。② 环境法学研究中使用阶级分析方法是值得肯定的,但在研究过程中如果生搬硬套有关"统治阶级和被统治阶级、剥削阶级和被剥削阶级"的政治学理论,则无法使环境法学的研究获得实质性进展。随着时代的变迁,阶级成分已经发生了很大的变化,但在环境法研究中仍然采用资产阶级和无产阶级对立的观念去看待、分析国与国的环境法,依此角度对国别环境法进行比较研究,虽然看到了隐藏在法律背后的阶级利益,却无法认清环境法的最终价值追求。各国、各统治阶级制定不同的环境法,都是着眼于通过调整人与人之间的关系进而去协调人与自然之间的关系,以使得这个国家中每个人都生活在清洁的环境中,实现国家的可持续发展。在这一点上,是没有任何的阶级观念的,因为无论你是资产阶级还是无产阶级,大家每个人都是生活在这个生态系统中,是一个整体,保护了整个生态系统,人人获益。而阶级分析方法没有看到统治阶级和被统治阶级在利益冲突的表象下存在着潜在的和广泛的统一状态——共同生活在整个生态系统中。因此,单一地运用阶级分析法是无法给环境法学研究一个满意的答案的。

第二,实证方法的单一化。环境保护法学是随着环境问题的严重化和强化国家环境管理、加强环境保护立法的迫切性而产生和发展的。因此,它具有

① 李可、程旭:《对传统法学方法论的反思》,载《邵阳师范高等专科学校学报》2001 年第 6 期。

② 李其瑞:《法学研究与方法论》,山东人民出版社 2005 年版,第 117 页。

很强的实践性。我们在研究环境保护法学的过程中，应当注意用环境保护法学的基本理论去分析、解决我国目前的环境问题，总结环境保护中的新经验；同时从环境保护法的立法（包括制定、修改、补充和废除的整个立法过程）、执法和司法实践中研究，特别是要认真研究、总结环境保护法的新发展，从中检验和发展环境保护法的理论、原则和制度。这样，环境保护法学才能得到健康的发展。沟通理论与实践需要通过实证法学方法①，但是实证的法学方法并不是单一的形式化的分析实证方法，还包含社会实证方法、经济实证方法、历史实证方法等其他实证方法。通过这些实证方法可以提高所形成的理论的适应性，也可以对环境法学理论进行实践上的检测和判断，及时地修正理论中的谬误以完善新的理论。然而，在我国环境法学界运用社会实证方法的并不多，从有限的一些研究成果来看也存在着方法上的不科学、不熟练、不规范等问题，这自然会限制研究结果的质量。而拥有大量的实证材料和实践经验的部门则不具备抽象和概括的能力，将实际材料上升为有用的环境法理论。或者虽然具备这种概括能力，但是由于关注的中心在于具体的实务性问题，因此对理论上的建构并不很重视。

第三，价值分析方法的随意性。在哲学意义上，价值是一个关系范畴和属性范畴，是指客体对于主体的需要的满足程度②。价值分析是指从价值入手，对事物进行分析、评价、判断，追问的基本问题是事物应当是怎样的。从一定意义上讲，法律规则就是对人们的行为进行价值判断的规则。因此，价值分析方法是法学方法论中重要的分析方法，传统法学方法论对其极为重视。在这里，价值分析方法是一种从价值入手，对法律进行分析、评价的研究方法，其追问的基本问题是“法是什么，法应当是怎样的，法的目的和价值如何”。它包括价值认知、价值评价和价值选择三个主要内容。价值认知就是主体对于分

① 可以说我们整个法学领域实证研究方法非常缺乏。而没有实证研究所构成的法学研究，就没有办法向世人——不仅仅是向外国人——展示一下我们的制度发展到了什么样的程度，我们的法律制度的不同层面到底取得了怎样的进展。见张保生、贺卫方、杨玉圣：《学术规范与法学研究》，载《社会科学论坛》2006 年第 3 期（上）。

② 马克思曾说过：“价值”这个普遍的概念是从人们对满足他们需要的外界物的关系中产生的。见《马克思恩格斯全集》第 19 卷，人民出版社 1972 年版，第 406 页。列宁也说过：价值乃是事物同人所需要它的那一点联系。

析对象——法律中所载定的价值的体认,并辨别其所代表的阶级或阶层的利益;价值评价就是指主体站在一定的价值立场上,用特定的价值标准和框架去评价法律制度、法律规则和法律现象;价值选择就是指在前二者的基础上,按照特定的价值准则对法律制度和法律规则进行取舍。环境法学研究特别重视价值分析法①,并通过这种方法以对环境法制度、运作过程、制度实施的效果进行反思和批判,以校正环境法的发展方向。但是,法学的价值评价并不是随心所欲的②,它也是一种科学的评价活动,需要确定和选择合理的判断标准③,以某种价值为元理论来建立对实证法的批判体系。在时兴的环境法学批评方法中,也存在许多对现实进行批判的作品,但是这种批评往往只是对策性的批评,缺乏理论深度,其批判模式基本上停留在"法律现状—法律问题—法律对策"的议论性批判水平上。议论性的批判不是不需要,它对于发现现实法治存在的弊端、提出改良对策、推动环境法制的进步也是有所帮助的,但是它的理论能量是极其有限的,特别是中国的现代环境法发展始于政治、经济、社会变革整合的初期,改革思路不明朗、改革预期不确定的背景环境,造成环境立法和执法的功利性缺陷。相当多的环境法领域缺乏现代环境法原则、理念和目的关注,环境法在总体架构和精神气质上充满不协和。④ 这种议论性的批判往往于事无补。

第四,比较方法的简单性。按照学界通行的说法,环境保护法学研究发源于20世纪60年代的西方国家。但环境法治在中国的兴起所经历的历史并不长,环境法学理论研究比西方国家更是晚20多年的时间。因此借鉴国外的环境法治经验和理论来发展本国环境法学体系是一条有效的路径,为此应用比

① 蔡守秋:《调整论——对主流法理学的反思与补充》,高等教育出版社2003年版,第904页。

② 在凯尔森看来,这种价值判断是一种带有感情因素的判断,具有明显的主观性,因此他认为这种研究方法是不科学的。见胡玉鸿:《法学方法论导论》,山东人民出版社2002年版,第141页。

③ 据学者考证,在自然法学家看来,"自然"才是真实的、正常的。以"自然"为依托的自然法,不仅是永恒的规范,并且是决定人为规则有效与否的检验标尺。

④ 参见谭智雄:《当代中国行政法学的功能缺陷与法学方法论上的救治》,载《广西师范大学学报》(哲学社会科学版)2007年第3期。

较方法开展环境法学研究毫无疑问是必需的。我国学者对外国环境法的研究，主要采取两种方式[①]：一种是大多数学者的做法，即直接将外国的优秀环境法论文、著作或教科书翻译为中文，以飨读者；另一种则是通过对外国环境法理论与实践资料进行个别研究或比较研究，或者在此基础上由中国学者根据自己研究外国环境法的体会编写外国环境法著作，以启迪中国的环境法学研究。总结来看，目前，运用比较方法对外国环境法研究存在一些问题，这些问题正如金瑞林和汪劲教授所言[②]：首先，对外国环境法研究的基本资料虽然有所积累，但不够全面，主要集中在美国、日本，另外还涉及少数欧洲国家；其次，较系统地介绍一国环境法的著作较少，专题介绍、功利性介绍者较多；第三，作为研究环境法理论的背景资料（政治、经济、法律、习惯、伦理、社会背景等）很少，就环境法研究环境法者较多，造成了对外国环境法的认识比较肤浅，只沉溺于制度是什么的研究，忽视对为什么的追问。所以，在今天法律全球化运动的推进下，如果我们还停留在制度层面的比较就显得落伍，要想获得有价值的结论就需深入到规范内部进行功能比较。

3. 对其他学科的方法借鉴不够，缺乏方法上的开放性

我们知道，学科进步的基础是开放，学科发展的动力是整合，学科旺盛的活力是借鉴。哈耶克就曾指出："在社会科学中，几乎没有哪个具体问题能够仅仅依靠一门学科作出恰当的回答。不但在政治学和法学中，而且在人类学、心理学，当然还有历史学中，我们应当了解的全部问题，超出了任何一个个人有能力了解的范围。"[③]在当今的时代，经济学、社会学、政治学等人文社会学科研究理论都有了长足的进步，这不仅表现在理论体系完整构建，更主要的是研究方法的多样和正确地运用。环境法学研究要能与其他学科齐头并进，就必须整合、借鉴、创造新的方法。在我国目前的环境法学界，研究方法显然缺乏创新性，例如各种教科书上所介绍的研究方法都是常见的几种方法。由于环境法学科特质，它不仅与社会科学、人文科学和其他法学分科有紧密的联

---

① 金瑞林、汪劲：《20世纪环境法学研究综述》，北京大学出版社2003年版，第344页。

② 金瑞林、汪劲：《20世纪环境法学研究综述》，北京大学出版社2003年版，第344页。

③ ［英］弗里德里希·冯·哈耶克：《经济、科学与政治——哈耶克思想精粹》，冯克利译，江苏人民出版社2000年版，第28页。

系，我们应该采用这些学科的研究方法，而且与许多自然技术科学有着紧密的联系，我们同样应该采用有关自然技术科学的研究方法。运用自然技术科学的研究方法来研究法学问题、提高法学研究水平、实现法学研究的现代化，不仅是环境法学研究方法的一个特点，也是整个法学研究方法的一种发展趋势。① 目前在环境法学界，已经有学者尝试应用经济学的方法、社会学的方法以及生态学的方法来研究环境法律现象，并取得了一定的研究成果，但是总的说来，还远远不够深入，尤其是生态学的方法。

三、生态学研究方法在环境法学研究方法中的生命力

毫无疑问，面对环境法学研究方法存在的问题，探索如何变革是摆在环境法学理论研究者面前的迫切任务。但我们必须清楚，变革环境法学的研究方法，不是抛开其原有的方法，即完全颠覆一座已经屹立已久的大厦，去另掘地基重新构建。相反，变革是建立在对原有基础吸收的前提下的。环境法学研究方法的变革要既继承传统法学的所有研究方法，包括阶级分析法、法律的经济学分析方法、哲学伦理学方法、历史分析法、价值分析法、实证分析法、社会学方法等，更要根据环境法是在法学和环境科学相互渗透的基础上形成的一门新兴的、综合性的交叉、边缘学科之特点，加强与环境科学以及其他自然科学学科之间的对话和沟通②，如引进生态学的研究方法、控制论、博弈论、耗散结构论、协同论、突变论等等。目前，对如何把生态学方法引入环境法学研究方法中，国内研究显得尤为薄弱。从世界环境法的沿革和发展来看，生态学方法已经越来越为当代环境法研究所重视。因此，生态学方法应当成为我国环境法学研究方法的重要组成部分。因此，本文仅对生态学研究方法进行初步

① 蔡守秋：《调整论——对主流法理学的反思与补充》，高等教育出版社 2003 年版，第 920 页。

② 正如学者所述："在环境法学研究中应特别注意以法学和环境学为基础，吸收相关学科的科研成果，运用多学科的研究方法，对研究内容进行综合分析；注意掌握和运用社会经济发展规律和自然生态规律，将自然科学与伦理学，知识与价值结合起来，注意借鉴和吸收世界各国先进的环境法学理论和实践，实行开放式研究。"参见蔡守秋主编：《环境资源法学教程》，武汉大学出版社 2000 年版，第 79 页。

探讨。当然，不论其他自然科学的方法，并不是这些方法不重要，亦不是说此类方法不能推进理论的发展，而是由于有些方法如博弈论已成为法学界的共识，且在法学中得到较完善的论述。同时，因篇幅所限，加之作为初步探讨，因而也不可能涵盖自然科学研究方法的所有方面和主要问题。

关于生态学研究方法，汪劲教授在《环境法的理念与价值追求》一书中，用一节的篇幅进行论述。提出生态学中关于"生产和生活废弃物的排放量不超过环境容量的极限"和"生产对资源的需要量同环境对资源的可供量之间保持平衡"的两个基本要求，应当成为人类处理环境问题所遵循的基本准则，成为制定环境政策和立法的理论基础之一。我们认为，人类生活在生物圈中，环境法是以实现人类社会的可持续性发展为目的而制定的用以全面调整人们在开发、利用、保护改善环境的活动中所产生的各种社会关系，达到人与自然和谐的法律规范的总称。目前，大量与生态有关的新的专门词组或术语不断涌现，如生态危机、生态问题、生态发展、生态政策、生态标准、生态优先、生态安全、生态要求等。为解决以上问题，必须要运用生态学知识，尤其是生态学方法来研究环境法学中的问题。

生态学一词是德国生物学家 E. 海克尔 1866 年提出的。他在其著作中定义生态学是：研究动物与其有机及无机环境之间相互关系的科学，特别是动物与其他生物之间的全部关系。后来，在生态学定义中又增加了生态系统的观点，把生物与环境的关系归纳为物质流动和能量交换。我国学者马世骏将生态学定义为"生态学是研究生命系统和环境系统相互关系的科学"。① 在生态学看来，生物的不同层次，既是一个系统，也同样是一个整体，可用系统整体观进行相应的研究。正如美国学者麦茜特指出："生态学的前提是自然界所有的东西是联系在一起的。它强调自然界相互作用过程是第一位的。所有部分都与其他部分及整体相互依赖相互作用。生态共同体的每一部分、每一小环境都与周围生态系统处于动态联系之中。处于任何一个特定的小环境的有机体，都影响和受影响于整个有生命的和非生命环境组成的网。作为一个自然哲学，生态学扎根于有机论——认为宇宙是有机的整体，它的生长发展在于其

① 马世骏：《现代生态学透视》，科学出版社 1990 年版，第 23 页。

内部的力量,它是结构和功能的统一整体。"①因此,我们可以认为,生态学方法主要有整体分析方法(生态整体观分析问题)②、综合分析方法以及模拟预测方法等。在环境法学研究方法中引入生态学研究方法,有着许多特点和新内容。

第一,在环境法学研究方法中提倡用整体观思考问题。因为在现代生态学中,整体性是生态系统最重要的特征。生态系统的整体性特征主要表现在三个方面:(1)生态系统的各种因素普遍联系和相互作用,使生态系统成为一个和谐的有机整体;(2)生态系统层次结构的等级性、生态系统的组织性和有序性,表现为结构和功能的整体性;(3)生态系统发展的动态性,表现为它的时空有序性和时空结构的整体性。③ 整体分析方法强调:一是强调事物的内在联系性。任何事物都是相互联系、相互作用和相互依赖的整体性。二是强调人与自然的同一。④ 整体分析方法认为,在生态系统中,不仅人是主体,生物个体、种群和群落也是生态主体。在价值论意义上,不仅人是价值主体,生命和自然界也是价值主体,因而都具有生存的权利,都具有生存的价值和意义。人类不过是众多物种中的一种,它在整个生态系统中有自己的位置,而且只有当它有助于这个生态系统时,才会有自己的价值。但人类并没有什么特殊的价值,人类自命不凡地认为自己有特殊价值已导致了人类利益和所有物种的利益赖以生存的生态秩序的严重破坏。人类为了自身的生存利益,不仅对自然界和人以外的其他生命产生了危害,同样,反过来又产生了威胁自身利益和生存的后果。因此,整体分析方法强调人与自然的同一,强调人对自然应当怀有发自内心的爱,人类有责任将自然像对待自己的"至爱之人"一样呵护它,使它包含在我们之中,成为人类自身不可分割的一部分。在环境法学的研究中,要重视对人与自然关系的研究,特别是两者相互联系、相互作用、相互依存的关系,并着眼于人与自然的和谐共处或"人—社会—自然"系统的健全发展,实现环境法的理念。同时,在研究人与人之间的关系时,应综合考虑生态

---

① [美]卡罗琳·麦茜特:《自然之死》,吉林人民出版社 1999 年版,第 86 页。

② 李爱年、陈程:《生态整体观与环境法学方法论》,载《时代法学》2008 年第 4 期。

③ 余谋昌:《生态学哲学》,云南人民出版社 1991 年版,第 35—36 页。

④ 薛勇民:《环境伦理学的后现代诠释》,山西大学博士学位论文,2004 年。

系统内部的相关因素和相关关系，逐步建立健全环境法的方法和制度。三是强调生态系统的整体利益为最高价值。整体分析方法的核心思想是把生态系统的整体利益作为最高价值而不是把人类的利益作为最高价值。反对人类中心主义一切以人为中心、一切以人为尺度的思想，高扬生态学的整体论观。人类中心主义思潮是以机械论哲学为基础，认为人是处于主导地位的。在人与自然的关系上，鼓励人对自然资源的掠夺和开发，变成人类“主宰”、“征服”自然的人类沙文主义，从而使人类在实践中陷入了困境，导致个人主义、经济主义等。生态整体方法倡导一种整体主义的思路，认为不能以人类的利益为出发点来解决目前的环境问题，而必须承认生态系统的整体价值来维持生态系统的完整和美丽。① 这在环境法研究中，对我们如何看待环境法的立法目的和价值将产生重大影响。

第二，在环境法学研究方法中运用生态学的综合方法。生态学的综合方法，就是指对原地观测或受控生态系统实验的大量资料和数据进行综合归纳分析，表达各种变量之间存在的种种相互关系，反映客观生态规律性的方法技术。这种建立在实践活动基础上的研究方法弥补了单纯用法律方法理论论证易造成泛泛而谈的缺陷，对关注于人与自然关系的环境法学来说是非常重要和必要的。

第三，在环境法学研究方法中引入生态学的数学模型和模拟为我们预测环境变化，进而研究可行的环境法律制度提供基础。“生物种群或群落系统行为的时态变化的数学概括，统称为生态学系统的动态数学模型。生态学系统建模，并没有绝对的法则，但必须从确定对象系统过程的真实性出发，充分把握其内部相互作用的主导因素，提出适合的生态学假设，再采用恰当的数学形式来加以表达或描述。”②环境法学的研究表明，人与自然的关系是存在变化的。例如，最初由人的开垦行为引起的水土流失是逐渐产生的，当人类的开垦活动达到一定程度，就会发生水土流失这一突然变化，造成严重的水土流失

① 杨芷郁：《生态整体主义环境思想评析》，载《长春师范学院学报》（自然科学版）2006 年第 2 期。

② 周纪纶：《生态学研究方法》，http://www.chinabaike.com/article/316/327/2007/2007022047307.html，最后访问时间 2008 年 3 月 29 日。

问题。所以，我们引入生态学的数学模型，建立描述人和土壤的数量变动关系的动态模型，经过验证，确定了它的真实性后，即可作为一项有用的工具，供进行实验模拟，然后分别改变方程中的变量及常数的数值，在计算机上进行运算，即可得出与改变相应的人与土壤的特征或效果，这对于如何预防水土流失而言十分重要。同时，这些动态的数据可以为我们研究预防水土流失法律制度的设计提供基础，增强法律制度的现实可行性。

四、运用整体分析方法必须克服的两大误区

1. 重整体轻个体——公民环境权研究的缺失

生态整体分析方法扩大了伦理学的边界，但过分强调个体与整体的差别和对立，强调生态系统的整体性和完整性，这就有可能出现为了生态系统的整体利益而牺牲人类生命的结局。这方面的典型代表是利奥波德的“大地伦理”。他指出：“当一个事物是要保持整体性、稳定性及生物群体的美丽时，它就是对的，否则就不对。”①即其赞成为了整体的“好”而牺牲个体的“好”。这种观点招致了人们对大地伦理学整体分析的批评。雷根明确地指出，大地伦理学“明显包含了这样一种前景：为了生物共同体的完整、稳定和美丽，个体得牺牲给更大的生物共同体的‘好’。在这样一种……可恰当地称之为环境法西斯主义的论点中，我们很难为个体权利的观念找到一个恰当的位置。……整体主义给我们提供的是对环境的一种法西斯主义式的理解。”②克尔则直接称大地伦理学的整体主义是“专制主义”。③ 这种世界观表现在法律认识论的理论层面上，即为对“有生命的现实的个人理性能力的怀疑，强调人作为类的群体存在，认为法律的产生、发展、作用和目的都是仅仅取决于人的群体意识及群体活动，否认人作为个体的创造性和能动性，否认具体的个人的实践活动。在法律实践论的现实层面上，认为法律实践的直接对象是群体间的关

① Aldo Leopold, *The Land Ethic, in A Sand County Almanac,* New York: Oxford Lniversity Press, 1949, p. 262.

② T. Regan, The Case for Animal Rights (Routlege, 1984, 1988), p. 361, p. 362, p. 372.

③ M. Kheel, The Liberation of Nature: A Circular Affair, Environmental Ethics (Summer, 1985).

系，法律实践的主体仅仅是作为整体的人或群体化了的人，不承认或者轻视个体特殊性，更回避个体创造性的实践意义，将个人作为一种手段，一种实现类的或整体的目标的工具。"①

其实，任何一种关系，既有相互影响、相互关联的一面，又有相互独立、相互排斥的一面，现代生态学的重要特征就是一方面强调整体和联系，另一方面也重视个体对其环境的依赖性。而过分强调生态整体，则会只注意了生态学强调的联系和统一的观点，而忽视了强调个体的价值和意义。表现在环境立法上即忽视公民环境权利的分配与保障，反映在环境法学研究上则是公民环境权研究的缺失。

环境法律制度有两条利益和意志主线，一是社会整体利益和国家意志，二是社会成员的个体利益和当事人意志。一个理性和健全的环境法律制度，应该是这两条主线的有机结合。② 由于我国环境法产生于计划经济体制，崇尚以国家的角度分析环境问题，并且环境法的社会法的性质，使得环境保护所形成的路线一直是政府领导下的环保，致使环境法律制度被定位于环境权力法，重环境管理权力的设置与实施，忽视公民环境权利的分配与保障。③ 反映在环境法学研究上，则是崇仰在环境保护中国家权力的研究，而淡化公民个体权利的探讨。经济体制和民主政治改革后，公民环境权利的重要性日益彰显，环境法的权利体系构建更加迫切。"这种制度性改革的基本方向，就是构建环境权利的法律体系，完善环境权利的法律规则，实现环境权利法和环境权力法的并存和配合，建立适应社会主义市场经济要求的、具有中国特色的环境法律秩序。可以预见，环境权利将成为我国未来环境法律制度的基础。"④因此，环境法学的研究也应当在注重整体性、系统性的前提下，加强环境权利，尤其是公民环境权的研究。这主要是因为：

---

① 葛洪义：《探索与对话：法理学导论》，山东人民出版社 2000 年版，第 7 页。

② 王彬辉：《论环境法的逻辑嬗变——从"义务本位"到"权利本位"》，科学出版社 2006 年版，第 150 页。

③ 王彬辉：《论环境法的逻辑嬗变——从"义务本位"到"权利本位"》，科学出版社 2006 年版，第 150 页。

④ 吕忠梅：《环境权力与权利的重构——论民法与环境法的沟通与协调》，载《法律科学》2000 年第 5 期。

首先,公民环境权是整体性与个体性的统一。环境权具有强烈的整体性。确立和实现环境权是为了达到保护人类生存环境的目的,正因为环境是每个人生存必不可少的物质条件,而环境污染和破坏正威胁着这种物质条件,才产生了当代人和后代人对环境权的要求;环境污染和破坏的后果将影响这一代人和后代人的生存质量,环境权保护的结果表现为环境质量的改善和人与自然关系的协调,即通常所称的产生环境效益,环境效益也是这一代人和后代人可以共享的。[①] 所以,环境权的这一整体性并没有背离生态整体观,只是这一权利是通过个人权利形式体现的真正公共权利或"人类权利"。同时,环境权的整体性中又包含着个体性,其核心是人的生存权,是人成为人或继续作为人生存的权利,这是人的首要权利,是每个人都应平等享有的权利,这一权利不能受到限制或剥夺,剥夺了公民的环境权,就等于剥夺了人的生存基础。正是由于环境权的这种整体性与个体性的统一,使得环境权的行使,既可以是集体行为,也可以是个人行为。

其次,公民环境权是长远利益与眼前利益的统一。环境权所包含的利益是多重的,其实现的目的是为了当代人和后代人的持续生存和发展,同时也是为了每个人更好地生存,因而环境权所体现的是整体利益、长远利益和个人利益、眼前利益的结合。环境权的这种属性,要求现代社会中的人必须与自然建立和谐、尊重的关系,必须克服利己主义的环境观。[②] 因此,在环境法学研究中注重对公民环境权的研究,并没有忽视生态的整体性,而是正确地认识了全部与部分、整体与个体的关系,以公民环境权的研究作为研究的一个角度,最终推进环境法学的研究方法在以较高的价值取向和人性标准的前提下,朝着多元化、多样性发展。

第三,公民环境参与权是联系整体与个体的纽带。学者们一般认为公民环境权的内容包括环境使用权、环境知情权、环境参与权和环境请求权。而环

---

① 吕忠梅:《沟通与协调之途——论公民环境权的民法保护》,中国人民大学出版社 2005 年版,第 37—38 页。

② 吕忠梅:《沟通与协调之途——论公民环境权的民法保护》,中国人民大学出版社 2005 年版,第 37—38 页。

境参与权至关重要，可以称为是公民环境权的核心权能。① 公民环境参与权虽然是个体性权利，但我们可以这样认为：参与权不但是联系集体环境权与个体环境权的纽带，即通过立法来调节不同利益集团的利益，建立各种利益平衡、寻求利益共存或利益妥协的方式和途径，②而且也是联系生态整体与公民个人的纽带。我们略加分析便知，公民因生态环境破坏，认识到自己是这个生态系统中的一员，不积极行动起来就无法生存，这是公民参与到环境保护之中的最初动因之一。通过其参与，表达自己的看法、意见，最终避免环境污染、破坏的恶化，使得环境法律制度顺利实施。这一整个的参与过程都体现了公众将自己作为一个生态系统中的一分子，通过参与环境事务，达到人与自然和谐共处，进而维护整个生态系统的平衡。

最后，研究公民环境权，以“人”出发完全符合环境法学的人文特质。法学就是要确立个人的尊严和个人的价值，将法律视为促进自由而不是限制自由的手段，人既是法律的起点，也是法律的重点，所有的法律问题均围绕着人来展开，而人的自然性、社会性以及人性的多样性、复杂性也就构成了法学人文精神的主要关注点。③ 这是法学作为人文科学的主要特征之一。人文科学首先所要考虑的就是“人”的问题，环境法学的研究也是如此。试想，如果我们忽视个体——人的存在而一味地着眼于整体性、生态性、系统性，那么这样的法学研究有如空中楼阁。所以在对个体的研究中，公民环境权利是一个很好的角度。当然也会产生这样的质疑：总是一味地强调公民环境权，是否会没有认识到环境的整体性特征，而否认人类环境权呢？对此，我们认为，“一项权利如果不能具体化或成为一项公民可以获得的权利，那么这项权利根本无法得到保障，它也仅仅只具有形式上的意义而不能具有法律权利的实质内容”。④ 同时，我们知道，任何一部法律都是以人的背景作为预设的，法学研究

---

① 邹雄：《论环境权》，http://www.riel.whu.edu.cn/show.asp?ID=5374，访问时间 2008 年 3 月 6 日。

② 吕忠梅：《沟通与协调之途——论公民环境权的民法保护》，中国人民大学出版社 2005 年版，第 47 页。

③ 胡玉鸿：《法学方法论导论》，山东人民出版社 2002 年版，第 64 页。

④ 吕忠梅：《论公民环境权》，载《法学研究》1995 年第 6 期。

中必须首先对个人进行定位。①

综上,环保社会的形成和发展,不仅需要政府自上而下的推动和引导,更重要的是需要在全社会自下而上培养环保忧患意识和真正形成环境保护的广泛共识,并把这种意识与共识付诸到日常的行为中去。所以,将以整体主义为基点的环境法学研究同对个体的环境权利研究紧密结合,才能更有利于整体环境权利的实现。环境法学研究方法的变革,即以整体分析法为主要方法,进而走向多元化,并不能放弃个体研究,两者是互为补充的。

2. 过于强调自然价值——自然可以成为环境法律关系的主体

生态整体观的另一缺陷在于过分强调自然界的价值,否认人的主体性,忽视了价值的"属人"的本性。生态整体主义以不同的方式组合人类道德上和其他物种平等的概念,在处理现实世界中的人自关系中,过分地强调自然界的内在价值,指出这是一种离开人这个价值主体的自然界自身的价值。我们认为,强调地球生物圈系统在人类生活中的地位和作用,这是无可非议的②,但如果过分强调人的自然属性,并且把自然的存在等同于自然的内在价值,③就可能导致其理论主张只能是建立在消解、抑制人的主体性的基础上,把人降格为普通的自然存在物,把人仅仅理解为一种本能生命的存在,从而忽视了人类的主动性和创造性,④进而否认了人类在事物的系统中处于一种特别的位置。⑤

目前在环境法学的研究中,有学者认为,自然不但有内在价值,而且自然

---

① 胡玉鸿:《法学方法论导论》,山东人民出版社 2002 年版,第 311 页。

② 这正如有学者认为的:"在生态自然界,没有任何一个物种能够单独地生存和发展,它们只能在大的合作背景下相互竞争和相互作用,在共同维护生命维持系统存在、促进生物圈稳定的前提下来实现自己的生存和进化。"见佘正荣:《生态智慧论》,中国社会科学出版社 1996 年版,第 279—280 页。

③ 关于这个问题,笔者在《环境法的伦理审视》一书中有一节加以论述,见李爱年:《环境法的伦理审视》,科学出版社 2006 年版,第 56—66 页。

④ 这种客观结果正如徐祥民教授、巩固先生所说,它必然是降低人的地位,使人"沦为"自然状态的兽,导致"人"的丧失。见徐祥民、巩固:《自然体权利:权利的发展抑或终结?》,载《法制与社会发展》(双月刊)2008 年第 4 期。

⑤ 杨芷郁:《生态整体主义与可持续发展思想》,载《通化师范学院学报》2007 年第 1 期。

（动物）可以成为法律意义上权利的主体①。对此，笔者有不同的看法。②

我们认为，自然（动物）不能成为法律意义上权利的主体。这主要基于以下原因：

（1）马克思主义认为："人始终是主体。""当在哲学意义上说人是主体时，它是肯定和描述人在自然界和社会中的特殊地位。"③人作为主体，就是要把自然界作为自己认识和实践的对象。人虽然是一种自然存在物，但他与动物存在着本质的不同。这种不同就在于人的活动是一种有意识、有目的的实践活动，而动物的活动则是一种无意识的、盲目的本能活动④。人的自由自觉的实践活动构成了人的本质。人类与非人类存在物的不同，使人虽然也属于环境的创造物，但他却不可能与其环境合为一体。"真正的人不愿溶化到他的环境中去。他不可能向它投降或把自己消溶到其中去。如果他确实消溶到其中去了，甚或他只是希望这样，他也就不再是一个真正的人了。人是这样一种造物，他不仅仅是完整的造物世界中另一个单纯的成分。他虽属于被造物，但他与其被造同伴却有着天壤之别"。⑤

（2）自然（动物）"不可类比的生命特征"使其不能成为权利的主体。第一，无法实现权利、义务、责任的一致性。第二，不符合法律关系主体平等原则。法理中有一条重要的法律原则，即法律关系主体地位平等。⑥ 倘若给动

---

① 如陈泉生教授就认为：可持续发展法学突破了传统法学权利主体的范围，其不仅承认人类这一种群的权利，也承认其他生命物种种群的权利，并建立了相应的法律制度。见陈泉生：《可持续发展与法律变革》，法律出版社2000年版，第143页。

② 这是有悖于法学基本理论，同时也不利于环境法学研究的展开。

③ 陈先达：《陈先达文集》，当代中国出版社1995年版，第439页。

④ 实际上，自然不具有意志能力是即便最坚定的自然权利论者也无法否认的事实。虽然动物权利论者以科学观测的某些生物存在感觉、感情、有语言交流、能使用工具等生理特性来主张其主体能力，但动物的这种生物学意义上的本能与权利主体所要求的意志能力毕竟难以画上等号，至于非生命物质的权利主体能力，更是子虚乌有。也正因为此，我们看到，为自然权利论者所精心设计的"自然体权利"实际上无法呈现出真正的"权利"特征：无论权利主张的提出、权利内容的确定还是权利救济的提起，都是由作为义务人的人类"代"为行使的，这一切都与自然体之意志无关。见徐祥民、巩固：《自然体权利：权利的发展抑或终结?》，载《法制与社会发展》（双月刊）2008年第4期。

⑤ [美]霍尔姆斯·罗尔斯顿：《环境伦理学》，杨通进译，中国社会科学出版社2000年版，第454页。

⑥ 常纪文：《动物法律地位的界定及思考》，载《宁波职业技术学院学报》2006年第4期。

物以权利主体地位，我们不禁要问，是所有的动物都享有权利主体地位吗？很明显这是不可能的。对濒危的老虎物种和蚊子很显然在动物保护法里是不平等的。第三，不符合法律关系具有相关性、对称性、可逆性和双向性。这“四性”是检验法律关系的标准。① 相关性即法律关系主体双方相互依存，缺一不可；对称性即法律关系主体有基本相同或可以制衡的权利义务能力；可逆性即主体所居的关系项可以相互转化，在一定条件下权利主体和义务主体可以相互转化；双向性即法律关系主体之间不是完全异己的对立，不是绝对单纯的“自我”或“自身”，而是通过行使权利和履行义务发生作用的。② 具体考察可以看出，人与其他生物、自然之间也不可能存在相互制衡的权利义务能力，不具备对称性。而且其他生物和自然无法通过“行使权利与履行义务”这种方式来对人发生作用，实质上也不具有严格意义上的相互性。

所以，自然不能成为法律意义上的权利的主体。如果自然一旦成为权利主体，尤其是法律关系的主体，这将不是权利的发展，而是权利的终结③。我们在环境法学研究中所使用的“自然权利”是从生态学的角度来探讨的，而不是法律意义上的“权利”。法律意义上的“权利”的主体只能是人。

总之，环境法学研究方法有利于拓展环境法学研究的范围，加深研究的力度。面对我国环境法学研究方法体系中存在的问题，考虑环境法学的学科特质，我们不但要在传统法学研究方法的理论宝库中搜求一切有用的养分，而且要以一种更高的解决问题的姿态将自然科学的研究方法吸纳进来。生态学方法中的整体观分析法对当代环境危机问题进行了深刻的反思，警醒人们要关注现在严重的生态问题，以反省人类自身的行为，这为解决生态危机提出了一些很有价值的观点，应成为我们变革环境法学研究方法体系所应吸纳的方法之一。但是我们辩证地来看，生态整体分析方法本身也存在着不少漏洞和缺陷，特别是在有些方面采取了激进的立场，带有明显的极端化色彩，不正确认识这些理论弱点，会导致在环境法学研究中进入误区，背离我们重构环境法学研究方法体系的初衷。

---

① 张文显：《法学基本范畴研究》，中国政法大学出版社 1993 年版，第 161 页。
② 陈泉生：《宪法与行政法的生态化》，法律出版社 2001 年版，第 25 页。
③ 见徐祥民、巩固：《自然体权利：权利的发展抑或终结?》，载《法制与社会发展》（双月刊）2008 年第 4 期。

论中国环境知情权法律保护现状、问题及完善对策*

王 文 革**

摘 要：环境知情权既是公民参与国家环境管理的前提，又是环境保护的必要民主程序。本文在阐述环境知情权概念的基础上，分析了中国环境知情权的法律保护现状及存在问题，并借鉴国外的经验，提出了中国加强环境知情权保护的法律对策。

关键词：环境知情权 问题 信息公开 法律对策

一、环境知情权的概念和意义

"环境知情权"是指社会成员依法享有获取、知悉与环境问题和环境政策有关的环境信息的权利，它是知情权在环境保护领域里的具体体现，是公民参与环境保护、行使环境监督权的前提和基础。环境信息包括公共信息和个别信息。前者指有关单位向全社会发布的环境信息；后者指只有在公众提出要求的情况下才提供的个别信息。环境知情权不仅指公众对现行与环境保护有关的环境信息在宏观层面的知情，包括对与环境有关的政策法律法规以及政府宏观发展规划基本情况的了解和掌握，对拟制定的有关政策和法律法规及规划可能对环境造成影响的认识和了解。对所处国家、地区、区域环境状况的

---

* 本文系国家社科基金 2008 年度青年项目"环境知情权保护立法研究（08CFX048）"和教育部人文社科规划基金项目"环境知情权法律保护研究（07JA820043）"的部分研究成果。

** 王文革，男，法学博士、博士后，上海政治学院教授，研究方向：环境资源法。

资料的了解等,还指公众对与自身环境权益密切相关的环境信息在微观层面的知情,包括公众对在其所在区域从事各种危害或可能危害环境的开发建设活动的了解、对各种生产经营活动可能对周边环境造成不利影响及其预防对策的资料掌握等。①

保障公众的环境知情权具有重要意义:首先,环境知情权是公民维护自身和其他环境权益的需要。公民对环境事务和环境状况的知情权与公众的切身利益密切相关。环境知情权还是民主政治发展到现代阶段所产生的一项重要的公民权利,是公民实现和维护自身其他环境权利和利益的重要条件,也是公民保护环境利益的手段。环境问题和环境管理影响公众的利益,公众也有权利得到环境信息。它要求政府和企业要及时公布与公民利益有关的环境信息,使公民能了解自己所处的环境状况、生存条件,以保护自己,维护自己的环境权益。比如,政府及时向社会公布大气、水、固体废物、放射性、噪声等污染信息,化学、核污染的可能性,使人民知道它的危险性和防治情况等,采取各种措施进行防治。其次,知情权是现代民主的根本要求。民主政治要求公开性和透明性。环境知情权既是国民参与国家环境管理的前提,又是环境保护的必要民主程序。人民行使管理国家的权力,是以对公共事务的了解为前提的。如果不能获取政府的信息,人民就无法选择、监督政府。再次,环境知情权是监督公共权力的有效手段。公开信息是人民行使对国家事务监督权的必要条件。要保证公民的环境状况知情权就要求政府和企业的环境信息公开,它承认公众的环境知情权和批评权,通过公布相关信息,借用公众舆论和公众监督,对环境污染和生态破坏的决策者和制造者施加压力,如通过采取提出批评、上访、申诉、提起行政诉讼等措施予以阻止和纠正。防止"暗箱操作",防止损害公民的环境利益和社会公共利益。环境状况知情权是对政府环境行政机关权力的限制,它要求环境行政机关承担披露信息的义务,对于不履行职责者,将产生法律后果。在此意义上,环境状况知情权又是监督权的一种表现。最后,知情权又是一种有效的全新的环境管理手段。我们在环保方面承认和支持人民群众的环境信息知情权、环境信息传播权、环境决策参与权和环境政

---

① 史玉成:《论公众环境知情权及其法律保障》,载《甘肃行政学院学报》2004 年第 4 期。

策监督权，这是做好环保工作的一个前提和根本，因此它又是一种有效的全新的环境管理手段。

二、中国环境知情权法律保护现状及存在问题

（一）中国环境知情权保护现状

目前由于我国还没有专门的环境信息公开法，有关环境知情权保护的法律规范大都零散地分布在各种法律文件中。我国宪法明确规定，“中华人民共和国公民对于任何国家机关和国家工作人员，有提出批评和建议的权利”；“一切国家机关和国家工作人员必须依靠人民的支持，经常保持同人民的密切联系，倾听人民的意见和建议，接受人民的监督”。这是赋予人民知情权和监督国家机关的权利、规定政府环境信息公开的宪法依据。1989 年颁布的《环境保护法》在第 1 章第 6 条对环境知情权做了类似于宪法的原则性规定：“一切单位和个人都有保护环境的义务，并有权对污染和破坏环境的单位和个人进行检举和控告。”并在第 11 条第 2 款规定了政府公开环境状况公报的义务：“国务院和省、自治区、直辖市人民政府的环境保护行政主管部门应当定期发布环境状况公报。”中国从 20 世纪 80 年代中期开始编发《中国环境状况公报》，并进行月、季空气质量综合分析。近年来，中国在环境信息公开方面进展迅速，继 2000 年 6 月 4 日开始在全国性媒体上公开发布重点城市空气质量日报后，又陆续开始发布长江、黄河、珠江、淮河、松花江、海河、辽河全国 7 大流域和太湖、滇池、巢湖 3 个重点湖泊水质月报以及海水浴场水质报告。继续发布重点流域水质自动监测周报、地表水水质月报和重点城市饮用水源地水质月报。同时为配合国家重点建设工程，开展南水北调东线水质月报。《环境保护法》第 31 条提到：“因发生事故或者其他突然性事件，造成或者可能造成污染事故的单位，必须立即采取措施处理，及时通报可能受到污染危害的单位和居民，并向当地环境保护行政主管部门报告，接受调查处理。”第 43 条规定了法律责任：“违反本法规定，造成重大环境污染事故，导致公私财产重大损失或者人身伤亡的严重后果的，对直接责任人员依法追究刑事责任。”2003 年 9 月 1 日开始实施的《环境影响评价法》意义十分深远。中国公民的

“环境权益”首次写入国家法律，它意味着群众有权知道、了解、监督那些关系自身环境的公共决策，意味着谁不让群众参与公共决策就是违法。同年国家环保总局下发的旨在推动《清洁生产促进法》的《关于企业环境信息公开的公告》是我国第一部真正意义上的企业环境信息公开规章，这部规章的颁行将对环境知情权保护起到积极的作用。2004 年第四次宪法修正案将“尊重和保障人权”写进宪法，进一步推动和发展社会主义人权事业；其中，公民的知情权是人权的组成部分。国家环境保护总局2006 年颁布了《环境影响评价公众参与暂行办法》(环发[2006]28 号)，通过程序制度设计了保障公众参与环境影响评价的实体权利。2007 年我国新颁布的《中华人民共和国政府信息公开条例》(2007 年 1 月 17 日国务院第 165 次常务会议通过)明确规定了信息公开的主体、程序、内容、权利义务及法律责任等问题。

此外，我国一些地方也在环境信息公开立法和实践中取得了初步成果，主要有以下模式：一是通过规定政府信息公开保障环境知情权。如：《广州市政府信息公开规定》于 2003 年 1 月 1 日起实施。该《规定》是由我国地方政府制定的第一部全面、系统规范政府信息公开行为的政府规章。二是专门的政府环境信息公开规定。如：湖北省出台了《湖北省环境保护局信息公开指南》，该《指南》对环境信息公开的范围、公开形式、公开时限甚至环保局办公地址、网址和办公时间等都做了详细的规定和说明。三是以政府网站为平台全面公开企业环境信息。大同市环境保护局于 2006 年 7 月 31 日公布了《关于企业环境信息公开的通知》，该《通知》的创新点在于它不仅规定企业环境信息公开主要以大同市环境保护局网站为工作平台进行公布，同时还规定该网站将及时向公众公开企业环境保护方针、国家的环保政策法规、环境保护的相关办事程序，企业污染物排放情况、环境治理情况、环保守法及环境管理状况，且向公众宣传展示企业实行清洁生产和推行 ISO14000 所取得的效果和经验，以及通过节能降耗构建节约型社会所取得的社会、环境、经济等效益的先进经验，这就从单纯的企业环境信息公开延伸到企业、政府环境信息同步公开，极大地丰富了环境信息公开制度。

（二）中国环境知情权保护存在问题

中国环境知情权保护存在的问题主要表现为：

1. 环境知情权的权利义务主体界定不明

《环境保护法》第 6 条规定："一切单位和个人都有保护环境的义务，并有权对污染和破坏环境的单位和个人进行检举和控告。"并在第 11 条第 2 款规定了政府公开环境状况公报的义务："国务院和省、自治区、直辖市人民政府的环境保护行政主管部门应当定期发布环境状况公报。"但这里只提到了检举和控告的权利，对于是否拥有知晓、申请环境信息以及获得帮助、获得救济的权利则并无规定，可见，此处对于权利主体的规定并不完全。另一方面，对于义务主体，我国新颁布的《中华人民共和国政府信息公开条例》明确规定掌握环境信息的公共行政机构，以及经法律授权或行政机关委托而行使行政权力的组织是履行环境信息公开义务的主体。而对于企业的公开环境信息的义务尚无明确法律规定。

2. 企业、产品环境信息公开不充分

政务公开、企业环境信息公开和产品环境信息公开是环境信息公开的三个组成部分。在企业环境信息公开方面，我国开展得并不充分，只在镇江和呼和浩特两个城市进行了试点，虽然最近国家环保总局决心将之推广到全国范围，并颁布了《企业环境信息公开规定》，但该规定并不完善。第一，必须公开的环境信息有限，只是笼统地规定污染物排放总量而未对有害物质作出说明，并且只侧重于最后排放的总量，不考虑生产设施、生产过程中以及产品和副产品中的污染情况。第二，缺乏公众参与形式。企业环境信息公开的目的就是要让公众了解、知悉企业的环境状况，然后形成对企业改进的社会压力，但该法没有规定公众参与形式，公众知情后如何监督，政府部门如何反馈，这些都亟待解决。第三，责任形式单一，"对不公布或者未按规定公布污染物排放情况的，由县级以上环保部门公布，可以并处相应罚款"，按照这种规定不公布只能罚款，而且罚款也只是"可以"罚款，当然也可以不罚款。对于产品环境信息公开，我国也进行了一定的尝试，如设立环境标志、有机食品标志、绿色食品标志等。根据《清洁生产法》第 13 条规定，国务院有关行政主管部门可以根据需要批准设立节能、节水、废物再生利用等环境与资源保护方面的产品标志,并按照国家规定制定相应标准。第 16 条规定:各级人民政府应当优先采购节能、节水、废物再生利用等有利于环境与资源保护的产品。各级人民政府应当通过宣传、教育等措施,鼓励公众购买和使用节能、节水、废物再生利用等有利于环境与资源保护的产品。另外《放射性污染防治法》也强调了对放射性产品的标志规定,这说明我国越来越重视对于产品环境信息的公开,但这些规范并没有明确规定设立标志的机构,而且对标志的审批程序、范围等都没有进行详细的规定。实践中也已经发生多个部门颁发多个标志从而导致公众在选择产品时不知所措,使标志的公信力下降的状况。

3. 环境检测和监测立法疏漏

环境信息公开是以环境信息真实为前提的,只有真实、准确的信息才有公开的意义,而企业的环境检测和公共行政部门的环境监测方面的立法正是保障环境信息真实、准确的关键立法,因此,环境检测和监测立法的完善是环境知情权保护的基本前提和重要保障。我国相关方面的立法主要有 1983 年的《全国环境监测管理条例》和国家环境保护总局 2006 年 7 月 28 日发布的《环境监测质量管理规定》,前者对环境监测机构的相关责任只字未提,后者增加了相关处罚条款,但仍存在操作性不强的缺陷,而企业的环境检测立法更是处于严重缺失的局面。由于立法对企业环境检测和公共行政部门的环境监测责任规范不足,导致某些地方出现为寻求经济利益、保护地方企业而故意公开虚假环境信息的情形,这严重阻碍了环境知情权的实现。

4. 环境知情权与公众参与制度衔接不紧密

公众参与制度是我国环境保护法的一个基本制度,目前我国公众参与的形式非常有限,而在这些有限的形式中与环境知情权的衔接也不紧密,找不到程序法上的依据。虽然国家环境保护总局颁布了《环境影响评价公众参与暂行办法》(环发[2006]28 号),通过程序制度设计保障公众参与环境影响评价的实体权利,但其范围有限,仅限于环境影响评价活动,而其他环境活动中的程序和实体权利仍无相应的规定。

5. 责任机制和救济机制缺失

对于义务主体不公开环境信息的行为,我国立法并未明确其具体责任以及责任承担方式，同时，环境知情权的救济途径也过于狭窄而且规定不明确，使权利缺乏相应的救济手段而难以实现。①

三、世界主要国家环境知情权法律保护借鉴

建立信息公开制度，保障公民的知情权，已经成为世界现代民主发展的一个新趋势。环境信息公开也已经成为世界趋势，美日等发达国家于 20 世纪 70 年代开始实施环境信息公开制度，一些国家将保护公民环境知情权编入法律强制执行。世界上几十个国家制定了信息公开法规定，除了涉及国家秘密、商业秘密和个人隐私等信息外，任何人都可以查阅政府信息。如果向政府请求信息被拒绝时，可以请求司法救济。政府负责文件和信息保密的举证责任。

自 20 世纪中叶以来，世界经济的飞速发展引发了许多严重的环境问题，在一些国家相继出现了环境灾难事故，如由汽车尾气污染引起的美国洛杉矶光化学烟雾事件导致多人死亡，而 20 世纪 60 年代发生在日本熊本县的"水俣病"震惊世界。由于当地工厂肆意排放含汞的工业废水，数十万当地居民食用了被甲基汞污染的鱼虾，家破人亡。频频发生的恶性环境事故使西方国家民众的环境保护意识逐渐增强。美日等发达国家于 20 世纪 70 年代开始实施环境信息公开制度，一些国家将保护公民环境知情权编入法律强制执行。

欧美一些国家的居民可以通过网络查到任意时刻城市内任意地区的空气质量实时情况。此外，在环境信息发布范围上也很广泛，除了提供空气、水质信息外，还提供噪声、土壤、放射性指数等环境要素信息，构成了一个全面综合的环境信息系统。

（一）美国的信息公开

美国的建国之父们似乎深知公民信息灵通的重要性，麦迪逊曾说过这样一句有名的话："一个受大众喜爱的政府，离开大众化的信息或获取大众化信息的手段，只能算是一场笑剧或悲剧的开场白；或者二者兼有。知识永远统治

① 陈贵民：《现代行政法的基本理念》，山东人民出版社 2004 年版，第 265 页。

无知。期望掌握自己命运的人民，必须用知识赋予的力量武装自己。”1966年，美国国会通过了《信息自由法案》(Freedom of Information Act，又译《情报自由法案》)。这一法律将及时、迅速地获得政府信息规定为公民的法定权利，将政府信息公开作为原则，不公开作为例外。它规定政府必须及时、迅速地提供公众要求的信息，除九项涉及国家秘密、企业商业秘密和个人隐私法定免除公开的情形外，一切政府文件必须对公众公开。《信息自由法案》确立了公民获取美国政府手中信息的规定，适用于美国联邦政府的行政部门持有的信息，包括环境保护署等政府部门。

美国1969年通过的《国家环境政策法》明确规定环境影响报告书及所征询的相关机关的意见，应按照《信息自由法案》的规定对外公开。除了《国家环境政策法》的规定以外，美国国家环境质量委员会制定的《关于实施国家环境政策法的条例》也要求联邦或者州机关在环境影响评价程序中不时地发布公告。公告包括范围界定公告、初步决定公告、意思通告、可获得环境影响报告书草案的通告、可获得最后的环境影响报告书的通告，以及作出决定记录的公告等。

1976年，美国国会通过了《阳光法案》(Sunshine Act，又译《阳光下的政府法案》)，该法案经杰拉尔德·福特(Gerald Ford)总统签署后成为联邦法律。该法规定合议制行政机关的会议必须公开举行，公众有权观察会议的进程，取得会议的信息和文件。这些法律构成了美国政府环境信息公开的主要法律依据，很快为世界许多国家和地区所仿效。

从美国立法和实践中的具体做法来看，在环境影响评价信息公开中负责信息公开的主体既包括政府部门，也包括项目提议者即企业。环境信息公开的主要办法就是采用包括在联邦登记等方面发布公告。

环境信息的公开对提高民众的环保意识和加强污染治理效果显著。美国在实施了产品环境信息公示制度后，产品的环保信息在相当大的程度上影响了消费者的购买决定，从而刺激企业加大环保力度。从1988年到1998年的10年间，美国有毒物质排放总量从15.88亿公斤减少到8.16亿公斤，下降近一半，效果显著。

（二）加拿大的信息公开

在加拿大，为保证公众的有效参与，《加拿大环境影响评价法》规定："为进行环境评价的每个项目开设公开档案室，方便公众获得该项目的档案资料。"项目环评档案包括：所有评价的报告；有关项目的公众意见材料；主管机构编制的材料；由于执行随后项目产生的材料；调解或审议小组审议的参照条款；以及要求实施削减环境影响措施的文件。

公众可以获得的信息的种类包括：(1)根据《加拿大环境影响评价法》进行环境评价时公众通过其他途径获得的资料以及通过其他途径可以获得的其他资料。(2)对于主管机构所掌握的材料或其中部分材料，或加拿大环境评价机构掌握的材料或其中部分材料；主管机构或环境部长认为，如果有人根据《信息公开法》的规定要求获得这样的资料，则应根据《信息公开法》的规定向公众公开的资料或其中部分资料，包括按照《信息公开法》的规定基于公众利益而公开的资料。(3)对于主管机构所掌握的材料或者其中部分材料，或加拿大环境评价机构掌握的材料或其中部分材料，主管机构或环境部长认为，其公开可以有利于公众积极有效地参与项目环境影响评价，因而符合公众利益的资料或其中一部分，但不包括含有第三方信息的资料。

（三）日、德等国的环境信息公开

公开相关信息资料也是日本公众参与环境影响评价的重要组成部分，而日本所采用的公开办法大多也是公告。日本《环境影响评价法》也十分重视信息的公开，规定了从范围界定阶段、准备环境影响报告书草案阶段到最终环境影响报告书三个阶段的相关信息的公开。该法第 7 条名为"范围文件公布和公开复审"，规定"为了征求意见，从保护环境的角度出发，关于环境影响评价所需考虑的事项和所要采用的调查、预测和评价方法，根据总理府规定，项目提议者应公布范围文件已准备好的事实，可以在范围文件公布之日后的一个月内对范围文件进行公开复审"。

为了保护公民环境知情权，德国于 1994 年制定《环境信息法》。其中第 1 条为："制定本法之目的是为确保自由获取并传播由主管部门掌握的环境信息，规定获取环境信息的条件。”第4条对环境信息的要求规定：“人人都有权从主管部门或其他法人获取环境信息。主管部门可以根据申请发布信息，允许保护环境的档案被查阅，开通多种信息渠道。”

乌克兰共和国《自然环境保护法》第9条规定：“公民有权依法定程序获得关于自然环境状况及其对居民健康的影响等方面的确实可靠的全部信息。”

（四）发展中国家的环境信息公开

强有力的法律是信息公开的保障。人们有权知道环境的真实状态，这一权利在立法中也得到了明确的承认。自1992年的里约“地球峰会”以来，发展中国家和经济转轨国家都引进了法律条款，并建立了环境信息公开的基础设施。其中，墨西哥和泰国有全面的处理信息公开的立法，包括公开的宪法保障、一般意义上信息公开的立法以及具体的环境信息公开的立法。印尼、墨西哥和泰国从宪法上保障公众的信息获取权。智利、匈牙利、墨西哥、泰国实施《信息自由》立法。智利、印尼、墨西哥、泰国有具体支持环境信息公开的条文。泰国的《国家环境质量法》（1992年）第6章规定了一系列个人的权利和义务以鼓励公民参与保护和改善环境，其中包括知情权、要求国家赔偿由于政府行为造成损害的权利。在泰国，《官方信息法》出台的前三年内，有50多万的公民使用了该法。

四、完善我国环境知情权保护的法律对策

（一）扩大环境知情权权利主体

目前我国行政公开的权利主体大多局限于利害关系人，这不符合行政公开制度和知情权发展的国际趋势。特别是在环境领域，由于环境问题具有普遍关联性，任何人都与之存在利害关系，很难严格区分哪些人是直接的利害关系人。这必将给实践带来困难，而且容易成为剥夺公众环境知情权的借口。所以环境知情权的主体应做充分的扩充，包括任何自然人、法人、其他组织甚至行政机关。自然人是环境知情权的基本权利主体。法人及其他社会组织是

环境知情权权利主体的重要组成部分。法人及其社会组织是公众参与环境事务的重要形式，能够克服个人参与环境保护时在精力、财力、专业知识、影响力等方面的内在缺陷，这一点已经被诸多国家的法律所承认，环境知情权的主体必须包括法人和其他社会组织。行政机关是环境知情权的特殊权利主体。国家机关作为我国社会的特殊主体，同样应当享有环境知情权，其拥有权利主体和义务主体的双重身份。以松花江水污染事件为例，由于在污染事故发生后的若干天里，国家环保总局没有接到吉林省环保部门任何关于这起重特大环境污染事故的信息，错过了解除污染隐患的最好时机，最终导致了非常严重的后果，造成了极其恶劣的社会影响。吉林省政府侵犯的不仅仅是公众和社会组织的环境知情权，更是侵犯了国家环保总局的环境知情权。由此事件可以得出，传统的环境知情权的权利主体观点应当修正，国家机关的环境知情权同样应得到法律的保障。

（二）扩充并强化企业的环境知情权义务主体地位

环境问题中很大一部分是由于企业的排污及开发利用自然资源活动带来的，然而，长期以来企业却不对其排污信息承担公开的义务，也就是说企业并没有成为环境知情权的义务主体。我国国家环保总局于 2003 年 9 月 2 日发布《关于企业环境信息公开的公告》（环发[2003]156 号）对企业环境信息公开起到了里程碑式的作用。该公告规定："各省、自治区、直辖市环保部门应按照《清洁生产促进法》的规定，在当地主要媒体上定期公布超标准排放污染物或者超过污染物排放总量规定限额的污染严重企业名单；列入名单的企业，应当按照本公告要求，于 2003 年 10 月底以前公布 2003 年上半年的环境信息，2004 年开始在每年 3 月 31 日以前公布上一年的环境信息。没有列入名单的企业可以自愿参照本规定进行环境信息公开。"可见，该公告实行了自愿公开与强制公开相结合的方式。一方面，对于一般情形，只要求企业自愿公开环境信息；另一方面，对于一些重点污染源或是排放有毒有害以及从事的生产活动可能对周围的生活及生态环境产生危害的企业，规定在一定范围内向周围公众公开其相关的环境信息。这一点，《沈阳市环境保护公众参与办法》（草案）中也有所涉及，其第 16 条规定："各重点污染源企业必须向附近公众公布本单位的污染物排放信息。”我国在立法中应当进一步扩充企业应公开的环境信息，强化其环境知情权义务主体地位。

（三）拓展环境信息公开的范围

在欧盟《奥胡斯公约》中明确规定环境信息是指：A. 各种环境要素的状况，诸如空气和大气层、水、土壤、土地、地形地貌和自然景观、生物多样性及其组成部分，包括基因改变的有机体以及这些要素的相互作用；B. 正在影响或可能影响以上（A）项范围内环境要素的各种因素，诸如物质、能源、噪声和辐射及包括行政措施、环境协议、政策、立法、计划和方案在内的各种活动或措施以及环境决策中所使用的成本效益分析和其他经济分析及假设；C. 正在或可能受环境要素状况影响或通过这些要素受以上（B）项所指因素、活动或措施影响的人类健康和安全状况、人类生活条件、文化遗址和建筑结构。总体上看，国际立法中对环境信息的范围规定是不断扩大的，它同时对各国国内立法产生影响，越是新颁布的国内环境立法对于环境信息的内容规定就越宽泛，这充分体现了人们对环境信息重要性认识的加深。① 另外，应将环境信息分类，目前我国的环境信息公开主要有环境状况公报、地区或流域环境状况公报、空气环境状况周（日）报、企业环境信息公告。在今后的环境立法中，不仅规定其共通的方面，而且根据各自的不同特质分别作出公布和获取的途径和方式。如英国的环境信息公开模式就很值得我们借鉴，将环境信息分为污染环境信息、企业环境信息和与消费品有关的环境信息，并规定了不同的公开模式。

（四）强化环境知情权的程序保障立法

首先，进一步拓宽义务主体提供环境信息的渠道和方式。一方面，环境信息可以利用定期出版物、报纸、广播电台和电视台等媒体进行公开；另一方面，环境信息应当包括利用政府网站做平台公布、在信息公开机构办公地点政务公开查询触摸屏上公开，此外，加拿大的环境信息档案制度也颇值得我们借鉴。

---

① 朱谦：《环境知情权研究》，载《2005 年中法学会环境资源法学研究会年会论文集》。

其次，加强环境知情权与公众参与的衔接。在规定环境知情权的同时丰富公众参与的相关规定，为广大民众和环保组织参与环保事业开辟道路。我国一些地方正在努力建立环境知情和公众参与制度，如山西省积极拓宽公众参与环境保护的渠道，对可能造成不良环境影响并直接涉及公众环境权益的发展规划和建设项目的环境影响评价与“三同时”验收等环节的环境管理，采用听证会、论证会或社会公示等形式，广泛听取公众意见，接受群众监督，提高环保决策的民主化程度，充分发挥“12369”环保举报热线的作用，畅通群众举报投诉渠道。环保部门要为环境污染受害者提供法律咨询服务。这些地方性规定对环境知情和公众参与环保事业将起到积极的推动作用。而国家立法也应考虑到此，对公众参与制定详尽的参与途径、方式、内容以及权利救济等。

（五）健全环境知情权的法律责任

在环境知情权方面，具有公开环境信息的义务机关有及时并准确公布环境信息的责任，对于其不作为和过错行为应当追究其法律责任，给予行政处罚或法律制裁。行政不作为，是指本机关工作人员无正当理由，对本应及时公布的环境信息怠于公布以及经行政相对人申请公开而不予理睬或不予公开相关信息的行政行为。行政过错，是指行政机关工作人员因故意或者过失不公开或不正确公开相关信息，以致影响行政秩序和行政效率，贻误行政管理工作，或者损害行政管理相对人合法权益，给行政机关造成不良影响和后果的行为。行政不作为和过错责任追究制度就是对行政不作为和过错责任人依据有关规定给予行政处罚以及法律制裁的制度。只有建立了相关责任追究制度才能最终有效规范环境知情权义务主体的行为，使环境知情权真正落到实处。公共行政机构掌握了大多数环境信息，是环境信息公布的主体，负有及时、准确公开环境信息的义务。追究公共行政机构的责任主要源于其行政失职，行政失职的本质是行政主体违反法定行政作为义务。当行政主体能够履行法定作为义务而没有履行或没有完全履行时，就构成违反法定作为义务的行政失职。当公共行政当局掌握环境信息并具有主动公开义务或权利主体申请公开相关信息时，如果其存在怠于公开、过失未公开、不及时公开、不适当公开、不完全公开、迟延公开等情形时，该公共行政机构和相关责任人员就应当承担由行政失职而导致的行政责任。对于企业作为环境知情权义务主体的责任则在于如果企业被赋予了强制公开某些环境信息的义务，那么该企业对于应当主动公开的环境信息和经权利主体申请需要公开的环境信息应当及时、准确地公开，对于其怠于公开或不适当公开、迟延公开等行为所导致的损害应当承担相应的责任。在相关立法中应明确规定这一责任并确立操作性强的程序保障。环境知情权义务主体承担责任的方式主要有：民事赔偿、行政赔偿、行政处罚、行政处分，情形严重的应当追究其刑事责任。只有确立相应的责任制度，才能对义务主体不作为行为产生威慑力，使其在公开环境信息和承担责任之间博弈选择，从而保障环境信息的及时、准确公开，保护权利主体的环境知情权。

（六）健全权利救济机制

1. 建立监督投诉制

该制度指的是系统内部的监督投诉，无论是公共行政机关还是企业都应当建立相应的监督投诉部门，受理权利人对本机关或企业的相关投诉。当权利人认为自己的权利受到侵犯时可以通过电话、网络、信件等方式向有关部门投诉。对权利人的投诉，该部门有核查义务，确对权利人的权利和利益产生损害的，应当承担相应的责任。这是义务主体内部自我纠错的重要途径，这种方式能最有效率地把错误扼杀在最初的萌芽状态，是一种较为经济的救济方式。

2. 提高举报制度的效率

权利主体的环境知情权被剥夺或不能完全实现时，可以向监察机关、上级政府机关以及企业环境信息公开的主管机关举报。首先，监察监督是一种独立的监督手段，《中华人民共和国行政监察法》第 3 条规定："监察机关依法行使职权，不受其他行政部门、社会团体和个人的干涉。"第 6 条规定："监察工作应当依靠群众。监察机关建立举报制度，公民对于任何国家行政机关、国家公务员和国家行政机关任命的其他人员的违法失职行为，有权向监察机关提出控告或者检举。"权利主体的环境知情权遭受侵犯时，即可以根据该法的规定向监察部门举报。其次，上级政府机关和企业环境信息公开的主管部门也对相应义务主体的信息公开行为实施监督，权利主体应当具有向这些机关举报的权利。举报也是一种比较简洁的救济方式，但法律对时限的规定比较笼统,《中华人民共和国行政监察法》第32条规定:“监察机关立案调查的案件,应当自立案之日起六个月内结案;因特殊原因需要延长办案期限的,可以适当延长,但是最长不得超过一年,并应当报上一级监察机关备案。”如此一来,所有向监察机关举报的案件都要遵循这样的时间要求,而环境知情权受到剥夺大都是因为没有公开或不及时、不适当公开环境信息所致,此类案件调查所需的时间一般较短,而且该方面的举报大都具有时效性,如果同样适用6个月的规定,则明显过长,没有效率。所以,立法方面要考虑到这样的问题,在该举报制度方面规定特殊的时限,不论监察机关还是相应的上级主管机关都应当在相对短的时限内完成案件的调查和处理,从而保障权利主体环境知情权的及时、有效实现。

3. 确立环境知情权方面的赔偿制度

环境行政赔偿制度在我国已经确立,但具体到环境知情权方面的赔偿却并没有制度化,而且此处的赔偿也并不完全是行政赔偿。无论是行政机关还是企业,只要其具有公开环境信息的义务就应当在其失职时承担相应的赔偿责任。例如松花江事件中,导致事件的其他原因此处不做评论,只就瞒报环境信息方面所带来的扩大损失就应当追究相关机关的法律责任,但由于我们现存的立法不够明确(当然也不排除其他方面的原因),环境信息公开的义务机关尚未受到法律的制裁,因不及时公开环境信息所导致的责任未引起普遍关注,此方面的赔偿也就无人提及了。是我国环境知情权方面赔偿制度的缺陷,是一种从观念到立法的缺失,因环境信息公开失职导致的损失赔偿不仅立法里缺乏此方面的规定,在权利主体观念里也没有形成索赔的意识,认为义务主体的此种不作为行为即不公开环境信息或不适当公开环境信息的行为不足以承担赔偿责任,甚至没有把这种行为上升到失职的高度。对于企业也是这样,只有当企业污染造成严重后果的时候大家才会想到运用法律武器与之斗争,而在这之前,如果仅是企业虚报环境信息致损,往往不了了之。因此,环境知情权方面的赔偿制度的建立需要一个过程,一个观念认知的过程和立法完善的过程。

4. 规范行政复议制度

《中华人民共和国行政复议法》第二章行政复议的范围中并未规定行政

机关不公开相关信息可以对其提起行政复议,第6条第11项的兜底条款也只是规定"认为行政机关的其他具体行政行为侵犯其合法权益的",可以对其提起行政复议,我认为,应当在复议范围中加入一项,即认为行政机关的其他行政不作为行为侵犯其合法权益的,可以对其提起行政复议。这样,当权利主体的环境知情权遭到侵犯时即可利用行政复议方式予以救济。

5. 完善环境知情权诉讼规制

美国《信息自由法》规定,环保署有义务公布环境信息,如果涉及不予公布情形,则环保署必须引用豁免条款明确说明不披露信息的理由,且环保署的答复必须包括如何起诉不披露决定的步骤。如果公众获取环境信息的要求被拒绝,则要求者可以首先进行行政诉讼。在美国,通过环境知情权的行使,公众发现环境保护部门滥用职权或怠于行使职权而致环境公共利益受到影响时,还可以通过环境行政公益诉讼来对环境行政机关实施监督与制约。如美国《清洁空气法》规定:"任何人如认为局长(指联邦环保局局长)未采取或履行依据本法不属于他的行政自由裁量权范围的行动或义务,皆可以自己的名义对局长提起……诉讼。"根据这一规定,如果依据《清洁空气法》的规定联邦环保局应当采取某种行动或履行某种义务而未采取有效行动或履行义务,则联邦环保局可能成为公众诉讼的被告,联邦地方法院有权命令环保局长采取应当由他采取或履行的行动或义务。美国公众尤其是环保团体,很重视运用公民诉讼这一法律武器来监督和推动联邦行政机关,尤其是联邦环保局实施环境法规。①

我国《行政诉讼法》并未将环境信息公布部门的不作为行为纳入行政诉讼的范围,因此,面对相关部门拒绝公布环境信息或虚报环境信息行为,公众便无能为力。正如"松花江事件"中,明显的环境信息虚假通报最终却未得到法律的严惩,公众的环境知情权并不被广泛关注。因此,我国应将环境部门的不作为纳入行政诉讼范围。

另外,对于具有强制公开环境信息义务的企业,其不公开和虚假公开环境信息的行为同样应当受到法律制裁,当其不作为行为导致权利人利益损害时,

---

① 王曦:《美国环境法概论》,武汉大学出版社1992年版,第205页。

权利主体可以通过民事诉讼，情节严重的还可以通过刑事诉讼的方式对其责任进行追究。而诉讼是权利主体维权的最后一道保障，也是最具权威和强制力的保障途径。因此，从立法上完善环境知情权方面的诉讼制度是环境知情权救济的关键。

（七）健全配套制度

1. 建立、健全与企业、产品环境信息公开的相关制度

我国应当形成一套客观有效的环境信息公开评价体系和评定标准，规定充分有效的公众参与形式，加强对责任的追究，使其扩展到民事、刑事等各个方面。加强对企业公开行为的检查与监督等。同时，应在更大范围内积极推广企业环境信息公开制度，建立与之配套的企业环境信用等级制度。对于产品环境信息公开，应不断加强环境标志或者标签建设，应确定发放标签的组织和评定的标准，并与已经深入人心的 ISO14000 认证体系相互配合，应对产品的来源材料、生产和销售全过程实行规范并跟踪调查，应制定获取标志的审批程序等。

2. 完善环境检测和监测制度

应当明确规定环保监测部门及其工作人员不同情形下的不同责任承担方式，包括民事赔偿、行政处罚以及行政赔偿等，情节严重的追究刑事责任。此外，规定企业虚假检测的法律责任，诸如罚款、吊销营业执照以及普通公众对企业环境信息的质疑程序和诉讼程序等，也将对环境信息的准确公布起到重要作用。

公平与效率:法经济学视角下环境监管立法目标与实现途径

罗俊杰*

摘　要:公平与效率是环境监管立法过程中应当遵循的最重要的价值目标,它关系到环境监管法实施的有效性。依经济学市场均衡理论,环境监管立法供给应与可持续发展社会对法的需求相适应,这要求我国立法部门建立全面、具体而符合社会公众利益的环境监管法,以实现法的公平目标。依成本收益理论,应该尽量减少立法成本,法的内容要尽量使个体行为外部性内部化,对此应坚持民主科学立法,建立层次有致、奖惩分明、具有前瞻性和长效性的环境监管法,以实现法的效率目标。

关键词:环境监管立法　公平　效率　法经济学分析

一、前言:问题的提出与文章的宗旨

近年来层出不穷的重大环境污染事件已经引起了社会各界对中国环境问题原因的热烈讨论②,其中大多是涉及浅层次的原因分析,诸如地方政府片面追求政绩、执法人员徇私舞弊、法律的时滞性等。也有涉及深层次的原因分析,如执法依据的有效性等,但对于导致我国环境监管法缺乏有效性背后的更深层次原因,理论界缺乏有说服力的实证性研究。笔者认为造成我国环境监

---

* 罗俊杰,1967年生,湖南湘乡人,经济学学士、法学硕士,浙江万里学院法学院讲师,研究方向:经济法、法经济学。

② 刘映花:《WTO五年　中国仍在路上》,载《中国剪报》2006年12月13日第1版。

管法缺乏有效性的根本原因是我们在法制建设的源头——立法过程中忽视了公平、效率等基本价值目标，以至于使许多环境监管法律法规成为协调部门利益、中看不中用的摆设。目前我国环境监管法的立法目标相对模糊，一般与立法原则相等同（如维护环境安全和保障可持续发展等），而极少提及公平、效率等基本价值目标。然而价值目标的定位并非难事，因为像公平、效率这些本身就是公认的法治理想目标，作为立法的价值目标极易达成共识。问题的关键是公平与效率目标的评判必须要有特定的衡量标准，从而保障其有可行的实现途径，因为纯粹价值目标的规范在表现形式上是不明确的，而且观念上的东西又具有很强的时代性和民族性。所以，本文尝试运用一种新的、具有实际可操作性的理论和方法来对法律的公平与效率目标进行分析和论证，从而找出实现目标的途径。法经济学作为一种法学上的新的思维方式，是关于利用理性的经济学原理分析现存法律现象的科学，它为我们更彻底、更清晰地分析和衡量法律的正当性提供了一种新的方法。下面从法经济学的市场均衡和成本收益两个方面就如何在我国环境监管立法中实现公平与效率的价值目标进行探讨。

二、环境监管立法公平性的市场均衡分析

（一）市场均衡方法分析环境监管立法公平性的原理

经济学上的市场均衡是指经济物品的供给和需求通过市场发挥作用，产生均衡价格和均衡数量的状态。① 通俗地说，是指由于经济事物的各方面的力量能够相互制约和相互抵消，各方面的愿望都能得到满足，使得事物的有关变量处于一种相对静止的状态。环境监管立法的供求均衡是指有关环境监管的法律供给适应社会维持可持续发展的自然环境对法律的需求，既不存在法律过剩，也不存在法律短缺，处在一种相对稳定的状态，即法律的数量、内容和结构安排能够满足维持可持续发展的自然环境的要求。从经济学角度讲，环

---

① ［美］保罗·A.萨缪尔森、威廉·D.诺德豪斯：《经济学》，萧琛等译，人民邮电出版社2004 年版，第 43 页。

境资源系统是典型的公共物品,搭便车者在环境资源系统物品的消费领域大量存在,致使环境资源通过私人的供给太少,而使用却过度。为了避免环境公共物品的过度消费,国家有必要通过立法建立对环境资源进行监督和管理的依据,以弥补市场调节在该公共物品供求上的失灵。供求均衡的环境监管法是各方利益的妥协,是当前利益与长远利益、局部利益与全局利益的协调,这体现着法的公平价值观念。

假设法律的供给者(立法者)与法律的需求者(经济个体)都满足理性经济人的条件(一定约束条件下寻求自身利益最大化),则按此假设,立法者总是会选择自身利益最大化的立法方案,产生法律的供给,而经济个体则存在着根据自身利益通过选择违法和守法来购买法律的愿望,产生对法律的需求。

如图1坐标中,横轴Q为环境监管立法的市场需求量或供给量,纵轴P为法律价格(守法的成本)或违法成本,D、S分别为环境监管法的需求曲线和供给曲线,并且在一定时期内是相对稳定的,E为供给与需求的均衡点,对应的均衡法律价格和均衡立法数量分别为P_0和Q_0。现假设经济个体选择违法购买法律的成本为P_1,$P_1>P_0$,其对应的立法的需求量和供给量分别为Q_1和Q_2,显然,$Q_2>Q_1$。如果法律价格在P_1的水平,则环境监管立法会供过于求,法律价格将会下降,向P_0靠拢。又假设经济个体选择违法购买法律的成本为P_2,$P_2<P_0$,其对应的立法的需求量和供给量分别为Q_3和Q_4,显然,$Q_3>Q_4$。如果法律价格在P_2的水平,则环境监管立法会供不应求,法律价格将会提高,向P_0靠拢。只有在E点,违法成本和守法成本相等,经济个体对环保立法的需求量与国家机关对环保立法的供给量相等,环境监管立法处于相对均衡状态。

总之,如果法律价格(守法成本)低于违法成本,则人们通过违法的方式来购买法律责任的需求就降低,从而违法的可能性就减少。相反,如果法律价格高于违法成本,违法的可能性就增加。市场的力量会使偏离法律均衡价格的法律实际价格逐步向均衡价格靠拢。在供给与需求的均衡点上,只要其他外部条件保持不变,价格和数量就会保持稳定,也就是说在环境监管立法领域,只有使法律的供给与需求达到相对的均衡状态,才能使环境违法的几率下降,并且实现监管资源的效率最大化。具体来说就是,市场均衡状态的环境监管立法应当是在充满民主与科学精神的立法进程中,对于人类赖以生存的环

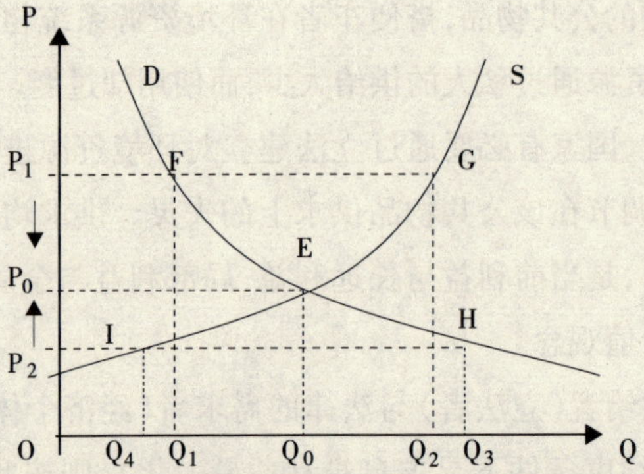

图1　环境监管立法市场供求均衡状态

境要素如空气、水、土地、动植物等都建立相应的法律法规予以保护，违法者的法律责任既要有补偿性的民事法律责任，也要有惩罚性的行政与刑事法律责任，法律既要能使受害者得到补偿，又要能对施害者构成威慑，既要兼顾当前利益和局部利益，又要考虑长远利益和全局利益，这样才能体现立法的公平。公平原则在环境监管立法中应体现为以环境为中心的合作体系中的主要的社会制度安排，该原则决定了环境监管法律关系的基本结构，而这种合理制度安排的含义从经济学上讲就包含了立法供求均衡这一重要的内容。因此，环境监管立法的供求均衡是环境监管立法公平价值目标得以实现的重要组成部分，是良性环境监管法律秩序得以建立的前提和基础。只有使立法的总供给与总需求在总量和结构上处于一个相对均衡状态，才能充分体现法律公平性的内涵。当然，这有待于我们建立从立法的失衡到平衡的均衡机制。环境监管立法是一项技术性极强的立法工作，而且相关利益者几乎涉及全民，所以要做到立法的公平，首先要求我们以民主的作风充分征求各方意见，尊重各方利益诉求，其次要求我们以科学的态度来论证每一条法律规范的可行性，并尽量使立法具有前瞻性，这样才能使环境监管立法处于相对稳定、有效实施的状态。

（二）我国环境监管立法的供求均衡状况

我国环境立法在部门法中是最多的。到目前为止，全国人大常委会制定或修订了环境保护法律9部、自然资源管理法律15部，刑法还以专章形式，集中规定了“破坏环境资源保护罪”。此外，还有国务院制定的环保法规50项、国务院环保部门单独或与有关部门共同发布的规章(包括规范性文件)200余项、军队环保法规和规章10余件、国家强制性环境标准120多项、批准和签署多边国际环境条约51项;各级地方人大和政府制定的环境保护地方性法规和地方政府规章更是多达1600余件。① 但为什么环境问题仍然触目惊心呢?法律的数量多并不能与法律供给充足画等号,事实上在我国仍然存在着环境监管法供求严重失衡的问题,这种失衡在很大程度上是供求结构失衡,这是导致环境问题严重存在的主要原因之一,具体表现在:

第一,环境立法内容存在严重缺陷。现行立法中的某些规定过于笼统,缺乏配套法规来加以细化,如《环境保护法》关于"三同时"制度的规定就明显属于一般性的原则规定,缺乏具体的细化措施,使环境保护行政主管部门在执法过程中缺乏充分法律依据,难以具体操作。又如对排污收费制度中"单因子"收费问题的规定:同一排污口含有两种以上有害物质时,按收费最高的一种计算。这种规定不仅明显有失公允,不利于环境的污染治理,且使得环境保护行政主管部门在执法过程中"有法难依",在一定程度上影响了环境立法的实施。② 另外,某些立法未能及时修订,已经严重落后于现实,突出的有水法、大气法、噪声法等。

第二,一些领域存在立法空白,环保法律体系还不完整。有关土壤污染、化学品管理、生物安全、遗传资源保护、开发区环境管理与涉及老百姓生活环境密切相关的光污染、热污染、恶臭等方面的法律法规至今仍是空白状态。

第三,在立法程序上,基层调研不够、过分关注部门利益使得法律的供给不能适应社会各方对法律的需求。在我国,环境立法资源主要掌握在政府行政部门手里,社会参与不够。在这种模式下,在法律起草和审议中往往主要是在平衡行政部门之间的关系,平衡后的立法也就主要反映了行政部门和一部分大企业的意见,社会各方面的利益却没有很好地体现。

---

① 郄建荣:《八大立法问题亮出环保软肋》,法制网2006年12月28日。

② 刘长秋:《环境与自然资源保护统一立法的必要性》,载《福建环境》2003年第3期,第21—23页。

三、环境监管立法效率目标的成本与收益分析

（一）成本与收益方法分析环境监管立法效率的原理

1. 成本与收益分析方法的基本原理

成本与收益分析方法一般指通过权衡收益与成本来评价决策经济后果的一种系统经济分析方法。它不同于从个别企业角度出发的投资赢利分析，而是从公共决策对整个社会的影响来进行考虑，它还需要分析那些不具有市场价格的收益和成本，而对那些被市场价格歪曲了的收益和成本则要进行“还原”①。成本—收益分析，可用于评估一个项目或方案的社会经济价值，比较几个方案的社会经济收益的差别，分析论证同一领域的不同项目或不同领域的各个项目的社会经济收益，为有效的决策提供大量有用的信息和参考性的意见。立法是国家决策的最高表现形式，而环境监管立法则是国家基于社会公共利益对解决生产生活中的环境问题进行决策的最高表现形式，对其立法成本与立法收益进行比较是判断环境立法是否具有效率的重要方法。

2. 环境监管立法的成本与收益

对环境监管法进行成本与收益的分析是建立在环境监管法律是一种稀缺资源，通过权利、义务和责任的配置，可以给人们带来实际利益的假设基础之上的。环境监管法的立法成本是指在立法过程中所花费的人力、物力和财力等资源的全部费用支出。环境监管法的立法收益是指通过实施环境监管法对自然环境进行维持和治理而给环境受益者带来的满足的增加。立法的效率是指法律的收益与成本之比。在这里必须注意立法效益与立法效率的区别。立法效益是指立法收益减去立法成本之差，是从会计上表示法律给经济主体带来的优劣的实际效果；而立法效率注重法律的新增效益与该法律所花费成本之间的比率，侧重于从经济学的角度来考虑立法的经济效用。“立法的一个

① P. G. Sassone & W. A. Schaffer, *Cost-Benefit Analysis*, Academic Press, New York, 1978, pp. 10 - 12.

重要功能就是克服交易成本的障碍而成为财富最大化的交易。”①从经济学的角度理解就是只要是实现了财富最大化,就是在最高层次上、更大意义上和一定程度上实现了效率。如何实现环境这一全球公共财富的效用最大化,是衡量环境监管立法是否富有效率的重要尺度。

3. 对经济个体行为外部性内部化是提高环境监管立法效率的关键

根据经济学原理,每个人的行为不仅仅涉及其个人的成本与收益,而且也可能给他人施加成本或带来收益,此即经济学上的外部性问题。依照理性经济人假设,单个经济主体在进行决策时,总是会作出使私人边际成本等于私人边际收益的个体理性决策。然而,按照社会的帕累托效率最优原则,是使社会边际成本等于社会边际收益,这就存在着个体理性与团体理性的冲突,即个体的行为存在着严重的外部性,而通过法律规则的安排可以把个体行为的外部性内部化。虽然立法很难彻底解决这一问题,但是应该尽量作出能使个体理性与团体理性相统一的制度安排,从而使微观的经济主体利益与宏观的团体利益趋于相对平衡。对于环境监管立法来说,由于被监管经济主体极强的逐利、投机心理,使得如果不通过一种预先的、合理的制度安排使其外在成本(或收益)内部化,就会助长其外部性破坏行为(或使社会有益行为不足),其结果是环境的日益恶化。下面的模型将说明如何通过限制和激励的环保措施将个体生产行为的外部性内部化。

(1)针对具有负外部性经济个体生产行为的环保立法策略。如图2(a),如果个体行为(以生产者生产商品为例)具有负外部性,则私人成本小于社会成本。以MPC、MSC分别代表边际私人成本和边际社会成本,该商品的市场需求决定的边际收益为MR_1,市场自发作用的结果是,经济行为者选择的最优产量为使$MPC = MR_1$时的Q_1,而此时社会实现环境的最优利用和资源的最优配置时的产量是$MSC = MR_1$时所决定的产量Q_2。为使产量减少到Q_2,可以通过征收排污费、环保税、罚款、向社会公布排污企业黑名单等方式,增大私人成本并给予必要的声誉惩罚,这样可使MR_1向下移到MR_2,使得$MPC = MR_2$所决定的产量恰好是Q_2。

---

① [美]波斯纳:《法理学问题》,苏力译,中国政法大学出版社2000年版,第450页。

(2)针对具有正外部性经济个体生产行为的环保立法策略。如图 2(b)，如果个体生产行为具有正外部性，则私人收益小于社会收益。以 MPR、MSR 分别代表私人边际收益和社会边际收益，MPC、MSC 分别代表私人边际成本和社会边际成本(因为企业生产行为正外部性，使得 MSR > MPR，MSR 曲线位于 MPR 曲线的上方，而边际成本曲线则刚好相反)，则市场自发作用的结果是，经济行为者选择的最优产量为使 MPC = MPR 时的 Q_1，而社会实现环境的最优利用和资源的最优配置时的产量是 MSC = MSR 所决定的产量 Q_2。为使企业产量达到 Q_2，可以通过给予生产者奖励、向社会公示褒奖、建议其他职能部门提供优惠的投资环境(如土地、税收政策)等办法，这样一方面降低了企业成本，可以使 MPC 下移至 MSC，另一方面增加了企业收益，可以使 MPR 上移到 MSR，使得 MPC = MPR 所决定的产量恰好是 Q_2。

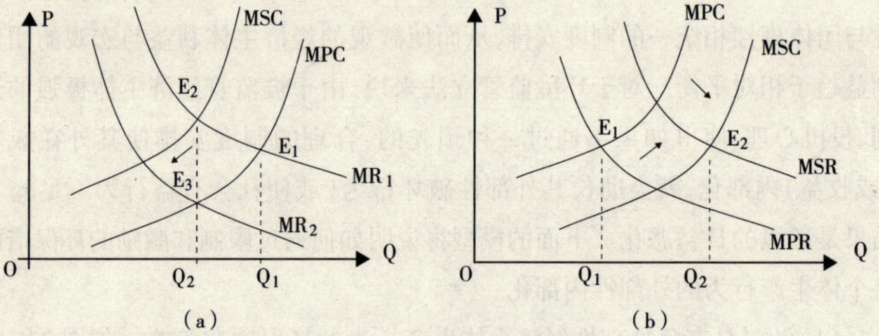

图 2　环境监管立法策略对生产企业外部性行为的影响

总之，为了使个体经济行为外部性内部化，就必须在环境立法过程中分析立法引起经济主体的成本与收益变化，以及如何促使其经济行为有利于社会公共利益，从而使环境监管立法符合社会整体效率目标。环境监管立法的效率是通过环境立法建立起来的以最低的立法成本取得最佳环境效益以适应社会经济可持续发展要求的法律制度或机制来实现的。“对正义的要求决不能独立于这种要求所应付出的代价。”①环境立法是执法和司法的前提，立法的

① [美]波斯纳:《法律的经济分析》，蒋兆康译，中国大百科全书出版社 1997 年版，第 32 页。

效率直接影响到执法和司法的效率,所以在立法时进行必要的成本收益分析是提高整个环境监管体系效率的必要手段。

(二)成本与收益视角下我国环境监管立法的效率状况

目前,我国环境监管立法效率很低,其原因主要来自立法成本与立法收益两方面:

在立法成本方面,立法成本极大。原因之一是我国立法程序极其复杂,立法过程中人力和物力的消耗极大。立法程序大体包括法律议案的提出、法律草案的审议和讨论、法律草案的通过和法律的公布四个步骤。一项法律往往要经过多次否决、修改才能最终通过,而且存在着大量法律提案被长期搁置和最终废弃的状况。二是极强的立法时滞效应的存在,即最终通过的法律往往不具有预见性,甚至与现实的客观实际相脱节,这也是造成我国环境立法成本上升、收益降低的原因。例如,《环境保护法》(1989)在我国局部地区生态环境已呈恶化趋势的情况下,仍然强调国家的"经济、技术条件"而不是强调考虑社会生态环境安全,显然是片面追求 GDP 的思想在立法中的体现。事实上在当时环境问题已经非常严峻的情况下,严格实行总量控制以使主要环境指标控制在环境安全限度内已是非常必要。往后数年屡禁不止的重大环境污染事故充分说明了我国环境立法的时滞性是造成我国严重环境问题的重要原因①。三是环境行政法规与规定泛化现象普遍,环境监管立法层次低,立法的边际成本很高,环境监管法的规模效益难以形成。在我国环境立法中,全国人大常委会制定或修订了环境保护法律 9 部、自然资源管理法律 15 部,而国务院制定的环保法规则有 50 项、国务院环保部门单独或与有关部门共同发布的规章(包括规范性文件)200 余项、军队环保法规和规章 10 余件、国家强制性环境标准 120 多项、批准和签署多边国际环境条约 51 项;各级地方人大和政府制定的环境保护地方性法规和地方政府规章更是多达 1600 余项②。

① 郄建荣:《八大立法问题亮出环保软肋》,法制网 2006 年 12 月 28 日。

② 蔡守秋:《环境正义与环境安全——二论环境资源法学的基本理念》,载《河海大学学报(哲学社会科学版)》2005 年第 2 期,第 59 页。

在立法收益方面，立法收益很低。具体表现在：一是有关法律对某些基本制度重复过多，而且口径不一，令人误解。例如：关于排污许可证的发放机关，大气污染防治法规定为大气污染物总量控制区的地方政府，而我国新修订的水污染防治法则笼统规定"具体办法和实施步骤由国务院规定"，给人的印象是对大气污染的轻视；关于限期治理的决定机关，2004 年修订后的固体废物污染环境防治法已经授权由环保部门决定，而环境保护法以及多数环保法律仍然规定为由政府决定。二是立法操作性差，导致环境执法难。一些法律条文看似严厉，在基层执法中却难以执行。比如大气污染法规定，对制造、销售、进口排污超标的机动车船，应没收、销毁，由于执法主体不明确，致使该法律条文难以执行。大气污染法颁布了那么多年，对涉案的车船一般都是环保或交通部门罚款了事。三是许多立法与基层执法能力建设严重脱节。如环保法律法规规定的排污申报、总量控制、环境容量、排污许可及排污交易等制度。四是法律处罚的畸轻，导致"违法成本低，守法成本高"，环境违法行为愈演愈烈。例如大气污染防治法明确界定超标排污行为为违法行为，但对超标排污行为规定的经济处罚仅为 1 万元以上 10 万元以下，交了 10 万元，其超标排污所要缴纳的超标排污费也免了，这 10 万块钱可以说是一个违法企业的全部违法成本。而对于守法企业来说，其成本除了要缴纳排污费，还必须承担治污设施的运转费用，其成本是远远高于 10 万元的。守法成本远远大于违法成本，许多企业当然选择违法，于是行政处罚起不到外部成本内部化的作用。五是"重行政立法，轻民事立法"。现行法律一方面规定了许多的行政处罚手段，另一方面对环境污染受害方的普通百姓（他们相对于污染企业来说是弱势群体）却没有规定特别程序予以救济，以至于在现实中普通老百姓很难得到充分的救济。当然，由于舆论的压力，近年来的立法有了一些改观，如 2004 年 12 月底全国人大常委会通过的《固体废物污染环境防治法》的修订，特别增加了四个条款，均是关于民事的。比如，规定了造成环境污染的要承担恢复原状的责任、在环境损害赔偿案件审理中实行被告举证制、鼓励对污染受害者提供法律援助、环境监测机构必须接受当事人的委托进行环境监测并如实提供监测报告。这都是有利于老百姓打官司的，有利于公众通过民事途径解决环境问题。另外，现在正在建议起草的《环境损害赔偿法》，也是一个环境民事的立法①。六是对守法者激励、奖赏措施不足,地区差异很大。我国对守法者激励、奖赏措施基本上是地方性法规规定,其措施主要是对环保产业税收、金融优惠政策,而且其激励力度随地区贫富不同而差距很大,这对激励力度小的地区效果非常有限。②

四、促进我国环境监管立法公平与效率目标实现的途径

(一)促进我国环境监管立法公平目标实现的途径

前述,我国环境监管立法供求失衡的主要原因不是法律总量供给不足,而是供求结构失衡,即法律供给不能适应市场的需求。为此,应从以下两方面加强环境监管立法的公平性。

在立法内容上,应着手做好以下三个层次的工作:一是将原则性的规定具体化、严格化,便于执法时的可操作性。如"三同时"制度,为了保障不流于形式,应强调环保部门参与企业项目设计方案中环保设施的选型、审核和竣工验收,未经环保部门审核环保设施的项目,规划部门不予发放《规划许可证》,建设部门不予发放《施工许可证》,发改委不予项目报批③。二是将不合理的制度予以修改。如"单因子"收费问题,由于单因子不利于引导排污单位综合治理污染源,而且也与多种污染物造成的环境损害不相符,因此应实行由浓度收费向总量收费、由单因子收费向多因子收费的转变,严格执行"部门开票、银行收钱"制度,严肃查处弄虚作假、少征、漏征、人情收费、协商收费等问题。三是着手填补一些领域的立法空白,如化学品的管理、生物安全、遗传资源保护和光污染等领域。我国一方面应充分借鉴发达国家的立法经验以建立我国的相关法律制度,另一方面应加入一些国际条约以维护我国环境安全。如2005年我国加入了《卡塔赫纳生物安全议定书》,便可以引用该议定书的条款

① 王灿发:《我国环境法治的转型》,载《学习时报》2007年3月13日第2版。
② 蔡守秋:《当代环境资源法中的经济手段》,载《法学评论》2001年第6期,第56页。
③ 宁立志:《我国循环经济法律的建构和完善》,载《人民日报》2006年11月10日第6版。

对进口转基因生物进行严格管理，保护人民健康和环境安全①。

在立法程序上，针对许多环境监管法律的起草和审议过程中过分强调平衡部门利益而其结果却是牺牲社会公众利益的弊端，可以参照国外由第三方作为立法人的做法。比如，由一个专家或者一个全国人大代表来提出一项法案，然后交由立法机关审议。② 因为专家或人大代表一般是在广泛的社会调研基础上起草议案，而且在这个过程中，环保立法科研力量往往起着非常重要的作用。这样使环境立法建立在民主、科学的基础之上，在程序上体现立法的公正性。

（二）促进我国环境监管立法效率目标实现的途径

在降低立法成本方面：一是加强立法的民主化、科学化，最大可能地减少搁置案和废弃案，节约立法成本。在立法民主化方面，法律的起草应倾听群众的意见，应当利用网络、信访、听证会等形式保障法案充分地反映民意；在立法科学化方面，立法部门应亲自或委托科研机构充分调查研究，借鉴国外相关立法的成败经验，使所立之法具有现实性和前瞻性。二是统一立法，避免法出多门、法律打架的现象。过多的低层次立法会引起立法总成本的上升。如在自然资源的保护方面，我国从 20 世纪 80 年代以来颁布了几部自然资源的法律，其中包括《水法》、《土地管理法》、《森林法》、《草原法》、《矿产资源法》、《渔业法》、《野生动物保护法》等，这些法律比较单一和分散，不能满足可持续发展的需要。为了更好地开发和利用现有的自然环境资源，我国应制定一部统一的自然资源保护法，对各种自然资源进行统一的监督和管理，这样可以避免过多的部门立法而引起的过高边际立法成本。③

在增加立法收益方面：一是通过协调部门立法，加强立法的可操作性，从根本上解决环境立法的收益问题。从效率方面来说，部门立法一方面因为部门之间的争吵而拖延了立法的进程，增大了立法成本，另一方面因为部门立法

---

① 国家环境保护总局：《中国核准加入〈生物安全议定书〉》，http://www.greenpeace.org/china/zh/press/releases/china-s-new-agreement-to-impac_html，2005 年 5 月 19 日。

② 郄建荣：《八大立法问题亮出环保软肋》，法制网 2006 年 12 月 28 日。

③ 卢炯星：《可持续发展战略与我国环境资源立法的完善》，载《法商研究》2000 年第 2 期，第 21 页。

往往从自身部门利益出发或是部门之间的妥协,关键内容看似严格,实则操作性不强,执行起来大打折扣,于是缺乏立法收益。两方面决定了部门立法往往严重缺乏效率。其解决办法除了上面介绍的委托第三方立法外,项目立法也是一种可行的方式,它是指将立法作为一个项目,通过招投标等一定方式交由政府主管部门以外的社会团体或其他专业人士起草法律法规草案的方式①。把市场竞争机制引入环保立法也许是解决环保立法公平与效率问题的有益尝试。二是在法律修改中加大违法处罚的力度,明确环境侵权民事赔偿的可操作程序,达到威慑违法者、减少社会成本,从而增加社会收益的目的。从针对环境犯罪适用刑法的角度来说,我国对环境犯罪的惩治除了应遵循国际通行的结果加重、责任推定和双重处罚三原则外,在提高司法有效性上应特别注意如下两点:第一,鉴于罚金刑的作用甚小,故要注重对没收财产刑的使用,特别是针对自然人的没收财产;第二,鉴于针对自然人的资格刑的作用也很小,故对法人可增设限制或剥夺经营资格,其具体形式表现为责令停产、歇业、勒令解散等,如此更能起到威慑作用②。三是利用经济手段建立环境保护长效机制。运用价格、税收、财政、信贷、保险等经济手段建立环保机制的基本原理是它以内化环境行为的外部性为原则,对环保和非环保两类市场主体实施有差别的经济政策,从而建立保护和可持续利用资源环境的激励和约束机制。与传统行政手段的"外部约束"相比,环境经济政策是一种"内在约束"力量,具有促进环保技术创新、增强市场竞争力、降低环境治理成本与行政监控成本等优点。③ 在我国,由于对实施环境经济政策的成本和收益没有充分的认识,实践中真正有效的环境经济手段很少,至今没有形成一个完整独立的政策体系。拿税制来说,环保税收政策主要是地方上采取比较单一的税收优惠措施,如减税和免税,其调节面、力度还不至于对环境保护产生应有的影响。为了建立环境保护长效机制,我国应当加快建立统一协调的绿色税收、绿色资本市场、排污权交易市场等经济政策与法律体系。

---

① 李克杰:《委托立法,让法律更公正》,载《燕赵都市报》2007年9月14日第3版。

② 杨振伟:《刑法在环境侵权犯罪领域的研究新视野》,http://www.cnjlc.com/law/4/200707075230.html,2007年7月7日。

③ 蔡守秋:《当代环境资源法中的经济手段》,载《法学评论》2001年第6期,第56页。

能源资源法研究

NENGYUAN ZIYUANFA YANJIU

论我国能源安全预警与应急机制的构建*

秦天宝 廖建凯**

摘 要：确保能源安全，是我国当前的一项战略性目标。能源安全预警与应急机制，是保障能源安全的重要制度。风险社会理论为能源安全预警与应急机制的构建提供了有益的理论指导。具体而言，能源安全预警与应急机制应当遵循预防为主、防应结合原则，政府主导、共同参与原则，统一领导、分级管理原则，效率与公平相结合原则以及国际合作原则；其组织体系应当由指挥决策机构、管理执行部门、参谋咨询机构、支持保障部门以及企业和公众组成；还应当建立能源应急预案制度、能源安全预警制度、信息沟通制度、应急保障制度和交流与合作制度。

关键词：能源安全 风险社会 预警与应急机制 原则 组织体系 制度

一、问题的提出

能源安全是能源的经济安全（供给安全）与能源的生态环境安全（使用安

* 本文的研究得到教育部哲学社会科学研究重大课题攻关项目“中国能源安全问题研究——法律与政策分析”（项目批准号：05JZD0003）的资助，系该项目的阶段性成果。

** 秦天宝，武汉大学环境法研究所教授，法学博士（中德联合培养），主要从事环境与能源法、国际法和比较法的研究与教学；廖建凯，天津科技大学法政学院教师，法学硕士，主要从事环境与能源法的研究与教学。

全)的统一。[①] 其中,能源供给安全是国家能源安全的基本目标,是"量"的概念,是相对于一定的时间并受一定的技术经济水平限制的;而能源的使用安全则是国家能源安全的更高目标,是"质"的概念,它实质上涉及可持续发展问题。[②] 能源安全所涉及的外部(地缘政治)、内部(运转和投资)以及时间(短期、中期和长期)要素,要求以一种多维度的政策进路来保护能源体系免于崩溃。在此背景下,国家就要特别对影响能源供应和使用的各种因素进行动态监测并研究其变化规律和发展趋势,当能源供应和使用出现严重危机时,发出预警信号,并采取一定应急措施对能源供应和使用进行适当调控,以保护本国的能源体系免于崩溃。这种集监测、预警、应对为一体的能源安全机制,就是所谓的能源安全预警与应急机制。

当前,我国能源供应和使用过程中不稳定和不确定的因素不断增加,能源安全预警与应急机制尚未健全,这使得我国能源安全面临着巨大的风险。因此,为确保我国能源安全,建立健全能源安全预警与应急机制,已势在必行,刻不容缓!

二、构建我国能源安全预警与应急机制的理论基础

影响能源安全的风险很多,包括资源、政治、经济、运输、军事以及可持续发展等因素。[③] 这些方面的风险交互作用,共同影响一国能源的安全。风险社会理论为我们从风险的视角构建合理有效的能源安全预警与应急机制,提供了有益思考。

(一)风险、风险社会与风险社会理论

"风险"(Risk),就是发生特定危害事件的可能性及事件结果的严重程

---

① Hanns W. Maull, *Raw Material, Energy and Western Security*, London, The Macmillan Press Ltd., 1984, p. 4.

② David Deese and Joseph Nye, *Energy and Security*, Cambridge: Ballinger Publishing Co., 1988, p. 5.

③ 吴巧生、王华、成金华:《中国可持续发展油气资源安全系统研究》,湖北人民出版社 2004 年版,第 3 页。

度。能源风险则是指由自然原因或人类行为引起的,能对能源的供应和使用产生特定危害乃至毁灭性后果的风险。随着人类认识和改造自然能力的不断增强,人类的决策和行为成为风险的主要来源,人类社会从传统的"工业社会"步入到"风险社会"。面对"风险社会"中人为风险不断增多、危害日益严重的状况,西方许多学者对此进行了深入的研究与思考。其中,以德国学者乌尔里希·贝克(Urlich Beck)和英国学者安东尼·吉登斯(Anthony Giddens)的思想最具有代表性。

据贝克的理论,我们正处在从古典工业社会向风险社会的转型过程中,为了因应风险社会,需要一种新的政治形态——亚政治。① 亚政治意味着自下而上的社会形成。在风险社会中,风险具有普及性、扩展性、知识依赖性等特征,一旦风险实际发生,没有人不被包括在内,因此,任何人都应有发言的权利,每个人都需要积极参与风险决策。也就是说,国家需要和社会及个人重组关系,并把风险决策的责任与社会、个人共同分担。吉登斯认为风险是现代社会的重要特征,风险是随着现代化的发展而出现的。他区分了两种类型的风险:外部风险与被制造出来的风险。"外部风险就是来自外部的、因为传统或者自然的不变性和固定性带来的风险";"被制造出来的风险,指的是由我们不断发展的知识对这个世界的影响所产生的风险"。② 他认为传统的工业社会以及此前的社会,人们所担心的是外部风险,而在当代,被制造出来的风险取代外部风险占据主导地位,由此标志着进入风险社会。③

可见,风险社会凸显了当今人类的生存危机,这种危机不是"天灾"而是"人祸"。它是人们的生产、生活方式以及生产、生活方式背后的思维方式和价值观念的失误造成的。④ 因此,如何在制度失范的风险社会建立起一套有序的制度和规范,用改革和改良的方法对风险进行有效控制,已成为现代社会

① [德]乌尔里希·贝克、[英]安东尼·吉登斯、[英]斯科特·拉什:《自反性现代化》,载《现代社会秩序中的政治、传片和美学》,赵文书译,商务印书馆2001年版,第29—30页。

② [英]安东尼·吉登斯:《失控的世界》,周红云译,江西人民出版社2001年版,第22页。

③ 参见汪建丰:《风险社会与反思现代性——吉登斯的现代社会"风险"思想评析》,载《毛泽东邓小平理论研究》2002年第6期,第120页。

④ 宋友文:《风险社会及其价值观前提批判》,载《天津社会科学》2005年第1期,第20页。

持续发展必须面对的问题。

(二)风险社会理论对能源安全预警与应急机制构建的意义

风险社会理论拓宽了构建能源安全预警与应急机制的视野,让我们站在整个社会转型的高度看待能源风险,使能源安全预警与应急机制的构建能够把握时代发展的脉搏,跳出就事论事、一事一应的制度构建窠臼,从而确保能源安全预警与应急机制更具前瞻性和全面性。

风险社会理论打破了人类片面注重科技与工业发展积极作用的传统思想意识,促使我们对现代化进行反思和自省,这既影响着人们的思维方式,又增强了人们的风险意识,从而为能源安全预警与应急机制奠定意识基础。

风险社会理论强调现代社会的重要特征之一是风险具有普及性、人为性和不可预测性,在这样一个社会中任何单一主体都不可能有效地防范和应对能源风险;并且能源风险一旦转化为现实危害,社会各阶层都将受其害,因此,能源安全预警与应急机制必须也应当有政府、企业、公众等主体的共同参与。

在"世界风险社会"中,能源风险的影响经常超出国界,而表现出全球化的特征,传统的以民族国家为单位的能源风险治理机制,已日益不能适应"世界风险社会"对风险治理的要求。因此,必需加强国际合作,建立应对能源风险甚至是危机的国际合作制度。

三、我国能源安全预警与应急机制的原则

结合能源安全的概念以及我国能源管理的现状,能源安全预警与应急机制应该以以下几个原则为指导。

1. 预防为主、防应结合原则。"防"在于防患于未然,"应"是事中缓解和事后补救。必须将预防为主、防应结合的思想贯彻到能源安全预警与应急的制度设计和日常管理之中,将能源风险和危机的预防与应急处置有机结合起来。

2. 政府主导、共同参与原则。能源风险或危机爆发的突然性、形式的多样性、处理的复杂性等特征,决定政府主导应对能源风险和危机的同时,应当

调动社会各方面的力量,形成政府、企业和公众共同参与的能源安全预警与应急机制。

3. 统一领导、分级管理原则。确保能源安全涉及诸多部门,必须由某一部门或机构统一领导,统筹和协调各方的工作;不同级别的能源风险由相应级别的部门共同应对。

4. 效率与公平相结合原则。政府为了及时有效地应对能源危机,可以在必要时采取紧急措施,但不得限制或者剥夺公民的基本权利,在应急过程中对公民、企业合法权益造成的损害应给予合理补偿。

5. 国际合作原则。能源安全问题已超越了国家的地理和政治疆界,能源危机的防范和化解往往需要国家之间、国家与国际组织之间的通力合作。

四、我国能源安全预警与应急机制的组织体系

我国现行的能源管理体制非常混乱,满足不了能源安全预警与应急的实际需要,“如果中国想成功地满足能源安全的需要,就必须改组其能源管理体制”。① 就能源安全预警与应急来说,我国必须建立一个“职能明确、责权分明、运行灵活、统一高效的危机管理体制,并用法制化的手段明晰政府各职能部门各自的职责,以实现危机应对时这些部门间的高效协调运作。”②因此,能源安全预警与应急机制中组织体系的科学与否直接关系到预防、处置和消除能源危机的效果。能源安全是能源供应安全与使用安全的统一,但能源使用安全相对于能源供应安全来说,对国家经济发展和生态环境的影响往往是一个渐进的过程,除少数能源使用过程中的工业事故以外,能源使用安全给国家带来的危害和影响远没有能源供应危机对国家安全的影响和危害来得急切、紧迫和严重,因此,能源安全预警与应急机制的侧重点应该是如何确保能源的供应安全。根据影响能源安全的因素、我国能源安全的现状以及风险社会理

① Kong Bo, “Institutional Insecurity”, *China Security*, A publication of the World Security Institute China Program, p. 66.

② 薛澜等:《危机管理:转型期中国面临的挑战》,清华大学出版社 2003 年版,第 111 页。

论的指导，我们认为一个合理完备的能源安全预警与应急机制组织体系，应当由指挥决策机构、管理执行部门、参谋咨询机构、支持保障部门以及企业和公众组成。

（一）指挥决策机构

指挥决策机构是能源安全预警与应急机制组织体系的核心。指挥决策机构能不能在最短的时间内做出反应，有效地领导、指挥应急工作，是衡量能源安全预警与应急机制是否灵敏高效的关键。2005 年 6 月，我国成立了由国务院总理任组长的国家能源领导小组，其作为国家能源工作的高层次议事协调机构，实际上是国家最高能源决策机构。① 由国家能源领导小组作为能源安全预警与应急机制的决策机构是目前比较可行的方法，但能源危机决策机构的发展方向，应该是在国家最高安全委员会下设立专门的能源安全委员会。

能源安全委员会一般由各级政府的核心成员组成：在中央，由国家主席、政府总理、政府核心部门的部长以及军队高级领导等组成；在地方，由地方政府首长、有关部门、当地驻军和人民武装部队的负责人组成。能源安全委员会的职责包括：决定能源战略规划和重大政策；审定能源安全应急预案；领导、指挥本辖区内特别重大、重大能源危机的应急工作；以及必要时建议有权部门宣布进入紧急状态等。由于能源安全委员会并不是一个实体性机构，因此有必要设立实体性的能源安全办公室。能源安全办公室平时负责能源安全委员会的日常工作，督办落实委员会的决定，跟踪了解能源安全状况，预测预警能源安全和重大问题，向委员会提出对策建议；一旦能源危机发生，能源安全办公室则成为处置能源危机的指挥中枢。在我国，由能源领导小组办公室承担这样的职能目前比较可行。

（二）管理执行部门

能源安全预警与应急机制的管理执行部门是指直接负责能源危机防范、

---

① 魏和：《寄望国家能源领导小组》，http://www.cpechina.com/houtai/info_view.asp?id=1338。

监测和应对的职能部门或机构。它是能源安全预警与应急机制中的骨干和中坚力量,是能源安全预警与应急机制的直接行动力量。目前,我国涉及能源安全的管理执行部门包括发展和改革委员会、国土资源部、商务部、环保总局、电监会等十几个部委局,其中发改委是我国目前主要的能源管理部门。从发展和改革委员会在我国各级政府中的地位,以及在能源管理方面的人员配备和机构设置的优势来看,各级发改委应是我国能源安全预警与应急机制的主要管理执行部门。

作为能源安全预警与应急机制的主要管理执行部门,各级发展和改革委员会承担的能源安全预警与应急职责应包括:

1. 能源危机发生前的职责

拟订能源安全应急预案,报政府审批后组织实施;收集、分析、监测与评估能源安全相关信息,建立能源安全预警系统;调查、监测和分析能源发展的趋势;研究国民经济和社会发展对能源的需求,提出满足国民经济和社会发展需要和确保能源安全的能源发展战略;①通过宣传、教育,增强政府部门、企业及公众对能源危机的防范意识和相关心理准备,以提高社会各界防范、应对能源危机的能力;加强应对能源危机的专业技术人员和重要目标工作人员的培训与管理,培养一批训练有素的能源安全应急处置、检验、监测等专门人才;建立国家能源战略储备体系;发展国内石油期货市场,将市场作为获得石油产品的主要手段。

2. 能源危机发生时的职责

迅速确定能源危机的性质、程度和可能持续的期间,并向能源安全与决策机构提出应对的建议和措施;根据能源安全与决策机构的指示,调集应对能源危机所需物资和设备,具体开展能源危机的应急工作;干预能源市场,控制能源的生产、销售和分配,确保重要部门和企业的能源供应;及时向上级报告和向公众发布能源危机基本情况和应对工作的进展情况;在需要其他管理执行部门的力量支援时,向有关机关或组织提出援助请求。②

---

① 国家能源局的主要职责,引自 http://nyj. ndrc. gov. cn/jgsz/default. html。

② California Energy Commission, “Energy Emergency Response Plan”, October 2006, pp. 3 – 5, http://www. nemaweb. org/docs/national_response_plan. pdf.

3. 能源危机结束后的职责

及时组织查明导致能源危机发生的原因，并形成调查报告；对应急过程中由于采取非常措施给企业和公众造成的损失给予适当补偿；对应急工作进行总结，找出预警和应急处置环节中的经验和教训；对能源危机的发生给社会生产生活以及生态环境造成的危害进行科学调查与评估，提出恢复的对策与建议。

发展和改革委员会以外的其他管理执行部门，在各自的职权范围内从事与能源有关的管理工作，在能源安全预警与应急工作中主要是参与发改委牵头的各项应对工作。

（三）参谋咨询机构

能源危机的产生、能源危机的预警与应对，涉及政治、经济、技术、法律等诸多领域，有些问题的解决需要非常专业的知识和能力，能源安全预警与应急机制的决策机构和管理执行部门在履行自身职责时，往往需要外界提供智力支持。参谋咨询机构由各个领域的专家组成，专家对各自专业领域内的问题具有敏锐的识别和认知能力，易于发现和捕捉可能引发能源危机的隐患；专家可以为决策者提供专业的服务，使决策具有科学的依据，减少错误决策造成能源危机的发生和能源危机危害的扩大。因此，建立和完善政府序列之外的参谋咨询机构，是满足政府需要、提高政府应对能源危机的有力保障。参谋咨询机构的职责应包括：开展应急工作管理模式，能源危机预测、预防、预警和应急处置等事项的科学研究；了解、掌握国内外应对能源危机的相关知识和信息，以提供咨询服务；预测能源危机的发生、发展趋势，提出启动和终止能源安全应急预案的建议；指导、调整和评估能源危机的应急处理措施；参与能源危机应对工作的总结评估并提交评估报告等。①

（四）支持保障部门

能源安全预警与应急机制的支持保障部门是指政府系统内那些“自身拥

---

① Graham White, "The UK's Experience in Emergency Response", Department of Trade and Industry, United Kingdom, p. 13, http://www.iea.org/Textbase/work/2002/beijing/WHITEPRE.PDF.

有特殊的专业技能，业务范围，特定的资源、设备和能力，担负着紧急事务应对中的某些特殊任务”的职能部门，它们相当于能源安全预警与应急机制的“后勤系统”。能源危机的预防、应急和事后恢复都涉及诸多部门，“后勤系统”对能源安全预警与应急机制的决策机构和管理执行部门有效地开展应对能源危机的工作起着十分重要的支持和保障作用。

支持保障部门主要包括以下行业和业务主管部门：交通、通讯、公共工程、信息、商业、物资支持、卫生和医疗服务、搜索和救援、财政、经贸、红十字会、银行、保险公司、审计部门等。① 它们的职责是协助能源安全预警与应急机制的决策机构和管理执行部门的危机应对工作，提供人力、物力、财力等各方面的服务。

（五）企业与公众

从能源风险自身的特征以及风险社会理论的指导可知，应对能源危机离不开企业（尤其是大型能源生产和使用企业）与公众的参与，企业与公众是能源安全预警与应急机制组织体系的重要组成部分。企业与公众在应对能源危机中的责任主要包括：约束自身和监督他人可能影响能源安全的行为，及时向政府相关部门和机构报告能源勘探、生产、储备、使用等相关信息以及协助、服从政府各部门和机构在应急处置能源危机时所实施的有关能源生产、分配和使用方面的管制措施等。②

五、我国能源安全预警与应急机制的制度体系

一个有效的能源安全预警与应急机制，必然要有相应的制度体系做支撑。可以说，制度体系是整个能源安全预警与应急机制的基石。从能源风险和危机的发生、发展和应对工作的动态过程来看，健全的能源安全预警与应急制度

---

① 薛澜等：《危机管理：转型期中国面临的挑战》，清华大学出版社 2003 年版，第 113 页。

② Graham White, “The UK’s Experience in Emergency Response”, Department of Trade and Industry, United Kingdom, p. 16, http://www.iea.org/Textbase/work/2002/beijing/WHITEPRE.PDF.

体系，应包括能源应急预案制度、能源安全预警制度、信息沟通制度、应急保障制度和交流与合作制度。

（一）能源安全应急预案制度

制定和发布能源安全预警与应急预案可以规定和明确应急的步骤和措施，为应急过程中的行动和过程提供一个沟通的平台。能源安全应急预案是指预先制订的应对能源风险和危机的方案，能源安全应急预案制度则是对应急预案的编制、审批与备案，应急预案的内容以及应急预案的管理等事项作出规定的一系列规范组成的有机整体。

1. 能源安全应急预案的编制、审批与备案

各级人民政府都应当根据本地的实际情况制定能源安全应急预案，石油、煤炭、电力、冶炼等生产和使用能源的大型企业也应当根据本企业的实际情况制订能源安全应急预案。考虑到应对能源危机的专业性，能源安全应急预案的具体编制由各级能源主管部门负责，报所属人民政府审批。企业制定的本企业的应急预案，应接受相应级别能源主管部门审查，并报相应级别人民政府备案。

2. 能源安全应急预案的内容

应急预案的内容应当包括：本地区或本企业有关能源生产和使用基本数据的收集、分析、报告或通报，应急的组织机构及其职责的确立，预警系统的建立，能源危机的预测、预警，有关能源风险及其应对知识的宣传教育，应急预案启动的程序，应急监测及信息的报送与处理，应急指挥与协调，应急终止及其条件，有关应对能源危机的经验与技术的国内外交流与合作，能源生产和使用关键企业和部门的认定及其权利，能源储备管理，应急资金筹措和使用等。①

3. 能源安全应急预案的管理

应急预案的管理主要包括：预案的编制主体采取适当的方式使政府工作人员、企业员工和公众便于了解预案的内容；根据能源生产和使用的发展变化

---

① Kelly Milne, “Review of the Liquid Fuel Emergency Act 1984”, p. 21, http://www.aciltasman.com.au/images/pdf/Final_report_16_December_2004.pdf.

及时调整、更新预案内容等。

应急预案制度是能源安全预警与应急机制其他各项制度的基础，其他各项制度实际上都是对预案中相关内容的具体化和系统化后形成的。

（二）能源安全预警制度

能源安全预警是指对本辖区内的有关能源安全的数据进行调查，以建立能源安全预警系统，当收集到有关信息证明能源危机即将发生或者极有可能发生时，及时发布预警公告、宣布进入预警状态。能源安全预警制度是对预警活动进行规制的一系列规范组成的有机整体。能源安全预警制度涉及能源安全预警系统的建立与运行、预警宣告以及应急预案的启动等内容。

1. 能源安全预警系统的建立与运行

（1）能源安全预警系统的建立

各级能源主管部门在相关部门以及企业的协助下，对本辖区内的能源基础数据（包括能源生产和使用量、能源赋存量、能源储备量、能源结构等）进行调查，建立能源基础数据库；对本辖区内的可能引发能源危机的关键环节（包括能源的生产安全、能源运输路线管道安全等）进行普查，建立能源风险源数据库；在能源基础数据库和能源风险源数据库的基础上，选择适当的计算模型，对本辖区能源安全进行评估；建立信息中心及通讯技术保障系统，确保本能源安全预警系统与其他各级各地区的能源安全系统以及其他公共事件安全预警系统之间信息及时准确地传递。

（2）能源安全预警系统的运行

能源安全系统的运行包括对可能引发能源危机的关键环节进行实时监控；对能源基础数据库和能源风险数据库不断更新；定期发布本辖区内能源安全评估报告；为保证整个系统的正常运行，进行日常维护等。

2. 能源安全预警宣告

对收集到的可能发生能源危机的信息（如能源价格的非正常波动、能源需求量的突然增长、能源运输通道的中断等），能源主管部门必须及时进行评估，以确认能源危机可能发生的概率、波及的范围以及危害程度。当确认能源危机即将发生或者极有可能发生时由能源主管部门建议，人民政府宣告进入预警状态。预警宣告的内容包括预警级别、起始时间、可能影响范围、警示事项等。

3. 能源安全应急预案的启动

人民政府宣告进入预警状态后应立即启动相关应急预案，执行预案相关内容，包括：立即开展应急监测，随时掌握能源价格波动情况和能源的供给需求状况，并报告应急处置的进展情况；当能源价格出现非正常波动时，运用行政手段对能源市场进行干预，包括责令能源生产企业加大能源供给、将商业能源储备投放市场等；当能源供应出现短缺时，控制能源的分配，动用国家战略能源储备，限制非关键部门、企业和公众的能源使用，保证关键部门和企业的能源供给。①

（三）能源安全信息沟通制度

信息在应对能源危机中扮演着极其重要的角色，无论是能源危机的预防预警、应急处置，还是事后恢复都离不开相关信息的交流与沟通。信息沟通制度是指对有关能源危机的信息的报告、接收、发布和处理等活动进行规制的一系列规范组成的有机整体。信息沟通制度涉及信息的报送与处理、信息公开与发布等内容。

1. 信息报送与处理

信息的报送和处理的内容主要包括信息报送的主体及其权利义务、信息报送的时限和程序、信息报送的形式与内容、对报送的信息及时分析并作出决策等。信息的报送主体包括涉及能源管理的各职能部门、能源安全专家咨询机构、能源的大型生产和使用企业等。根据报送信息的紧急程度确定信息报送的时间限制。信息报送的形式包括内部咨询报告、能源生产使用现状报告、能源危机应对进展报告、事后评估报告等。报告的内容涉及能源勘探、生产、使用和储备的基本数据，能源危机的性质、程度和可能持续时间，能源危机应

① Graham White, "The UK's Experience in Emergency Response", Department of Trade and Industry, United Kingdom, p. 11, p. 17, http://www.iea.org/Textbase/work/2002/beijing/WHITEPRE.PDF.

对过程中的能源生产、调动和分配计划等。

2. 信息发布

政府及相关部门及时、准确、完整地发布相关信息,既可以矫正视听,避免信息传递失真,又可以提高政府公信力,维护社会稳定。信息发布涉及信息发布的主体、方式、对象和内容等事项。①

(四)能源安全应急保障制度

应急保障是能源安全预警与应急机制运行的物质基础,无论是能源危机的预防预警、应急处置还是事后恢复,都需要人力、物力和财力的支持与保障。应急保障制度是指对应急资金的筹集、管理与使用,应急物资的生产、储备、管理与使用,人员的培训与演练等活动进行规制的一系列规范组成的有机整体。

1. 应急资金的筹集、管理与使用

应急资金筹集的渠道应当多样化,包括:各级各类能源危机应急机关和部门根据应对能源危机的需要,提出项目支出预算,报财政部门审批后纳入各级财政预算;中央和地方各级人民政府设立能源危机应急专项基金;强制能源开发、使用的大型企业缴纳能源危机应急互助金等。

财政拨款由各级各类能源危机的应急机关和部门自行管理和使用;应急专项基金由各级政府管理,由能源危机应急指挥决策机构使用;应急互助金作为应急专用资金,由能源主管部门管理,应急指挥决策机构使用。各类应急资金主要用于建立能源储备体系,平抑能源市场价格,补贴相关能源企业,资助低收入家庭的能源消费等。② 所有资金的使用都应接受审计、财政部门的审计和监督。

2. 应急物资的生产、储备、管理与使用

建立能源储备体系,是确保短期能源安全的最有效方法。我国《能源发

① California Energy Commission, "Energy Emergency Response Plan", October 2006, pp. 13 - 14, http://www.nemaweb.org/docs/national_response_plan.pdf.

② 美国加州的能源应急预案中就有专门的经济援助计划,参见 California Energy Commission, "Energy Emergency Response Plan", October 2006, p. 9, http://www.nemaweb.org/docs/national_response_plan.pdf。

展"十一五"规划》就要求"加快政府石油储备建设，适时建立企业义务储备，鼓励发展商业石油储备，逐步完善石油储备体系"。①《中国能源发展战略报告》也强调逐步建立和完善石油战略储备制度和预警体系，完善石油市场体系，建立形式多样、配置合理的石油战略储备制度，以适应不同层次的安全需要，争取在2010年完成相当40天需求量的战略储备，在2015年完成相当55天需求量的储备，并建立油田储备和产能储备制度。②

应急物资的生产、储备和管理由发展和改革委员会负责，相关部门配合；能源危机发生时，在应急指挥决策机构的指挥下组织应急物资的生产和调度，保证应急物资的供应。

3. 人员的培训与演练

人力资源储备是应对能源安全的又一关键因素。政府部门、企业和社区要开展有关能源危机及其应对知识的宣传教育，提高相关人员和公众的防范意识和应急能力。医疗、消防、交通和通信等部门要加强各自应急专业队伍的建设，重视应对能源危机的专业技术人员和重要目标工作人员的培训与管理。

能源危机应对演练，对于测试能源安全预警和应急组织体系中各个组成部分的能力和相互合作以及制度体系中各项制度的正常运转十分关键。应急专业队伍的主管部门负责监督或组织各应急专业队伍的单项演练；各级政府要定期组织由各部门、各应急专业队伍以及企业和公众共同参加的能源危机应急演习，以提高应对人员的应变能力，并根据演习的效果及时调整、修改能源安全应急预案。③

（五）能源安全交流与合作制度

能源危机影响的广泛性和复杂性，使能源生产者与消费者之间、政府机关与企业之间、部门之间、各地区之间、各国之间，以及国家和国际组织之间的交

---

① 国家发展改革委：《能源发展"十一五"规划》，http://nyj.ndrc.gov.cn/zywx/P020070410416322295969.pdf。

② 国务院发展研究中心：《中国能源发展战略报告》。

③ Marie Taylor, "Australia's Approach to Managing an Oil Emergency", p. 21, http://www.iea.org/Textbase/work/2004/cambodia/bj_session4.3-Australian%20paper.pdf.

流与合作成为必然。只有加强各方的合作，才能应对能源危机的挑战，才能取得各方满意的结果。能源相关各方的这种交流与合作包括国内和国际合作两个方面，涉及能源信息交流、能源共同开发以及共同制定能源政策等方面的内容。① 能源安全交流与合作制度旨在明确能源相关各方在交流与合作中的权利与义务，规范交流与合作的活动，以建立应对能源危机的交流与合作长效机制。

1. 能源安全的国内合作

国内的交流与合作应由能源主管部门牵头，政府大力支持，其他各部门积极协助，企业和公众积极配合。能源生产者应根据市场反映出的能源需求信息组织生产，以满足能源消费者的需求。能源生产和消费的大型企业应向能源主管部门及时准确地报送有关能源勘探、生产和使用等方面的信息，按照国家的能源产业政策组织生产经营；政府机关应支持能源企业建立商业能源储备、开拓海外能源市场。涉及能源安全的各部门应定期召开能源安全工作会议，明确各自的职责，相互通报有关能源安全工作的进展情况；在处置能源危机的过程中应相互支持、共同应对。国内各地区之间，主要是作为能源生产大户的西部省份和作为能源消费大户的东部省份之间加强在能源勘探、开发和利用方面的合作，进一步完善和落实“西气东输”、“西电东送”等工程。

2. 能源安全的国际合作

能源安全的国际合作包括双边和多边合作。双边合作包括与能源出口国的合作，如共同修建石油管道、共同开发油气资源等；与能源进口国的合作，如共同维护石油运输线路的安全，共同应对国际能源市场的动荡，合作开发可再生能源和节能技术等。多边合作主要包括地区间的合作，如与日、韩、俄等国建立“东北亚能源共同体”；与国际组织的合作，如与国际能源署及其成员国之间就建立战略能源储备、开展石油市场情报和协商制度、促进全球能源市场稳定等方面的合作。②

① Dr. Fatih Birol, “World Energy Prospects and Challenges”, p. 6, http://www.iea.org/textbase/papers/2006/birol.pdf.

② 杨泽伟：《我国能源安全保障的法律问题研究》，载《法商研究》2005 年第4 期，第21—23 页。

六、结 语

能源安全是国家经济发展和社会稳定的重要保障。能源安全的重要性，要求我国尽早建立和完善能源安全预警与应急机制；能源危机发生发展过程的复杂性，决定了能源安全预警与应急机制是一个庞大复杂的系统。能源安全预警与应急机制实际上是组织体系和制度体系的综合体，它的建立和运行，需要协调各地各部门的利益关系，需要能源供给者和消费者的合作，需要全社会的共同参与。只有协调好各地各部门的利益关系，搞好能源供给者和消费者之间的合作，以及社会全体成员积极参与，我国的能源安全预警与应急机制才能建立，我国的能源安全才有保障，我国的经济和社会才能持续、健康、稳定发展。

能源问题情境下的我国能源立法问题研究*

孟 雁 北**

摘 要：我国在《国民经济和社会发展第十一个五年规划纲要》中以专章的形式规定了“优化发展能源工业”，但我国能源领域却存在着能源体制改革、能源结构调整、能源安全和能源福利等诸多难以解决的问题。本文在对我国能源问题和能源立法现状进行梳理的基础上研究能源问题对我国能源立法活动的需求，并试图从加强我国能源立法和完善我国能源法律体系的视角出发对我国能源问题的解决之道和能源立法过程中应当注意的问题进行探讨。

关键词：能源问题 能源立法 能源法律体系

能源问题关系到我国经济发展、社会稳定和国家安全，构筑稳定、安全、清洁的能源供给体系，以能源的可持续发展支持经济社会的可持续发展是我国现代化建设中的一项长期而重大的战略任务。为了完成这一战略任务，必须完善与之相适应的能源法律、法规和规章制度。我国在目前国内、国际能源形势严峻的情形下，能源立法工作却严重滞后。因此，从能源问题的视角出发研

* 鉴于我国能源形势和发展的需要，2005 年 3 月—2006 年 5 月，国家发展和改革委员会能源局特委托中国法学会能源法学研究会完成“中国能源法律框架体系研究”的课题，非常感谢叶荣泗会长和吴钟瑚秘书长邀请我作为综合组的负责人之一参加该课题的研究工作，使我有机会对我国能源立法进行思考并对能源法学研究产生了浓厚的兴趣，也感谢课题组其他专家们对我研究工作的帮助。本文即是在课题研究过程中和课题研究成果基础上所进行的思考。

** 孟雁北（1970— ），女，汉族，山西阳泉人，法学博士，中国人民大学法学院副教授，主要从事竞争法学、能源法学研究。邮箱：mengyanbei@ hotmail. com.

究我国能源立法工作便具有现实意义和理论价值，并为我国构建具有中国特色的法律体系提供能源法范畴的思考。

一、我国能源领域存在的主要问题和能源立法现状

能源问题是我国能否在2020年实现全面建设小康社会目标的关键问题，解决好能源问题亟需法律保障。但是，我国目前能源领域却存在着诸多难以解决的问题，例如能源利用效率低下、环境污染严重等。本文从能源整体的角度出发，重点研究亟须能源立法解决的如下几个问题。①

第一，能源体制改革问题。我国能源产业正处于由计划经济向市场经济的转型期，体制性障碍仍然明显，影响能源领域深化改革和长远发展的一系列深层次矛盾和问题并没有根本解决，与经济社会发展对能源的需求明显不适应，尤其是能源市场准入机制、能源产品价格形成机制和能源监管体制亟须改革。以能源监管体制为例，我国与能源监管相关的职能分散在国家发展和改革委员会、国土资源部、水利部、电监会、国家环保总局、科技部等相关部门，使得能源监督管理职能极度分散，而且往往在政策制定和推行中缺乏统一性和整体性，出现所谓“只见部门，不见国家”的弊端。②

第二，能源结构调整问题。我国能源的资源结构、供给结构和需求结构中的矛盾由来已久，如以煤为主的资源禀赋难以支撑工业化过程中的结构升级、油气采储比明显不足、能源利用效率低下等。这些问题有的经过长期坚持不懈的努力能够解决，如能源利用效率的提高、预防燃煤造成的环境污染等；有的将长期存在，如油气供应不足、人均占有资源量低等。因此，能源结构调整

① 我国的能源问题很多也都是能源发展亟待解决的问题，但囿于论文篇幅所限，本文只选取了四大问题从能源立法的角度进行分析，这并不代表本文作者认为我国亟须解决的能源问题仅限于此。

② 对此问题的具体分析可参见刘维：《突破能源发展的体制瓶颈》，来源：国土资源新闻网，http://www.clr.cn/frontNews/chinaResource/read/news-info.asp?ID=50952/，2007年9月4日访问。

是一项长期的战略任务。①

第三,能源安全问题。能源安全不同于能源产业安全,能源安全强调的是能源供给保障程度,供给源可以是本国的也可以是进口的;能源安全不同于能源生产安全,能源安全不注重微观的生产过程,强调的是宏观的布局、总量和保障措施。② 由于我国快速增长的能源供应无法满足更快增长的能源需求,引发电力短缺、煤炭供应不足和运力的紧张,石油天然气资源相对不足。全球能源供需平衡关系脆弱,石油市场波动频繁,国际油价高位振荡,各种非经济因素也影响着能源国际合作,因此能源安全问题已引起广泛的关注。例如,我国石油进口依存度不断提高,石油国内产量最多在两亿吨。到2020年,按照最低方案预测,石油消耗总量将在4.5亿吨,石油对外依存度达到60%。从总量来看,中国已经成为世界第二石油消费大国,从增长水平来看,远远超过世界平均的石油消费增长率。国际市场不断高涨的油价对于中国国民经济的影响大于发达国家,是他们的2.35倍。③

第四,能源福利问题。能源福利是指全体社会成员可以真正平等地享受最基本的能源消费保障。保障能源消费福利可以很好地体现社会公平,使全体人民共享改革发展成果,从而促进经济社会协调发展。但是,我国城乡差别、贫富差距的增大却使能源福利的实现遇到了障碍。

我国能源问题的大量存在要求能源立法作出及时的反应。迄今为止,我国已先后颁布实施了《电力法》、《煤炭法》、《节约能源法》和《可再生能源法》等4部能源专门法律,国务院也颁布实施了《乡镇煤矿管理条例》、《中华人民共和国煤矿安全监察条例》、《电网调度管理条例》、《电力供应与使用条例》、《对外合作开采海洋石油资源条例》、《对外合作开采陆上石油资源条例》、《石油天然气管道保护条例》、《民用核设施安全监督管理条例》、《核材料管制条

---

① 对此问题的具体分析可参见《实现我国能源结构调整的对策建议》,来源:中国石油网,http://www.oilnews.com.cn/gb/yanlun/2001-10/18/content_19616.htm,2007年9月4日访问。

② 对此问题的具体分析可参见孔令标、冯述虎:《关于能源安全问题的探讨》,载《中国煤炭》2002年第6期。

③ 参见范思立:《中国处在能源战略重大调整的关键时期》,载《中国经济时报》2006年6月2日。

例》等 20 多部能源行政法规。同时，我国还制定了大量的能源行政规章（包括地方性法规、规章）和能源规范性文件，国家能源标准若干项，批准和签署了《联合国海洋法公约》、《联合国气候变化框架公约》、《京都议定书》、《及早通报核事故公约》和《核材料实物保护公约》与能源有关的国际条约 5 项。另外，在我国的法律体系中，还存在大量的能源相关法律、法规。例如《矿产资源法》、《水法》、《刑法》、《环境保护法》等都存在大量与能源有关的条款。

准确来讲，我国上述的能源立法使我国能源的开发和利用逐步走上了依法管理的轨道，尤其是近年来的能源立法，更是着重解决我国能源领域的主要问题。例如，为了促进能源结构的调整，保障能源安全和实现能源的可持续发展，国家及时制定和实施了《可再生能源法》。但是，我国现有的能源立法远远没有跟上能源形势的需要并呈现出滞后性，我国现阶段能源的供需紧张和一系列能源问题的存在，与我国能源法律、法规不完善密切相关。因此加强能源立法在我国新时期便具有非同寻常的意义。

二、我国能源立法应对能源问题的举措

为了解决我国能源领域存在的问题，“十一五”规划确立了我国能源的发展战略，即坚持节约优先、立足国内、煤为基础、多元发展，优化生产和消费结构，构筑稳定、经济、清洁、安全的能源供应体系。我国能源战略的实现也迫切需要能源法律法规的保障和支持，因此本文从我国能源领域存在的重大问题入手来研究我国能源立法工作的重点和能源法律制度的构建。[①]

第一，能源体制改革对能源立法的需求。“十一五”规划要求深化垄断行业改革，尤其要深化电力体制改革，巩固厂网分开，加快主辅分开，稳步推进输配分开和区域电力市场建设，深化石油、市政公用事业等领域的改革，因此我国能源体制改革便有了政策依据和立法目标。我国能源体制改革的趋势是放

① 任何能源问题的解决都不可能依靠一部单一的法律，而需要能源法律、法规与能源政策综合、协调发挥作用。但是由于本文在论述我国能源立法问题时，是从能源问题解决的角度来展开的，因此尽管作者在论述中会特别注意，仍可能出现整体性把握的不当之处。

松管制,重视市场机制的作用,建立政府引导、市场机制推动、行政主导、经济激励、有限竞争的能源市场。尽管我国能源领域也引入了一些市场机制并取得了初步成效。例如,电力市场实行"厂网分开"之后的若干发电公司的竞争,进一步促进了电力发展;石油市场上的中央和地方的几大公司也存在一定竞争,但是能源体制改革必须要深化。中国经济的良性发展是对能源、资源最大和最好的保护,我国能源立法应坚持能源体制改革,以立法的形式保护改革的成果,并且可以考虑立法先行,通过能源立法工作来引导能源体制改革。

首先,通过制定《能源基本法》对我国能源体制改革的方向作出基本规定。①《能源基本法》具有能源单行立法和其他能源规范性法律文件所不具备的独特作用和功能,可以为各个单行能源法律法规的创制和修订提供基本法律基础,可以解决并克服能源法律体系内部的冲突,可以协调能源体制改革与市场经济体制改革之间的关系,可以确立减少政府行政干预,打破行业垄断,放宽市场准入,鼓励民营企业投资能源产业,构建政府监管下的政企分开、公平竞争、开放有序、健康发展的能源管理新体制。《能源基本法》应坚持能源领域实行市场与政府调控相结合的原则,对国家培育和发展开放、竞争、有序的能源市场,完善能源资源、能源产品、能源服务的市场化配置机制的责任进行相应的规定。

其次,通过在不同的具体能源领域制定或修订能源单行法对具体能源领域的体制改革作出规定。我国不同的具体能源领域体制是不同的,最典型的例证是电力市场体制与煤炭市场体制的差异,也正因为如此,我国能源体制改革必须分别在不同的单行能源立法中体现。单行能源立法在遵循《能源基本法》确立的能源体制改革方向的基础上,应对具体能源领域的体制改革作出相应的规定,其中最重要的是《石油天然气法》的制定和《电力法》的修订。例如,电力市场推进电网开放,推进大用户直接购电,让消费者逐渐有选择权,在适当时机推进输配分开的能源体制改革方案就需要《电力法》的修订。

再次,通过制定能源规章来具体实施不同领域的能源体制改革方案。能

① 中国正在积极制定的《能源基本法》从名称上讲还没有确定下来,现有的不同称谓有《能源法》、《能源政策法》、《能源法通则》等名称,均是指同一部法律。

源体制改革的实施要求能源立法具有可操作性，而能源规章可以很好地实现这一目标。例如，在电力市场，电力体制改革后，厂、网已经基本分开，但改革的任务远没有完成，国家应该首先出台开放电力市场以及输配电分开的改革步骤及配套的价格分离政策，特别是要在总结相应试点经验的基础上制定《电力市场开放与输配电分离条例》，为开放电力市场、推进输配分开，进而推动配售分开的改革提供法律依据。①

第二，能源结构调整对能源立法的需求。"十一五"规划确立的能源结构调整方向是有序发展煤炭，积极发展电力，加快发展石油天然气，大力发展可再生能源。我国应大力调整和优化能源结构，坚持以煤炭为主体、电力为中心、油气和新能源多元发展的战略。从能源立法的角度讲，应该在《能源基本法》对能源结构调整作出基本规定的基础上，通过各单行能源立法的修订和制定来实现我国能源结构的有序调整。

首先，修订《煤炭法》和《电力法》并制定、完善相应的配套法规。我国《煤炭法》、《电力法》虽然在煤炭、电力的发展过程中发挥着重要的作用，但是如果要实现煤炭的有序发展和电力的积极发展，现行法律中的许多内容需要进行修订。例如，要想实现煤炭的有序生产，煤炭的安全生产是一个重要议题，因此在《煤炭法》修订之外，还应当制定《瓦斯治理与利用管理条例》等保障煤炭的安全生产。

其次，制定《原子能法》、《石油天然气法》并制定、完善相应的配套法规。我国在积极发展电力的过程中，非常重视核电的发展，而目前我国原子能领域只有《放射性污染防治法》和几个行政法规在对原子能的开发利用进行调整，因此亟须制定《原子能法》。制定《原子能法》可以通过促进我国原子能的开发、利用在一定程度上解决我国能源结构调整的问题，而且核燃料产业、核技术应用产业以及相关研究开发工作也迫切需要通过制定《原子能法》来明确国家对原子能事业发展的基本政策。我国加快发展石油天然气的能源战略也需要立法的保障。再如，我国要加快发展石油天然气，但是在此领域却没有专

---

① 参见叶荣泗、吴钟瑚主编：《中国能源法律体系研究》，中国电力出版社 2006 年版，第 50 页。

门的立法。制定《石油天然气法》可以确立国家对石油资源的主权,确立政府对石油资源的行政管理权,建立稳定的投资环境,调整石油行业利益主体之间的关系。

第三,能源安全保障问题对能源立法的需求。面对我国能源相对不足的情形,“十一五”规划提出了节约能源,实现“十一五”单位 GDP 能耗下降 20% 的节能目标,强化能源节约和高效利用的政策导向,加大节能力度。通过优化产业结构特别是降低高耗能产业比重,实现结构节能;通过开发推广节能技术,实现技术节能;通过加强能源生产、运输、消费各环节的制度建设和监管,实现管理节能。①

首先,通过制定《能源基本法》为解决我国能源安全问题作出系统性和基础性规定。能源安全问题是我国《能源基本法》制定过程中必须要面对的问题,需要通过构建能源结构优化制度、能源国际合作制度、能源科技自主创新激励制度、能源对外贸易规制制度、能源储备制度、能源预警与应急制度、能源基础设施保护等制度来应对。

其次,修改《节约能源法》并完善配套法规。我国现行的《节约能源法》使我国的节能工作逐步走上了法制化的轨道,但是目前已经不适应建设节约型社会的需求。现行节能法不能保障市场化的节能机制的培育和发展,一些行之有效的节能方法和措施没有在节能法中被规制而成为法律制度,节能管理手段也比较单一,全社会成员的节能责任没有明确,因此节约能源的战略目标呼唤《节约能源法》的修改。

再次,制定《能源储备条例》,对能源资源和能源产品进行储备。能源储备是维护国家经济平稳与经济安全、促进经济总量和国际国内收支平衡的重要举措,是政府自觉从事公共经济管理的宏观经济调控手段和杠杆。静态的战略能源储备具有引而不发的威慑功能,战略能源储备发挥了保障国家军事安全、政治安全的作用。在能源储备的具体运作中,要尽可能地采用间接的市场化的调节手段,杜绝政府的自上而下的“计划行为”。

---

① 关于解决能源安全问题的法律对策具体可参见孟雁北:《能源安全法律制度构建问题研究》,载《能源政策研究》2006 年第 9 期。

第四，能源福利保障问题对能源立法的需求。保障能源福利目标的实现是构建和谐社会的基础。“十一五”规划要求大力发展可再生能源，积极发展农村沼气、秸秆发电、小水电、太阳能、风能等可再生能源，完善农村电网。推进电价改革，逐步建立发电、售电价格由市场竞争形成，输电、配电价格由政府定价的机制。适时推进石油价格改革，建立与替代能源价格挂钩的天然气价格形成机制。合理规划建设和改造城市集中供热、燃气设施。因此必须要通过能源立法来促进能源福利目标的实现。

首先，通过制定《能源基本法》确立能源领域普遍服务的原则，规定公民享有获得基本能源供应与服务的权利，并在此原则的指导下，规定从事民用电力、热力、燃气及其他能源产品供应的能源企业负有为公民提供安全、持续、可靠的能源供应与服务的义务，而国家会对承担此种特殊义务的企业予以适当补偿。

其次，制定《可再生能源法》的配套法规和《农村电气化条例》，保障农村尤其是边远地区对能源的基本需求。大力发展可再生能源不仅可以在一定程度上逐步解决我国的能源结构调整问题，而且在我国的现阶段，对于农村尤其是边远地区的基本能源福利保障如电力等，具有重要意义。而制定《农村电气化条例》，可以在建设新农村的过程中，电力先行，电力供应不再停留在过去保障农村排灌和农民的基本照明消费的水平上，扩大农村的电力消费。实现农村电气化是改变农村落后面貌、促进农村经济发展的重要途径和必由之路。结合国际上的普遍做法和成功经验，《农村电气化条例》的制定应规定农村电气化的目标、配套相关的财税政策，加大政府对农村电力基础设施建设的支持力度，加快农村电气化的步伐。①

再次，制定《能源公用事业法》。我国目前的能源立法主要调整能源的开发、利用等行为，而对能源产品的销售和服务缺少关注。其中为了满足社会共同需要包括电力、天然气、煤气和热力等能源资源或能源产品的能源公用事业，由于其与能源福利的密切关联性而需要法律单独调整。能源公用事业提供的产品、服务为公众日常所需，没有充裕的替代选择，需求弹性很小，甚至可

① 参见叶荣泗、吴钟瑚主编：《中国能源法律体系研究》，中国电力出版社 2006 年版，第 50、166 页。

以说是具有不可代替性。我国的能源公用事业存在许多问题,需要通过立法的形式予以确认,而不能一直仅依靠效力级别很低的规范性文件和政策来进行调整。在能源体制改革中,能源公用事业应该立法先行。尽管我国制定《能源公用事业法》有制定单独的《公用事业法》、制定单独的《能源公用事业法》、《能源基本法》中对能源公用事业进行原则性的规定、不同的能源公用产品在单行的具体能源法中规定等几种模式选择,①但对能源公用事业进行立法规制已成为现实的需要。

三、我国能源立法中应注意的问题

为了实现我国能源的可持续发展并进而保障经济的可持续发展,能源立法工作的重要不言而喻。从近期我国政府启动的立法规划来看,自2005年《可再生能源法》颁布实施后,《能源基本法》立法工作已经启动,石油、天然气、原子能、电力、煤炭等领域法律的制定和修订也在展开,大量的行政法规正在制定之中。在我国能源立法的过程中,从解决能源问题的视角来看,有几个问题需要注意。

第一,能源立法要处理好能源政策和能源法律之间的关系。有一些能源问题的形成可以借助于能源政策来进行调整,尤其是一些暂时性、应急性的能源问题的解决,因此在强调能源立法工作的同时,不能忽略能源政策的重要性。政策的灵活性可以弥补法律因其制定程序严格而有时产生的对现实问题调整的滞后性。在能源领域,政策与法律有时甚至是很难清晰地进行区分的。当然,如果过分强调能源政策的作用,甚至随便以之取代法律的调整,则很容易导致人治,而和法治的要求相背离。

第二,注意从能源法律体系的角度来进行能源立法工作。不同能源之间是相互联系甚至是相互依赖的,我们在进行任何一部能源法律、法规的制定时必须从能源整体和能源法律体系的角度来进行思考。如果从体系的角度来进

---

① 《能源公用事业法》立法模式的具体设计可参见中国法学会能源法研究会课题组:《中国能源法律体系框架研究》课题研究报告(一),第39—41页。

行能源立法，首先会注意不同能源法律、法规之间的协调。例如，《可再生能源法》的第 14 条“电网企业应当与依法取得行政许可或者报送备案的可再生能源发电企业签订并网协议，全额收购其电网覆盖范围内可再生能源并网发电项目的上网电量，并为可再生能源发电提供上网服务”，这里关于发电上网的规定就需要《电力法》的修订来配合。其次应注意能源立法与其他法律的协调，例如能源立法与环境保护法的协调就是要解决能源发展如何与环境保护相协调的问题。

第三，注意在尊重国情的基础上进行能源立法，借鉴国外的立法经验必须慎重。能源安全和能源可持续发展是世界上大多数国家都要面临的问题，而如何通过能源立法来解决上述问题，许多国家进行了有益的探索，也有许多经验值得借鉴。由于国情不同，能源的资源状况不同，因此在设计国家能源法律制度时，也必须以国情为基础，尊重国家能源自身的客观规律。例如，我国《可再生能源法》在制定时就注意到这个问题。尽管在如何促进可再生能源开发利用的制度设计上有几个方案可以选择，而从理念的角度讲，美国包括绿色证书交易制度在内的配额制度是非常好的政府利用市场机制来调整可再生能源开发、利用的手段，①但是，由于中国特有的国情以及能源体制和市场机制的现状，我国在立法时还是选择了固定电价制度。② 我国现在正在进行的石油、天然气立法中，尽管有石油、天然气领域分别立法，油气上下游领域分开立法和油气行业统一立法三种不同方案的选择，但是我们在进行立法模式的选择时还是要注意我国长期采取油气一体的模式对油气行业进行管理，天然气的勘探、开采、管道运输和对外合作一直是和石油一并进行立法的国情和我国天然气的独特性以及将有较大发展的趋势，然后再进行立法模式的选择。

总之，为了实现“十一五”规划确立的我国的能源发展战略，能源领域必须要科学、高效地进行立法工作，以期形成中国特色社会主义能源法律体系，并为我国能源的可持续发展提供法律保障。

---

① 具体理由可参见孟雁北：《政府调控中的市场机制运用问题研究》，载《成人高教学刊》2005 年第 2 期。

② 具体理由可参见李艳芳：《我国〈可再生能源法〉的制度构建与选择》，载《中国人民大学学报》2005 年第 1 期。

欧盟及其成员国能源法比较研究与借鉴

张式军*

摘　要：欧盟能源问题既有供应安全问题，也有能源使用安全、环境问题。欧盟国家能源立法早期主要解决常规能源供应安全问题，立法旨在建立开放的、自由化的、竞争性的能源市场，以鼓励投资，促进能源开发利用，提高能源生产效率。随着气候变化公约的签署和《京都议定书》的生效，以及可持续发展理念的深入，欧盟国家能源法开始关注能源节约和效率问题，特别是可再生能源的立法受到重视。文章考察了欧盟及德国、丹麦、英国、荷兰的能源立法概况和最近的发展趋势，分析了欧盟及其成员国在能源立法中行之有效的一些法律制度，以期借鉴于我国能源立法。

关键词：欧盟　能源法　可再生能源　制度　借鉴

一、引　　言

自20世纪末21世纪初以来，中国的能源供应日益面临严峻的挑战，特别是为保证2020年实现国民经济翻两番的目标，能源需求的持续增长，对能源供给产生很大压力。国际经验表明，完善的能源立法是实现能源可持续发展的重要保障和实施手段。因此，如何在正确评估中国能源形势的基础上，建立健全我国能源法律法规体系，以保障中国经济社会的可持续发展，成为法学界面临的重大研究课题。

* 张式军（1966—　），男，山东青岛人，山东大学法学院副教授，法学博士，博士后，研究方向：环境与资源保护法学。

当今世界主要发达国家普遍重视能源立法。20世纪70年代两次石油危机之后，许多国家加强了能源立法，经历了从促进能源开发利用到追求开发利用效率和公平的转变过程。到90年代以后，随着可持续发展理念的提出和普遍运用，主要发达国家和大部分发展中国家都制定了自己的能源战略，加强了节约能源和可再生能源的立法，并逐步形成能源法制度的体系化。

欧盟地区经济发达，能源消费量大，自身生产的能源供应不足，进口达50%，预计到2030年将达70%。同时，还有履行《京都议定书》，应对气候变化和环境保护的压力。欧盟既有能源紧缺与安全供应问题，也有能源所带来的环境问题。因此，欧盟国家能源立法的重点一方面要关注能源安全和战略储备，另一方面要考虑节能、能效与环保。欧盟及其成员国在能源立法方面比较先进，形成了完善的能源法体系，确立了能源监管体制，在能源法律制度方面建立了能源效率、能源税、财政手段、能源许可、能源市场体制、能源消费者利益保护等项法律制度。比较研究欧盟及其成员国的先进的能源立法理念和经验可以使中国能源法的制定有所借鉴。

二、欧盟及其成员国能源立法现状及其发展趋势

（一）德国能源法

1. 能源与能源立法概况

德国是世界上最大的能源消费国之一，石油消费量居世界第三，天然气消费量居欧盟第二。德国本国的资源有限，经济建设与社会生活中所需的绝大部分能源依赖进口，所进口的一次能源产品主要是石油、天然气和烟煤，德国所需原油95%以上、天然气将近80%、烟煤将近60%来自国外。

德国重要的能源立法有1935年的《德国能源法》(1998年修订)、1957年的《联邦竞争法》、1973年通过的《能源供应保障法》，这些为政府进行能源管理提供了依据。1980年制定了《联邦矿业法》(1990年修订)。此后，德国又先后通过了《建筑物节约能源法》、《发电法》、《燃料油费补助法》等法律法规，以减少能源消费和保障能源安全。1998年修订的《德国能源法》旨在促进德国电力和油气市场的自由化及减少国家干预，从而将电力和油气价格降低

到可在欧盟市场上具有竞争力的水平。

2. 发展趋势

为了减少对国外能源的依赖,缓解化石燃料对环境污染的压力,保持其欧洲甚至世界环保领先的地位,德国政府历来将节约能源、开发可再生能源作为最优先考虑的目标之一,从20世纪70年代初德国政府就将积极推广发展可再生能源作为其能源政策战略的一个重要组成部分。尤其是1998年主张环保节能的绿党上台执政以来,德国政府先后出台了如《可再生能源法》等一系列有关环保和节能的法规与计划,为引导德国进一步走向节能环保型社会确立了相应的法律框架。

德国的可再生能源立法概况:1990年制定《电力输送法》,这是关于可再生能源生成的电力输入公共电网的法律,规定了电力运营商有义务有偿接纳在其供电范围内生产出来的可再生能源电力;1991年通过《强制购电法》(Electricity Feed Law,简称EFL),该法要求公用电力公司按照零售电价的90%购买可再生能源电力,[①]明确了"强制入网"、"全部收购"、"规定电价"三个原则。1998年4月通过《电力输送法修正案》、《能源经济法修正案》,1999年起推行"10万太阳能屋顶计划",促进太阳能发电计划的实施。

2000年颁布了《可再生能源促进法》和促进可再生能源开发的《未来投资计划》,以及促进可再生能源开发利用的《可再生能源市场化促进方案》、《家庭使用可再生能源补助计划》等。《可再生能源法》规定对发展可再生能源给予政府补贴,并实施了一系列鼓励使用新型能源的计划,进一步确立EFL原则。该法规定,电力运营商必须无条件地以政府制定的保护价,购买利用可再生能源产生的电力,同时有义务以一定价格向用户提供可再生能源电力,政府根据运营成本的不同对运营商提供金额不等的补助。

2001年,德国议会首次制定了促进可再生能源发电的指令。2002年,《节省能源法案》规定新建建筑必须是符合标准的低能耗建筑。2002年2月通过《组合加热与供能法》,2003年制定《生物能发展法规》,2004年实施《购电法》,完成十万个太阳能屋顶的安装计划。2004年8月,在修订指令的基础

---

① 梁志鹏:《国外风力发电的发展机制和政策法规述评》,载《中国能源》2002年第10期。

上，颁布了《可再生能源法》，对 2000 年《可再生能源促进法》做了修订和补充。其首要目标是提高可再生能源在整个电力供应中所占的比重，到 2010 年至少提高到 12.5%，到 2020 年至少提高到 20%，同时，为投资太阳能、风能、水能、生物质能和地热能提供了可靠的法律保障。

（二）丹麦能源法

1. 能源与能源立法概况

丹麦从 1972 年开始开采石油，1984 年开始天然气的开发。到 1991 年，丹麦的石油和天然气已能自给自足并有出口，但煤炭资源不足，需要进口煤用于电力生产。由于受自然地理条件的限制，丹麦国内缺乏大规模的水力发电，也没有发展核电。

丹麦的能源立法起步较晚，最早的与能源有关的法律可追溯到 1932 年的《底土法案》（Subsoil Act）。① 该法案只是规定了国土下的石油和天然气等矿物质原料属于丹麦王国所有，其范围限于陆地和领海。1971 年的《大陆架法》将资源的范围扩大到大陆架。1972 年的《原料法》将矿产资源的范围进一步扩大。

一直到 1973 年能源危机发生以前，丹麦的能源立法非常少，且大部分是用于解决能源安全的。这是由于当时有充足和廉价的石油供应，同时丹麦政府还没有充分意识到能源消耗尤其是化石能源对环境的影响。但是，二次大战后，特别是 20 世纪 50 年代后期以后随着丹麦经济快速发展过程中对进口石油的大量需求，以及后来石油价格的大幅度增长、70 年代的两次石油危机对丹麦产生了严重的影响。丹麦开始认识到对能源进行管制的必要性，需要进行能源立法和制定能源政策对能源实施调控。

第一次能源危机后，丹麦制定实施了第一个能源策略“1976 年丹麦能源政策”，②其目标是当发生类似 1973—1974 年那样的国际能源危机的时候，能保证丹麦的能源供应。在整个 70 年代，为了应对石油危机，丹麦设置了公共

---

① 1950 年、1971 年丹麦先后对该法案进行了修订，1981 年重新制定，1995 年再次修订。

② *Dansk Eenergipolitik*, Handelsministeriet(*Danish Energy Poloicy*, Ministry of Trade, May 1976.

管理机构,制定了关于传统能源开发利用的法律,如1972年《天然气供应法》(2000年修订)、1976年《电力供应法》(1999年修订)、1979年《供热法》(1990年修订)、1981年《管道法》等,能源法律框架初具轮廓。

20世纪80年代第二个能源计划"1981年能源"①提出了优先解决先前计划提出的继1979—1980年石油禁运后能源价格急剧增长的问题,同时也开始关注环境问题。

80年代后期和90年代初,能源关注的焦点逐渐从保障能源供应、能源服务成本最小化和地方环境影响效果转变到更广泛的环境的关注。丹麦能源政策对环境的优先集中反映在"能源2000"②行动计划中。"能源2000"是丹麦能源部在1990年4月提出的,它提出了能源领域可持续发展的目标,其中包括:减少温室气体特别是二氧化碳气体的排放,关注能源消耗的节省,能源效率的提高,清洁能源资源的转变和小规模的合成电热工厂的建造,并且关注研究和发展。

1996年丹麦制定了第四个能源战略"能源21",③"能源21"强调主要环境挑战是使工业化国家的排放物集中达到全球可持续的水平。

2. 发展趋势

丹麦在可再生能源利用、能源有效利用与环境保护方面,一直走在前列。早在1984年5月,丹麦政府就通过了一项《减少氧化硫排放法》,其目标是到1995年二氧化硫气体排放量减少50%,对于电力工厂,规定到1995年氧化硫排放量比1980年减少42%,这个法案还包括限制氧化氮的排放,其目标是到2005年要比1980年减少50%。④ 自20世纪90年代,在丹麦,能源供应和使用对环境造成的影响越来越受关注,并且已经成为丹麦能源政策不可缺少的部分。1990年丹麦修订了《可再生能源法》,1993年12月21日,丹麦批准了

① *Energiplan 81*, Energiministeriet, Nov 1981(*Energy Plan 81*, Ministry of Energy).

② *Energy 2000, A Plan of Action for Sustainable Development*, Danish Ministry of Energy, Apr 1990.

③ *Energy 21, The Danish Government's Action Plan for Energy*, Danish Ministry of Environment and Energy, Apr 1996.

④ Martha M. Roggenkamp, Anita Rønne, Catherine Redgwell, Inigo Del Guayo, *Energy Law in Europe*, Oxford University Express, pp. 415–416.

《气候变化框架公约》，并于 1998 年 5 月 1 日签署了《京都议定书》。丹麦的可再生能源在 1997 年已占总能源的 9%。① 依照“能源 21”战略，计划要以平均每年增加 1% 的速度加快发展可再生能源，预计到 2030 年可再生能源将增加到 5.500MW，相当于全部总能源消费量的 35% 和电力生产的 50%。

由于早期缺乏煤炭、石油天然气等常规能源，丹麦风能利用是较早的，风力能源的开发始于 19 世纪 90 年代，后来有所衰落。到了现代，由于能源供应安全问题和对环境的关注才进入现代风力发电时代。现在，丹麦的风力发电已非常具有竞争力，成为电力生产中减少二氧化碳排放的最廉价的方式之一。1997 年风车发电总数量是 1932Gwh，相当于丹麦电力总消耗量的大约 6%。1999 年新的《电力供应法》包含着关于在 13—18 个区域将来海岸风力发电厂的规则。

1999 年，丹麦议会通过了一系列减少 CO_2 排放量的新法律，包括新《电力法》、《可再生能源利用法》的修订。2000 年 5 月通过的《促进能源消耗节省法》规定了能源节省行动所优先考虑的形式的总原则。2000 年，与实施能源改革相关的法律制定或修订，新《天然气法》通过，《节约能源法》和《热力供应法》修正。这些改革的目的是开放能源市场，同时保证自由电力和天然气的市场开发能够促成环境保护、可再生资源的发展，保证丹麦能履行其国际环境义务。

（三）英国能源法

1. 能源与能源立法概况

英国是西欧国家中能源最丰富的国家，能源资源主要来自煤炭、石油和天然气，而水电资源比较缺乏。长期以来，英国所消耗电力的 70% 出自煤炭、石油和天然气，28% 出自核电，而水电及其他可再生能源所占的比例仅约为 1%。能源产业对矿物燃料的依赖很大，而英国的能源储备中，煤炭占 95%，石油及天然气仅为 5%。② 英国早期的能源法主要有：1972 年《燃气法案》、

---

① *Danish Oil and Gas Production 2000*, the Energy Agency.

② 刘清华：《英国新能源和可再生能源计划》，资料来源：http:// www.china5e.com/dissertation/ newenergy/0008.htm（中国能源网），2006 年 2 月 1 日访问。

1986 年《天然气法》、1989 年《电力法》等。

2. 发展趋势

随着其石油、天然气资源的日渐枯竭以及煤炭使用造成温室气体排放量增多这一矛盾的日益突出，英国面临着巨大的压力和挑战。而《京都议定书》确立的温室气体减排目标对英国实现可持续发展提出更大的现实挑战。为此，英国制定了一系列气候变化的政策和立法文件。

20 世纪 90 年代，英国促进可再生能源的制度主要是非化石燃料义务，制定有《非化石燃料义务》NFFO（1990—1997），[①]在 1995 年制定了《家庭能源节约法》。21 世纪以后，英国推出可再生能源义务和气候变化税（Climate Change Levy，2000）以代替非化石燃料义务和化石能源税。2000 年制定出台了《可再生能源义务法令》，明确规定了供电商必须履行的责任，即在其所提供的电力中，必须有一定比例可再生能源电力，可再生能源电力的比例由政府每年根据发展目标、可再生能源实际发展情况和市场情况确定，实际上是一种配额制度，政府为此建立了配额证书制度（ROC 证书）。[②] 2002 年 1 月 1 日，《可再生能源强制条例》生效；2003 年先后通过了《可持续能源法》、《可再生能源法》，2004 年通过《能源法》；2005 年颁布《可再生能源义务命令》。2003 年 1 月政府公布的《能源白皮书》——“我们能源的未来——建设一个低碳的经济（a low carbon economy）”，可谓代表了英国新世纪能源立法的取向——旨在促进和达到可持续的能源政策的目标。

（四）荷兰能源法

1. 能源与能源立法概况

风力和煤炭是荷兰传统的能源资源，1924 年首次开发石油，1959 年在哥罗宁根发现大量天然气后，荷兰的能源状况发生重大改变，煤逐渐停产，到 1974 年关闭了最后一个煤矿。目前天然气是荷兰最重要的能源资源。

---

① 刘清华：《英国新能源和可再生能源计划》，资料来源：http://www.china5e.com/dissertation/newenergy/0008.htm（中国能源网），2006 年 2 月 1 日访问。

② 时璟丽、李俊峰：《英国可再生能源义务法令介绍及实施效果分析》，载《中国能源》2004 年第 26 卷第 11 期。

荷兰最早适用的能源法是早期法国法，该法由 1810 年法国君主拿破仑公布，其目的是将重要矿物质如煤置于中央政府的直接管理之下。荷兰 1813 年重获独立后，法国法仍然保留下来。1965 年荷兰制定了《大陆架采矿法》，规范大陆架的石油和天然气的开采和加工，现代统一采矿法于 1998 年公布。在电力方面，1938 年制定了第一部《电力法》，1989 年制定了新的《电力法》，阐明了 20 世纪 70 年代能源危机后政府能源观念的转变。由于大部分能源是有限资源，荷兰政府 70 年代的能源政策通过减少总能源需求和促进能源供应多样化来保证国家能源供应安全问题。

2. 发展趋势——能源效率和环境保护

从 70 年代的石油危机开始，荷兰就被迫考虑能源节约和效率问题。1974 年和 1979 年荷兰能源政策白皮书主要关注在建筑、工业和运输部门的能源节约问题。1995 年第三能源白皮书所关注和规定的范围扩大，不仅规定了长期能源供应中的能源效率和能源保护问题，还规定了环境和经济的整体利益问题，以及全球变暖以及温室气体排放问题。

荷兰在节能增效方面的一部重要法律是 1986 年生效的《能源节约设施法》，该法是一个框架法，政府尚需制定一些特定领域或设施的能源节约标准，如供热泵、电视、洗衣机和洗碗机等行业的能源节约标准。在建筑部门，荷兰就非常关注能源效率，为此制定了《新建筑物能源使用标准（EPS）》（于 1995 年生效，1998 年和 2000 年得到加强），EPS 适用于建筑物建设和基础设施的能源效率。

根据《京都议定书》规定，荷兰到 2008 年温室气体排放量减少 6%。为此荷兰需大力发展可再生能源。尽管风能是荷兰的传统能源，但是过去的十年，风力发电非常有限，1995 年风能发电量从 153MW 增长到 248MW，荷兰的目标是到 2010 年能力增加到 2000MW。太阳能的利用方面，1994 年，总安装的光电能量为 2MWP 以上，荷兰国家光电研究项目设定的目标是：到 2010 年为 250MWP。为此荷兰还实施了“1000 房顶项目”。

（五）欧盟能源法

1991 年欧共体及 49 个国家签署的《欧洲能源宪章》，是一项阐述各国在有关能源产品与能源生产的贸易投资领域的原则、目标和行动方案的政治宣言,其目标是在可接受的经济基础上增进能源供应保障和充分发挥能源生产、储存、运输、分配与利用的效率,以加强安全和保护环境。为建立一个促进在能源领域长期合作、以互补性和相互利益为基础的法律框架,1994 年 12 月 17 日在里斯本签署《欧洲能源宪章条约》,旨在以欧共体原则为基础形成共同的欧洲能源市场。

欧盟能源立法特别关注于提高能源效率和促进可再生能源发展。

1. 提高能源效率的立法

理事会 79/530/EEC 指令、79/531/EEC 指令和 92/75/EEC 指令均系针对能源标志问题。92/75/EEC 指令取代了 79/530/EEC 指令,并对 79/531/EEC 指令进行了修改,该指令进一步扩大了能源标志的适用范围,适用于电冰箱、制冷器及其组合物、洗衣机、洗碗机、电烤炉、热水器和热水储存设备、照明设备和空调设备。① 新指令要求所有销售上述产品的经销商必须根据相关实施指令和语言文本的要求,将能耗标志粘贴在醒目的位置。理事会 92/75/EEC 指令对欧盟能源标志的立法有着深远的影响。

欧盟根据 SAVE 和 ALTENER 规划制定了大量的提高能源效率的立法文件。理事会《关于锅炉能源效率的 92/42 指令》②针对能源效率的检验规定了一整套标准化的程序,检验合格的锅炉应当贴上欧共体统一的"CE"标志,才可以在欧盟成员国之间自由流转。

理事会 93/76/EEC 指令③旨在通过提高建筑物的能源效率来达到限制 CO_2 排放的目的。

理事会《关于家用电器能源效率的 96/57/EC 指令》是一项与温室气体排

① Article 1, (1), Council Directive 92/75/EC of September 1992 on the indication by labeling and standard product information of the consumption of energy and other resources by household appliances, OJ No. L 297, 13 October 1992, p. 16.

② Council Directive 92/42/EC of 21 May 1992 on efficiency requirements for new hot-water boilers fired with liquid or gaseous fuels, Official Journal of the European Community, No. L167, 22 June 1992, pp. 17 - 28.

③ Council Directive 93/76/EEC of 13 September 1993 to limit carbon dioxide emission by improving energy efficiency, Official Journal, No. L237, 22 September 1993, pp. 28 - 30.

放控制直接相关的法律文件。指令适用于新的家用电冰箱、食物冷冻柜、食物制冷器及其混合体。指令要求上述所有的电器设备必须与最大允许电耗值相符，并具有 CE 标志。①

理事会《关于一体化污染防治的 96/61/EC 指令》②则规定，成员国实施最佳可得污染控制技术时，必须同时考虑其能源效率问题，这无疑将促进污染防治方面的最佳可得技术在节能方面的应用。成员国必须采取必要的措施，以确保所有企业的固定设备的运转处于“能源被有效利用”的状态。经营者在申请许可证时，必须向成员国的主管部门报告其设备的能源利用或者设备能源发电量的情况。③

2. 促进可再生能源发展的立法

发展可再生能源是欧盟能源政策和立法的核心目标，在温室气体的减排、降低对进口能源的依赖性、增进能源供应安全等方面具有重大意义。目前可再生能源在欧盟能源总消费量的比重仅占 6%，欧盟可再生能源政策白皮书制定了可再生能源发展战略和行动计划，确定了可再生能源在欧盟内能源总消费量中的份额，作为 2010 年的指令性目标要达到 12%，并且要占电力能源总量的 22%，至 2050 年可再生能源在欧盟能源供应结构中将达 50%。近年来欧盟在可再生能源方面的专门措施主要有可再生能源起飞运动和 ALTENER 计划。

欧盟可再生能源法律法规开始于 1988 年，欧盟的前身欧洲共同体的部长理事会在这一年召开了一次会议，并通过了《欧洲共同体部长理事会在共同体内部开发可再生能源的建议》（该文件 1998 年变更为《欧盟部长理事会关于可再生能源的决议》）。从 20 世纪 80 年代末至今，欧盟（欧洲共同体）先后

---

① Directive 96/57/EC of the European Parliament and of the Council of 3 September 1996 on energy efficiency requirements for household electric refrigerator, freezers and combinations thereof, Official Journal of the European Community, No. L236, 18 September 1996, pp. 36 - 43.

② Council Directive 96/61/EC of 24 September 1996 concerning integrated pollution prevention and control, Official Journal of the European Communities, 10 October, 1996.

③ Council Directive 96/61/EC of 24 September 1996 concerning integrated pollution prevention and control, Official Journal of the European Communities, 10 October, 1996, p. 30.

颁布了20多部涉及欧盟全体成员国的可再生能源的重大指令和政策法规,并颁布了一系列详细的配套规定和措施。这些法律法规通过运用市场机制和政府调控相结合的手段,并根据欧盟各成员国的具体特点,设计出一套卓有成效的机制来促进欧盟可再生能源的发展。

比较有影响的法令和政策包括:1997年欧共体颁布的《未来的能源:可再生能源,共同体战略和行动计划白皮书》(即"白皮书"),①目标为将可再生能源在现行能源结构中所占的6%的份额在2010年提高到12%。2001年《欧洲共同体关于使用可再生能源发电指令的共同立场》(即"77号指令"Directive2001/77/EC),是欧盟促进可再生能源发展战略的重要组成部分,也是欧盟为履行《京都议定书》的承诺所迈出的重要一步。该法令重申了欧盟实现可再生能源占能源总消费量12%的目标,还要求到2010年,实现可再生能源电力份额占欧盟总电力消费的22%的目标。② 为了实现这一目标,该法令确立了一些新的鼓励可再生能源电力发展的机制,如可再生能源电力的原产地保证制度,这将使购买者确信所购买的电力是从可再生能源产生的。2003年《促进生物燃料可再生能源使用的指令》(Directive 2003/30/EC),以及2003年开始陆续颁布的"聪明的能源欧洲"(Intelligent Energy Europe)下的一系列法律法规。

三、欧盟及其成员国的能源法律制度

为促进能源资源的开发和可持续利用,欧盟的能源立法在常规能源方面主要关注如何开放市场、促进竞争、提高能源效率,在可再生能源方面则重在运用经济手段促进可再生能源的开发利用。为此,欧盟建立了一系列能源法律制度。

(一)充分利用市场机制

一个经过缜密设计、透明公开的能源市场是实现高效利用能源的最佳途

① EC, Communication from the Commission, Energy for the Future: Renewable Sources of Energy, White Paper for a Community Strategy and Action Plan, COM (97) 599 final, 26 November 1997.

② 参见何建坤:《国外可再生能源法律译编》,人民法院出版社2004年版,第110—117页。

径之一，欧盟及其成员国的能源法注重通过在国内和国外促进竞争性市场的形成，协助提高可持续的经济增长率并提高劳动生产率；保持能源供应的稳定性和可靠性；同时通过市场机制如二氧化碳排放交易方案履行气候变化公约。

1. 欧盟市场机制的运用

欧盟在能源领域充分利用市场，开放电力和天然气市场。欧盟发挥市场的作用与采取多层治理方式，提高了可再生能源政策的机制能力，所以可持续能源政策的实施效果相当好，能源效率在发达国家地区中也是最高的。

1996 年年底，欧盟成员国和欧洲议会采纳了关于国内电力市场普通规则的96/92EC 指令，指令规定了电力生产通过竞争性投标形式来进行竞争，并且，电力供给合格的消费者，通过辅助性原则，每一成员政府有权确定合格消费者的定义和选举电力网络管理者，同时将指定一个争议解决机构。欧盟要求成员国必须在 1999 年 2 月 19 日前实施这项指令。欧洲议会和欧洲理事会在 1998 年和 2003 年分别制定的《关于天然气内部市场的共同规则》（后者取代了前者）都认识到开放市场的重要性。第 98/30/EC 号指令指出“建立一个天然气竞争市场是完善内部能源市场的一个重要因素”。第 2003/55/EC 号指令更多地关注于市场开放和消费者权益保护，指令鉴于“要建成一个完全具备可操作性和竞争力的内部市场存在着诸多障碍，其中最主要的是网络准入、存储准入、定价以及各成员国的体系和不同的市场开放程度之间的协调问题”，“为了便于竞争机制的运行，网络准入必须是非歧视性的、透明的、公平定价的”，“燃气消费者应能够自由选择供应商”，“逐渐开发市场直至完全具备竞争性需要尽快消除成员国之间的差异”，“应采取进一步措施来确保运输准入方面的透明性和非歧视性价格制度。那些价格制度应在非歧视性基础上适用于所有的用户”。为打破垄断、放开市场，第 2003/55/EC 号指令与第 98/30/EC 号指令相比，增加了“运输系统运营商的分拆”、“配气系统运营商的分拆”、“存储准入”等条款。根据欧盟指令的规定，从 2004 年起用户有权选择电力和天然气供应商，从而为清洁能源进入市场营造有利环境。

欧盟还利用市场机制共同履约。根据《京都议定书》，欧盟温室气体排放控制的整体目标为：到 2010 年为止，在 1990 年的排放水平基础上降低 8%，这相当于削减大约5.5亿到6亿吨的温室气体。① 1998年,欧盟成员国就此目标通过了一项责任分担协议,即所谓的"欧共体泡泡"。关于成员国之间温室气体排放贸易的欧盟排放贸易方案于2001年10月23日通过。该方案规定对成员国所分配的可交易配额免于收费,直到2007年,对超过配额的部分实施惩罚,起初,超过一吨罚款50欧元或者处以配额平均市场价两倍的罚款,2008年之后,罚款将翻倍。②

2. 荷兰

1988年EC的国内市场计划(Internal Energy Market Programme)的主要目标是创造有关竞争性的能源市场。1989年荷兰制定的新《电力法》即在能源领域引进了有限程度的竞争,即通过分离生产和分配领域,对能源运输线路的准入实行资格许可的方式来促进竞争。1995年第三次《荷兰能源白皮书》(Dutch White Paper on Energy of 1995)对于创造有关竞争性的能源市场有了进一步的认识,它概括了能源部门的自由化和私有化概念,结果促成了1998年新《电力法》和2000年《天然气法》的制定。《天然气法》的制定意味着原由能源部门控制的整个能源网络,置于公共法规的规范之下,最终没有任何一个能源领域只受某一个或几个部门控制(垄断),而不处于法律的控制之下。③

3. 英国

为完成《英国气候变化计划》,英国实施了排放贸易计划(UK—ETS),英国的排放贸易方案于2002年4月生效。④ 根据英国的排放贸易方案的规定,对于申报削减二氧化碳排放量指标的企业,政府将给予奖励;对于完不成指标的企业,将给予罚款。如果企业不想被罚款,可以从完成了削减二氧化碳排放量指标的企业购买多余的二氧化碳削减量。政府将为实行这一制度的企业逐

---

① European Commission, Commission Communication to the Council and the Parliament: Preparing for Implementation of the Kyoto Protocol, Com(1999), 230, 19 May, 1999, p. 8.

② David Pocklington, "European Emission Trading: the Business Perspective", *European Environmental Law Review*, July 2002, pp. 210 - 211.

③ 20世纪60年代荷兰即多次提议制定独立的《天然气法》,但一直未果,长期以来,天然气工业是以经济事务大臣和工业部门之间的协议为基础来组织生产的。

④ David Pocklington, "European Emission Trading—the Business Perspective", *European Environmental Law Review*, July 2002, p. 210.

一注册登记并建立账户，允许企业相互之间买卖二氧化碳削减量。为了确保排放贸易市场的运作，英国政府建立奖励基金，并从 2003 年财政预算中开始列支，预计 5 年间这一基金将达到 2. 15 亿英镑。

（二）税收制度

利用税收杠杆，对化石燃料征收较高能源税，对可再生能源则免税或少税。如碳税就是欧盟所确立的一项重要的控制温室气体排放的措施。目前，芬兰、瑞典、丹麦、挪威和荷兰等国都已经征收了碳税。① 芬兰于 1990 年就开始实行二氧化碳税，②瑞典和挪威则于 1991 年引入了二氧化碳税，③二氧化碳税使得挪威的一些固定的燃烧工厂的二氧化碳排放量降低了 21%。④

1. 欧盟的碳税和能源税

引进碳税和能源税是欧盟整体能源效率战略中的重要内容，这对于促使人们更多地使用低污染的能源是十分必要的。自 1992 年以来，委员会就此主题先后向欧洲理事会提交了三份提案。理事会就前两份提案并未达成一致意见。⑤ 委员会于 1997 年提交了第三份提案。该提案建议理事会通过一份对共同体能源产品的现行税收框架进行重构的指令，根据该指令，将共同体最低

---

① Jean-Philippe Barde：《环境保护的经济手段：OECD 成员国的经验》，参见王金南等主编：《中国与 OECD 的环境经济政策》，中国环境科学出版社 1997 年版，第 15—16 页；经济合作和发展组织编：《国际经济手段和气候变化》，中国环境科学出版社 1996 年版，第 66 页。

② Jean-Philippe Barde：《OECD 成员国的环境税的现状和发展趋势》，参见杨金田等编：《环境税的新发展：中国与 OECD 比较》，中国环境科学出版社 2000 年版，第 21 页。

③ Stefan Nystrom and Agneta Berqvist：《财政改革和与环境有关的税收：瑞典的政策和经验》，参见王金南等主编：《中国与 OECD 的环境经济政策》，中国环境科学出版社 1997 年版，第 137 页；经济合作和发展组织编：《税收与环境：互补性政策》，张山岭等译，中国环境科学出版社 1996 年版，第 36 页。

④ Jean-Philippe Barde：《OECD 成员国的环境税的现状和发展趋势》，参见杨金田等编：《环境税的新发展：中国与 OECD 比较》，中国环境科学出版社 2000 年版，第 19 页。

⑤ 1992 年 6 月，欧洲委员会提交了第一份关于碳税的提案，该提案建议在提炼天然能源产品及其派生物时征收碳税。James Cameron and Ruth Mackenzie, Environmental Law and Policy Developments in the European Community after Maastricht, see Ben Boer, Robert Fowler and Neil Gunningham, *Environmental Outlook: Law and Policy*, 1994 by the Federation Press, Sydney, p. 103.

税率制度从矿物油料扩大到所有的能源产品,具体包括用于供暖系统、机动车燃料或者发电的矿物油、天然气、固体燃料(煤炭、泥煤、褐煤)。这种适用范围的扩大将使欧共体征收二氧化碳排放税的产品范畴从40%拓宽到90%。①

欧盟委员会1997年能源产品税指令的目标是建立一个全面的能源产品税收系统,改善内部市场的职能,鼓励有利于环境保护的行为和促进劳动力的更充分使用。2003年欧盟修改了能源产品税框架。成员国依据该框架在尽量避免增加总体税务负担的情况下,对能源产品征税。该框架规定了成员国能源税的最低标准,覆盖了汽油、柴油、液化石油、天然气、电能,甚至重油、煤油等能源产品,同时对这些能源产品改善环境影响的用途则免税或减税。如汽油作为机动燃料的能源税的最低标准:2004年前为337EURO/1000L,2004年1月1日起为421EURO/1000L;相应柴油分别为287EURO/1000L,359EURO/1000L。欧盟通过能源税对可再生清洁能源、环境损害较小的能源、环境影响较小的交通模式等进行鼓励。

2. 丹麦的能源税

丹麦的能源税有近30年的历史,税率也很高。第一个能源税是1978年对电、光和重燃料石油的征税;随后是1982年关于煤的税;1991年通过矿物质税法、电力税法、天然气税法;1992年开征二氧化碳税;②1996年正式开征天然气税。能源税体制的设置主要是企图促进节省能源并为选择更环保的燃料资源提供指导,以确保建立集约型能源体系。丹麦1994—1998年总的税收改革目标是使税收体系的目标价值逐步发生改变:从靠税来增加收入转向靠税来减少稀有资源(如石油、天然气)的消耗和对环境的压力。税率总体上是不断增加,如1996年的天然气税是每立方米0.01DKK,从1998年起有较大幅度增长,到2000年1月,税率达每立方米1.60DKK。

3. 英国的气候变化税

2000年英国通过了《气候变化税》,从2001年4月生效以后,结合《财税

---

① EU, Second Communication under the UN Framework Convention on Climate change, p. 33.

② 欧洲环境局:《环境税的实施和效果》,刘亚明译,中国环境科学出版社2000年版,第33页。

法》的规定，英国开始征收气候变化税，对于可再生能源和高质量的热电装置则可以免去这部分税收。

4. 荷兰的能源税和环境税

荷兰在运输和工业领域实行“绿色 VAT”能源税和环境税，对环境友好型的产品减征 VAT 税。① 荷兰的燃料环境税从 1988 年 1 月开始实行，它遵循“污染者支付”原则，被作为基础税，这个税种以燃料消耗和燃料中的 CO_2 的含量为基础，由提取、生产、使用或进口某种能源资源并因此使用它的人来支付该税负。荷兰在 1993 年第二次国内环境政策计划中还提出能源调整税，内容包括：(1)通过减少能源消耗减少 CO_2 排放量 1.7—2.7Mton；(2)通过税负对价格的影响鼓励能源保护；(3)提高可再生能源使用。

5. 德国的生态税

从 1999 年起德国实施了生态税改革。实际上是采取“燃油税”附加的方式，收取“生态税”。其主要目标是通过征收生态税，使化石燃料对气候和环境所造成的危害的治理成本内部化，即治理费用纳入消费者购买化石燃料产品的价格中，并将大部分生态税收入用于补充职工养老金，使企业养老金费率降低，从而起到降低雇主雇员劳动成本、增加就业的目的。此外，还可以减少石油消耗，降低能耗和二氧化碳排放。生态税的征收对象是汽油、柴油、天然气等。不同用途、不同品种采用不同的税率，平均税额占油价的 12%—15%。1999—2004 年的征收额分别为 40 亿、80 亿、110 亿、140 亿、180 亿欧元。所得收入 90% 用于补充企业和个人的养老金，10% 用于环保措施投入。这一措施实施 5 年来，企业和个人养老金费率降低了 1.7%，二氧化碳排放减少了 2%—3%。德国生态税从 2002 年开始进入第四实施阶段。如每公升汽油在此前基础上加征 3.07 欧分的生态税，低硫柴油和电费价格也相应增加，从而使德国每公升汽油价格中所含的总税额达到 62.38 欧分，低硫柴油和电费总税额分别达到 43.97 欧分和 1.97 欧分。价格杠杆的作用迫使德国民众意识到，谁给环境造成更多的污染，就必须承担更多的赔偿责任。

---

① See W. Vermeend, J. van der Vaart, “Greening Taxes: The Dutch Model”, Kluwer, 1998.

（三）财政手段

由于在早期可再生能源发电成本较高，对可再生能源采取价格补贴，对其价格高于电网价格的部分给予补贴，可以使可再生能源与常规能源进行竞争。但当可再生能源经过一定程度的发展，技术和设备达到相对成熟阶段时，它甚至可以无需补贴即可在市场上与常规能源进行竞争。

德国政府对风电项目给予25%的投资补贴，并通过德国复兴开发银行向风电投资者提供贷款，利率比资本市场低1—2个百分点。而且，在贷款期内的利率是固定的。贷款期限是12年以上的，可以延长到20年，并且可以有5年宽限期。与欧洲其他国家相比，德国风电项目的融资相对容易些。①

荷兰的风能开发就是借助于“风能补助法令”（Wind Energy Subsidies Order）而得到发展，根据“风能补助法令”提供的补助占风能项目成本的35%。继1995年“第三能源法”以来，政策发生了改变，并且由更多的财政措施例如能源税计划和新鲜电力价格计划所替代，政府认为这些税收诱惑将使可再生能源资源与传统电力生产相竞争。荷兰1991年实施环境投资加速折旧计划（VAMIL），这种财政手段用于激励环境投资，还没有投入市场的特定技术有资格进行加速折旧，并记入“环境列表”中，这个列表经常更新。加速折旧应用于环境领域中的大约450种设备，包括能源节约设备。

1979年，丹麦政府对于可再生能源项目给予安装和还原补助。其中给予风车建设项目总成本30%的安装补助。随着工业技术成熟和风车价格的下降，安装补助也逐渐减少，直到1989年最终被取消。② 现在风力发电已有能力同常规的电力在市场上进行竞争，当今风力发电缴纳的税款与其他能源上缴税款基本上一致。

（四）协议制度

环境保护协议（或协定）制度是一种新兴的强调当事人自愿意志的环境

① 梁志鹏：《国外风力发电的发展机制和政策法规述评》，载《中国能源》2002年第10期。

② 在1979年至1989年总共约2567个风车收到安装补贴275.72百万DKK。

法律制度，由于充分尊重当事人的意愿，有助于当事人主动履行。在能源领域利用和借鉴协议制度，可以充分调动当事人的履约意愿，以达成既定的能源与环境目标。

荷兰工业部门能源效率提高目标的实现主要基于长期协议（long-term agreements，LTAs），自愿长期协议是荷兰政府关于能源效率政策的基石。目前，工业部门已达成 30 个关于提高能源效率的自愿长期协议（LTAs），1995 年工业部门能源效率比 1989 年提高了 10%。在商业、教育和保健领域有 6 项 LTAs（目标是：节约能源 25%—30%），占总能源消耗的大约 30%。其他部门如农业部门达成了 9 项 LTAs。数据表明，在 1989—1995 年间，能源效率提高了 10%。2000 年续签了第一个协议，荷兰政府计划 2000 年后继续沿用自愿协议。①

荷兰的风能开发也充分利用了协议。在荷兰，促使风能发展的最主要障碍是选址，因为荷兰国土狭小、人口密集，在一个区域建立风车、风力发电站经常被公众认为会占用地面并产生污染，而受到地方居民的反对。为解决这个问题，荷兰中央机关和几个省达成关于最大限度发挥风能潜能的"风能定位管理协议"（Administrative Agreement on Wind Energy Siting），这些省将采取必要的政策措施在区域规划体系中选择位置建风能发电站。

"节能自愿协议"也是在欧盟国家经常运用的制度，德国的自愿协议为德国工业气候保护宣言。德国关于气候变化的宣言是由公司单方面进行的，并不是公司与政府之间正式的约束性协议。虽说是单方面的，协议也经与政府商议。只要企业承诺并达到节能目标，政府就同意可以不采取严厉措施，但是如果工业协会没有达到自愿协议中预定的目标，政府就要制定法规予以制约或增加税收。1993 年丹麦对商业（服务行业）和工业开征二氧化碳排放税。丹麦政府通过能源署（DEA）与工业部门签订了约束性协议来抵消税收，一旦达成协议，公司就可减少税费。丹麦绝大多数自愿协议是与单个公司签订的。

---

① Energy Saving Policy Plan of April 1998.

四、中国能源立法前瞻

中国目前已经成为世界第二大能源消费国。2004 年中国能源消费总量为 19.7 亿吨，2001 到 2004 年中国能源消费年均增速高达 9.89%，2003 年和 2004 年分别达到 13% 和 15.2%。① 2004 年合计石油净进口量达 14,365 万吨，较 2003 年增加了 4,634 万吨，石油进口依存度已上升到 45%，预计 2020 年中国石油缺口将达 2.3 亿吨。能源过分依赖进口，严重制约我国能源供应的安全问题。能源成为经济社会发展的瓶颈，也催促着我国能源立法的发展。但我国目前许多重要的能源领域立法还是空白，如石油、天然气法；已有的立法也亟待完善；更为重要的是能源基本法缺失。

欧盟在能源供应方面的处境和中国相似，然而，我国单位 GDP 的能耗却是欧盟国家的好几倍。欧盟能源立法对能源市场开发、能源效率、能源节约与环境保护的重视，以及对可持续能源理念的贯彻，无不对我国能源立法有积极的借鉴意义。我国能源立法应着重解决以下问题。

（一）建立并完善能源法体系

1. 制定能源基本法

能源基本法规定能源领域的总体目标、基本原则、基本法律制度、能源战略，是关于能源法律问题的普遍规律，是国家对能源事务进行管理，实践其能源战略、管理目标与意图的法律保障，是维护和促进能源安全、经济社会健康发展，促进可持续发展和提高能源效率的法律手段，这些基本原理、制度和规律将统领全部能源法。因此，能源基本法的制定是建立并完善能源法体系的首要问题。

2. 填补能源立法空白

就能源单行法来说，完善的能源法子体系至少应包括煤炭法、电力法、石

① 数据来源：《谁有权惩戒浪费？——节能执法遭遇权力真空》，载《中国经济周刊》2005 年第 37 期。

油天然气法、原子能法、节约能源法、能源公用事业法等法律，目前石油天然气法、原子能法和能源公用事业法缺失。尤其是石油、天然气领域亟待立法规制。

自进入“石油时代”以来，石油天然气一直是当今世界能源结构中的主要能源。我国能源结构目前以煤炭为主，在将来可以预见的一定时期内，在没有更为理想的、清洁的、可再生的、经济性的大规模替代性能源出现之前，我国能源构成仍以石油天然气为主。有资料表明，2005 年，我国合计石油净进口量达 13,617 万吨，对外依存度 42.9%，占全球消费增量的三分之一左右；2010 年前我国石油消费的一半将依靠进口，2020 年油气的进口依存度还将进一步提高（可能 60% 以上）。油气的生产与供应是今后一段时期内制约我国经济社会发展的最重要的能源要素。但与油气产业发展以及油气在国家能源政策中所占有的重要地位不相适应的是，我国油气立法的不完善和严重滞后。为促进油气产业的健康发展，保障油气产业的稳定运行，促进油气资源的科学开发和合理利用，制定一部调整油气产业全部环节和相关利益方关系的《油气法》，已势在必行。

3. 修订完善已有能源法律

（1）已有能源法律的修订

自 1986 年《矿产资源法》颁布以来，我国先后出台了《电力法》、《煤炭法》、《节约能源法》和《可再生能源法》等能源单行法，以及《对外合作开采海洋石油资源条例》、《矿产资源开采登记管理办法》、《石油、天然气管道保护条例》、《国家发展计划委员会原油、成品油价格改革方案》等 20 多部能源法规和规章。然而上述大部分法律法规，除新颁行的《可再生能源法》外，是在计划经济体制背景下制定的，历时已久，已不适应社会主义市场经济建设的需要，应该根据形势变化加以修订和完善。如 1997 年《节约能源法》中规定的行政措施较多，而对经济手段的规定则显薄弱，与有关的经济法规尚没有统筹起来，使其实施效果大打折扣。为促进节能，应根据需要完善《节能法》，并加快制定《节能法》配套法规和实施细则，引导和规范全社会用能行为。

（2）已有法律法规的配套完善

1995 年 12 月颁布实施的《电力法》，明确规定了电力供应与使用办法、电价管理办法等8个配套法规,但至今还有电价管理办法等4个配套法规尚未制定。《节约能源法》规定的节能评价体系、节能技术推动、节能投资比例等配套制度没有建立起来。

2005年通过的《可再生能源法》体现了我国能源法发展的最新理念,但其有效实施有赖于国务院及其有关部门适时出台配套的行政法规、行政规章、技术规范和相应的发展规划。具体说来,需要国务院有关部门制定配套法规的有12个,目前,尚未制定的配套法规规章和制度措施还有《水电适用可再生能源法的规定》、《可再生能源资源调查和技术规范》、《可再生能源发展的总量目标》、《可再生能源发展专项资金》、《农村地区可再生能源财政支持政策》、《可再生能源电力并网及有关技术标准》和《太阳能利用系统与建筑结合规范》等。另外,《可再生能源法》已经确立的强制入网制度、分类上网电价与费用分摊制度、可再生能源专项资金和税收、信贷鼓励措施也有待制定或完善。

(二)充分利用市场机制

欧盟及其成员国的能源立法重视促进竞争,打破垄断,提高效率,保护消费者利益,不只是在传统的能源领域,即便在最新的发展中,对可再生能源的促进也是尽可能地充分利用市场机制。

我国能源管理长期处于行政或行业垄断的管理体制之下,市场开放度不高,政府对企业的直接干预还过多、过深,不利于提高能源生产效率,实现能源公平,保护消费者合法权益。需在制定能源基本法中,注重改革和健全政府管理体制,建立一个从中央到地方统一的、以能源战略管理为核心的能源监管体系,实施超部门、权威性管理与协调,改革目前的准入制度,解决一些能源行业的垄断问题;对竞争较充分的能源产品实行价格放开,由市场的供求关系决定其价格;对具有垄断特征的能源产品的价格实行有效监管;保证市场的公平有序竞争,实现能源领域市场化。

欧盟经验表明,在市场经济手段中,能源税收手段的运用可充分合理地调动市场主体的积极性,促进能效、环保目标的达成。目前的减免税收、价格补贴、低息贷款、信贷担保等一系列经济激励政策,尚需完善。应在能源领域开征能源(环境)税或碳税,逐步扩大对能源税的征税范围并提高其税率。

(三)我国未来能源立法的方向——可再生能源

20 世纪 90 年代前后,尤其是新世纪以来,欧盟及其成员国能源立法都以能源的可持续利用、环境保护、可再生能源立法作为发展方向,这是从根本上解决能源安全(包括供应安全和使用安全)问题之所在。中国虽没有承担气候变化公约的减排义务,但我国能源国情和能源利用的未来也决定了,要从根本上解决我国能源问题,节能降耗是基础,发展可再生能源是根本。

1. 节能降耗的落实

(1)明确责任主体、制定配套措施

欧盟的能源效率在世界发达国家与地区中也是最高的,然而还是把节能作为他们的重点,而且将责任落实分解到各行业,制定了很多行业节能的法律法规或标准,如荷兰的《能源节约设施法》和《新建筑物能源使用标准(EPS)》、德国的《建筑物节约能源法》、欧盟《建筑物能源性能指标指令》、英国的《家庭能源节约法》。我国工业、交通、家用以及建筑物是能源消费大户,是节能的重点对象,应在配套法规规章中制定相关的责任制度,如建筑部门"生态住房"法规或标准的制定。

(2)明确责任主体的义务

我国《电力法》第 34 条、《节约能源法》第 21 条、《大气污染防治法》第 19 条第 1 款等相关条款都分别规定了供电企业和用户、用能单位以及相关企业作为节能主体的节能降耗的责任,但这些义务性条款都没有规定相应的责任性条款,不履行节能降耗义务的责任主体不承担任何法律责任,也使这些规定流于形式。

2. 进一步提升可再生能源法的地位

我国的《可再生能源法》匆忙出台,反映了立法的现实需求,同时也是立法理念的进步。但不可否认的是,《可再生能源法》的制定,应急性的成分太多,并没有从战略的眼光将可再生能源定位于新世纪能源未来的必然替代者的位置,也没有将可再生能源定位于解决我国能源安全的必由之途的战略位置。如,从战略高度出发,我国应严格控制非绿色能源如火力发电、大型水电的扩张，但最近几年我国面对经济快速增长后，还是应急地大批上马火力发电，并且在我国能源长远规划中也把大型水电和核电作为重点发展目标。更表现在我国对可再生能源发展设定的目标太小，根据《可再生能源中长期发展规划》，2020 年可再生能源在总能耗中的比重仅为 15%，而欧盟的目标则要求到 2010 年可再生能源电力份额要占欧盟总电力消费的 22%。

农村土地产权交易制度与土地资源保护

孙 晓 璞*

摘　要：本文针对我国目前存在的土地利用效率低下、土地资源浪费严重的现象展开讨论。开篇回顾了新中国成立以来我国农地产权制度的历史演变，并对其不同历史背景下的绩效进行简略评述。继而介绍了我国现存农村土地产权制度的现状。并指出现行土地产权制度存在的问题主要是土地产权关系不清晰和土地产权未能实现市场化流转，存在过多的行政干预。笔者在论述了农村土地产权制度改革的必要性基础上，还针对有些学者提出土地私有化的改革提出了质疑。而且最终从土地产权交易制度完善的角度提出了自己的一些浅显的建议。首先，完善我国的土地产权体系，明确土地产权的性质和主体，并完善土地的权利体系。其次，逐步放松对农地流动的管制，实现农地流动的自由化和市场化。最后，交易制度立法应当改变目前自然资源法由政府或部门为主体的委托授权立法体制。

关键词：农村土地　产权　交易　市场化

土地是一种不可再生资源，是人类发展不可替代的重要生产资料，是人类生产和生活活动所必不可少的物质基础。我国虽然地域辽阔，但是因为人口和地理条件等各种因素，可耕地资源相对较少。而且我国目前的土地资源状况也不容乐观，农村土地的减少和劣化成为一个备受关注的问题。据 2004 年中国环境状况公报的统计，与上年相比，我国耕地减少 0.77%，全国耕地净减

* 孙晓璞，1983 年 10 月生，女，汉族，山西省长治市人，北京大学法学院环境与资源保护法专业研究生。

少80.03万公顷。1997年至2004年,中国耕地面积减少了5.7%,8年之间净减少耕地746.7万公顷。目前基本农田面积仅1亿公顷左右,现中国人均耕地面积仅为0.1公顷,不到世界平均水平的一半。中国现行耕地总体质量偏低,存在土壤养分失衡、肥效下降、环境恶化等突出问题。① 不可否认,这种状况是多种因素综合作用的结果,尤其与我国现阶段的发展状态和发展需求密不可分。但是从制度层面探究,现行土地资源产权制度选择的低效率或无效率是中国资源环境厄运的重要原因。在展开进一步论述之前,我们有必要先回顾一下新中国成立以来我国农村土地产权制度的历史演变。

一、新中国成立以来我国农村土地产权制度的历史演变及其绩效分析

(一)新中国成立以来我国农地产权制度经历的四次重大变革

我国农村土地制度的基本模式是集体所有、家庭联产承包制度。这种模式是新中国成立之后,经过一系列的社会变革形成的。这种变革大体可以分为四个阶段。

第一次变革(1949—1952年)是把封建土地所有制变革为农民土地所有制。这一变革使得农民获得了土地产权,实现了“耕者有其田”这一中国农民企盼已久的目标。

第二次变革(1953—1956年)是把农民土地所有制变革为农民私有、集体统一经营使用的土地产权制度。土地改革完成以后,农民成了小块私有土地的所有者和耕种者,但是以小农经济为基础的中国农业与工业化的矛盾又逐渐显现。于是政府引导农民走合作化的道路。这一道路先后经历了两个发展过程:一是互助组,二是初级农业合作社。这一制度一方面仍然承认农民拥有土地的所有权;另一方面这一产权制度规定,土地不能出租出卖。因此不利于土地资源的合理流动和优化配置。

① 国家环保总局,2004年中国环境状况公报,http://www.zhb.gov.cn/eic/649368307484327936/20050602/8215.shtml,2005年9月28日访问。

第三次变革(1957—1979 年)是把农民私有、集体统一经营使用的土地产权制度改革为集体所有、统一经营使用的土地产权制度。1956 年 6 月,第一届全国人民代表大会第三次会议通过的《高级农业生产合作社示范章程》标志着土地私有制向集体所有制转变。在高级社里,土地集体所有,集体经营,此后又经历了人民公社化运动,最终将土地私有制改造成农村集体土地所有制。在实行这种土地制度期间,土地所有权和使用权高度集中,土地不能出租、买卖。由于这种土地产权制度片面注重发挥集体力量和获得规模效应,忽视甚至限制农民个人及其家庭的积极性,超越了当时农村生产力水平,造成了农村经济的长期缓慢发展。

第四次变革是始于 20 世纪 70 年代末的家庭联产承包责任制。这一制度调动了农民的积极性,对农村经济发展起到了积极作用。但是在 30 年的运行中也暴露出了一些制度缺陷,迫切需要进一步创新和完善。①

(二)中国农村土地产权制度现状及其存在的问题

1. 现行土地产权制度的法律规定

《中华人民共和国宪法》第 10 条的规定:“农村和城市郊区的土地,除由法律规定属于国家所有以外,属于集体所有;宅基地和自留地、自留山也属于集体所有。”《中华人民共和国民法通则》第 74 条规定:“集体所有的土地依照法律属于村农民集体所有的,由村农业生产合作社等农业集体经济组织或村民委员会经营、管理。已经属于乡(镇)农民集体经济组织所有的,可以属于乡(镇)农民集体所有。”《中华人民共和国土地管理法》第 10 条规定:“农民集体所有的土地依法属于村农民集体所有的,由村集体经济组织或者村民委员会经营、管理;已经分别属于村内两个以上农村集体经济组织的农民集体所有的,由村内各该农村集体经济组织或者村民小组经营、管理;已经属于乡(镇)农民集体所有的,由乡(镇)农村集体经济组织经营、管理。”《中华人民共和国物权法》第 60 条规定:“对于集体所有的土地和森林、山岭、草原、荒地、滩涂

① 这四次变革的具体情况可参见胡雪梅、薛兴利:《中日农村土地产权制度比较分析》,载《世界经济》2003 年 1 月,第 28 页。

等,依照下列规定行使所有权:(一)属于村农民集体所有的,由村集体经济组织或者村民委员会代表集体行使所有权;(二)分别属于村内两个以上农民集体所有的,由村内各该集体经济组织或者村民小组代表集体行使所有权;(三)属于乡镇、农民集体所有的,由乡镇集体经济组织代表集体行使所有权。"可见,农村土地所有权的主体有两个,一是国家,二是集体。而集体所有制中,又可以分为乡(镇)农民集体所有、村农民集体所有和村内的农村集体经济组织的农民集体所有。

而我国现行的农地经营制度是,农村土地资源归集体所有,个人或集体可以承包经营。我国农村土地资源配置主要有:家庭承包、其他方式的承包和审批划拨等。我国现行的农村土地使用制度是党的十一届三中全会以来制定的以家庭承包责任制为主的农村土地使用制度。党的十五届三中全会又进一步明确,将长期稳定家庭承包责任制,并明确规定了新一轮土地承包期为三十年。家庭承包责任制是特定历史条件下的产物,随着经济体制改革的深入,这项制度表现出诸多不适应市场经济规律的方面。承包经营权是一个长达三十年之久的权利,而未来三十年社会经济和政治的发展难以预料。承包经营权的制度设计必须为未来的经济发展留下空间。例如可以要求在立法中,允许承包权自由流转,减少限制和阻碍,为农业的现代化和规模化发展创造空间。而现行《农村土地承包法》对土地承包经营权的转让做了很多限制性的规定。[①] 在农村建设用地方面,土地使用权的取得主要是审批方式。《土地管理法》第59条规定:"乡镇企业、乡(镇)村公共设施、公益事业、农村村民住宅等乡(镇)村建设,应当按照村庄和集镇规划,合理布局,综合开发,配套建设;建设用地,应当符合乡(镇)土地利用总体规划和土地利用年度计划,并依照本法第四十四条、第六十条、第六十一条、第六十二条的规定办理审批手续。"因此农村建设土地使用权基本上是无偿取得的。这种制度导致乱占耕地和不合理用地的现象比较突出,造成土地资源的严重浪费。

2. 现行土地产权制度存在的问题

(1)土地产权关系不清晰。首先,现行法律规定的土地所有权性质不统

---

① 参见《农村土地承包法》第二章第五节"土地承包经营权的流转"。

一。我国立法对于土地所有权性质的规定相当模糊。从《民法通则》第 74 条第 2 款、《土地管理法》第 10 条以及《物权法》第 60 条的规定可见，《物权法》与《土地管理法》的区别就在于前者用“代表集体行使所有权”的说法代替了“经营管理”。尽管《物权法》和《土地管理法》都明确了“集体所有”的概念，而没有“集体经济组织所有”这个概念，但是《民法通则》中同时使用了“集体所有”和“集体经济组织所有”，同时还规定集体经济组织是集体土地的经营管理者。这种明显的立法界定的不明确导致了所有权的性质不明确，从而使得农民集体与其成员之间的权利义务关系也不明确。表面上看起来，人人都有，但实际上集体成员既不清楚自己在集体土地中所拥有的份额，也不能通过完善的组织机构行使权利。尽管依据后法优于先法的原则，可以适用《物权法》的规定，但是《民法通则》仍然是现行有效的法律，为了维护法制的统一性，有必要对其规定加以修改。所有权性质的不统一使得土地利用的效率难以提高。

其次，土地所有权主体不明确、在当前的法律框架下，农村集体土地所有权有多个主体，存在产权归属不明、界限不清等问题。关于集体土地所有权主体有两种看法：一种认为土地所有权主体为农民集体，一种认为是农民集体经济组织。

如果将土地所有权的主体界定为农民集体，则使主体过于抽象、模糊。① 我国 2004 年修改的《土地管理法》规定，农村集体又包括村民小组集体、村农民集体和乡镇农民集体等形式。② 由于历史的原因，很多土地的所有权很难确定。

如果将土地所有权的主体界定为农民集体经济组织，带来的问题就是所有权主体的缺位。我国目前并不存在一个叫“农民集体”的组织，现在的乡、镇人民政府属于基层政权而非“农民集体”的组织体，我国的村民委员会属于政治性的群众自治组织，村民小组则根本就不是一级集体组织，因此他们都不

---

① 黄辉：《农村土地所有权制度探讨》，载《现代法学》2001 年 8 月，第 116 页。

② 参见《土地管理法》第 10 条。

可能成为集体土地所有权的主体，否则将与宪法和土地管理法的规定相背离。[①] 由于存在着上述主体缺位的问题，使得乡、镇政府对土地的管理职能与所有权合二为一，集体土地事实上成了国有土地。现实上造成了乡、村干部利用土地牟取私利和利用对土地的支配权欺压农民的现象屡见不鲜。[②] 土地带来的收益是巨大的，但是产权主体的不明确使得人们肆无忌惮地享用着“免费的午餐”，土地过度开发和过分利用的行为十分普遍。

再次，土地权利体系规定不完善。我国现行的农地制度下，土地权利中除了“集体所有权”和“承包经营权”外，各种权能都缺乏明确的法律依据。这使得农民对土地承包权的稳定性信心不足，不愿长期投资，仍然维持着粗放型的经营，对土地资源的破坏也就不可避免。[③]

(2)土地产权未能实现市场化流转，存在过多的行政干预。中国政府在1988年之前一直禁止农地产权的市场化流转。[④] 农地产权的转移主要通过行政手段进行调整。而相比之下，日本政府从20世纪60年代开始就逐步修改农地产权方面的法律法规，提倡、推动农地产权的市场化流转。[⑤] 在市场化不完善的情况下，中国农民的农地产权的获得或失去是由其户籍决定的，获得土地产权不用付费，失去也得不到足够的补偿。尽管2004年宪法修正案明确规定国家为了公共利益的需要，可以依照法律规定对土地实行征收或者征用并给予补偿，[⑥]但是具体补偿制度的规定有待进一步完善。农民所获得的农地产权还由于人口的增加和耕地面积的变动，频繁地进行调整，总之，农地产权的稳定性较差。而且农民获得了哪些产权，可以怎样利用土地都不够明确。农民对土地的投资很可能得不到相应的补偿，而对于地力的损害会留给下一

---

① 梁慧星:《中国物权法草案建议稿》，社会科学文献出版社2000年版，第271页。

② 王卫国:《中国土地权利研究》，中国政法大学出版社1997年版，第99页。

③ 沈淳:《农村土地产权思考和探讨》，载《商业研究》2003年第7期，第149页。

④ 1988年宪法修正案规定(宪法第10条第4款):“任何组织或者个人不得侵占、买卖、出租或者以其他形式非法转让土地”修改为“任何组织或者个人不得侵占、买卖或者以其他形式非法转让土地。土地的使用权可以依照法律的规定转让”。

⑤ 胡雪梅、薛兴利:《中日农村土地产权制度比较分析》，载《世界经济》2003年1月，第33页。

⑥ 《中华人民共和国宪法》第20条。

位获得该地的农民来承担。这种情况下，农民对土地的利用必然是掠夺性的。相反，如果能够将土地产权市场化，农民的农地产权可以通过市场机制进行有效调整，用契约和国家法律来保障农民拥有的农地产权的稳定性和明确性，这样，一方面农民对自己的农地利用能有一个相对明确的预期，另一方面，他们对农地的投资会通过市场得到补偿。这样农民就会愿意对自己的土地进行长期的投资。相应地，对土地的利用和开发也会是长远的和有计划的可持续利用，而不是肆无忌惮地竭泽而渔。

此外，我国《土地管理法》和《农村土地承包法》都对农地流转做了限制性规定。《土地管理法》规定集体土地使用权不得出让、转让和出租用于非农建设。① 也许这一规定的本意是为了保护农业用地，但是它的实际作用却令人怀疑。《土地管理法》第 14 条第 2 款规定："在土地承包经营期限内，对个别承包经营者之间承包的土地进行适当调整的，必须经村民会议三分之二以上成员或者三分之二以上村民代表的同意，并报乡（镇）人民政府和县级人民政府农业行政主管部门批准。"第 15 条第 2 款规定："农民集体所有的土地由本集体经济组织以外的单位或者个人承包经营的，必须经村民会议三分之二以上成员或者三分之二以上村民代表的同意，并报乡（镇）人民政府批准。"这些规定限制了农民自主管理自己事务的权利。

《农村土地承包法》也对土地承包经营权的转让进行了限制，该法第 10 条规定："国家保护承包方依法、自愿、有偿地进行土地承包经营权的流转。"据此可以看出，该法并不允许承包权的无偿转让，这也在很大程度上限制了农民土地承包经营权的流转。该法第 41 条规定，转让必须经过发包方的同意方可进行。而且除非依照本法第 48 条的规定，经过三分之二以上成员同意并经乡政府批准，只有本集体经济组织的成员才可以接受转让。这一规定同样限制了流转。

需要澄清的是，土地承包经营权的流转并不是要突破国家对土地用途的

① 《土地管理法》第 63 条规定："农民集体所有的土地的使用权不得出让、转让或者出租用于非农业建设；但是，符合土地利用总体规划并依法取得建设用地的企业，因破产、兼并等情形致使土地使用权依法发生转移的除外。"

限制。国家严格限制农用地转为建设用地,控制建设用地总量,对耕地实行特殊保护。但是在国家土地用途规划规定的范围内,土地承包经营权的自由流通应当得到法律的肯定和保证。这对于土地承包经营制度自身的发展和完善也有重要的意义。对土地用途的限制是国家法律有必要进行规定的内容。在物权法草案的讨论过程中,土地始终是一个热点问题。物权法草案第131条规定:"禁止占用承包地建窑、建坟或者擅自在承包地上建房等非法行为。未经依法批准,不得将承包地用于非农建设。"土地用途的限制和土地承包经营权的流转可以或者说应当并行不悖。

由于土地流转未能建立完善的市场运作机制,政府寻租行为普遍存在。寻租是指因政府对市场的干预而造成的非效率转移和社会损失的经济行为。① 中国现行体制下土地国有和集体所有,政府不仅要进行土地的宏观管理,还要参与土地市场的微观运作。政府作为土地所有权的代表,大量的政府寻租行为的存在,加剧了土地资源配置的低效率。

二、土地私有化观点的可行性分析

中国自然资源的财产法安排经过了50余年的历史变迁。禁止自然资源及其所有权的流动,集体自然资源所有权依附于国家自然资源所有权而存在。而对于国家自然资源所有权,国务院成为其代表,国家有关资源管理部门成为代理,于是资源产权经常是国家利益的体现,政府利益的体现。这种权利的行使主体是模糊不清的。而所有权与使用权的二元结构下,土地使用者只享有利用和开发土地的收益,而无须承担由此产生的各种成本,例如对土地的破坏和维护。土地的使用者往往在其使用期内对土地资源进行掠夺性的开发和利用,而不考虑土地的养护和持续性开发利用,这就使得土地状况不断恶化。

鉴于上述因产权不明晰、公有产权保护者缺位带来的种种问题,有的学者提出了土地私有化的主张。私有化者认为,自利是最好的激励,能最大限度地调动农民的生产积极性。人们行为的第一经济原则是努力使个人利益最大

---

① 沈淳:《农村土地产权思考和探讨》,载《商业研究》2003年第7期,第149页。

化。农民所有权因其硬的财产约束，必将创造比集体公益更大的收益。从这个意义上说，农民私人所有制对传统的公有制是个进步。① 土地归农民所有，他就会考虑未来与现在收益与成本，并选择他认为能使他的私有土地现值最大化的选择，从而客观上减少对土地的污染和浪费。

但是在我国目前的国情下，如果推行农村土地私有制将会遇到很多困难和问题，使得私有化很难在我国实行。现将几个问题列举如下。

（一）社会意识形态的影响

这是很多反对私有化的学者都强调的一个理由。新中国成立五十多年来，我们国家宣传的思想一直以来都是将社会主义与社会主义公有制联系在一起，即社会主义就是社会主义公有制，全民所有制和集体所有制是唯一合法的两种所有制形式。并且，集体所有制是全民所有制的低级形态，将来要进化为全民所有制，集体所有制只不过是一种过渡形式。这种思想经过几十年的潜移默化的影响，对很多人的思想都有很深的影响。如果推行土地私有化，很可能会引发人们对社会主义信念的质疑。尽管这些年随着市场经济的发展，我们在社会生活中，尤其是经济生活方面，对社会意识形态的观念有所淡化，但是社会性质仍然是影响国家基本政策和人民对国家的认识和心态的重要因素。从这一意义上讲，土地私有化很难被看做仅仅是一个简单的体制改革问题，它可能涉及整个社会的稳定和发展。也许随着经济的进一步发展，社会进一步变革，这种变革可能实现，但是就目前而言还不具有现实可行性。政府是自然资源的实际持有者和代理人，但土地私有化的主张很难在可以预见的未来被政府所采用。

（二）私有制转化的运作困难

如果实行土地的私有制，直接面临的就是如何将农民手中的土地转化为农民个人所有的问题。这就涉及国家资产的处置问题，依据什么样的规则和程序私有化，应当有偿私有还是无偿私有，如果有偿，这个价款如何确定，过高

---

① 陈东琪：《新土地所有制》，重庆出版社 1989 年版，第 33 页。

的话，农民支付不起，过低的话，集体和国家会受到损失，以及私有之后土地分散如何进行规模化经营和管理的问题。这些问题的存在使得向私有制转化的运作困难重重。土地私有化的转化是一个复杂的系统工程，如果无法妥善地解决土地私有化转化中具体的运作问题，必然会影响到整个制度设计的有效性。

（三）私有制也未必可以彻底解决土地保护的问题

即使是在实行土地私有制的国家，如何限制和制约所有者权利的行使，保护土地资源的可持续发展和利用，也是国家立法和政策制定中的重要问题。事实上，土地私有化也未必可以彻底地解决土地保护的问题，其根本原因在于土地保护与土地资源利用之间的基本价值理念上的冲突。即使是在土地私有制的条件下，土地所有权人基于对土地作为资源的价值利用，也会最大限度地追求利用土地的经济价值，而不会把土地的环境生态价值放在首位。诚如私有化支持者所言，私有土地权人会对成本和收益进行权衡考虑，但是通常土地权人很少甚至完全不会考虑自己的行为对环境和生态造成损害的成本。若此，在很多情况下，还是需要政府的干预，对于土地的保护很大程度上还是离不开政府职能。

综上所述，结合我国的实际国情来分析，土地私有化并不可行。尤其在目前情况下，土地所有权制度很难根本变革。因此，笔者认为进一步改革和完善我国的土地产权交易制度，对土地资源的保护而言更为切实可行。

三、农村土地产权交易制度的完善

（一）完善我国的土地产权体系

1. 明确土地产权的性质和主体。稳定、明晰的土地产权制度是建立和完善土地产权交易制度的前提和基础。我国目前土地产权制度首先要解决的一个问题就是主体缺位的问题。因此有必要通过国家的立法，尤其是在我国的物权法中完善对农村土地产权制度的规定。这对于稳定农民的土地权利、提高他们保护土地的积极性有重要意义。只有在一个明确的产权制度之下，才可能充分发挥产权制度的激励作用，将土地的利用成本内部化，才能进一步减轻和遏制对土地的浪费和污染。因此，明确土地产权的性质和主体是我国当前农村产权制度改革的重中之重。

2. 完善土地的权利体系。我国目前和在相当长的时间内都会实行土地所有权和使用权分离的二元结构，在这一权利体系下，有必要对土地的权利体系进一步完善，将土地的各种权能予以明确的法律化。这样不仅有利于保障土地权利人的权利，也有利于农地流动的自由化和市场化。

（二）逐步放松对农地流动的管制，实现农地流动的自由化和市场化

1988 年我国宪法修正案将宪法第 10 条第四款“任何组织或者个人不得侵占、买卖、出租或者以其他形式非法转让土地”修改为“任何组织或者个人不得侵占、买卖或者以其他形式非法转让土地。土地的使用权可以依照法律的规定转让”。此后，各地为了克服现行农地产权制度的缺陷带来的负面影响，促进农业和农村经济的持续发展，也根据各地的实际情况，进行了多种形式的实践探索，如“两田制”、转包、“四荒”地拍卖、股田制等。这些探索大都具有明晰产权、推进农地产权市场化流转的趋向。①

在我国目前土地所有权体制很难进行根本性改革的情况下，土地产权交易制度的完善意义尤为重大。对此，我们可以借鉴日本的农地产权制度经验。从 20 世纪 60 年代开始，日本政府逐步修改农地法，期望能够依靠市场机制推动农地产权的流动。1961 年日本政府制定《农业基本法》，提出农业结构政策，推动农地产权的流动；1970 年修改《农地法》解除了对农户拥有的土地面积和农户之间租借、买卖土地的种种限制，允许农地产权通过市场进行租借、买卖；1975 年启动了农地利用增进事业，农地租让部分地走向了市场化；1980 年制定了《农地利用增进事业法》，设置了专门的机构组织管理农地产权的租借、买卖，使出租农地的农户能够放心地出租农地；1992 年制定了《农业经济基础强化法》、《农业者年金基金法》、《租税特别措施法》，从财政税制等方

① 胡雪梅、薛兴利：《中日农村土地产权制度比较分析》，载《世界经济》2003 年 1 月，第 34 页。

面对农地产权的流动创造适宜的社会环境，推动农地产权市场化流动；1999年制定了《新农业基本法》，在以往农地产权制度的基础上继续推进农地产权的市场化流动，鼓励农地产权向大规模经营农户集中，允许股份公司取得农地产权，参与农业经营。① 日本的实践表明，农地产权的稳定和农地产权的市场化流转，不仅可以实现农地的适度规模经营，使农地资源得到更有效率的配置、利用，而且可以充分体现农地的商品属性，使农民更加珍惜土地，从而稳定并提高农民的土地利用预期，减少竭泽而渔的利用行为。因此，我国应当在稳定而明晰的农村土地产权制度之上，促进土地资源流动的市场化。

我国目前的法律和实践也正在朝着这个方向努力。《中华人民共和国物权法》第三编"用益物权"专门对土地承包权的流转进行了规定。物权法第128条规定:"土地承包经营权人依照农村土地承包法的规定,有权将土地承包经营权采取转包、互换、转让等方式流转。"

2004年10月28日出台的国务院《关于深化改革严格土地管理的决定》规定,"在符合规划的前提下,村庄、集镇、建制镇中的农民集体所有建设用地使用权可以依法流转"。这一规定突破了现行法律的规定。依据2005年10月1日起正式施行的《广东省集体建设用地使用权流转管理办法》,广东省内的农民自此可以直接进入市场交易,自由出让、转让、出租和抵押农地。这是中国的农地第一次获得合法直接入市的权利。可见市场化是符合实践发展的需要的。

(三)交易制度立法改变目前自然资源法由政府或部门为主体的委托授权立法体制

我国目前的立法体制下,关于自然资源领域的立法普遍存在着由政府或部门为主体进行委托授权立法的现象。但是对于土地产权交易制度的立法必须跳出这个固有模式。部门立法的不利之处在于很容易受到部门利益的影

---

① 胡雪梅、薛兴利:《中日农村土地产权制度比较分析》,载《世界经济》2003年1月,第34页。

响,而忽略了对社会公共利益的考量。从土地保护的角度来看,需要充分考虑社会的公共利益,尽可能地排除部门利益的影响。因此,交易制度的立法必须改变目前自然资源法由政府或部门为主体的委托授权立法体制。

矿产资源利益分配法律问题研究

王 小 萍*

摘 要：本文通过对矿产资源利益分配的概念和特殊性的分析，明确了利益分配的主体、内容及应遵循的原则，在对现行的矿产资源利益分配制度进行分析的基础上，提出了重构矿产资源利益公平分配的制度体系的设想。

关键词：矿产资源利益 利益分配 法律问题 研究

矿产资源利益呈现多方面的内容(其中经济利益是核心)，其分配状况关系社会的稳定和经济发展，也直接涉及矿产资源的使用制度、矿业秩序的状况等诸多深层次问题。目前，在矿产资源开发过程中，中央政府与地方政府之间、地方政府之间、管理者与开发者和开发地居民、开发者与开发地居民之间的矛盾，其实质都指向矿产资源经济利益的分配问题。本文从经济利益、经济利益与环境利益相互关系的角度对此问题展开探讨。

一、矿产资源利益分配的基本问题

(一)矿产资源利益分配的概念和特殊性

1. 矿产资源利益分配的概念

矿产资源利益是指矿产资源作为国家所有财产的利益，以及由于矿产资源的开发(包括勘探和开采等)带来的具有正外部性的经济利益和负外部性

---

* 王小萍(1962—)，女，汉族，山西沁县人，山西财经大学法学院教授，硕士生导师，研究方向：环境法、矿产资源法。

的环境利益。矿产资源利益分配是指矿产资源利益在社会利益主体之间的划分。矿产资源利益分配呈现一定的格局：矿产资源归国家所有，处于自然赋存状态矿产资源是一种潜在的经济利益；这种潜在利益必须通过对矿产资源的开发转化为现实的经济利益；矿产资源的开发活动既是所有者权益的实现方式，同时也是资源开发者（探矿权人、采矿权人等）分享资源利益的方式；由于矿产资源开发活动必然带来环境利益的损害，所在开发区域的居民取得相应利益是合理的。

2. 矿产资源利益分配的特殊性

矿产资源的特点决定了其利益分配的特殊性。矿产资源在自然属性方面主要有隐蔽性、不可再生性和不可移动性的特点。隐蔽性是指矿产资源需经过地质勘查才能被发现和探明；不可再生性是指矿产资源无法再生、更新，一旦被开发其储量就会减少；不可移动性是指矿产资源赋存于地壳内或地表的特定空间。在社会属性方面主要有国家所有性、产地固定性、企业经营性、市场牵动性等特点。产地固定性是指采矿企业生产的第一现场只能设在矿产资源赋存地；企业经营性是指矿产资源利益的显现必须通过企业的勘查和开采活动；①市场牵动性是指资源价值的实现受经济发展、市场变动等的影响。

矿产资源的隐蔽性要求只有在摸清矿产资源赋存状况的情况下进行探矿权、采矿权的出让和流转，才能确保国家利益的实现。为此，国家必须重视勘查资金的投入，重视勘查经营者的利益，摸清资源赋存状况，合理评估矿产资源价值，为矿产资源利益的保护和公平分配奠定基础。矿产资源的不可再生性使得采矿权就是以国家矿产资源的灭失换取企业对矿产品的所有权，因此，企业必须付给国家相应的代价。为此，必须从矿产资源不可再生性特点出发，科学界定采矿权性质，使国家对采矿权的出让价值最大限度地反映资源的价值。矿产资源的不可移动性、产地固定性决定了矿产资源开发与当地政府、居民有着十分密切的关系，应明确规定分给地方的适当利益，真正建立起中央政府、地方政府、开发地居民之间利益分享的利益分配体系。矿产资源的企业经

① 胡魁：《论矿产资源权益及其实现方式》，http://www.crcmlr.org.cn/，2006 年 2 月 21 日。

营性决定了企业(探矿权人、采矿权人、有关中介机构)也要通过自己的活动合理分得矿产资源利益,国家必须正确处理好国家和其他利益主体的关系,对矿产资源企业实行适度鼓励、适当留利的政策。

(二)矿产资源利益分配的主体及其内容

矿产资源的利益主体,最一般意义上应包括矿产资源的归属者——全民。在不同的分配层次上,从矿权出让来看,资源利益主体可区分为国家、探矿权人、采矿权人;从管理层面看,资源利益主体可区分为中央和地方政府间利益以及地方政府之间的利益;从资源开发的过程和结果看,还包括开发地居民的利益。其中国家属于矿产资源的所有者,矿权人等是利益的实现者,开发地居民在矿产资源中承受着开发所造成的负面影响,应获得相应的利益;在国家收益再次分配层次看,应涉及社会全民的利益。矿产资源利益分配的内容主要包括以下几个方面:

1. 矿产资源所有者——全民的利益

依据我国现行《宪法》、《矿产资源法》的规定,矿产资源归国家所有,即全民所有,国家是全民利益的代表;国务院行使国家对矿产资源的所有权,取得矿产资源这一财产收益。国家作为矿产资源的所有者,主要是通过对探矿权、采矿权和矿产资源的有偿出让以及税收等实现的。矿产资源出让收益和矿业权出让收益是一种主要的国有资产收益,进入国家预算收入。

2. 矿产资源开发者——矿业权人等的利益

我国《矿产资源法》规定,国家保护探矿权和采矿权不受侵犯,"国家保障依法设立的矿山企业开采矿产资源的合法权益"。当然包括保障矿山企业开发活动的经济收益权。矿产资源开发过程中存在两种典型利益:一种是经济上的正外部性利益,开发者以及资源使用者均会由于资源的开发取得明显的积极利益,这是开发活动的内驱力;另一种是环境上的负外部性利益,导致了环境利益的损害。这一点我们在下文论述。

3. 矿产资源管理者——中央和地方的利益

国家以管理者的身份对矿业权的管理、矿产资源开采活动和矿业权流转管理获得收益。这些收益可以表现为矿业权出让、流转行政管理收费如登记费、手续费等，是行政管理机关依法收取的行政性费用。我国法律授权中央政府代表国家行使管理权；而利益分配则是一个可以分解的利益层次，地方政府可以依法从矿产资源的全部利益中分得部分利益。

4. 矿产资源开发地——居民（村民）的利益

由于矿产资源开发过程中环境上的负外部性，一定程度上破坏了开发地居民的居住环境，如造成污染，森林植被、水资源等的破坏，由此导致了对开发地居民环境利益的损害以及其他不利影响，因此，他们应从资源开发中分享一定的利益。

（三）矿产资源利益公平分配应遵循的原则

1. 实现所有者权益原则

依据我国《宪法》和《矿产资源法》规定，矿产资源属于国家所有，因此，必须保障国家作为矿产资源的所有者享有对矿产资源的财产利益。国家实行探矿权、采矿权有偿取得的制度，开采矿产资源必须按照国家规定缴纳资源税和矿产资源补偿费都是为了实现这一目的。但长期以来，由于法律制度设计存在缺陷，导致国家权益没有完全实现。

2. 兼顾多元主体利益原则

矿产资源收益分配的特殊性，使其利益主体呈现多极化的趋势，在处理收益分配问题时应充分考虑到这一特点，兼顾中央政府与地方政府，以财政分灶体制为依据，在中央和地方政府之间进行利益划分；兼顾国家和资源开发企业（包括矿山企业和与资源开发相关的其他社会组织）的利益，使它们通过合法的开发活动取得一定的矿产资源利益；兼顾国家、企业和开发地居民的利益，因开发地居民个人承担了矿产资源开发的负外部性成本。

3. 经济利益与环境利益平衡原则

矿产资源开发的结果，一方面显现出经济上的正外部性，强大的经济辐射功能不仅促进了本地经济的发展，而且对其他地区的经济发展也有非常重要的推动作用；另一方面是生态上的负外部性，表现为对矿区（矿业城市）环境的污染、破坏，对矿区居民发展机会的影响。矿产资源开发的经济的正外部性和环境的负外部性是矿产资源利益分配制度建立的重要基础和依据。

4. 有利于矿业可持续发展原则

如何从政策与法律的角度调整矿产资源利益主体之间的关系是促进矿业发展的一个重要的方面。因此,在国家和矿业企业利益关系问题上:一要设立和完善相关的税费制度,防止企业暴利;同时应注意给企业留有一定的利润空间,由于矿业企业的特殊性①,如果完全按一般企业对待,会让企业税费负担过重,制约矿业的可持续发展。

(四)当前矿产资源利益分配中存在的主要问题

1. 矿产资源收益分配没有考虑开发地居民(农民)的利益

从20世纪中期以来,我国建立的矿产资源利益分配制度的不公平性突出地表现为:资源开发地居民不仅不可能从矿产资源开发中获得利益,甚至要为矿产资源开发支付环境成本。导致资源开发地居民(尤其是农民)为资源开发付出了巨大代价,例如资源产地贫困现象在中西部主要的资源开采地区普遍存在。此外,在现有土地法律制度下,一旦开采矿产资源,农民的土地就会被政府以低廉的价格征收或征用,但是资源开采所带来的利益却和农民没有关系。

2. 矿产资源收益分配中国家与企业利益的不平衡

在国家与企业利益的分配问题上存在着两种观点:一种观点认为在现有资源税费制度下矿山企业负担沉重。另一种观点认为,现有资源补偿费费率和资源补偿税税率较低,矿业权使用费收取的数额不高,矿山企业以低价取得矿业权,特别是采矿权之后,获得了其正常利润之外的超额利润,国家所有资源的收益为企业所占有。这两种情形都反映出资源收分配中国家与企业利益的不平衡性。这两种情形的产生主要的原因是制度设计的不合理,例如资源补偿费与现有资源税制度重复交叉,但都无法承担起维护国家所有者权益的使命,特别是这些制度与市场的连接性不强,导致企业或者将应由国家获取的资源收益归为己有,或者由于占有资源条件一般,历史包袱较重,以及受市场波动的不利影响,困难较多。

---

① 李显冬:《中国矿业立法研究》,中国人民公安大学出版社2006年版,第242页。

3. 资源收益分配中中央与地方、地方政府之间利益的不平衡

国家通过对大型国有矿山企业的所有获取矿产资源利益。例如，在 20 世纪 80 年代中后期，煤炭经济效益最好时，山西利税大户——七大矿务局上划煤炭部。有关研究结果表明，1981 年到 2000 年 20 年间，仅煤炭价格与价值背离，使山西价值流失 1200 亿元，也就是说，山西在煤炭领域有 1200 亿元没有得到补偿。① 总体而言，考虑整体利益的同时一定程度上忽视了地方利益，地方政府之间利益分配也存在不平衡。

二、我国矿产资源利益分配制度及其分析

矿产资源税费制度是集中体现矿产资源利益分配的基本制度。下文就通过对我国现行矿产资源税费制度的分析来认识我国矿产资源利益分配问题。依据《矿产资源法》规定，我国矿产资源税费征收的有关规定主要有：资源税、资源补偿费和矿业权使用费与矿业权价款。

（一）我国矿产资源利益分配制度的内容

1. 矿产资源补偿费

矿产资源补偿费在我国《矿产资源法》中有明确规定，1993 年国务院通过的《矿产资源补偿费征收管理规定》中指出，为维护国家对矿产资源的财产权益，凡在本国领域开采矿产资源的，都应当缴纳矿产资源补偿费。资源补偿费采用从价征收，补偿费金额 = 矿产品销售收入 × 补偿费费率 × 开采回采率系数；补偿费率因不同矿种而有所不同，平均费率 1.18%。同时还规定矿产资源补偿费费率的调整，由国务院财政部门、国务院地质矿产主管部门、国务院计划主管部门共同确定，报国务院批准施行。矿产资源补偿费具体由县级以上人民政府负责地质矿产管理工作的部门负责征收，征收的资源补偿费应当及时全额就地上缴中央金库，年终按照中央与省、自治区、直辖市的分成比例，

① 参见董继斌为王宏英著《山西能源开发战略与可持续发展》一书所作序言，经济管理出版社 2003 年版，第 2、3 页。

单独结算。

2. 资源税

1984 年国务院发布《资源税条例(草案)》,最初对三个矿种原油、天然气、煤炭的征收原则是:根据应税产品的超额利润率累进税率计算交纳。自 1994 年 1 月 1 日起施行的《资源税暂行条例》,对 1984 年资源税制度做了重大修改,不再按超额利润征税,而是按从量、普遍原则征收,其中单位税额的幅度因不同的矿种而有所不同,应纳税额 = 课税数量 × 单位税额。

3. 矿业权使用费

根据《矿产资源勘查区块登记管理办法》和《矿产资源开采登记管理办法》的规定:国家实行探矿权、采矿权有偿取得的制度。探矿权使用费以勘查年度计算,逐年缴纳。探矿权使用费标准:第一个勘查年度至第三个勘查年度,每平方公里每年缴纳 100 元;从第四个勘查年度起,每平方公里每年增加 100 元,但是最高不得超过每平方公里每年 500 元。采矿权使用费,按照矿区范围的面积逐年缴纳,标准为每平方公里每年 1000 元。

4. 矿业权价款

根据《矿产资源勘查区块登记管理办法》和《矿产资源开采登记管理办法》的规定:申请国家出资勘查并已经探明矿产地的区块的探矿权和采矿权的,探矿权、采矿权申请人除缴纳探矿权、采矿权使用费外,还应当缴纳经评估确认的国家出资勘查形成的探矿权、采矿权价款,可以一次缴纳,也可以分期缴纳。但探矿权价款缴纳期限最长不得超过 2 年,采矿权价款缴纳期限最长不得超过 6 年。

(二)对我国现行矿产资源利益分配制度的分析

我国矿产资源税费制度与国际上通行的税费制度相比较有明显的特殊之处:一是这种制度建立在矿产资源国家所有的基础上,并且国家对矿产资源实行严格的行政管理;二是矿产资源税费制度运行中行政权起主导作用;三是力求实现由市场去配置资源,但对市场的运用是有限的。总体而言,现行的矿产资源补偿费、资源税、矿业权使用费和价款等,有着各自的理论依据,基本符合我国现阶段实际,对维护国家所有权、实现国家财产权具有积极重大的作用。

但是现有的制度还存在诸多问题，需要进一步完善，需要通过制度的合理设计协调各利益主体的关系。

1. 关于矿产资源补偿费

矿产资源补偿费制度的法律依据是矿产资源国家所有，目的是保证国家资源性资产权益的实现。在市场经济条件下，所有权与使用权分离，获得矿产资源使用权（矿业权）的自然人、法人和其他经济组织都是独立的经济实体，他们要从开发利用矿产资源中获得自身的利益。国家作为矿产资源所有权人要求所有者权益在经济上得以实现，是我国实行矿产资源有偿使用制度并收取矿产资源补偿费的根本原因。从立法来看，资源补偿费的性质应为国有矿产资源损失补偿。我国矿产资源补偿费是矿业权人开采矿产资源向其所有者的付费，相当于国外的权利金。存在两个方面的不足：一是费率低，征收金额不大，无法完全实现对国有矿产资源损失的补偿；二由于资源补偿费的标准比较低，以开采回采率系数调控资源高效开发的作用不明显。

2. 关于资源税

我国 1984 年资源税制度的目的在于调节使用不同级差资源的级差收益，促进矿业企业的平衡发展。1994 年资源税制度从立税依据上做了重大修改，规定资源税以销售数量为征税对象，只要有销售量就要纳税。因此，可以看做是基于资源有偿使用而征收的。从国外矿业国家的实践看，资源税是采矿人因开采自然禀赋特别好、能产生级差地租的矿产资源而向所有权人的支付的。对采矿权人而言，只有当其盈利率水平超过某一规定的标准时，方产生缴纳资源税的义务。因此，我国第一代资源税更符合一般情况。现行资源税的征收对象是全部矿山企业，不管是否盈利的普遍征收与收益率无关。这不符合市场经济国家矿业税收的发展趋势，偏离了资源税的本质。

3. 关于矿业权使用费

(1)探矿权使用费。在矿产资源所有权制度下，国家一般要求民事主体在取得探矿权时应支付对价。探矿本身需要有大量的经济投入，但从结果上看有探查不到资源或资源利用价值不大的极大风险。即使发现了丰富的矿藏，其利益的实现也必须是在最低投入后转让探矿权或取得采矿权开采矿产资源过程中才能得以实现。因此，我国法律规定可以按不同情况减缴或免缴矿产资源使用费。目前关于探矿权使用费不算高,基本上反映了探矿权的特点。但从我们国家矿产资源后备储量不足的实际情况来看,应改变长期以来主要由国家投入勘探费用的状况,最大限度地吸收社会资金的投入。

(2)采矿权使用费。依照我国法律规定,采矿权使用费是按照矿产资源所占土地面积征收的,但它与土地所有权无关,是享有矿产资源所有权派生的特殊物权应支付的费用,相当于国外的矿地租金,并非矿产资源的对价或使用费,主要目的是为了防止过多的"圈地",现行法律对采矿权使用费的规定较为适宜。

4. 关于矿业权价款

矿业权价款包括探矿权价款和采矿权价款。根据我国《矿产资源法》中有关表述,矿业权价款至少包含以下三层含义:第一,必须有国家为了矿业权形成的出资(中央财政和地方财政资金的投入)为前提;第二,矿业权价款只有在国家出让时才成为一种现实;第三,矿业权价款的确定要由有资质的中介评估机构的评估确定。征收矿业权价款的主要目的是避免国家的前期地质勘查投入及其收益被私营、外资等企业或个人无偿取得,防止国有资产流失。①因为矿业权的形成需要相应的费用投入,矿业权使用费可以看做是缴纳矿业权形成的对价。

(三)矿产资源利益分配制度存在的问题

我国现有矿产资源利益分配制度存在明显问题,妨碍了矿产资源利益的公平分配,不利于协调各利益主体之间的关系。存在的问题是各制度性质与功能界定不清楚,难以形成制度间的协调统一。

矿产资源补偿费是我国矿产资源有偿使用制度的基本制度,也是资源利益分配的核心制度。作为开发国家所有矿产资源的补偿,其性质应是对国家所有资源资产取得的对价支付。但由于资源补偿费费率低,实行从量征收,制度设计没有与市场联动,没有真正实现对国家丧失资源的补偿。但其用途却

---

① 殷燚:《适应资源性资产改革形势　维护国家矿业权资产权益》,载《资源产业经济》2003年第6期。

是为了补充国家地勘投资资金来源的不足，实践中其所得收入的来源和使用方向也与此相吻合。因此，资源补偿费在实践中远没有真正补偿国家所有者的权益，也没有将其作为全民的收益在全社会进行分配。矿产资源补偿费不应是“对地勘费用支出的补偿”，应该是“对矿产资源耗竭的补偿”。矿产资源所有者获得补偿费，不一定非要用于支付地勘费以寻找新的接替资源，应该可以任意支配。政府是否把等同于这笔收入数额的资金用于地质勘查，或把更多的资金或较少的资金用于地质勘查，与是否征收补偿费，在理论上并没有必然联系。① 当然并不排斥将相关税费收入用于矿产资源勘查、保护和管理，但不存在为了地质勘查才征收补偿费的道理。

为了调节资源开发活动中的级差收益，设立基于国家政治权力的资源税有其道理，但在以后的改革中，由于其征收对象既包括开采条件好、资源优质的矿山企业，也包括开采条件差、资源劣等的矿山企业，其实际的调整对象既包括资源的级差收益也包括资源的绝对收益，包含了对资源有偿使用的性质，具有无偿性的资源税制度存在的合理性就值得怀疑。

有关矿业权使用费和价款的用途，《探矿权采矿权使用费和价款管理办法》规定：“探矿权采矿权使用费和价款收入应专项用于矿产资源勘查、保护和管理支出。”笔者认为只有矿业权价款的用途可以直接界定为专项用于矿产资源勘查、保护和管理支出。

三、重构矿产资源利益公平分配的制度体系

现代立法的实质是一个利益识别、利益选择、利益整合及利益表达的交涉过程，在这一过程中实现利益平衡。② 在矿产资源利益公平分配中，国家关注的重点是国有资源资产之收益及其保值、增值；地勘企业和矿山企业（矿权人）关注的重点是地勘成果的市场前景和获利能力、矿产资源开采后的市场

---

① 唱润刚、张云鹏：《我国矿产资源权利金制度研究浅议》，载《中国国土资源经济》2005 年第 9 期。

② 张斌：《论现代立法中的利益平衡机制》，载《清华大学学报》（哲学社会科学版）2005 年第 2 期。

前景和获利能力以及地勘成果价格可以接受的最高额度;①矿产资源开发地居民关注的是矿产资源开发将给自己带来多少利益,以及矿产资源开发对生存和发展环境造成的损害能在多大程度上得到补偿。平衡矿产资源各利益主体之间的关系,其核心就是构建矿产资源利益公平分配的制度体系。

(一)矿产资源所有者利益制度

矿产资源所有者利益制度是国家作为所有者对矿产资源享有的利益的一系列制度的总称。我国《预算法》规定,国家财政预算收入包括税收收入、资产收益、专项收入和其他收入。国有资产收益是国家凭借对财产的所有权,实现财产权利收益的总称。矿产资源是一种具有实物形态的财产,作为所有者的国家必须获得其固有的收益。为此,我国矿产资源所有者利益制度应包括以下几方面的内容:

1. 资源补偿费制度。资源补偿费国外一般称权利金,是国家矿产资源所有者权益实现的基本方式,因而国家对各类矿产资源都要征收。应实行资源补偿费征收与消耗储量挂钩,建立促使矿山企业珍惜利用资源的法律机制;提高资源补偿费费率,确保国家资源收益。我国资源补偿费费率平均为1.18%,国外一般为8%,应逐步提高到与国际接轨的水平;征收可以采取从量征收的方法,也可以采取从价征收的方法(在以从价方法征收权利金时,非劣等资源矿产地的采矿权人所缴纳的权利金中包含了一部分资源级差收益)。各矿种资源费比率的确定应由法律作出规定的同时,还应授予国家的宏观经济决策部门根据不同时期国民经济运行对矿产资源的需求状况以及各种类矿产资源自身的重要程度和稀缺程度,在综合考虑相关因素的基础之上权衡而定,以保证国家能够根据实际情况及时灵活地作出调整,保障国家所有者权益的实现,同时保障其他利益主体的利益。

2. 优质资源出让费制度。优质资源出让费(也可称优质资源出让金)的性质类似于我国的1984年资源税,体现的是矿产资源的级差收益,因而所适用的范围是所有能够产生级差收益的非劣等矿产资源。但又有区别,表现在

---

① 林建法:《浅析矿产资源的国家所有权问题》,载《国土资源科技管理》2005年第2期。

三个方面：一是优质资源出让费是基于国家对矿产资源的所有权而征收的，资源税是基于国家的政治权利而征收的。二是优质资源出让费由矿产资源管理部门收取，资源税由国家税务部门收取。三是优质资源出让费的收益纳入国家财政，由国家财政统一调配，当然也可以在中央和地方间按比例划分；资源税的设置是地方税，收益归地方所有。优质资源出让费不仅是对国家矿产资源所有者权益的维护，而且能够为采矿权人创造一个公平的竞争环境。无论是通过竞争性的方式还是通过谈判来确定优质资源出让金的具体数额，都首先需要对矿产资源的价格进行评估，而资源的价格又以资源的储量为基础。优质资源出让金通常应一次性付清，但对一些特殊的矿产地也可达成协议分期支付，还可以以转增国有资本的方式来实现国家对资源级差收益的获取。① 设置优质资源出让费制度的基本理由是保障对国家占有优质资源的级差收益，防止被资源开发者攫取造成国有资产利益的流失以及各利益主体利益分配的不均衡。

3. 矿业权使用费。国外也称矿业权租金，包括探矿权使用费和采矿权使用费。它所体现的是资源绝对收益的一部分，因而对各类矿产资源都要征收。其主要功能是以经济手段限制矿业权人过多占用矿产地，制约矿业投机行为。矿业权使用费以矿业权人所占用的矿产地面积为基础，根据既定的费率逐年缴纳。采矿权使用费应高于探矿权使用费，但在全国范围内应保持统一的费率标准，也可规定实行一定减免优惠。

（二）矿产资源管理者利益制度

政府是避免因彼此的利益冲突导致无谓耗费而进行的人为设置中最重要的组织形式，担负着利益整合与利益分配的责任，其自身也在这种整合与分配过程中成为了重要的利益主体，而具有了自身的政府利益。地方政府在行政管理过程中追求和维护的某一地区的局部利益和该地区社会公众的利益，又担负着中央和地方双重利益代表人的角色。地方政府与中央政府利益的相关关系是一种负相关关系，即中央政府占有的越多，地方政府的份额也就相应地

---

① 晁坤：《构建我国新的矿产资源有偿使用制度》，载《经济体制改革》2004 年第 2 期。

减少，这种利益追求上的对立，需要我们构建一种合理的政府利益结构，在两者之间找到一个平衡点。

1. 对中央和地方政府间矿产资源利益分配的认识。中央和地方对矿产资源利益分配是矿产资源所有者国家实现所有者权益基础上的分配，是所有权人和管理者内部的分配。目前，在中央和地方对矿产资源的分配问题上存在有两种典型的不同观点：一种观点强调矿产资源归国家所有，矿产资源的利益当然应该归国家所有，由中央直接所有和支配；一种观点认为，矿产资源虽然归国家所有，但并不意味着国家所有权的实现过程中就可以忽视地方利益，而应重视中央和地方利益再分配中的地方利益，包括地方所代表矿产资源开发地居民的利益。笔者认为：在中央与地方资源利益分配问题上，必须明确中央与地方资源利益的分配是在维护国家所有权利益基础上的二次分配。从维护国家整体利益的角度，应在现有法律框架之下，首先维护国家的整体利益，由地方直接参与国家所有权利益的分配是不可取的。因为，它事实上会使国家所有权地方化，同时也不利于对资源的保护和国家战略利益的实现。但是在现有法律框架之下，在维护国家所有权利益的基础上，必须重视地方利益。基本理由有两个：一是矿产资源开发地的地方，在矿产资源开发过程中作出了比其他地方更多的特别牺牲，更多的特别牺牲应给予补偿，应体现在利益分配之中；二是矿产资源开发地的政府及其资源主管部门更多地承担了对国家资源开发的管理职责，在中央和地方“分灶吃饭”的财政体制下，为国家整体利益的实现，由于地方财政给了更多的支持，应体现在利益分配之中。

2. 中央和地方资源利益分配的规定。在现有矿产资源税费法律制度中，也有若干中央和地方利益分配的规定。如资源税设置为地方税种；矿产资源补偿费在中央与省、自治区、直辖市按比例分成；等等。但由于现有的资源税费制度无法真正反映资源利益，这种利益划分并不能真正反映资源利益的分配问题。从山西煤炭资源改革的情况看，对中央与地方利益分配以及地方政府间利益的分配作出了较大的调整。依据《山西省煤炭资源整合和有偿使用办法》规定，事实上属于资源补偿性质的收费，其利益全部归地方所有。如果只是解决历史遗留问题的过渡性措施可以理解，如果是一个长期稳定的制度便值得商榷。

（三）矿产资源开发者利益制度

矿产资源开发者主要包括探矿权人和采矿权人，还应包括对矿产资源开发提供中介服务的组织。探矿权人、采矿权人通过直接行使权利或转让权利而获得利益。由于我国立法对矿业权性质界定不明，实践中强调其公权性，长期以来忽视了对矿业权人权利的保护。探矿权和采矿权缘于其性质和行使方式的差异，取得利益的方式也不尽相同。采矿权人可以从采得的矿产品中获得回报收益；而探矿权人在探矿勘查过程中只有投入，其利益只能依法转让，或在未来行使采矿权过程中获得利益。

1. 重视对探矿权人利益的特别保护

探矿权人的活动具有勘查风险大、周期长、成功率低的特殊性。有资料表明，我国矿产资源勘查的成功率只有 5%，95% 的勘查经费不能实现资本的运动和增值；矿产资源勘查产品形成的周期长，一个中等以上的矿床发现周期为 10 年左右，探矿权人权益缺乏保障。[①] 为此，应积极探索建立有效平衡国家和探矿权人利益的法律机制。对于勘查风险大、周期长、成功率低的探矿权取得，一是在初探阶段探矿权的设置可以考虑收取较低的费用或不收取费用；在初探基础上设置排他性探矿权，收取较高的费用。二是实行风险自担，如找到矿就可直接取得采矿权，经批准可以开采，也可以转让，政府依法保护其权益不受侵犯。三是要建立国家资源储备制度。对探矿权人发现的确有潜在工业价值又一时难以转让的矿产资源产地予以收购储备，从而加快探矿权人的资金周转，保护探矿权人的利益。

2. 通过市场化进程确保矿业权人利益

完善的矿业权市场，有利于确保矿业权人利益。一是要进一步建立和完善矿业权评估制度，研究制定矿业权评估的技术规范，培育引导评估机构并对评估人员的资质条件进行认证和考核，使之适用于矿业权市场运作中可能出现的不同情况。二是要建立和完善矿业权咨询制度。以矿业权知识和技术为基础，通过对特定信息进行加工来为委托者解决复杂问题的业务，提供与矿业

① 孟琪：《矿产资源产业利益主体关系初探》，载《矿产资源》2001 年第 4 期。

权投资有关的各方面的信息,促进矿业权流转市场建设。三是要建立和完善矿业权经纪制度。矿业权经纪业是以提取佣金为经营特征,为矿业权出让、转让、出租、抵押等提供信息及信托劳务工作的中介服务,能够加速矿业权流转和为委托方提供高效优质的专业服务,具有重要作用,是矿业权市场建设中不可缺少的一个环节。①

(四)矿产资源属地者利益制度

矿产资源的开发在特定地域,环境污染和破坏、占用农民土地等对开发地居民(其中主要是村民)的生产和生活造成不利影响,甚至是对生命健康的直接损害。那么如何来维护他们的利益呢?

1. 从土地中直接获得利益——建立矿地制度

依照我国法律的规定:国家为了公共利益的需要,可以依法对土地实行征收或者征用并给予补偿;农民集体所有的土地的使用权不得出让、转让或者出租用于非农业建设,除法律规定之外。因此,集体所有土地进入市场原则上必须首先由政府进行征收或征用,即由国家征收或征用,然后通过招、拍、挂有偿出让方式或划拨再配置给建设者使用。政府拥有从农村获得土地及将之转让给建设用地者的排他性权力,造成了农民不能直接参与土地市场的交易,不能参与分配土地在市场交易所产生的增值收益。

应建立考虑农村集体和村民利益的矿地使用制度。为保护农民集体利益,可以考虑将矿业用地从建设用地中单独分离出来,作出有利于资源开发属地者——农民利益的制度设计。一种思路是由国家征收土地之后,以市场价格出让给矿业权人,将市场增值部分返还给农村集体组织,以保护村民的利益,也可以减少矿业权人与土地所有权人之间的冲突和摩擦;另一种思路是可以考虑在矿业用地获得方面实行土地入股制度或将矿区征地尽可能地变为租赁法律关系以维护村民利益。

2. 从生态补偿中获得利益——建立生态补偿制度

---

① 殷燚:《适应资源性资产改革形势 维护国家矿业权资产权益》,载《资源产业经济》2003 年第 6 期。

广义的生态补偿不仅是指对由人类的社会经济活动给生态系统和自然资源造成的破坏及对环境造成的污染的补偿、恢复、综合治理等一系列活动，还包括对环境保护丧失发展机会的区域内居民进行的资金、技术、实物上的补偿，政策上的优惠，以及为增进环境保护意识、提高环境保护水平而进行的科研、教育费用的支出。① 矿产资源开发生态补偿即是指因矿产资源开发，给矿区（矿业城市）的自然生态环境造成污染、破坏，环境生态功能下降而进行的治理、恢复、校正所给予的资金补偿，对矿区居民（村民）所给予的资金扶持、技术和实物帮助、税收减免、政策优惠等一系列活动的总称。生态补偿制度的具体内容：一是因矿产资源的合法开采而给周围环境造成的污染、破坏的恢复治理，由矿产资源开发者和矿产资源利用受益者进行补偿；二是因矿产资源的合法开采而给周围环境造成的污染、破坏导致矿区居民（村民）丧失发展机会，由矿产资源开发者和矿产资源利用受益者给予的补偿。

① 吕忠梅：《超越与保守：可持续发展视野下的环境法创新》，法律出版社 2003 年版，第 335 页。

环境公益诉讼立法研究

HUANJING GONGYI SUSONG LIFA YANJIU

我国法律中的环境公益诉讼依据探讨*

梅　宏等**

摘　要：检视我国宪法、环境基本法、污染防治法、自然资源法、生态保护法、环境退化防治法、诸环境手段法、诉讼法、人民法院和人民检察院组织法和我国签署或参加的国际条约，很难说我国现行法律已对环境公益诉讼制度作出规定，可以为环境公益诉讼司法实践提供法律依据的相关规范寥寥无几。环境公益诉讼立法不是简单地在民事诉讼法、行政诉讼法中增加几条新规定，而应当依据科学的立法指导思想，合理借鉴国际条约中的相关规定，结合国情，就环境公益诉讼制度的各项内容，在相关各法中分别做出可操作性强的法律规定，并做到诸法规范相互统一。

关键词：环境公益诉讼　公益　控告

公益诉讼制度是我国亟待建立的一项制度。围绕我国环境公益诉讼立法而展开的调研，应当对我国法律中的环境公益诉讼依据加以研讨，分析我国已颁行的法律、法规和我国已签署或加入的国际条约、国际法律文件中有没有、有什么样的关于环境公益诉讼的规定，以及这些规定与环境公益诉讼的关系。这一研究的重点是“调查”，调查的目的是为我国在立法上建立、完善环境公益诉讼制度提供现行法的支持。

---

* 本文是中华环保联合会资助的“环境公益诉讼立法调研项目”和山东省人民检察院2009年检察理论研究重点课题“人民检察院提起环境公益诉讼的立法研究”之阶段性成果。

** 本文由徐祥民教授构思、拟定大纲，梅宏统稿并参与撰稿；参与撰稿的作者有张华平、王新力、石欣、杨群芳、刘翠、罗璇、王楠、白洋、高晓停、相焕伟、朱雯（依撰稿内容的标题顺序排名）。

一、我国宪法中的环境公益诉讼依据

在我国的环境保护法律体系中，处于最高位阶的是我国的根本大法——《宪法》①。该法中有多处条款直接或间接规定了环境保护的内容，这为我国现行环境立法和将来的环境立法提供了宪法依据。法律的创制应有宪法的支持，并且不得违背宪法的原则。进行环境公益诉讼立法，同样得遵循宪法确定的原则。

具体分析，我国宪法中的环境公益诉讼依据包括以下内容：

（一）环境公益诉讼制度具有坚实的宪法基础，该制度充分体现了宪法中确立的人民参与管理国家的原则

我国《宪法》第 2 条规定："中华人民共和国的一切权力属于人民。人民依照法律规定，通过各种途径和形式管理国家事务，管理经济和文化事务，管理社会事务"。该条明确了公众参与管理环境事务的权力，其中"通过各种途径和形式"应包括"诉讼"这一司法救济途径和形式。

（二）建立社会主义法治国家的宪法原则为建立环境公益诉讼提供了宪法上的保障

我国《宪法》第 5 条第 1 款明确规定："中华人民共和国实行依法治国、建设社会主义法治国家"。这为我国在新时期实行环境法治提供了宪法依据。实行环境法治，要求我们建立、完善环境公益诉讼制度。而环境公益诉讼立法，正是我国实行依法治国、建设社会主义法治国家的体现。

---

① 我国现行的宪法于 1982 年 12 月 4 日在第五届全国人民代表大会第五次会议上通过，同日由全国人民代表大会公布施行。后根据 1988 年 4 月 12 日第七届全国人民代表大会第一次会议通过的《宪法修正案》、1993 年 3 月 29 日第八届全国人民代表大会第一次会议通过的《宪法修正案》、1999 年 3 月 15 日第九届全国人民代表大会第二次会议通过的《宪法修正案》和 2004 年 3 月 14 日第十届全国人民代表大会第二次会议通过的《宪法修正案》修正。

（三）作为国家根本法的宪法中的一些规范可视为环境公益诉讼制度的法律渊源

我国《宪法》第26条第1款规定："国家保护和改善生活环境和生态环境，防治污染和其他公害。"这一规定虽然不是对环境公益诉讼的直接确认，但也可据此推导出国家环境管理的职责和公民参与环境保护的权利。①

（四）宪法中关于环境保护的规定构成环境公益诉讼立法的基础和依据

我国《宪法》第41条规定："公民对于任何国家机关和国家机关工作人员，有提出批评和建议的权利；对于任何国家机关和国家工作人员的违法失职行为，有向国家机关提出申诉、控告或者检举的权利，对公民的申诉、控告或检举，有关国家机关必须查清事实，负责处理。"这一规定为我国公民提起环境公益诉讼提供了宪法依据。

二、我国环境基本法中的环境公益诉讼依据

环境法治的基础是国家和地方制定完善的环境资源法律、法规、行政规章，形成体系健全、层次丰富、内容完备且协调一致的环境资源法律体系。这一体系中，环境基本法②不可缺失。《环境保护法》在我国环境与资源保护法律体系中具有"综合性基本法"地位，该法是在《环境保护法（试行）》的基础上由全国人大常委会修改、制定而成。这部颁行于1989年岁末的法律规定了若干环境法律基本制度，建立了具有中国特色的环境监督管理体制，为推动我国环境保护事业全面法制化作出了重要贡献。《环境保护法》作为我国环境基本法，是环境法律制度建立的基石。那么，在该法中是否有环境公益诉讼的相关规范呢？

---

① 叶勇飞：《论环境民事公益诉讼》，载《中国法学》2004年第5期，第108页。

② 环境基本法，正如其名所彰，是环境与资源保护法律领域的基本法，是确立环境资源法的基本原则与制度、建立环境资源法律秩序的重要保障。

（一）《环境保护法》第 6 条重申了《宪法》第 2 条和第 41 条中规定的公民基本权利

《环境保护法》第 6 条规定："一切单位和个人都有保护环境的义务，并有权对污染和破坏环境的单位和个人进行检举和控告。"该条对公众环境诉权作出原则性规定，明确了 1982 年宪法规定的公民基本权利——公民在环境事务上的民主权利，即公民在环境事务方面的管理参与权。

考察本条款的立法本意，需要结合当时的立法背景，将这一条理解为鼓励公民积极参与管理环境事务。《环境保护法》第 6 条明确规定一切单位和个人可以通过"检举""控告"等手段行使环境管理参与权。该条中的"一切"，涵盖的对象范围很广，包括个人、环保组织、社会团体、行政机关、司法机关在内的各类主体，为维护环境公益，均可参与环境事务管理。该条中的"检举"，应理解为单位和个人向有关部门或组织揭发环境违法、犯罪行为；"控告"则是指向有关国家机关告发环境违法、犯罪的事实或嫌疑人，要求依法处理。一般认为，"检举"、"控告"等手段，主要指向政府有关部门、机关的"检举"、"控告"，这种监督只是政府机关的内部监督。即使对其做扩大解释，使其包含向检察机关"检举"、"控告"之意，这些用语亦非准确的法律用语。应当指出，第 6 条未明确环境公益诉讼的原告主体资格、法院受案范围、举证责任等问题，亦未明确原告应向哪一国家机关告发、采用何种控告方式，而且，"检举和控告"缺乏程序保障，导致法律适用上的困难。由此可见，《环境保护法》第 6 条并未明确规定环境公益诉讼的诉权；该条确立的公众环境管理参与权，为立法上进一步规定公众提起环境公益诉讼的诉权提供了现行法的支持，其支持仅限于此。

（二）《环境保护法》第 41 条难以成为环境公益诉讼的法律依据

《环境保护法》第 41 条规定："造成环境污染危害的，有责任排除危害，并对直接受到损害的单位或者个人赔偿损失。赔偿责任和赔偿金额的纠纷，可以根据当事人的请求，由环境保护行政主管部门或者其他依照法律规定行使环境监督管理权的部门处理；当事人对处理决定不服的，可以向人民法院起诉。当事人也可以直接向人民法院起诉。"

这一条中的"损害"是指环境污染对单位或个人的财产及人身所造成的

直接“损害”,而“损失”则是这一类环境污染损害赔偿案件的必要构成要件。也就是说,只有直接受到损害的单位或个人才是当事人,才可以向人民法院起诉。实际上,这只是对环境违法行为所造成的“损失”提起诉讼,而不是对“违法行为”本身起诉,更不是对危害或可能危害环境利益的行为起诉。由此,不仅造成单位或者个人提起环境公益诉讼的障碍,而且形成了事实上有违《环境保护法》“预防为主”原则的规定。

根据《环境保护法》第41条的规定,只要“造成环境污染危害”,不论行为是否违法,都应该“排除危害”、“赔偿损失”。可是,由于《环境保护法》是由全国人大常委会通过的普通法,与单行法处于同一效力等级,其法律位阶低于其他基本法律,如果遵循上位法优于下位法的法理原则,依据《民法通则》第124条的规定①,以违法性为承担环境污染损害民事责任的必要条件,则环境污染受害者的利益可能得不到有效保护。以违法性为要件来确定环境民事责任,违背了《环境保护法》中的“污染者负担”原则。倘若《环境保护法》由全国人大通过,则其与《民法通则》处于同一位阶,根据特别法优于一般法、新法优于旧法的精神,这一立法冲突可得以解决。

三、我国污染防治法中的环境公益诉讼依据

目前我国已颁布的多部专门的环境污染防治法单行法律主要包括《水污染防治法》、《大气污染防治法》、《环境噪声污染防治法》、《固体废物污染防治法》、《放射性污染防治法》等。除全国人大、全国人大常委会外,国务院也制定和实施了大量综合性或单行环境污染防治的行政法规,国务院各主管部门也分别制定了一些专项环境污染防治的部门规章或环境标准,各地方还根据本地方的特点制定了许多地方性环境污染防治的法规、规章或地方性环境标准。我们所说的污染防治法,并不是指单独存在的一部法律,而是环境法体

① 《民法通则》第124条规定:“违反国家保护环境防止污染的规定,污染环境造成他人损害的,应当依法承担民事责任。”依此规定,“违法性”成了承担环境污染损害民事责任的必要条件。

系内同一类法律的总称，是指海洋污染防治、大气污染防治、水污染防治、固体废物污染防治、环境噪声污染防治以及有毒有害物质安全管理等多方面的法律、行政法规、部门规章以及地方性环境法规或规章所组成的污染防治法律体系。污染防治法不仅指各项单行的法律，也包括体现在一些基本法律（如《环境保护法》、《海洋环境保护法》等）、行政法规、部门规章之中防治环境污染的法律保障条款。

（一）污染防治法与环境公益诉讼

在环境污染领域规定环境公益诉讼有着巨大的价值。一方面，在环境污染案件中，受害者往往处于弱势地位，当他们的人身和财产权利受到侵害时，往往会因为与加害者在知识、技术、经济和心理各方面悬殊过大而不会或不敢起诉，而通过建立公益诉讼制度就可以对处于弱势的受害者提供支持。另一方面，由于污染防治法在我国法律体系中的重要地位，通过在污染防治法中规定环境公益诉讼，预防和救济“对环境本身的损害”，对保护和增进环境公共利益也具有重要意义。

（二）污染防治法中与环境公益相关的法条

根据对我国与污染防治相关的法律、法规、规章或地方性环境标准的详细查阅和分析，我们发现，在我国污染防治法中，以下一些规定或多或少闪现着环境公益的特征。①

污染防治法中与公益或诉讼相关的法条

《环境保护法》	第 6 条，第 8 条，第 41 条
《海洋环境保护法》	第 4 条，第 72 条，第 90 条
1995 年《大气污染防治法》	第 5 条，第 8 条，第 45 条
2000 年《大气污染防治法》	第 5 条，第 8 条，第 62 条

---

① 本部分在试图穷尽我国现有的全部污染防治法的法条基础上详尽列出污染防治法中与公益或与诉讼相关的法条，下文将详细分析对本部分罗列的法条中是否具有公益诉讼的依据。

1984 年《水污染防治法》	第 5 条,第 55 条
2008 年《水污染防治法》	第 10 条,第 86 条,第 87 条,第 88 条
《固体废物污染环境防治法》	第 8 条,第 9 条,第 71 条
《环境噪声污染防治法》	第 7 条,第 9 条,第 61 条
《放射性污染防治法》	第 6 条,第 7 条
《防止拆船污染环境管理条例》	第 26 条
《防止船舶污染海域管理条例》	第 40 条,第 50 条
《海洋倾废管理条例》	第 23 条

（三）污染防治法中的公益诉讼依据分析

1. 污染防治法中的“检举、监督与控告”

任何单位和个人都有保护环境的义务,在污染防治法中,法律广泛赋予了单位和个人对污染环境的检举权和控告权以及监督权等权利。

例如,1995 年《大气污染防治法》第 5 条规定:“任何单位和个人都有保护大气环境的义务,并有权对污染大气环境的单位和个人进行检举和控告。”

2000 年《大气污染防治法》第 5 条规定:“任何单位和个人都有保护大气环境的义务,并有权对污染大气环境的单位和个人进行检举和控告。”

2008 年《水污染防治法》第 10 条规定:“任何单位和个人都有义务保护水环境,并有权对污染损害水环境的行为进行检举。”

《海洋环境保护法》第 72 条规定了监督的义务:“所有船舶均有监视海上污染的义务,在发现海上污染事故或者违反本法规定的行为时,必须立即向就近的依照本法规定行使海洋环境监督管理权的部门报告。民用航空器发现海上排污或者污染事件,必须及时向就近的民用航空空中交通管制单位报告。接到报告的单位,应当立即向依照本法规定行使海洋环境监督管理权的部门通报。”①

① 类似规定还有《环境保护法》第 6 条、《海洋环境保护法》第 4 条、1995 年《大气污染防治法》第 5 条、1996 年《水污染防治法》第 5 条、《固体废物污染环境防治法》第 9 条、《环境噪声污染防治法》第 7 条、《放射性污染防治法》第 6 条等。

这些广泛存在于污染防治法中的检举、控告与监督的规定到底是不是环境公益诉讼的依据呢?

我们认为,这种对公民检举、控告、监督的规定不应当被视为环境公益诉讼依据,而应当视为国家赋予公民的一种环境参与权利。国家并没有明确赋予公民可以依据上述规范提起诉讼,而且,污染法治法中很多法条在规定了检举权、控告权、监督权的同时,也规定了对于在防治污染、保护和改善大气环境方面成绩显著的单位和个人,由各级人民政府给予奖励。① 以 1995 年《大气污染防治法》为例，该法第 5 条赋予单位和个人检举和控告的权利，第 8 条又规定“国家采取有利于大气污染防治以及相关的综合利用活动的经济、技术政策和措施。在防治大气污染、保护和改善大气环境方面成绩显著的单位和个人，由各级人民政府给予奖励。”这些“表扬”和“奖励”的用语明确而直接地说明了检举权、控告权与监督权至多是一种参与环境管理权，而非诉权。

2. 污染防治法中的其他法条分析

(1)污染防治法中与环境有关的诉讼并非公益诉讼

既然检举权、控告权、监督权没有点明环境公益诉讼,那么,污染防治法中直接规定了诉讼的法条是否规定了环境公益诉讼呢?我们发现,污染防治法中一些与诉讼有关的法条规定的是与环境有关的诉讼,并非环境公益诉讼。

例如,2000 年《大气污染防治法》第 62 条规定:“造成大气污染危害的单位,有责任排除危害,并对直接遭受损失的单位或者个人赔偿损失。赔偿责任和赔偿金额的纠纷,可以根据当事人的请求,由环境保护行政主管部门调解处理;调解不成的,当事人可以向人民法院起诉。当事人也可以直接向人民法院起诉。”2008 年《水污染防治法》第 86 条规定:“因水污染引起的损害赔偿责任和赔偿金额的纠纷,可以根据当事人的请求,由环境保护主管部门或者海事管理机构、渔业主管部门按照职责分工调解处理;调解不成的,当事人可以向

---

① 例如《环境噪声污染防治法》第 9 条、《固体废物污染环境防治法》第 8 条、2008 年《水污染防治法》第 10 条、2000 年《大气污染防治法》第 8 条、《环境保护法》第 8 条,1995 年《大气污染防治法》第 8 条等。

人民法院提起诉讼。当事人也可以直接向人民法院提起诉讼。”①

由这些规定我们不难看出，提起诉讼的当事人与污染损害存在着因果联系，其提起诉讼的目的在于维护特定或不特定的多数人的自身的利益。因此，尽管这些诉讼是在污染防治法中规定的，对维护环境也有一定作用，但是，这些规定并未体现公益诉讼的特点。在环境污染领域中，救济特定或不特定多数人因环境污染所受到的人身和财产损害并不能被纳入环境公益诉讼的范畴中。这是因为，只有“环境本身的损害”才是环境公益诉讼所要解决的问题。前述规定中所调整的对不特定多数人的人身和财产损害与环境公益诉讼所保护的纯粹环境公共利益（防止“对环境本身的损害”）在根本上是不同的。在环境污染领域中，环境本身遭受了直接损害，而人身损害和财产损害只是因环境本身遭受损害而发生的间接损害。上述规定最多可以视为与环境有关的诉讼，而非环境公益诉讼。

（2）2008年《水污染防治法》第88条分析

2008年《水污染防治法》第88条规定，“环境保护主管部门和有关社会团体可以依法支持因水污染受到损害的当事人向人民法院提起诉讼。国家鼓励法律服务机构和律师为水污染损害诉讼中的受害人提供法律援助”。我们认为这一条并非环境公益诉讼依据。法条中虽然规定了环保部门和社会团体可以依法支持因水污染受到损害的当事人向人民法院提起诉讼，但是，这里的环保主管部门和有关社会团体并非以自身的名义提起诉讼，而是以遭受损害的受害者的名义起诉，环保主管部门和有关社会团体只是为受害者提供法律咨询、技术支持、物质帮助和精神鼓励等，受害者仍然拥有独立的起诉权。环保主管部门或有关社会团体只是在起诉阶段充当帮助和辅助的角色，②起诉阶段之后，就不能以支持起诉者的身份，而是以鉴定人或证人的身份出席法庭。因此，本条规定也是特定或不特定的多数人为维护自身权益而提起的诉讼，并

① 同类规定还包括《环境保护法》第41条、1995年《大气污染防治法》第45条、1996年《水污染防治法》第55条、2008年《水污染防治法》第87条、《防止船舶污染海域管理条例》第40条、《固体废物污染环境防治法》第71条、《环境噪声污染防治法》第61条等。

② 支持者可以在起诉阶段以前帮助受害者收集证据、监测污染，也可以在起诉阶段支持和帮助受害者提起诉讼。

非是对环境本身遭受的损害寻求司法救济。

2008 年《水污染防治法》第 88 条的规定只是体现了支持起诉[①]的特征。支持起诉本质上与公益诉讼存在巨大区别，其主要目的并非像公益诉讼那样旨在预防和救济对环境公共利益的损害。由此说明，2008 年《水污染防治法》第 88 条同样不能作为环境公益诉讼的依据。

(3)《海洋环境保护法》第 90 条分析

《海洋环境保护法》第 90 条规定："造成海洋环境污染损害的责任者，应当排除危害，并赔偿损失；完全由于第三者的故意或者过失，造成海洋环境污染损害的，由第三者排除危害，并承担赔偿责任。对破坏海洋生态、海洋水产资源、海洋保护区，给国家造成重大损失的，由依照本法规定行使海洋环境监督管理权的部门代表国家对责任者提出损害赔偿要求。"部分学者认为这一条是对环境公益诉讼的直接规定。[②] 我们认为，该条规定尽管为环境公益诉讼原告资格问题的解决提供了重要依据，但是仍不能视为对环境公益诉讼的直接规定。理由如下：一方面，该条规定中行使海洋环境监督管理权的部门的行为是在自身职责范围内对"破坏海洋生态、海洋水产资源、海洋保护区，给国家造成重大损失的"，"代表国家对责任者提出损害赔偿要求"。其本质是对自己职责范围内的污染损害的事后治理，然而环境公益诉讼的主要目的在于预防对环境本身的损害，重在对环境损害的事前预防。另一方面，该条中规定的"行使海洋环境监督管理权的部门代表国家对责任者提出损害赔偿要求"形式上亦非向人民法院提起环境公益诉讼的形式。因此，尽管该条规定对环境公益诉讼的司法实践具有重要价值，但是，并不能由此认为《海洋环境保护法》第 90 条就是环境公益诉讼的法律依据。

---

① 支持起诉原则起源于 1982 年《民事诉讼法（试行）》第 13 条。民事诉讼法仅仅对支持起诉做出了原则性规定，没有对支持起诉的方式和程序作出具体的规定。支持起诉主要是支持受害者以受害者的名义提起民事侵权诉讼，主要救济已经发生的人身和财产损害。

② 戚道孟：《论海洋环境污染损害赔偿九分钟的诉讼原告》，网址：http://www.riel.whu.edu.cn，访问日期：2008 年 11 月 20 日。

（四）对我国污染防治法有无环境公益诉讼依据的判断

1. 污染防治法中的环境公益诉讼制度亟待完善

通过上文对我国污染防治法体系中环境公益诉讼依据的考察，可以看出，目前我国污染防治法体系中并没有关于环境公益诉讼的直接规定。其中原因，与学理上对环境公益诉讼的内涵和外延尚未统一以及诉讼制度理念等问题尚存在争论不无关系。

然而，在实践中面对污染防治法相关的案件时，遭受损害的公民个人相对于强大的污染损害者来说，处于一种弱势的地位，这种主体地位的显著不平衡使得受损者的诉求很难得到支持。污染防治法中亟须建立环境公益诉讼制度，通过环境公益诉讼的制度规定解决环境污染问题，如同我国台湾地区“空气污染防治法”第 81 条和“水污染防治法”第 72 条规定那样明文规定公民和依法登记的环境保护民间组织有权向人民法院提起环境公益诉讼。

2. 污染防治法为环境公益诉讼制度的建立预留了空间

在上述污染防治法的条款分析中，虽然目前尚无关于环境公益诉讼的直接规定，但是一些既有规定对于建立环境公益诉讼制度具有重要价值。

首先，在污染防治法中广泛存在的检举权、控告权和监督权的规定体现了国家对于公民环境参与权利的重视，这在客观上为环境公益诉讼制度的建立提供了可能。其次，《海洋环境保护法》第 90 条第 2 款的规定使得环境公益诉讼原告资格问题得到了部分解决。司法实践中，2002 年“塔斯曼海”轮重大油污损害案件一审中，受案法院在判决书中援引这一条款，肯定了原告的起诉资格。最后，2008 年《水污染防治法》第 88 条的支持起诉的规定体现出我国立法进一步保障公民的环境权益，这为污染防治法将环境公益诉讼制度具体化、法定化，确立可据以操作的环境公益诉讼条款预留了空间。

四、我国自然资源法中的环境公益诉讼依据

环境问题往往首先表现为资源的问题。因此，用健全的制度和科学合理的方式来保护和利用资源，以实现资源的可持续利用对人类的生存与发展来

说是非常重要的。在我国，资源浪费与因污染或过度开发引发的资源破坏的情况非常严重，全民所有基础上的资源公共利益在受到侵害时往往陷入无人救济或无法救济的尴尬境地。

我们把“自然资源”的范畴界定在土地资源、水资源、矿产资源、森林资源、草原资源和渔业资源、海洋资源等范围之内。相应地，可供我们探讨的法律即是《土地管理法》、《水法》、《矿产资源法》、《森林法》、《草原法》、《渔业法》、《野生动物保护法》、《海洋环境保护法》和《海域使用管理法》。

（一）各种自然资源法中都有关于公民控告权的规定

公益诉讼制度，作为国家行政权补充之个人运用司法手段可以有效弥补现行资源保护与利用制度的不足。[①] 我国自然资源法虽未对公益诉讼有明确、具体的规定，但在现有自然资源立法基础上开展公益诉讼也并非无法可依。

《海洋环境保护法》第 90 条第 2 款虽然未明确提到“公益”的概念，但是由于我国海洋自然资源的全民所有制度，使得国家利益与社会公共利益在自然资源利益上高度一致，因此，可以说该条款是一条有关公益诉讼的法律规范。《野生动物保护法》第 5 条：中华人民共和国公民有保护野生动物资源的义务，对侵占或者破坏野生动物资源的行为有权检举和控告。《土地管理法》第 6 条：任何单位和个人都有遵守土地管理法律、法规的义务，并有权对违反土地管理法律、法规的行为提出检举和控告。《草原法》第 5 条：任何单位和个人都有遵守草原法律法规、保护草原的义务，同时享有对违反草原法律法规、破坏草原的行为进行监督、检举和控告的权利。《海域使用管理法》第 8 条：任何单位和个人都有遵守海域使用管理法律、法规的义务，并有权对违反海域使用管理法律、法规的行为提出检举和控告。《森林法》、《渔业法》、《矿产资源法》中也有类似规定。

此外，行政规章和地方资源立法等地方性法律法规中也有关于环境公益诉权的规定。2005 年 12 月，国务院在《关于落实科学发展观加强环境保护的

---

① 这里的个人并非单个的人，而是指相对政府而言的其他主体。

决定》中规定:发挥社会团体的作用,鼓励、检举和揭发各种环境违法行为,推动环境公益诉讼。为贯彻落实这一决定,无锡市人大常委出台《无锡市水环境保护条例》,该条例规定"鼓励和支持公民、企事业单位、社会团体和其他组织参与水环境保护,任何单位和个人都有权对破坏水环境的行为进行劝阻、检举和揭发"。另外,该条例还规定环境主管部门对破坏水环境的行为可以申请人民法院采取强制措施并责令责任者赔偿环境损失。显然,申请法院采取强制措施是赋予了环境主管部门通过法院追究行为人环境责任的权利,而责令责任者赔偿损失则是赋予环境主管部门向法院提起公益民事诉讼的权利。无锡、贵阳、河南、四川等地先后都出现了环境公益诉讼的案例。

(二)有关"控告权"的规定可以为现行资源法中的公益诉讼提供依据

从以上列举的几部法律法规中,我们可以发现,我国自然资源法中多处规定了"控告"权。那么,这种"控告"权是否属于诉讼权呢? 能否认为上述法条是现行资源法中的公益诉讼的依据呢? 有学者认为,此处的"控告"都是针对刑事案件,而非针对民事或其他公益案件。① 我们认为,"控告权"绝不仅仅是针对刑事犯罪案件的权利,它包括刑事、民事及任何行政案件。以环境资源法中控告权的法条规定为例,野生动物保护法中公民控告的对象是任何侵占或者破坏野生动物资源的行为。除了赋予公民对破坏野生动物资源的犯罪行为进行控告的权利,更重要的是对于任何破坏野生动物资源的违法行为都能够控告。只有这样,才能保护好我们的野生动物资源。等到构成犯罪再惩治犯罪行为,对于已遭破坏的环境资源又有多大意义? 事实证明,对于环境问题,必须防患于未然。此外,《土地管理法》、《水土保持法》以及《海域使用管理法》中检举和控告的道理均如此。

我国一系列自然资源立法无一例外地规定了资源的所有权,即全民所有制基础上的国家所有权与集体所有权。因此,自然资源在我国是名副其实的公共财产,而环境本身的公益性就更无须赘述。赋予广大公民"检举和控告"的权利,意味着公民个人可以基于造成人身损害及环境本身的损害的行为向

① 陈泉生主编:《环境法原理》,法律出版社 2002 年版,第 301 页。

有权处理的机关揭发、控诉。然而，公民还不能依据这种原则性的规定提起诉讼。无论是《环境保护法》还是其他基本法下的子法，都有明确的“起诉权”的规定。① 立法者在同一部法律中前后运用不同的语词并不是随心所欲的，而是有明确的指代的。从这个方面来看，也能得出这种“控告”的权利并非“诉权”，而将其进一步延伸即可成为可以诉诸司法的权利——诉权。

五、我国生态保护法中的环境公益诉讼依据

生态保护法并非单一的法律，而是由若干相关法律、法规、国际公约所组成的法律系统。作为环境法体系中环境事务法子系统下的一个支系统，生态保护法与污染防治法、资源保护法、环境退化防治法同等重要且相对独立，共同构成环境法的内容。按保护对象分，生态保护法分为生物多样性保护法、各类型生态系统保护法（陆地生态系统保护法和水域生态系统保护法）和特定自然区域保护法。其中，特定自然区域保护法可分为自然保护区法、自然遗产与文化遗产保护法、风景名胜区保护法、城市景观与绿地保护法等。

我国有关生态保护的法律规范大多确立于自然资源法及其他相关法律、法规、行政规范性文件中。环境立法以分部门的资源开发利用、污染控制为中心，如作为环境保护基本法的《环境保护法》实质上就是一个污染防治法。以污染防治为重心的自然资源法、环境污染防治法以及其他相关法律对生态保护虽有所涉及②，但囿于这种将环境资源分割管理的立法模式，法律不能很好地将生态系统的整体功能、结构有机、统一地加以保护，我国的生态保护立法

---

① 《环境保护法》第 41 条规定：造成环境污染危害的，有责任排除危害，并对直接受到损害的单位或者个人赔偿损失。赔偿责任和赔偿金额的纠纷，可以根据当事人的请求，由环境保护行政主管部门或者其他依照法律规定行使环境监督管理权的部门处理；当事人对处理决定不服的，可以向人民法院起诉。当事人也可以直接向人民法院起诉。《土地管理法》第 16 条第 3 款：当事人对有关人民政府的处理决定不服的，可以自接到处理决定通知之日起三十日内，向人民法院起诉。

② 值得一提的是，我国的《海洋环境保护法》采用了综合性环境立法模式，融海洋环境污染防治、海洋生态保护和海洋资源管理等于一体，体现了生态系统管理思想。后文详谈海环法对生态利益的保护及其支持公益诉讼的依据。

处于一种割裂状态，未能按照生态系统管理的思想对各类型生态系统的法律保护作出统一、协调的规定。

根据上述分类以及对我国生态保护立法现状的了解，我们从探寻公益诉讼的依据出发对相关法条进行梳理和解读。

（一）《森林法》在规定林木、林地权属争议解决和制止、处理破坏森林资源的违法行为时，并无涉及公益诉讼的明文规定

《森林法》第 17 条规定："单位之间发生的林木、林地所有权和使用权争议，由县级以上人民政府依法处理。个人之间、个人与单位之间发生的林木所有权和林地使用权争议，由当地县级或者乡级人民政府依法处理。当事人对人民政府的处理决定不服的，可以在接到通知之日起一个月内，向人民法院起诉。在林木、林地权属争议解决以前，任何一方不得砍伐有争议的林木。"无论是单位之间发生的林木、林地所有权和使用权争议，还是个人之间、个人与单位之间发生的林木所有权和林地使用权争议，究其实质，都是以林木、林地为客体的物权争议，是特定当事人之间基于特定林木、林地权属问题而产生的财产权争议，与环境公益无关。① 该条规定此类争议由行政处理，当事人对行政处理决定不服的，可以向人民法院起诉。其实，不唯《森林法》第 17 条，1998 年修订的《土地管理法》第 16 条关于土地所有权和使用权争议解决的有关规定和《水法》第 36 条、《渔业法》第 13 条、《矿产资源法》第 49 条等法律条款都有类似的规定，即我国自然资源主管机关对自然资源的权属争议所做的行政处理决定是提起诉讼的必经程序。从国内对自然资源纠纷行政处理的规定和应用来看，这类纠纷的行政处理是有确定力、约束力和执行力的。司法实践中把行政机关的行政处理决定看做是具有法律效力的行政裁决行为，是可诉的具体行政行为。当事人对行政处理决定不服，认为行政机关的处理决定侵犯了其合法权益，这显然是行政争议，当事人应以行政机关为被告向人民法院提起行政诉讼。行政诉讼的目的是，作为行政相对人的一方当事人提请法

① 有学者将这一类自然资源的权属纠纷界定为环境民事纠纷。我们认为，环境民事纠纷的实质是民事纠纷，而非以维护环境公益为目的、典型意义上的环境纠纷。

院运用国家审判权对引起争议的具体行政行为进行合法性审查，作出裁判，解决行政争议。这显然有别于环境公益诉讼的目的。

《森林法》第 19 条第 2 款规定："护林员巡护森林，制止破坏森林资源的行为。对造成森林资源破坏的，护林员有权要求当地有关部门处理。"这一条同样未规定环境公益诉讼。护林员制止、处理破坏森林资源的违法行为时，行政处理是前置程序。在森林行政主管部门作出行政处理决定，即进行了"行政裁决"后，如果护林员认为行政部门的处理决定不当，可以行政机关为被告提起行政诉讼，而这一诉讼的性质显然有别于环境公益诉讼。

（二）《草原法》中没有关于环境公益诉讼的法律依据

1985 年颁行的《草原法》也主要是从传统民法的角度，确认了争议情况下草原的权属问题，如该法第 4 条、第 5 条、第 6 条。但该法中明文规定了国家保护草原的生态环境（第 9 条），并要求"严格保护草原植被，禁止开垦和破坏"。"合理使用草原，防止过量放牧。因过量放牧造成草原沙化、退化、水土流失的，草原使用者应当调整放牧强度，补种牧草，恢复植被。对已经建成的人工草场应当加强管理，合理经营，科学利用，防止退化。"同时该法第 20 条规定，"违反本法规定在草原上砍挖固沙植物和其他野生植物或者采土，致使草原植被遭受破坏的，乡级人民政府或者县级人民政府农牧业部门有权制止，并责令恢复植被，赔偿损失；情节严重的，还可以处以罚款"。虽提到了争议处理方法，但也未提及诉讼，更谈不上公益诉讼。

（三）《海洋环境保护法》第 90 条第 2 款可谓生态保护法中与环境公益诉讼关联性最强的立法规定

《海洋环境保护法》第 90 条第 2 款规定："对破坏海洋生态、海洋水产资源、海洋保护区，给国家造成重大损失的，由依照本法规定行使海洋环境监督管理权的部门代表国家对责任者提出损害赔偿要求。"针对海洋生态损害，有关行政部门有权代表国家提出损害赔偿请求，这一条可谓生态保护法中与环境公益诉讼关联性最强的立法规定，环境公益诉讼的原告资格问题在此条中得到了部分解决。有学者认为，这一条规定实质上就是环境民事公益诉讼的体现。[①] 国内法院在审理1999年“闽燃供2轮案”、2002年“塔斯曼海”轮案等重大油污事件时，援引了《海洋环境保护法》第90条第2款，可以说，这一条规定为环境公益诉讼的司法实践提供了法律依据。但是，与我国每年众多的油污污染海洋环境案件形成鲜明对比的是，国内因海上溢油事故提起的环境公益诉讼案件数量还很少，这与《海洋环境保护法》第90条第2款及其他现行法律规范中对环境公益诉讼的原告资格界定不明确（即对海洋生态损害索赔主体的法律规定不清楚）及我国现行的海洋管理体制不够完善（各涉海部门权责划分不明）有很大关系。

（四）对《自然保护区条例》第7条的解读

《自然保护区条例》第7条规定，一切单位和个人都有保护自然保护区内自然环境和自然资源的义务，并有权对破坏、侵占自然保护区的单位和个人进行检举、控告。这种检举和控告能不能看做是一种提起诉讼的权利呢？有学者认为，检举和控告就是一种诉权。[②] 我们认为，这种检举和控告不是诉权，而是公民参与环境管理的权利。

通过对我国其他法律的研读，不难发现，检举权和控告权无处不在。[③] 但这种检举和控告并不意味着就是提起诉讼。检举权一般指对和自己无直接关系但关系到国家集体的利益而向有关机关揭发的权利；“控告”可以释义为为了保护自己的权益而要求依法处理，而这种依法处理是否包括诉讼在内是有待商榷的。结合我国先行的诉讼法律制度，起诉的实质条件之一便是与案件有直接利害关系，显然这种检举和控告并非诉权。我们认为，这种检举和控告实质是与宪法第2条相呼应的公民参与环境管理的权利。

《自然保护区条例》是唯一不注重经济因素的法律，国家将有生态保护对象所在的陆地、陆地水体或者海域，依法划出一定面积予以特殊保护和管理，

---

① 戚道孟：《论海洋环境污染损害赔偿纠纷中的诉讼原告》，网址：http://www. riel. whu. edu. cn，访问日期：2008年12月20日。

② 如金瑞林先生就认为，控告，应当包括向环境行政机关举报和向人民法院起诉两个内容。金瑞林主编：《环境法学》，北京大学出版社1990年版，第204页。

③ 如《宪法》第41条、《国家安全法》第22条、《劳动法》第88条等。

本身就具有公益性质，赋予公民检举和控告的权利，也是立法的必然要求。法条的明文规定，为公民参与环境管理提供了立法依据，但并不能将其认定为环境公益诉讼的现行法依据。

（五）《野生动物保护法》、《畜牧法》亦无公益诉讼依据

《野生动物保护法》共42条。该法在立法目的方面，明确了生态保护目的，[①]并以多个法律条文，规定了刑事责任和行政管理部门的行政处罚措施。引入最为严格的刑法手段，客观上会促进野生动物的保护，但也凸显出对当前我国生态保护的力度不够和环境公益诉讼的难度重重。

《畜牧法》只是从畜牧遗传资源保护、畜禽养殖、畜禽交易与运输等方面做了规定。该法中并无生态保护方面内容，而环境公益诉讼的现行法依据更加难寻。

传统的环境资源法学，大都是从传统民法、刑法、行政法的角度来规定。比如，权属争议问题，由民法来调整；捕杀国家保护的珍贵、濒危物种，由刑法来处罚；违反狩猎证的规定则由行政法来调整。通过对生态保护法诸法条的一番解读，我们尚未找到环境公益诉讼的现行法依据。

六、我国环境退化防治法中的公益诉讼依据

环境退化防治法是人类应对环境退化问题的法律手段，是调整人们在防治环境退化过程中发生的各种社会关系的法律规范的总称。[②]目前我国的环境退化防治法系统以《宪法》和《环境保护法》为基础，以《水土保持法》和《防沙治沙法》为主体，还包括《森林法》、《草原法》、《土地管理法》、《水土保持法实施细则》等相关法律法规中有关环境退化防治的法律规范。我国现有的环境退化防治法律规范是否可以为针对破坏环境造成环境退化的行为提起环境公益诉讼提供诉讼依据呢？这需要对环境退化防治法系统进行考察。鉴于上

---

① 《野生动物保护法》第1条规定，维护生态平衡，是制定该法的目的之一。

② 徐祥民主编：《环境与资源保护法学》，科学出版社2008年版，第96页。

文对《宪法》和《环境保护法》进行了分析，此处不再赘述，只对环境退化专门法《水土保持法》和《防沙治沙法》以及相关的法律法规进行考察。

环境退化两部专门法和相关的法律法规中与环境公益诉讼有关的法律条文主要包括：《水土保持法》第3条、第39条、第40条，《防沙治沙法》第6条、第43条、第44条，《水土保持法实施细则》第2条，《草原法》第9条、第18条，《森林法》第11条、第41条、第46条，《土地管理法》第6条、第9条、第73条、第84条以及各法律文件中法律责任的规定。

（一）"检举"和"控告"权的规定还无法成为环境公益诉讼的依据

环境退化防治法的专门法《水土保持法》第3条明确规定"一切单位和个人都有保护水土资源、防治水土流失的义务，并有权对破坏水土资源、造成水土流失的单位和个人进行检举"。很明显，此项规定是对《环境保护法》第6条规定的重申和细化。但第3条规定比照《环境保护法》第6条的规定而言，"一切单位和个人"针对"破坏水土资源、造成水土流失的单位和个人"所采取的行动只有"检举"而没有"控告"。依据特别法优于一般法的原则，针对"破坏水土资源、造成水土流失的单位和个人"所采取的行动只能是"检举"。此项规定与《环境保护法》第6条规定存在同样缺陷，即未明确环境公益诉讼的原告主体资格、法院受案范围、举证责任等问题，向哪一国家机关告发、采用何种方式等问题亦未明确，使"检举"缺乏程序保障，造成法律适用困难，造成谁也不可能依据这一规定提起环境公益诉讼的后果。但这却可以被看做为环境公益诉讼提供依据的潜在条款。不过，这一潜在条款却遭到了《水土保持法实施细则》第2条的否定。该条规定："一切单位和个人都有权对有下列破坏水土资源、造成水土流失的行为之一的单位和个人，向县级以上人民政府水行政主管部门或者其他有关部门进行检举：（一）违法毁林或者毁草场开荒，破坏植被的；（二）违法开垦荒坡地的；（三）向江河、湖泊、水库和专门存放地以外的沟渠倾倒废弃砂、石、土或者尾矿废渣的；（四）破坏水土保持设施的；（五）有破坏水土资源、造成水土流失的其他行为的。"在这一规定中，明显将向谁"检举"的对象限定为"县级以上人民政府水行政主管部门或者其他有关部门"，而"其他有关部门"很难延伸至法院。

与《水土保持法》第3条规定大体相同的，还有《土地管理法》第6条。

（二）“直接利益”的限定阻碍了环境公益诉讼的提起

《水土保持法》第39条规定，“造成水土流失危害的，有责任排除危害，并对直接受到损害的单位和个人赔偿损失。赔偿责任和赔偿金额的纠纷，可以根据当事人的请求，由水行政主管部门处理；当事人对处理决定不服的，可以向人民法院起诉。当事人也可以直接向人民法院起诉。”此项规定是《环境保护法》第41条规定的重申和细化，同样存在上文所指出的缺陷，难以成为环境公益诉讼的法律依据。同样，《草原法》第18条也存在相同的缺陷。

（三）《水土保持法》第40条以及其他类似条款还无法为以提起公益诉讼方式追究行政执法者的责任提供依据

《水土保持法》第40条规定“水土保持监督人员玩忽职守、滥用职权给公共财产、国家和人民利益造成损失的，由其所在单位或者上级主管机关给予行政处分；构成犯罪的，依法追究刑事责任。”这一规定赋予了“其所在单位或者上级主管机关”对“水土保持监督人员”的“玩忽职守、滥用职权给公共财产、国家和人民利益造成损失”的行为进行追究的权利，类似原告资格的确认，并且在诉讼范围的限制上规定了只要其行为对公共财产、国家和人民利益造成损失即可，并不要求其存在直接的关系。但其还只是停留在行政机关内部进行行政处分这样的手段，而没有上升到诉讼的环节。只有在其造成损失的行为构成犯罪的情况下，才授予检察机关追究刑事责任的权利。而环境刑事诉讼中对环境犯罪的“公诉”不同于环境公益诉讼，故这一规定无法为环境公益诉讼提供依据。同样存在上述不足的条款包括：《防沙治沙法》第43条、第44条，《森林法》第41条、第46条，《土地管理法》第73条、第84条。

（四）现有环境退化防治法中的义务性规定无法为环境公益诉讼提供依据

《防沙治沙法》第6条规定，“使用土地的单位和个人，有防止该土地沙化的义务。”本条是对使用土地者的义务性规定，对此我们可以理解成，使用土地者有义务对造成或者有危险造成其使用土地沙化的一切行为进行制止。对于采取何种手段进行制止,本条款并未规定。我们认为可以理解成并未做任何限制,既可以是检举、控告,也可以是向法院提起诉讼。但是,即便可以做上述理解,由于此条款同样存在《水土保持法》第3条规定的缺陷而只能作为原则性的规定。退一步讲,即使本条规定可以作为向法院提起诉讼的依据,却难以担当环境公益诉讼的依据。因为,首先,对于原告限定必须是“使用土地的单位和个人”,这并不符合环境公益诉讼原告应尽可能广泛的要求。其次,对可诉范围也只是限定在造成或者有危险造成原告所使用的土地沙化的行为,即必须是与原告有直接的利害关系的行为。

此外,《草原法》第9条规定:“国家鼓励草原畜牧业科学研究,提高草原畜牧业的科学技术水平。国家鼓励在农、林、牧区和城镇种草,促进畜牧业的发展,改善生态环境。国家保护草原的生态环境,防治污染。”《土地管理法》第9条规定:“国有土地和农民集体所有的土地,可以依法确定给单位或者个人使用。使用土地的单位和个人,有保护、管理和合理利用土地的义务。”《森林法》第11条规定:“植树造林、保护森林,是公民应尽的义务。各级人民政府应当组织全民义务植树,开展植树造林活动。”同样这些规定并没有规定采取什么手段履行义务,存在缺少程序性规范的保障、造成诉讼困难的缺陷,而无法成为环境公益诉讼的依据。

(五)对环境退化防治法中法律责任规定的分析

《防沙治沙法》第六章第38条至第45条规定了违反本法所要承担的法律责任。除第38条、第44条和第45条有追究刑事责任的规定,其余条款都是对违法者采取行政制裁的方式,根本没有提起诉讼的规定,更别提是环境公益诉讼了。例如,《防沙治沙法》第40条明确规定,“违反本法规定,进行营利性治沙活动,造成土地沙化加重的,由县级以上地方人民政府负责受理营利性治沙申请的行政主管部门责令停止违法行为,可以并处每公顷五千元以上五万元以下的罚款”,虽然规定了追究责任的主体,但是只规定了行政手段的运用。

同样的情况在《水土保持法》、《草原法》、《森林法》和《土地管理法》中亦存在。

通过上文对我国环境退化防治法的考察，不难发现，我国目前环境退化防治法中尚不存在可以作为环境公益诉讼依据的条款。

七、我国环境保护手段法中的公益诉讼依据

环境手段法中的手段是指服务于对环境对象保护的系统方法，如环境规划、环境税收、环境影响评价等，环境手段法就是由规范这些手段使用的法律规范所组成的规范体系①。环境手段法系统中，目前有环境规划法、环境管制与许可法、环境税法、环境监测法、环境信息法、环境影响评价法、循环经济法和环境诉讼法等支系统，其中手段法子系统中的支系统还包含有一些亚系统。比如，环境规划法支系统有若干亚系统，包括环境规划法、土地规划法和海域使用规划法等。当前随着环境危机的加剧，建立我国的环境公益诉讼制度迫在眉睫，环境手段法作为环境法体系中的重要组成部分，在环境法律保护过程中起着不可替代的作用，寻求环境公益诉讼现行法依据的支持，更是离不开对环境手段法的考察。

（一）我国环境保护手段法中与环境公益诉讼有关的法律规范

当前，由于环境保护手段法子系统中，除了环境影响评价法及清洁生产和循环经济法这两个支系统有专门的立法，其他支系统还没有专门的立法，而是散见于环境事务法的诸多规范性文件中。如我国的环境监测手段法相关的法律规定散见于《水污染防治法》、《大气污染防治法》、《固体废物污染防治法》等专门法中，并且只是一些基本制度上有所规定，例如《大气污染防治法》第22 条“国务院环境保护行政主管部门建立大气污染监测制度，组织监测网络，制定统一的监测方法”，《噪声污染防治法》第 20 条“国务院环境保护行政主管部门应当建立环境噪声监测制度，制定监测规范，并会同有关部门组织监测网络”，其中有关环境监测的相关法律责任规定寥寥无几，环境公益诉讼的依据更是无从谈起，此种情形同样存在于环境税、环境教育、环境许可等其他手

---

① 徐祥民：《环境与资源保护法学》，科学出版社 2008 年版，第 31 页。

段法中。通过对各手段法具体法律条文的全面分析,我们可以找到如下与环境公益诉讼相关的法律规定:

1. 环境规划法支系统

《城乡规划法》第 9 条;《水污染防治法》第 4 条;《土地管理法》第 17 条;《固体废物污染环境防治法》第 4 条,第 29 条。

2. 环境许可法支系统

《行政许可法》第 11 条。

3. 环境监测法支系统

《噪声污染防治法》第 20 条。

4. 环境信息法支系统

《环境保护法》第 11 条(第 2 款);《清洁生产促进法》第 17 条,第 31 条;《政府信息公开条例》第 6 条,第 9 条,第 10 条,第 11 条,第 12 条。

5. 环境影响评价法支系统

《环境影响评价法》第 5 条,第 11 条;环保总局发布的《环境影响评价公众参与暂行办法》第 4 条,第 33 条。

(二)我国环境保护手段法相关规定对环境公益诉讼支持依据分析

通过对以上环境保护手段法中相关环境公益诉讼的法规予以分析,不难发现这些法律规定大多是原则性的义务规范,并没有对环境公益诉讼起实质性的支持的法律依据,但是,分析法条字面所提供的信息,我们发现这些相关法对于辅助我国环境公益诉讼的开展可以提供一定的依据支持。现将这些条款简单分类,对其可能提供的依据展开分析:

1.《城乡规划法》第 9 条第 2 款以权利义务为规范内容的有关环境公益诉讼的法规之解读

《城乡规划法》第 9 条第 2 款规定,“任何单位和个人都有权向城乡规划主管部门或者其他有关部门举报或者控告违反城乡规划的行为。城乡规划主管部门或者其他有关部门对举报或者控告,应当及时受理并组织核查、处理”。根据《法学词典》的解释,其中的“检举”一词是指向有关部门或组织揭发违法、犯罪行为;“控告”则是指向有关的国家机关告发违法犯罪的事实或嫌疑人，要求依法处理的行为。[①] 但是对于向哪个国家机关，采用何种方式，依据什么程序进行告发或控告等问题则没有进一步明确，缺乏可操作性。一般认为，“检举”、“控告”和“揭发”等手段，主要指向政府有关部门、机关的“检举”、“控告”和“揭发”，这种监督只是政府机关的内部监督。即便对其做宽泛的解释，包括向检察机关进行“检举”、“控告”和“揭发”，也不是明确的法律用语，同时这种“检举和控告”权缺乏程序保障，没有将控告权具体化，比如公民诉讼的主体资格、受案范围、举证责任等问题，因而在实务中也无法根据这一规定向人民法院提起环境诉讼。[②] 因此，从应然法角度来看，“检举”、“控告”应当包括诉权，主体包括一切单位和个人。但是从实然法的角度来看，我国现有法律体系中，在程序法领域并没有足够支持提起环境公益诉讼的法律规定，公众环境诉权因程序法的缺失而被架空，从这一层面来看该条法规并不具有实质意义上诉权的含义。如果从向政府有关部门、机关的“检举”、“控告”和“揭发”的角度来分析，这种意义上的“检举”、“控告”权，应当是一种环境管理参与权。公民在诉讼之外通过这种环境管理参与权的行使，有关行政机关就有对这种违法行为进行调查的义务，通过政府机关内部的监督模式有助于进一步推动环境问题的解决，但是如果行政机关的行政不作为，与案件无直接利害关系的主体根据现有程序法依然不能对行政机关提起诉讼，环境公益诉讼依然无法实现。

2. 环境手段法支系统中环境公益诉讼“应当性”的规范之解读

除《城乡规划法》第 9 条第 2 款以规定主体双方权利义务内容为类型的规范外，手段法中的其他法律规范我们可以将其归纳为环境公益诉讼“应当性”的义务规范。手段法支系统中的环境监测法、环境许可法、环境信息法、环境影响评价法中的规定我们都可以将其归入此类，现在我们以《环境影响评价法》第 11 条为典型进行解读。

《环境影响评价法》第 11 条规定：“专项规划的编制机关对可能造成不良

① 法学词典编辑委员会：《法学词典》，上海辞书出版社 1989 年版，第 897 页。

② 参见张式军：《论公众环境诉权的实现——对完善〈环境保护法〉第 6 条的思考》，载《河北法学》2004 年第 11 期，第 38 页。

环境影响并直接涉及公众环境权益的规划，应当在该规划草案报送审批前，举行论证会、听证会，或者采取其他形式，征求有关单位、专家和公众对环境影响报告书草案的意见。”我们可以发现“应当”这个用语在法条中十分明显，我们以“应当”为临界点对该条文进行解读可以发现，“应当”之后的规定即“在该规划草案报送审批前，举行论证会、听证会，或者采取其他形式，征求有关单位、专家和公众对环境影响报告书草案的意见”，该条规定的是对专项规划编制机关的一种义务性规范，也就是专项规划编制机关的一种职责。既然行政机关具有这样的行政职责，如果有行政不作为行为发生时，从应然法角度来看，公众有对这种行政不作为行为进行监督的权利，即依据宪法第 2 条以及《环境影响评价法》第 5 条所赋予的参与环境管理的职能。但是由于我国行政诉讼制度对原告起诉资格的限制，即必须以原告和政府具体行政行为之间有利害关系为起诉要件的程序性规定，公众对于行政部门违反环境公益的规划草案并不能利用诉讼手段提起公益诉讼来行使自己环境管理参与权。不过，从未来我国环境公益诉讼构建的角度来看，环境手段法中的这种以“应当”为内容的行政机构义务性规范，对创设我国环境公益诉讼制度从实体法层面已经提供了一定的支持。

通过对以上环境手段法中的相关法律规定进行分析，我们可以总结出，目前在我国手段法现行法律中，法律规范存在着可诉性缺陷，这也是我国整个环境法体系存在的情况。大多数环境法规就环境权利列举得不胜其详，对义务表述得淋漓尽致，但对包括诉权在内的补救权利却忽略不提。有权利、义务而无诉权，亦无其他救济条款，这些原则性的规定都没有程序和制度保证，也不能在司法实践中付诸实施，并成为构建我国环境公益诉讼制度的最主要的障碍。此类问题的出现系因我国现阶段在环境公益诉讼立法上的盲区所致，同样的情况在我国环境手段法支系统中也十分明显。因而，要弥补我国关于环境公益保护法律的可诉性缺陷，就要变更现行的诉讼机制。创设我国环境公益诉讼制度是十分必要的。

八、我国现行诉讼法中的环境公益诉讼依据

司法实践中欲开展环境公益诉讼，需要先考察我国民事诉讼法、行政诉讼法上有无环境公益诉讼的法律依据，进而考虑如何修改、完善现行诉讼法。

（一）诉讼法中关于原告资格的规定限制了环境公益诉讼的建立

1. 对公民个人的诉讼资格的限制

《民事诉讼法》第 108 条的规定，“原告是与本案有直接利害关系的公民、法人和其他组织”。所谓“原告与本案有直接利害关系”，权威的解释是“当事人自己的民事权益受到侵害或者与他人发生争议。只有为保护自己的民事权益而提起诉讼的人，才是本案的合格原告”。[①] 这就严格限制了环境公益诉讼这种以社会公众利益为目标的制度的发展空间，严格限制原告必须与案件有直接的利害关系也就否定了公益诉讼为社会利益而诉讼的宗旨。应对此条加以修改，放宽原告的诉讼资格。

我们将环境公益诉讼分为纯公益诉讼和多个私益集合的诉讼。很显然，对于多个私益集合的诉讼，我国民事诉讼法并没有限制其原告资格。相关利害关系人可以通过环境民事公益诉讼维护自身权利，并在一定程度上维护环境公益。

《行政诉讼法》第 2 条规定：“公民、法人或者其他组织认为行政机关和行政机关工作人员的具体行政行为侵犯其合法权益，有权依照本法向人民法院提起诉讼。”该法第 11 条列举了一些具体的案件受理情形，第 12 条则排除了不能纳入受案范围的情形。第 41 条规定了原告提起行政诉讼的条件，即“原告是认为具体行政行为侵犯其合法权益的公民、法人或其他组织”。按照当时立法者的想法，“人民法院的受案范围应当扩大，但目前只能是适当的扩大，逐步的扩大”。[②]

① 姚红：《中华人民共和国民事诉讼法释义》，法律出版社 2008 年版，第 165 页。

② 《中华人民共和国行政诉讼法讲话》，中国民主法制出版社 1989 年版，第 76 页。

2000年3月8日实施的最高人民法院《关于执行〈中华人民共和国行政诉讼法〉若干问题的解释》第12条规定:“与具体行政行为有法律上利害关系的公民、法人或者其他组织对该行为不服的,可以依法提起行政诉讼。”该司法解释第1条第2款第6项规定原告不能提起行政诉讼的行政机关的行为包括“对公民、法人或者其他组织权利义务不产生实际影响的行为”。结合这两条分析,对原告权利义务产生实际影响的行为,原告与此具体行政行为就有法律上的利害关系而享有诉讼资格。江必新曾谈道:“只要个人或组织受到行政行为的不利影响,不管他是不是行政行为直接针对的对象,或行政行为所直接指名道姓的那个组织或个人,只要这种不利影响通过民事诉讼得不到救济,就应该考虑通过行政诉讼来解决。”①

不过,把原告资格的确定仅同“不利影响”相联系,可能会导致行政诉讼的不当扩大,还是应该考虑到诉讼本身的功能,即这种“不利影响”属于与被诉行为有关的法律规范的规制范围。换句话说,原告诉称的权益属于相关法律欲以保护的权益,由此判断,在环境公益诉讼案件中,原告和被诉的侵害环境公益的行为之间是否存在法律上的利害关系。当然,这是我们对“法律上利害关系”所做的一种有利于扩大诉讼资格的学理解释,但法律并没有否定这种解释的可能性。实践中,更需要法官的大胆认同。

2. 对检察院、机关团体的诉讼资格的限定

《民事诉讼法》第14条规定:“人民检察院有权对民事审判活动实行法律监督。”第15条规定:“机关、社会团体、企业事业单位对损害国家、集体或者个人民事权益的行为,可以支持受损害的单位或者个人向人民法院起诉。”《行政诉讼法》第10条规定:“人民检察院有权对行政诉讼实行法律监督。”

在现实生活中,许多环境污染行为往往没有直接侵犯特定的公民、法人或组织的权益,公民个人也因能力、精力、财力有限等种种原因而难以起诉。环境行政部门又往往缺乏强有力的执行手段,加之行政体制方面的限制,往往心有余而力不足。所以,作为法律监督机关享有极大权威的检察院代表国家公

① 江必新:《中国行政诉讼制度之发展——行政诉讼司法解释解读》,金城出版社2001年版,第33页。

共利益提起环境公益诉讼是十分必要的。

保护国有资产和公共环境利益是国家的责任，人民检察院作为国家的法律监督机关，以保护国家、集体利益为职责，依法承担着国家的公诉职能，应当视为与本案有直接利害关系。且考虑到我国的实际国情，由检察院作为原告提起环境公益诉讼或许能更好地起到保护环境的作用。而法律并没有限制检察院的起诉资格，但也没有明确赋予其民事的行政的国家诉讼资格。实践中自无先例。

我国已出现了极其多样的利益群体，以及代表他们利益的社会团体，其拥有的大小不等的社会权力的影响力与支配力也无处不在。① 随着公众环境意识的提高，也出现了一些以维护环境公益为宗旨的环境团体组织，通过这些团体，公众可以更全面、更有效地参与管理环境事务。法律虽赋予了这些社会团体及环境保护机关一定的支持受害者诉讼的权利，但并不等同于赋予其诉讼资格。

江苏省无锡市中级人民法院和无锡市人民检察院共同出台的《关于办理环境民事公益诉讼案件的试行规定》，是国内第一个关于环境公益诉讼的地方性规定，并以实践为基础进行了环境公益诉讼制度创建的大胆尝试。其规定："人民检察院对涉及侵害环境公益的民事案件，符合下列条件的，可以支持相关单位或者个人起诉：当事人的财产权或者人身权受到环境污染行为侵害；受害人因证据收集困难或者诉讼能力缺乏等原因尚未起诉；受害人有起诉意愿。"明确了可以由人民检察院代表公众利益提起环境公益诉讼，并规定了相关环境保护行政主管部门或者其他依法负有环境监督职责的部门的违法查处职责及起诉权和检察院的督促权。

我国应通过对现行诉讼法相关条文的规定进行合乎法律精神的适当修改或进行立法司法上的扩展解释，把原告提起环境公益诉讼也认定为原告与所诉案件之间具有法律上的利害关系，从而把环境公益诉讼纳入到现行的行政诉讼或民事诉讼中。并承认检察院、环境保护机关及民间环境保护团体等也具有原告资格，可以提起环境公益诉讼。为了使环境公益保护获得可诉性，不

① 郭道晖：《权力的多元化与社会化》，载《法学研究》2001 年第 1 期。

应恪守传统诉讼法理论“无直接利害关系便无诉权”的要求，而应将原告范围扩及至任何组织和个人。

(二)诉讼法中关于受案范围的规定限制了环境公益诉讼的建立

《民事诉讼法》第 3 条规定：“人民法院受理公民之间、法人之间、其他组织之间以及他们相互之间因财产关系和人身关系提起的民事诉讼。”

《行政诉讼法》第 11 条规定，公民、法人和其他组织对于行政机关及行政机关工作人员侵犯其人身权、财产权的具体行政行为，可以提起行政诉讼。

把受案范围仅限定为特定人身权和财产权的纠纷，显然限制了环境公益诉讼的环境权纠纷诉讼的发展。

不过，我们并不能从《行政诉讼法》规定了“人身权、财产权”遭受侵害可以提起行政诉讼推论出只有“人身权、财产权”遭受侵害才可以提起行政诉讼。实际上《行政诉讼法》第 12 条才是明确规定不能提起行政诉讼的范围。并且，第 11 条也明确规定：“除前款规定外，人民法院受理法律、法规规定可以提起诉讼的其他行政案件。”这为今后逐步扩大法院的受案范围留下了充分的余地。实际上，只要原告取得了诉讼资格，受案范围并不会成为环境公益诉讼的障碍。

我国应扩大环境行政公益诉讼的受案范围，并考虑在环境行政公益诉讼中，把受案范围扩大到抽象行政行为，把抽象行政行为损害环境公益划入行政诉讼案件的受案范围。

(三)诉讼法中可以作为环境公益诉讼制度支持的制度

1. 代表人诉讼制度

《民事诉讼法》第 54 条规定：“当事人一方人数众多的共同诉讼，可以由当事人推选代表人进行诉讼。”

虽然诉讼法上规定了代表人诉讼这种群体诉讼的方式，但长期以来，由于我国的司法政策，法院在环境群体诉讼上设置了高门槛，不易立案。由于环境公益诉讼维护的是公众环境公共利益，会有众多的原告，法院不会轻易同意立案受理。受害者如果选择分别立案，则削弱了诉讼的力量，很难胜诉。

我国对于群体公益诉讼没有明文规定，有关代表人诉讼制度的规定也很不完善，不利于数量众多的民众提起环境公益群体性诉讼，对此应尽快加以完善，制定出有关群体诉讼操作性强的司法解释，改变以往对环境公益诉讼不利的司法政策。群体诉讼制度中应包括代表人的选任方式、诉讼费用的缴纳、证明责任、裁决书的既判力等规定。

2. 举证责任倒置制度

在环境公益诉讼中，由于环境污染破坏是高科技行为的产物，原告往往难以证明污染后果与污染行为之间的因果关系。因此，在证明责任的承担上，法律规定了采取举证责任倒置的做法。《最高人民法院关于适用〈中华人民共和国民事诉讼法〉若干问题的意见》第 74 条也规定对该类环境侵害案件实行举证责任的转移，即举证责任倒置。① 这使公众的举证责任得到缓和，公民、社团组织只需提出加害人污染行为及损失的初步证据，即可以支持其请求，至于污染事实是否确定存在，污染行为与损害结果之间是否存在因果关系等具体事实则由被告负责举证。②

但对于环保部门或检察机关等国家机关代表国家提起的环境公益诉讼，因其特殊的身份和职责，应让其承担举证责任。一是这些国家机关有权力开展调查取证活动，可通过现场检查、取样监测、证据保全等手段有效地采集证据；二是国家机关特别是环保部门拥有收集证据的技术手段和专业技术人才，可以获得充分确凿的证据。所以，环境公益诉讼的举证责任问题，应区别诉讼主体而定。

3. 诉讼费用缓、减、免的规定

《民事诉讼法》第 107 条规定："当事人交纳诉讼费用确有困难的，可以按照规定向人民法院申请缓交、减交或者免交。"《行政诉讼法》第 74 条也规定："人民法院审理行政案件，应当收取诉讼费用。诉讼费用由败诉方承担，双方都有责任的由双方分担。"

---

① 张明华：《环境公益诉讼制度刍议》，载《法学论坛》2002 年第 6 期。

② 李放：《试论我国环境公益诉讼制度的确立》，载《中国社会科学院研究生院学报》2004 年第 3 期。

我国有关诉讼费用缓、减、免的规定及败诉方承担诉讼费用的规定，能起到鼓励公益诉讼的作用。但是，我国也应借鉴国外制度，对公益的维护者给予诉讼费用的适当补助和胜诉奖励，考虑建立环保基金，对原告败诉后的诉讼费用给予一定比例的承担。另外，对原告胜诉的由环保基金给予一定的奖励。这样，将有利于鼓励一些组织和个人勇于拿起法律的武器，维护环境公益和社会整体利益。

（四）对现行诉讼法中有无公益诉讼依据的判断

虽然我们可以尽可能地对法律作出扩大解释，以使环境公益诉讼在现有法律规定下有可适用的余地，但毋庸讳言，我国目前的诉讼法上的规定对于环境公益诉讼尤其对其起诉条件还有太多限制，具体的程序操作上还有太多空白，亟待我国立法及司法部门予以改进。当社会呼唤着环境公益诉讼制度的建立时，立法者及司法解释者们应适时扩大诉讼资格及受案范围，做出类似"公益诉讼的原告不受上述规定的诉讼资格的限制"的规定，不再设定起诉的高门槛。至于环境公益诉讼制度的其他具体程序，可在环境部门法中具体规定。

九、我国人民法院、人民检察院组织法中的环境公益诉讼依据

《人民法院组织法》、《人民检察院组织法》作为规定各级人民法院、检察院的设置、职能、权力分配与运行等的基本法律，里面有很多条款涉及环境公益诉讼的内容。下面结合这两部法律，探讨环境公益诉讼的目的、管辖、原告资格等问题。

（一）审判权与环境公益诉讼在目的与意义上的一致性

《人民法院组织法》第 3 条第 1 款规定："人民法院的任务是……维护社会主义法制和社会秩序……保障国家的社会主义革命和社会主义建设事业的顺利进行。"据此可知，我国法院行使审判权的目的包括：保卫无产阶级专政

制度，维护社会主义法制和社会秩序；保障社会主义建设事业的顺利进行。

当前，环境污染日益严重，不但影响公众生活的质量，更对构建人与自然和谐发展的社会秩序构成威胁。在此背景下，环境公益诉讼应运而生，其目的就是为了保护国家的或集体的、社会的、不特定多数人的环境利益，为广大公众乃至全人类创造一个适于生存的环境，维护环境公共利益，维护人与自然和谐发展的环境秩序。因此，审判权的目的与环境公益诉讼之目的是一致的。

《人民法院组织法》第 3 条第 2 款同时规定："人民法院用它的全部活动教育公民忠于社会主义祖国，自觉地遵守宪法和法律。"《检察院组织法》第 4 条第 2 款也规定："人民检察院通过检察活动，教育公民忠于社会主义祖国，自觉遵守宪法和法律……"在环境公益诉讼领域，根据环境责任理论，对环境污染的产生，任何人都有不可推卸的责任。在因环境污染而产生的各种关系中，只有义务主体，而没有权利主体。人人都是义务主体，必将导致人人都可能逃避环境责任。这就需要国家通过环境保护立法确立环境公益诉讼制度，为公众依法维护环境利益提供方式和途径。可以看出，审判权的教育功能与环境公益诉讼的教育功能是相辅相成的，环境保护立法中可以通过规定环境公益诉讼制度教育公众维护环境公共利益。法院通过行使审判权能够督促环境行政部门主动履行职责，教育环境污染制造者主动履行法定义务。

既然法院行使审判权与环境公益诉讼在目的和意义都是一致的，那么法院有无权限和能力审理环境公益案件呢？

由于法院处于超然中立的地位，各国一般都将法院作为兑现权利或权力的主要场所。对于实现环境秩序来说，环境公益诉讼应当是可资利用的一种方式。[①] 而这种方式必将涉及两个问题：一是人民法院是否拥有审理环境公益案件的权限；二是法院能否胜任审理环境公益案件的工作。[②]

---

① 环境秩序作为社会秩序的一种，是构建和谐社会的重要组成部分。和谐社会秩序包含两方面的内容，一方面指人与人之间的和谐；另一方面指人与自然之间的和谐。后者即为这里所说的环境秩序。而环境秩序目前正遭到严重破坏，这阻碍了构建和谐社会的进程。而保障环境秩序的有效方式就是诉诸法院，通过诉讼的方式加以解决。

② 王小钢：《中国环境公益诉讼条款的立法意图——兼论人民法院在环境公益诉讼中的角色和权限》，载《政法论丛》2008 年第 5 期。

对第一个问题,《人民法院组织法》第3条第1款规定人民法院的任务是通过审判活动维护社会主义法制和社会秩序。可以看出人民法院的职责就是通过行使审判权来维护社会秩序,因此,人民法院有权限审理环境公益诉讼案件是毫无疑问的。对此,学界没有多大争议,几乎所有学者都能接受人民法院拥有审理环境公益案件的权限。对于第二个问题,我国大多数学者对我国人民法院审理环境公益案件的能力持怀疑的态度。理由是,当前我国法院不具备相应的专业人才,《人民法院组织法》第33条第2款规定人民法院审判人员必须具有法律专业知识。鉴于基层人民法院的有限能力以及地方保护主义的猖獗,我们主张环境公益诉讼的第一审法院为中级人民法院,这在《人民法院组织法》第19条中能找到依据。当前,随着环境法学教育的蓬勃发展,学界涌现出了一大批专业人才,这为法院引进环境审判专业人才提供了资源,可以说法院具有审理环境公益案件的能力亦无异议。

（二）我国法院设置与环境公益诉讼的管辖

管辖是指人民法院受理一审案件的分工。按照我国诉讼法的有关规定,管辖问题包括地域管辖和级别管辖。在所有类型诉讼程序中,管辖权是法院启动诉讼程序的前提,环境公益诉讼也不例外。环境公益诉讼的管辖虽具有其他类型诉讼程序的共性,但由于环境污染的特殊性,其个性问题也是显而易见的。

《人民法院组织法》第19条第2款规定:“基层人民法院可以设刑事审判庭、民事审判庭和经济审判庭……”该法第24条第2款规定:“中级人民法院设刑事审判庭、民事审判庭、经济审判庭,根据需要可以设其他审判庭。”根据这两个法条,可以看出基层人民法院只设立刑事审判庭、民事审判庭和经济审判庭,而中级人民法院可以根据需要设立其他审判庭。这里的“其他审判厅”在环境污染日益严重的背景下,应当包括“环境审判庭”。环境污染的发生原因、危害后果、原因与结果之间的因果关系等都极具复杂性,因此需要具有专门知识的审判人员。考虑到我国基层人民法院的整体水平及条件限制,将环境公益诉讼的一审法院设在中级人民法院是必然选择,而该条规定的“中级人民法院根据需要可以设立其他审判庭”,为环境公益诉讼的一审法院设在中级人民法院提供了法条支持。

（三）检察机关的职能与环境公益诉讼的原告资格

1. 我国检察机关的法律地位和职能及其与环境公益诉讼原告资格

检察机关的法律地位，是指宪法和法律所确定的检察机关在国家政治制度和司法制度中的位置，体现为检察机关与其他国家机关、诉讼当事人的相互关系及所反映的基本功能和作用。《人民检察院组织法》第 1 条规定："中华人民共和国人民检察院是国家的法律监督机关。"该条明确将检察机关的性质界定为法律监督机关。检察机关的职能是由其性质和地位决定的，在我国，检察机关是国家的法律监督机关，理所当然行使法律监督职能。而在检察权的实际运作中，根据检察院组织法及有关诉讼法的规定，检察机关具体行使职务犯罪的侦查权，批捕权，公诉权，对刑事案件的侦查、审判、执行的监督权等职权。关于检察机关的职能与具体职权的关系，主要有以下两种观点：①

一种观点认为，我国检察院作为法律监督机关，其行使的各项具体职权都是法律监督职能的体现，如侦查权、公诉权等都属于法律监督职能。

另一种观点认为，我国检察机关的性质、地位决定了检察机关总体上行使法律监督职能，具体职权的基本方向属于法律监督，但有的职权，如公诉权，就不属于法律监督。

我们赞同第一种观点。法律监督的本质是制约，是指检察机关对法律的执行状况和适用情况进行监督，保证国家法制的统一与正确实施。就公诉权能而言，其主要任务就是通过对侦查结果的筛选，控制法官裁判的入口。法官基于不告不理的原则，只有在检察机关提起公诉后才能审理案件；检察机关不提起公诉，法院便不能启动审判程序，这本身就是对法官审判的一种制约，是法官独立、中立公正的保证。也就是说，当我们称公诉权是法律监督权的时候，是在强调公诉权的监督客体。正是在监督客体，即监督审判权的行使过程中，实现了法律监督的职能。公诉权的法治价值也在于由独立、公正、客观的检察官通过实行公诉，维护有关法律的正确实施，站在国家和社会公共利益的

---

① 张智辉：《中国检察（第 6 卷）》，北京大学出版社 2004 年版，第 230 页。

角度保证审判机关依法独立行使审判权。由此,公诉权表面上不直接体现法律监督的本质,但实际上构成法律监督的一部分。既然公诉职能是法律监督职能的组成部分,在此前提下,具体到环境公益诉讼领域,检察机关的法律监督职能为其作为环境公益诉讼的原告提供了支持。

环境公益诉讼按照起诉对象的不同,可以分为环境民事公益诉讼和环境行政公益诉讼。而这都涉及公诉权的行使主体问题。反观我国现行权力分配体系,由谁代表国家利益、社会公共利益提起环境公益诉讼最为合适呢?我们认为,检察机关是应然的国家利益、社会公共利益的代表人,能够承担提起环境公益诉讼的职责。《人民检察院组织法》第4条第1款:"人民检察院通过行使检察权……维护社会主义法制,维护社会秩序……人民群众生活秩序……保卫社会主义现代化建设的顺利进行。"该条一方面说明检察机关保护国家利益、社会公共利益的现实任务,而保护国家利益、社会公共利益恰是检察机关最基本的职能。这一基本职能决定了检察机关对损害国家利益、社会公共利益的行为享有提起环境公共利益诉讼的权力,另一方面也说明对违法破坏环境者或未履行法定职责的有关部门提起环境公益诉讼也是检察机关责任,这是因为:其一,保护环境公共利益是检察机关的职责,而且环境污染的制造者一般是实力强大的企业,或是掌握着国家权力的政府机关,因此,也需要一个有相应实力的主体才能与之相抗衡;其二,检察机关负有法律监督的职责,而在环境侵权案件中,经常出现的问题就是政府不依法行政,滥用职权,任意批准对环境公共利益有危害的许可等等。因此对于政府违反法律的行为也应是检察机关应尽的监督职责。

通过以上对检察机关法律监督职能的分析,可以看出,法律监督包含两方面的内容:其一,监督法院的法律适用状况;其二,监督行政机关的执法状况以及监督公民、法人、其他组织守法状况。既然法律赋予检察机关法律监督的职权,那么必然赋予其提起诉讼的权力以保障法律监督职权的实现。因此检察机关的法律监督职权必然推导出其拥有向法院提起诉讼的原告资格。这一结论在环境诉讼领域也同样适用。

总之,《人民检察院组织法》第1条、第4条的规定为检察机关作为环境公益诉讼的原告提供了检察院组织法上的依据。

另外,《人民检察院组织法》第 15 条同时规定,人民检察院在出庭支持公诉时,还对审判活动是否合法进行监督,这就为检察院作为环境公益诉讼的原告提供了又一法条依据。没有监督的权力易于腐败,实践证明,任何行为总会在有监督的情况下趋向于谨慎。

2. 公民的控告权与检察院的环境公益诉讼原告资格

《人民检察院组织法》第 6 条规定:“人民检察院依法保障公民对于违法的国家工作人员提出控告的权利……”第 7 条第 1 款规定:“人民检察院在工作中必须坚持实事求是,贯彻执行群众路线,倾听群众意见,接受群众监督……”由此可以看出,保障公民的控告权、检举权,接受群众监督是检察机关的职责之一。该条规范作为一项法律原则,具有较强的伸缩性。此处虽然仅规定“对违法的国家工作人员”提出控告的权利,但我们认为,基于历史解释的方法及法律原则的开放性,应对“国家工作人员”做扩大解释。理由如下:其一,当公民控告的对象是有关违法的环境行政部门时,按照我国行政诉讼法的有关规定,公民、法人或其他组织认为行政机关的具体行政行为侵害其合法权益时,有权向上级行政机关提起行政复议(提起复议即为控告的形式之一)或直接提起行政诉讼;如果复议机关不予答复,行政相对人还可就复议机关的不作为向人民法院提起行政诉讼。而根据该条规定,检察机关应保障公民的控告权,那么如何保障呢?可行且有效的方式就是检察机关接受公民的控告,把公民的控告方向引到检察机关中,进而由检察机关提起环境公益诉讼。其二,当公民控告的对象是环境危害的制造者时,公民有权向环境行政部门提起控告。如果环境行政部门不作为,基于该条的推理,检察机关就应接受公民的控告,进而提起环境民事公益诉讼。

此外,《人民检察院组织法》第 2 条第 3 款规定:“省一级人民检察院和县一级人民检察院,根据工作需要……可以在工矿区、农垦区、林区等区域设置人民检察院,作为派出机构。”该法第 20 条也规定:“最高人民检察院根据需要,设立若干检察厅和其他业务机构。地方各级人民检察院可以分别设立相应的检察处、科和其他业务机构。”这对检察机关业务的专门化、专业化提供了法条依据。

《人民检察院组织法》第 7 条第 1 款同时规定:“人民检察院在工作中必

须坚持实事求是,贯彻执行群众路线,倾听群众意见,接受群众监督,调查研究……”从该条规定可以看出,人民检察院应该也必须倾听公众意见,接受公众监督,保障公众的控告权。该条还说明,检察机关具有调查取证的权限和能力,这对其提起环境公益诉讼时承担举证责任提供了保障。考虑到环境公益诉讼的特殊性,这些法条也在一定程度上为检察机关作为环境公益诉讼的原告提供了支持。

十、我国参加的国际条约中的环境公益诉讼依据

在国际环境事务中,我国一向持积极的态度,通过广泛的国际合作,共同寻求解决全球环境问题的有效途径。目前,我国参加或缔结的有关环境保护的国际条约(宣言、决议)和其他法律文件有六十多部,①涉及环境保护的方方面面。比如,在污染防治方面有《国际油污损害民事责任公约》、《联合国海洋法公约》、《及早通报核事故公约》等;资源保护方面有《濒危野生动植物物种国际贸易公约》、《国际植物新品种保护公约》等;退化防治方面有《维也纳保护臭氧层公约》、《联合国气候变化框架公约》、《防治荒漠化公约》等;生物保护方面有《生物多样性公约》、《卡塔赫纳生物安全议定书》等;以及在联合国的环境会议上签署的《人类环境宣言》、《世界自然宪章》、《里约环境与发展宣言》、《21 世纪议程》、《约翰内斯堡宣言》等综合性的宣言决议等。国际条约是国内法的重要渊源,条约必须信守则是各国进行国内立法时所必须遵循的原则。在进行环境公益诉讼立法调研时,我们有必要考察这些国际法律文件中涉及的有关环境问题的规定,看看在其中是否有相关条款可以为我们探讨制定环境公益诉讼制度提供国际法上的依据。

1948 年 12 月 10 日联合国大会通过《世界人权宣言》第 8 条规定:“任何人当宪法或法律所赋予他的基本权利遭受侵害时,有权由合格的国家法庭对这种侵害行为做有效的补救。”这条规定肯定了公民可以通过司法手段救济

① 信息来源:中华人民共和国外交部参考资料库,http://www.fmprc.gov.cn/chn/wjb/zzjg/tyfls/tfsckzlk/zgcjddbty/default.htm,访问时间:2008 年 12 月 18 日。

自己权利，这其中当然包括对良好环境的权益。1972 年斯德哥尔摩人类环境会议通过的《人类环境宣言》第 6 条则称："为了保证不使生态环境遭到严重的或不可挽回的损害，必须制止在排除有毒物质或其他物质以及散热时其数量或集中程度超过环境能使之无害的能力。应该支持各国人民反对污染的正义斗争。"

1982 年 10 月 28 日联合国大会通过的《世界自然宪章》是首个明确提出公众在保护环境公共利益方面的救济权利的国际环境保护文件，其中第 23 条规定："人人都应当有机会按照本国法律个别地或集体地参加拟订与其环境直接有关的决定；遇到此种环境受损或退化时，应有办法诉请补救。"第 24 条："人人有义务按照本《宪章》的规定行事；人人都应个别地或集体地采取行动，或通过参与政治生活，尽力保证达到本《宪章》的目标和要求。"

1992 年 6 月 3 日至 14 日在联合国环境与发展会议上通过的《里约环境与发展宣言》，对《世界自然宪章》规定的公民救济权利作出了更加具体的确认，它以命令式的语言为广泛的参与权提供了有力支持。[①]《里约环境与发展宣言》第 10 条规定："环境问题最好是在全体有关市民的参与下，在有关级别上加以处理。在国家一级，每一个人都应能适当地获得公共当局所持有的关于环境的资料，包括关于在其社区内的危险物质和活动的资料，并应有机会参与各项决策进程。各国应通过广泛提供资料来便利及鼓励公众的认识和参与。应让人人都能有效地使用司法和行政程序，包括补偿和补救程序。"这里赋予了公民对环境保护的参与权以可诉性，而且，这种诉权是"每一个人""人人"都享有的，是私人的环境利益和社会的环境公益受到侵害时都可启动的，这与我们探讨的环境公益诉讼的理念相契合。

纵观我国加入的国际条约（宣言、决议），关于公众参与环境保护的权利受到侵害时可以诉请司法救济的规定都不是出自具有约束力的条约，而是源自宣言决议等"软法"中的原则性条款。有影响力的软法原则通过各国实践

---

① 孙笑征、那力：《国际法视野中的环境权问题》，载《2004 年中国法学会环境资源法学研究会年会论文集》，网址：http://www.riel.whu.edu.cn/show.asp?ID=1699，访问日期：2008 年 12 月 30 日。

和签订国际条约协定的形式将逐渐转变为有约束力的硬法,这已成为国际法的发展趋势。赋予广大的公众对环境事务以诉的权利对环境问题的预防和解决的优越性也是经过一些国家的实践证明的。基于这些背景,我国亟须建立、完善环境公益诉讼制度。

十一、结　语

现代社会经济高速发展,环境却越来越恶化,愈演愈烈的环境问题甚至开始威胁全人类的生存。为了协调经济发展和环境保护之间的关系,环境公益诉讼立法已成为社会发展的需要。适应社会的发展变化,现行法律经历过还必将不断经历修正或修订。在对我国现行法律体系中的有关法律规范做了一番考察、分析、探讨后,我们发现,很难说现行法已对环境公益诉讼制度作出了规定,可以为环境公益诉讼司法实践提供法律依据的相关规范寥寥无几。环境问题的特殊性使得现行司法无法解决由环境问题引发的公益诉讼。环境司法的困顿迫切要求环境立法有所作为。值得一说的是,我国的环境公益诉讼立法正在一些地方试点进行。无锡的《关于办理环境民事公益诉讼案件的试行规定》、昆明的《关于建立环境保护执法协调机制的实施意见》已对环境公益诉讼制度做出专门规定,并已应用于司法实践工作中。

鉴于环境公益诉讼制度迥异于传统诉讼制度,我们认为,环境公益诉讼立法不是简单地在民事诉讼法、行政诉讼法中增加几条新规定,而应当依据科学的立法指导思想,合理借鉴国际条约中的相关规定,结合我国国情,分阶段、有步骤地开展立法。在我国的环境基本法、诸环境事务法、诸环境手段法和诉讼法、法院检察院组织法中,就环境公益诉讼制度的各项内容,在相关各法中分别做出可操作性强的法律规定,并做到诸法规范相互统一,环境纠纷机制与环境纠纷非诉解决机制的沟通与协调。

检视我国现行法中的相关法律规范,虽然没有找到太多环境公益诉讼的法律依据,但是,我们对环境公益诉讼制度的特殊性认识得更深刻了。环境公益诉讼制度是新型的诉讼制度,由此决定了环境公益诉讼立法将是一项有挑战也有突破的法制建设工作。其挑战,其突破,都将为我国的生态文明建设作出贡献。

美国《清洁水法》中的诉讼制度研究

于　铭*

摘　要：《清洁水法》规定了一种相互制衡的诉讼制度。它一方面授权行政机关作为主要的法律执行机关通过诉讼追究违法者的法律责任；另一方面也赋予公民"补充性"执法权，允许公民追究违法者的法律责任并监督行政机关的执法行为。为了保证诉讼制度的有效运行，法律规定行政机关享有广泛的民事诉权以及宽泛的刑事起诉条件。同时法律通过为公民诉讼设定必要的限制鼓励公民提起有价值的执行之诉。这种相结合的诉讼制度强化了《清洁水法》的执行。

关键词：清洁水法　执行　诉讼

从美国第一部涉及控制水污染的联邦立法——1899 年的《河流和港口法》(The Rivers and Harbors Act of 1899，也称《垃圾法》)算起，美国的联邦水污染控制立法已经走过了 100 多年的历程。现行的水污染控制法《清洁水法》①制定于 1972 年，经过多次的立法修订和不间断的司法完善，形成了一套有特色的控制水污染的法律制度，成为美国控制水污染、保护水环境的有力武器。在该法实施后，美国的水质有了显著的改善。据统计，美国水域中适宜游泳和垂钓的水域的比例由立法之初的三分之一提高到目前的三分之二。②

---

* 于铭，女，山东青岛人，中国海洋大学博士生，研究方向：环境资源法学。

① 美国现行的水污染控制法是《联邦水污染控制法》(1948 年)1972 年修正案，通常被称为《清洁水法》。

② William L. Andreen, "Water Quality Today—Has the Clean Water Act Been A Success?", *Alabama Law Review*, Vol. 55, 2004.

《清洁水法》因此成为美国环境法的成功范例，为许多国家所学习。

《清洁水法》能够取得如此令人瞩目的成绩，其中一个重要原因是该法设计了一个能够保证法律得到有效实施的执行机制。而作为主要执行手段之一的诉讼制度①自然是其中最大的亮点。该法在赋予行政机关通过诉讼追究违法者法律责任的同时也将这一权利赋予普通公民，使他们有机会跨入法院的大门，追究违法者的法律责任，并监督行政机关的执法行为。事实证明，公民诉讼成为行政机关执行法律的有力补充。这种相结合的诉讼制度就好比一张纵横交错的网，最大限度地确保没有违法的排污者成为“漏网之鱼”。

一、《清洁水法》中诉讼制度的运行机制

美国国会在设计《清洁水法》中的诉讼制度时所持的基本指导思想是“制衡”。这一思想也是美国政治和法律制度设计中最基本的思想。“制衡”讲究权力间的制约与平衡，认为只有各方当事人之间的力量处于一种相对平衡的状态，法律制度才能运行良好。因此《清洁水法》赋予各方当事人相互平衡的诉权，使他们之间形成一种相互制约的关系，以此保障法律的执行。在该法设计的诉讼制度中，这种相互制约的关系存在于联邦行政机关和地方行政机关之间以及行政机关和公民之间。

首先，《清洁水法》授予联邦行政机关独立于各州行政机关的诉权，用于加强对各州执行法律的监督。1972 年之前的联邦水污染控制法没有赋予联邦行政机关独立的诉权。那时控制水污染的主要责任在各州政府和地方政府手中，联邦政府仅承担次要责任。因此通过诉讼追究违法者的法律责任主要是各州政府的职责。② 法律虽然规定联邦政府有权通过诉讼监督各州政府的执法情况，但这种诉权或说监督权却是形同虚设。例如 1965 年的《水质法》

---

① 美国是联邦制国家，各州相对于联邦有较为独立的立法权，因此各州法律规定的诉讼制度也不尽相同。本文中《清洁水法》的诉讼制度主要指联邦法律中规定的诉讼制度。

② William L. Andreen, “The Evolution of Water Pollution Control in the United States—State, Local, and Federal Efforts, 1789—1972: Part 2”, *Stanford Environmental Law Journal*, June, 2003.

规定联邦政府可以要求检察总长对违法行为提起诉讼，但如果污染仅仅影响到某个州人们的利益，那么提起联邦诉讼之前必须取得该州州长的同意。这实际上赋予了各州否决联邦政府进行监督的权力，使联邦政府的诉权依附于各州的诉权。如果各州因为地方利益等问题不对污染提起诉讼，联邦政府也无能为力。所以在《清洁水法》颁布之前二十多年的时间里，只有一个违法者被起诉至联邦法院。① 在制定《清洁水法》时，国会认识到联邦行政机关诉权的缺失在很大程度上影响了水污染控制法的执行，因此在制定新法时国会确立了两个基本的指导思想：一是在各州经授权执行法律的情况下，各州对本州内的违法行为享有优先的执行权，即各州政府可以依照《清洁水法》和各州的法律对违法者进行行政制裁或提起诉讼；二是在这种情况下，联邦政府依然保留独立的诉权，如果各州政府怠于执行法律或执行法律不当，联邦政府可以进行行政制裁或直接提起诉讼。② 根据这两种指导思想制定的法律授权联邦政府可以直接对发生在各州的违法行为提起诉讼，以此有效打击违法行为并监督各州政府的执法权。这样，联邦政府虽然将执行《清洁水法》的主要权力下放给各州，但同时又对各州权力进行限制，使两者之间达到一种制衡的状态。

其次，《清洁水法》授予公民诉权，形成对行政机关的有效制约。1972 年之前的联邦水污染控制法规定只有行政机关可以对违法者提起诉讼，要求其履行法定义务、承担法定责任。这种诉讼制度建立的是一种单向诉讼。当行政机关怠于行使权力时，没有一个与行政机关相对的主体能够监督它并制约其权力；当行政机关不履行法定职责时，也没有一个相对的主体能够要求其履行职责。所以当权力缺乏制约时，滥用权力便成为一个必然的后果。而新的《清洁水法》建立的是一种双向的诉讼制度。行政机关既可以行使权力对违法者提起诉讼，反过来公民也可以通过诉讼监督行政机关的执法行为和它履行法定职责的情况。行政机关和公民间相互制约的关系便得以形成。

---

① Water Pollution Control Programs: Hearings before the Subcommittee on Air and Water Pollution of the Senate Committee on Public Works, 92d Cong., 1st Sess. 55 - 78 (1971).

② William L. Andreen, "Beyond Words of Exhortation: The Congressional Prescription for Vigorous Federal Enforcement of the Clean Water Act", *George Washington Law Review*, January, 1987.

如果将《清洁水法》用以保障法律执行的制度比作一架运行良好的机器，那么诉讼制度就是这部机器中的制动装置，法院就是这部机器中的“制动杆”。在执行法律的过程中，一旦有一方偏离原来的运行模式，相对方就可以拉动法院这个“制动杆”，通过诉讼使之回到正常的轨道上来。当地方行政机关为保护地方利益或缺乏足够财政支持而不追究违法行为时，联邦政府可以对污染者提起诉讼；当行政机关怠于对违法者提起诉讼或不履行法律规定的职权时，符合法律规定条件的公民可以选择对行政机关或违法者提起诉讼。这样每一方当事人都既享有权力（权利）又受到制约，所以也都认真履行自己的权力（权利）。这就是《清洁水法》中诉讼制度能为法律执行保驾护航的真正原因所在。

有了“制衡”的运行机制之后，想要实现国会加强法律执行的立法意图还需制定具体的法律规范。按照国会设计的模式，《清洁水法》分别在第309条和第505条规定了行政机关诉讼制度和公民诉讼制度。

二、行政机关提起的诉讼

在美国，联邦环保局代表联邦政府执行《清洁水法》，各州的环保部门在联邦环保局的授权下可以代为执行法律。国会在制定《清洁水法》时，希望行政机关能肩负起执行法律的主要责任，力图通过扩大行政机关享有的诉权加强法律的执行。① 依照该法第309条的规定，联邦行政机关对违法者可以提起民事诉讼和刑事诉讼。

（一）民事诉讼

《清洁水法》第309条规定，当联邦环保局局长发现有人违法排污时，如果排污者是在执行某州颁发的许可证的限制条件时违反了法律的规定，309

① William L. Andreen, “Beyond Words of Exhortation: The Congressional Prescription for Vigorous Federal Enforcement of the Clean Water Act”, *George Washington Law Review*, January, 1987.

条 a 款第 1 项要求局长根据情况选择采取如下两种措施的一种。一个措施是局长应该将违法行为通知排污者及其所在的州政府。如果州政府在 30 天内没有采取合适的措施，局长应该颁发一个行政性的命令要求排污者遵守许可证的要求（遵守令），或者向法院提起民事诉讼。另一个措施是局长应该直接向违法者颁发遵守令或是提起民事诉讼而不需要通知或等待各州优先采取行动。如果排污者的违法行为不涉及违反由各州颁发的许可证，例如，违反了联邦政府颁发的许可证或是没有获得许可证，309 条 a 款第 3 项要求局长不需要等待各州优先采取行动，而应该颁发遵守令或提起民事诉讼。

即便是联邦政府选择通过颁发遵守令的方式要求违法者履行法律，当违法者没有履行遵守令的内容时，309 条 b 款规定联邦政府依然可以选择对违法者提起民事诉讼以寻求救济。

法律还规定，此类民事诉讼可以在被告所在地、居住地或营业地所在的地方法院提起诉讼。法院可以判令被告停止违法活动，包括永久禁止令和临时禁止令，并对其处以民事罚款。民事罚款采用每日计罚制，即每一违法行为应被处以每违法日 25000 美元以下的民事罚款。认定罚款数额时，法院应考虑如下因素，即该违法行为或数违法行为的严重性、违法行为产生的经济利益（如果存在）、此类违法行为的历史、违法者主观意志、制裁对违法者的经济影响，以及其他应考虑的因素。①

上述规定确实确立了行政机关在执行法律中的主要地位，有效地强化了法律的执行。首先，联邦政府被授权在任何情况下对违法者提起民事诉讼以寻求救济。联邦政府可以选择授予州政府优先处理水污染的权力，也可以选择通过行政制裁的方式追究违法者的责任，但却一直保留有直接提起诉讼的权力。即便联邦政府首先选择通过行政制裁方式惩罚违法，当违法者履行不当时，依然可以提起诉讼。其次，联邦政府可以因为任何违法事由提起民事诉讼，只要这个事由违反了《清洁水法》对排污者的任何义务性的限制。以上两点的结合实际上赋予联邦政府广泛的诉权。第三，法律通过规定严格的民事责任，对许多违法者起到了威慑的作用。按日计罚制以及每日最高 25000 美

① 《清洁水法》第 309 条 b 款和 d 款。

元的罚款会轻易地让任何排污者付出沉重的代价。而且法律不再要求法院在处以民事处罚时考虑“经济上的合理性”①,而仅需要考虑“制裁对违法者的经济影响”,这实际上加大了民事惩罚的力度。

(二)刑事诉讼

除了民事诉讼,第309条c款也授权联邦政府对明知或过失的严重违法行为提起刑事诉讼。可以提起刑事诉讼的事项包括:(1)过失违反法律中有关排水限度的规定、与排水限度有关的水质标准、国家污染物排放标准、有毒污染物排放标准、排污者记录和报告的义务、油类物质排放规定、下水道污泥排放规定、渔业水域排放规定、排污许可证和疏浚物排放许可证的规定;过失向下水道系统公共处理工程引入任何污染物或有毒物质,违法者知道或应该知道污染物、有毒物质会导致人身伤害、财产损失的。(2)在明知的情况下违反上述(1)中法律的规定;在明知的情况下向下水道系统公共处理工程引入任何污染物或有毒物质,违法者知道或应该知道污染物、有毒物质会导致人身伤害、财产损失的。(3)在明知的情况下违反上述(1)中法律的规定而使他人处于死亡或严重人身伤害的极度危险中。(4)在明知的情况下在申请中做虚假陈述、描述和证明,或者做虚假记录、报告、计划或其他上报或保存文件,或伪造、破坏、篡改监测设施和方法。如果被宣告有罪,不仅要接受罚金还可能被处以监禁。

刑事诉讼的启用使得对违法排污的制裁力度大大加强。自20世纪70年代以来,联邦政府因违反环境法提起的刑事诉讼数量呈持续增长态势,整个70年代联邦政府总共提起25项刑事诉讼,但1990年被定罪的被告人数已经达到100,1998年这一数字已经增至350。在这些刑事诉讼中,因违反《清洁水法》而遭到起诉的占绝大部分。以1996年财政年度为例,联邦政府因环境

① Kenneth M. Murchison, “Learning from More Than Five-And-A-Half Decades of Federal Water Pollution Control Legislation: Twenty Lessons for the Future”, *Boston College Environmental Affairs Law Review*, 2005.

刑事诉讼共收缴罚金 7670 万美元，其中 81% 都来自对违反《清洁水法》的处罚。① 该法规定的刑事诉讼成效如此明显，是因为法律对刑事犯罪的“犯罪意图”的要求有所放宽。1972 年制定的《清洁水法》第 309 条 c 款第 2 项规定只有重大的“故意”或过失犯罪才可以被提起刑事诉讼。但在实践中，检察机关想要证明违法者“故意”犯罪实在是困难，因为要证明“故意”犯罪就需要证明被告蓄意违反法律。而被告的常规抗辩理由就是“不知道法律的具体规定”。在“谨慎处以刑罚”的审判原则的指导下，大多数违法者可以被免于治罪。所以 1987 年《清洁水法》的修正案将“故意”改成“明知”。② “明知”降低了法律对犯罪意图的要求，检方只需要证明被告有理由知道其行为并且知道其行为是错误的就足以要求法院认定被告有罪，而不需要证明被告知道法律的具体规定和其行为的法律后果。这一细微的改动使联邦政府在 1987 年之后提起刑事诉讼变得轻而易举，同时满足了国会严格执法的立法意图。

三、公民诉讼

美国的现代环境法时期起始于 20 世纪 70 年代。公民诉讼是这个时代的标志性制度，对环境法律和政策的发展起到较好的促进作用。国会在制定《清洁水法》时明确表达了希望通过赋予公民诉权加强法律的执行，使公民成为行政机关执行法律的有力“补充”的立法意图。“补充”是国会对公民诉讼的立法定位，所以法律在明确地鼓励公民通过私人检察总长的角色来追求公共利益的同时也对公民提起诉讼的条件进行限制。③

《清洁水法》第 505 条规定：任何公民都可以基于自身利益提起一个民事诉讼。诉讼可以针对任何人（包括美国或宪法第 11 条修正案许可设立的政

① Thomas Richard Uiselt, “What A Criminal Needs to Know under Section 309(C)(2) of the Clean Water Act: How Far Does‘ Knowingly’ Travel?”, *Environmental Lawyer*, February 2002.

② Thomas Richard Uiselt, “What A Criminal Needs to Know under Section 309(C)(2) of the Clean Water Act: How Far Does‘ Knowingly’ Travel?”, *Environmental Lawyer*, February 2002.

③ Jonathan S. Campbell, “Has the Citizen-suit Provision of the Clean Water Act Exceeded Its Supplemental Birth?”, *William and Mary Environmental Law and Policy Review*, Spring, 2000.

府机构或部门),如果:(1)他违反了根据本法制定的一个排放标准或限制;(2)局长或州为执行本法的排放标准或限制颁发的行政令。诉讼也可以针对局长,指控他未能根据本法完成一个不能由他自由决定的行动或职责。从上述规定看,清洁水法的公民诉讼主要有两种。第一种是针对违法者提起的诉讼,例如指控某个排污者没有遵守许可证规定的排放限制的诉讼。第二种是为强制联邦环保局执行法律规定提起的诉讼,例如指控联邦环保局没有履行法律规定颁布某种排放标准的诉讼。在20世纪70年代,大部分的诉讼都是针对联邦环保局提起的,指控局长没有在法定时间内或按照法律规定的方式履行法律规定的义务。这种选择显示了公民的价值判断,即他们认为把有限的人力和物力花在强迫环保局颁布和实施更严格的国家标准上比用在解决地方问题上更有效果。但在80年代左右,这种公民参与的方式有了很大的变化,针对排污者提起的诉讼变成了公民诉讼的主要方式。产生这种转变的原因是因为在相关法律规定经过七八十年代的发展基本完善的情况下,执行这些规定成为公众关注的焦点。①

法律在授予公民上述权利的同时也施加了很多限制。这些限制条件有一些是成文法规定的,有一些是在司法实践中逐渐形成的。正是有了这些限制,依据《清洁水法》提起的公民诉讼才会更有价值,而非无谓的浪费诉讼资源。这些限制主要集中在起诉资格的认定、对违法行为的认定、政府勤勉诉讼的义务和原告60天的通知义务上。

1. 起诉资格的限制

法律规定有权起诉的"公民"是其利益正受到或可能受到不利影响的一个或多个人。"自身利益受到或可能受到不利影响"是享有诉权的基本条件。由此可见美国还是拒绝接受任何公民纯粹为公共利益提起的一般诉讼。除了《清洁水法》的规定,在实践中,任何起诉到美国联邦法院的案件还必须符合美国宪法第三条的要求。宪法第三条规定有权提起诉讼的原告必须:(1)遭受到事实上的损害,即违法行为侵害到法律保护的利益。这种利益必须是具

① Charles Caldart, Josh Kratka, "Trends in Citizen Enforcement Suits under the Clean Water Act", *ALI-ABA Course of Study*, October 25 – 26, 2007.

体的而且特定化的、现在的或即将到来的，而不是推断的或假想的。(2)损害可以清楚地溯及指控的行为。(3)损害必须有可救济性。① 法院通过一系列的判例确立了在涉及《清洁水法》的诉讼中如何执行这些标准。

首先，关于事实损害，最高法院认为只要证明对于特定资源的使用或享受的利益被损害或有被特定活动所损害的危险就足以构成事实上的损害。在"地球之友"组织诉雷德罗环境服务局(Friends of the Earth, Inc. v. Laidlaw Environmental Services (TOC))一案中，最高法院指出事实损害指的不是环境受到损害，而是原告的利益受到损害。法院指出，"被告不断向河流非法排放污染物将导致附近居民使用水域进行娱乐的利益受损，并使他们遭受经济和美学的损害。"所以要证明遭受事实损害，原告只要证明①他使用某一水体，而这一水体受到违法排污活动的影响；②他本应可以在很大程度上使用某一水域，但却因为违法排污活动不能使用。此外，法院还指出原告中只要有一人遭受事实上的损害就足够了。任何环境组织都可以代表他成员的利益提起诉讼，只要该成员有起诉资格，并且通过诉讼获得的利益与该组织的宗旨是相同的。

其次，关于损害的可溯及性，多数联邦法院认为原告只需要证明被指控的行为促使其受到伤害，而不需要证明被告的排放给原告造成的准确损失，也不需要证明是被告的行为单独造成的损失。法院认为只要证明被告①以比法律规定高的浓度排放了污染物，②排放入原告享有利益的水域，而且原告的利益可能由于污染物受到负面影响，③这个污染物可以导致或促使原告受到其所宣称的损害时，就可以认定原告的损害可以清楚地溯及被告的排放行为。

第三，关于损害的可救济性，法院认为环境损害在多数情况下是不可恢复的或需要相当长的时间来恢复，因此不能因为环境损害的这种特性而认为所有的措施都不足以救济原告的损害。既然消除已经造成的污染很难做到，则只要颁发一个禁止令禁止将来的违法就足以满足可救济性的要求。法院还坚

① Brett A. Williams, "Citizen Suits and the Clean Water Act: Has Article III Become A Permanent Roadblock to Private Enforcement?", *Missouri Environmental Law and Policy Review*, 1999.

持认为民事罚款也是一种法律救济形式,因为民事罚款也可以阻止未来的违法行为。①

2. 正在违法

《清洁水法》规定其利益“正在”或“将要”受到损害的公民有权提起诉讼。这实际上是要求在公民提起诉讼之前,违法行为正在进行。最高法院认为,除非原告能证明被告在提起诉讼之后也将继续违法排污,否则通过公民诉讼来寻求救济是没有意义的。它还认为“正在违法”是指“连续不间断的或间歇性的违法”,就是很有可能过去的违法排污者将在未来继续违法排污。② 第四巡回法院认为原告可以通过下面的方式证明正在进行中的违法:(1)提供证据证明在起诉时或起诉后发生了违法行为;(2)提供证据证明有可能存在间歇性的或零星的违法行为。在第一种情况下,原告只要通过排放监测报告举证说明被告至少在控告后违反了一次排放标准即可。当没有证据证明被告在控告后有违法行为时,原告只需要证明被告没有采取措施阻止违法行为发生的可能。后来,这一标准被所有的联邦法院所接纳。③

3. 勤勉的诉讼

《清洁水法》第505条b款规定,“如果联邦环保局或各州已经开始并勤勉地在美国的法院中提起民事或刑事诉讼,或一个州已经要求违法者遵照某一标准、限制或命令”,则公民丧失提起公民诉讼的权利。但是公民有权参与到在任何美国法院提起的这类诉讼中。这一条是对公民诉权很重要的限制。在司法实践中大多数的联邦法院对“诉讼”做扩大化解释,即认为行政机关正在进行的执法行为也可以阻止公民诉讼的提起。但是这种行政执法行为必须与诉讼拥有相等的作用。换句话说,只有行政机关正在进行中的行政制裁活动才能阻止公民诉讼,简单的调查行为是不具有这种权力的。④

---

① Charles Caldart, Josh Kratka, “Trends in Citizen Enforcement Suits under the Clean Water Act”, *ALI-ABA Course of Study*, October 25 - 26, 2007.

② Gwaltney of Smithfield Ltd. v. Chesapeake Bay Foundation, Inc., 484 U.S. 49, 57 (1987).

③ James L. Thompson, “Citizen Suits and Civil Penalties under the Clean Water Act”, *Michigan Law Review*, June, 1987.

④ Julia A. Glazer, “The Clean Water Act Enforcement Provision: What Constitutes Diligent Enforcement under Comparable State Law”, *Northern Kentucky Law Review*, 1995.

4. 60 天的通知义务

《清洁水法》要求公民在提起诉讼前 60 天必须将准备指控的违法行为通知有管辖权的联邦政府、州政府和预期的被告。联邦环保局还要求公民在通知中必须写明被指控的行为违反的具体标准、时间、地点和违法方式。国会对公民诉讼做这一限制的主要目的是希望通知程序能够督促行政机关优先于公民提起执行之诉。在实践中，60 天的时间远不足以让行政机关提起诉讼，因为即便联邦环保局能够迅速完成案件调查并备齐起诉材料，它也必须将案件移交司法部起诉。司法部有 60 天的时间答复环保局的请求，然后还有 5 个月的调查起诉期。但是尽管如此，60 天的通知期确实避免了许多不必要的诉讼。因为行政机关在接到通知后一般都会展开调查，而且会通过行政制裁追究违法者的责任。有时预期的被告还会主动联系准备起诉的公民协商可行的解决办法。①

① Stephen Fotis, "Private Enforcement of the Clean Air Act and the Clean Water Act", *American University Law Review*, Fall, 1985.

宪法中的检举权与环境公益诉讼

辛 帅*

摘 要： 现有的行政复议和诉讼制度都是保护的公民的排他性的权利，对应的是宪法中的申诉权和控告权。而检举权作为对公民在公共生活中的非排他性权利进行救济的宪法性救济权利，却没有很好的程序保障。故应当将检举权纳入行政复议程序和行政诉讼程序来加以保障和落实，将检举权具体化为行政诉讼中的公益性诉权，为环境公益诉讼提供制度上的支持。

关键词： 行政诉讼　排他性权利　非排他性权利　检举权　环境公益诉讼

一、一种权利的分类方式

在开始对行政诉讼的类型的论述之前，请允许笔者引入一种对于权利的分类方法，这种分类方法将成为本文论述的理论基础。这种分类是将公民的权利分为排他性的权利和非排他性的权利的分类方式，其中排他性的权利是公民对自己的私人物品拥有的竞争性和排他性利益的的权利，而非排他性权利是公民从公共财产（或者说是资源）中得到非竞争性和非排他性利益的权利。我们常常无法发现非排他性利益的存在，是因为公共利益常常以集合的形式存在，而且大多数情况下不能具体分解为具体公民的特定利益。这种分

* 辛帅，男，1983 年生，山东青岛人，现就读于中国海洋大学法政学院，研究方向：宪法与行政法学。

类是从经济学关于公共物品和私人物品分类的理论中获得的启发①。每一个公民的私权利不仅仅包含排他性的利益，也包括非排他性的利益，只是我们经常讨论的只是公民的排他性权利问题。

二、申诉、控告型的行政诉讼

宪法对于公民的这两种权利的救济都有原则性的规定。在宪法第 41 条中，确立了公民的批评、申诉、控告、检举权。我们不知道把行政诉讼制度看做是宪法第 41 条的一种回应是不是恰当。因为行政诉讼的立法文本中，我们无法发现这种直接的对应关系。但是行政诉讼制度在很大程度上有效地实现了宪法第 41 条的宪法性权利的权能。在所有的国家机关中，行政机关是与公民距离最近的机关，是与公民接触最多的机关。行政机关也就是最经常侵害公民利益的机关。行政诉讼制度设计的原初目的就是解决行政机关与公民之间的纠纷，让公民在受到行政机关损害之时能够得到相应救济而且把这种纠纷的裁决权给了另外一个司法性质的机关——法院。当然，这种制度性的对应虽然促进了中国的法治进步并且下意识地实现了宪法第 41 条的权能，但还是有很大欠缺。读者可能会疑问为什么要如此苛求行政诉讼制度来满足在立法上并不是直接依据的宪法条文，这是因为行政诉讼制度本身的“先天条件”使其成为对应并且实现宪法第 41 条的最佳制度（处于实行成本的考虑），尽管这种对应对于行政诉讼的立法者来讲是下意识的或者不是直接处于该宪法条款目的的。而且也是回应现在中国国情的最高效的抉择。

这种支持民告官的行政诉讼制度在中国运行的前期，司法工作者运用各种各样的普法宣传手段，做大量工作，比如说送法下乡，为的就是让在中国传统文化浸淫下的中国老百姓意识到自己可以用行政诉讼的方式保护自己的私人利益，敢于用法律武器维护自己的私权利。这是一种非常积极的、自上而下的权利意识的启蒙，从中我们看到的是中国的领导层对于中国民众权利意识觉醒的一种盼望。行政诉讼法运行到现在，已经有二十个年头了，从秋菊的困

① 高鸿业主编：《西方经济学》，中国人民大学出版社 2001 年版，第 386 页。

惑到现在一个公民为了自己的利益和政府对簿公堂的事情变得司空见惯，中国公民的权利意识确实有了很大的进步。更为可喜的是，更多的公民不仅可以用法律维护自己的私权利，而且想要积极地维护自己在共同体中享有的非排他性利益，尽管这种非排他性的利益并不可分。不管法院立案与否，行政公益诉讼被越来越多地提起（这其中包括很多环境公益诉讼案件）。面对这种趋势，我国的司法显然准备不足，并没有积极地回应。现有的司法系统对于行政诉讼范围的解释仍然将这类案件排除于行政诉讼之外。

我们可以将现有的行政诉讼范围总结为：原告必须是因其自身利益受到损害而提起诉讼，并且这种利益局限于人身权或者是财产权。不管这些权利是由民法、经济法还是刑法规定的，它们的权利主体对于权利客体所拥有的利益都是排他性的。从经济学的角度来讲，这些权利客体可以被看做是主体的私人物品，而对私人物品的消费是竞争性和排他性的。即使在物的共有中，按份共有人对于自己的份额也是独占的排他的；而共同共有仅仅基于有限的几种共同关系而产生，人数肯定会是确定的并且很少，在共有关系之外的其他人也是可以被排除享受公有物之利益的。总而言之，现有的行政诉讼仅仅对于原告在其私人物品上享有的排他性利益进行救济。

回到宪法 41 条，我们可以发现现有的案件范围只是下意识地对应了公民的申诉和控告权。公民只有在自己的利益遭受损害的时候才可以进入行政诉讼程序，这与申诉权和控告权的自利性相对应。这两项权利都是公民因自己的人身或者财产遭受了国家机关或者是国家机关工作人员的非法行为的损害而向有关机关揭发事实，请求依法处理①。现有的行政诉讼法很好地回应了这两种宪法性的救济权（不管是有意无意），并将其具体化为一个部门法中公民具体的诉讼权利，并且设计出一整套有效的制度与程序保障这种权利得到实施。笔者在本文中试图将其命名为“申诉、控告型行政诉讼”。这种诉讼类型在新中国法制史上的积极作用值得肯定，也是我国法治进程的一大进步。但是这种类型的行政诉讼忽略了另一项重要的宪法权利——检举权。也就是说现有的行政诉讼制度仅仅保护的是公民的排他性权利，而没有包含非排他

① 周叶中主编：《宪法》，高等教育出版社、北京大学出版社 2000 年版，第 267 页。

性权利。笔者并不是在责备立法者，而是说检举权这种宪法性权利如果能在行政诉讼中得到体现的话，一方面可以降低制度的建设成本，另一方面可以很好地保障这种宪法性权利的落实。

但是，在当今的时代背景下，这种对行政诉讼受案范围的解释明显与人民的权利要求不一致，也是对宪政建设的一种阻碍。公民权利意识的觉醒没有仅仅止步于排他性权利，更多的公民开始要求行使和承担其在公共生活中的权利和责任，要求对于其非排他性利益的损害加以救济。所以我们需要扩大行政诉讼的案件范围，引入“检举型”行政诉讼。

三、为什么非排他性的权利需要得到制度性救济？

在基本生活的利益得到满足之后，公民会不断追求更高品质的生活，就必然会更加注重自己在公共生活中享有的权利并且承担自己的责任，而且这种对于公共生活和公共利益的关心很大部分是涉及环境法的。比如人们对于公共环境与公共卫生越来越多的关心就是一个非常典型的例子。这种在公共生活领域中的权利和在私人生活领域中的权利是大不相同的。私人排他性权利是公民对于“私人财产”的一种排他的权利，而公民对于公共领域内的“公共财产”的权利是一种非排他性的权利。公共财产具有公共物品的属性，那就是消费上的非竞争性和非排他性①。一个人的利益的获得不会妨害另一个人的使用，大家可以以同样的方式使用公共资源，但是不能随意宣称自己对于某块公共资源的独占的产权。我们可以举一个环境法上的利益，对于一个风景区，任何人都有权利进入，欣赏美丽风景、呼吸新鲜空气、绘画甚至垂钓等，一个人对于空气的呼吸并不会阻碍另一个人对于空气的呼吸，而且任何人无权宣称对于某个山上的某个地方的多少立方的清洁空气享有排他的产权。这种使用就是一种典型的非排他非竞争性的使用。呼吸清洁空气、垂钓和欣赏风景就是公民在风景区这份公共财产上拥有的非排他性的利益。

人类社会在不断膨胀，我们需要更多的资源，公共资源不会永远是公共资

① 高鸿业主编：《西方经济学》，中国人民大学出版社 2001 年版，第 386 页。

源。对于公共资源会有越来越多的排他性的使用。一个有效率的国家应当有效率地分配国家的公共资源,而谁来决定如何分配和什么是有效率的标准呢?虽然经济学家常常在这点上聪敏过人,但是最后的决定权仍然在国家的主人——全体公民手中,立法机关是全体公民决定公共财产如何分配的场所。

几乎所有对于公共资源的立法都倾向于对于公共财产的排他性使用采取一般情况下的禁止和特殊情况下许可相结合的规定。这两种手段都是为了避免出现公共地悲剧,对于公共资源盲目利用造成的悲剧①。特许大多数情况下是许可一种排他性使用,这会构成对于公民非排他性使用权的一种限制甚至剥夺。比如说,当一个风景区周围的化工企业向风景区排放污水,污染了风景区的河水,臭气熏天,大大损害了风景区的美丽景色。来这个风景区游玩的公民,对于这个风景区并不享有产权,对于风景区的河流也不享有产权,他对于这个风景区的利益不是排他的。但是,这个公民在这里游玩本来可以享受到的那种非排他的利益被损害了,尽管这种利益并不可分。

令人欣慰的是,我们的立法几乎不认为这种"臭气熏天"的排他性使用是一种对于公共资源有效率的分配。所有关于公共资源许可使用的法律都在尽可能地将被许可人对于公共资源使用的负外在性减低到最优程度。当然,最优并不意味着一点损害、一点排他性都没有,而是要求在某种经济发展水平下确定一个许可人的排他性使用权和其他公民非排他性使用权之间一个合理的边界。行政机关依照法律规定的条件给某个企业颁发的许可所包含排他性利益之外的就是立法机关还未分配给个人而是由全体公民共有的非排他性利益。如果某个企业超出这个标准使用公共资源,比如说超量排污或者说按标准只能使用100亩而实际占用150亩,或者行政审批机关没有依法办事,比如说没有及时制止企业的排污行为或者违反标准多批土地等等,这都是对公民非排他性使用权的一种侵犯,也是一种不折不扣的违法行为。

问题是当行政机关或者其他机关没有很好地根据资源配置的法律而越界行为的话,公民是不是有权利对于伤害自己此种利益的行为加以制止和寻求救济呢?换句话讲,我们是否应该鼓励公民积极地履行公民对于共同体生活

① 曼昆:《经济学原理》,梁小民译,机械工业出版社2003年版,第193页。

的责任而寻求制度救济呢？从我国法治建设的目标上来讲，答案应当是肯定的。我们的普法宣传内容不仅仅包括鼓励公民拿起法律武器维护自己的合法权利，还有一个重要内容就是“树立主人翁意识”，鼓励公民参与公共生活，行使公共权力、担负公共责任。可喜的是，普法工作确实结出了丰硕的果实，越来越多的公民意识到了自己在公共领域的权利与责任。这是法治社会逐渐走向成熟的要求，一个成熟的公民社会需要负责任的公民，需要关注自己在共同体生活中利益（尽管很多时候是不可分的非排他性利益）的公民，在共同体生活遭受威胁之时，他们可以为共同体的利益而寻求救济。由于在共同体生活中获得的非排他性利益与寻求救济的付出相比总是很小，所以在很多情形下，与其说是鼓励公民寻求救济来保护自己的非排他性利益，不如说是鼓励公民担负作为共同体一员的责任。另一方面，我们也需要降低公民在公共利益受损的时候寻求救济的程序开支。在解决成本较高的情形下，对于公民责任心的考察是相当苛刻的。很遗憾我们还没有发现一种现存的有效制度可以以合理的成本解决这种诉求。尽管如此，许多的中国公民还是无私地为公共利益而不懈地努力，这一点从全国各地不断提起的环境公益诉讼中就可见一斑。

虽然没有具体的制度解决针对这种利益救济的诉求，但是在作为根本大法的宪法第 41 条中我们可以找到宪法层面的根据。此条不仅仅规定了公民的申诉、控告权，同样也规定了另外一项非常重要的权利，那就是检举权。尽管检举权的权能的内涵并不仅仅指向公民的非排他性利益，而是可能包含其他利益形式和权利内涵，但是将宪法 41 条看做是对公民非排他性利益的一种形式的保护和确认是妥当的。但是检举制度在我国的内涵被限定在反腐败等少数犯罪层面，腐败和犯罪确实是严重地损害公民的排他性与非排他性利益的行为，但是这个范围显然很窄，我们也许可以将这个面扩大以包含其他类型的非排他性利益的保护。

作为根本大法的宪法支持对公民非排他性利益的保护，这是个非常令人高兴的事情。这就为我们对于公民这种权利意识与责任意识作出有效的制度性回应奠定了最基本的理论基石。而将检举权透明化、程序化看起来是一个非常诱人的选择。

四、检举权的现状

我国宪法第41条规定了公民的检举权。学界普遍认为检举权是公民对于违法失职的国家机关和国家工作人员,有向有关机关揭发事实、请求依法处理的权利①。而且检举人一般与事件无直接关系,出于维护正义的目的而行使此项权利。并且相对于控告权是一项自利性的权利来讲,检举权是他利性的权利②。因为在传统的宪法理论中,并没有排他性利益与非排他性利益的分野,我们可以在本文中将自利解释为检举人自己的排他性权利,而他利是其他人私权利(包括排他性权利和非排他性权利)或者检举人本身的非排他性的权利。

在我国,检举权往往和惩治腐败联系起来。时任最高人民检察院举报中心主任江礼友说,近年来反腐败斗争中查办的大案要案,有80%线索来源于群众举报③。举报被当作了一种反腐败的工具在现实中起到了一定积极的作用。但是检举权的对象不应当仅仅是腐败现象,而是应针对所有违法而且伤害检举人之外其他公民私益(包括排他性利益和非排他性利益)或者检举人本身的非排他性利益的行为。按照现今学者对于检举权的解释,检举权保护的公民私权利并不包括检举人的排他性权利,因为这项权利是由申诉控告权来保护的。

腐败是一种对于公共资源的非法的私有化,被贪污的那部分公共财产成为贪官的个人私有财产,对于这些公共财产的排他性占有伤害了其他不特定公民非排他的使用这些财产的权利,比如说将侵吞本来要用于修建公园的资金去给自己的公司做注册资本,这就会伤害了可以非排他地使用这个公园的市民甚至是旅游者的非排他性利益。一个官员的腐败会在一定程度上减少至少是其辖区的公民可以获得的非排他性的利益。这个程度会与其贪污的数额

---

① 周叶中主编:《宪法》,高等教育出版社、北京大学出版社2000年版,第267页。

② 周叶中主编:《宪法》,高等教育出版社、北京大学出版社2000年版,第267页。

③ 林衢:举报:《反腐败的利剑》,载《神州学人》1996年第7期,第23页。

成正比的关系。也就是说，损害公共利益也就是在损害公民的非排他性利益。而且公民检举的官员往往是自己生活地域的官员，所以检举人也大多是非排他性利益受害人之一。从这个角度看，检举人并不总是绝对“他利的”。

但是，损害公共利益的违法行为不仅仅局限于腐败，宪法第 41 条并没有明言检举权不可以针对违反其他部门法的行为，比如说行政法、经济法或者是环境资源保护相关法律。只要是违反了关于公共利益的法律的行为都可以看做是对公民非排他性利益的损害，都应当是检举权的对象。

将检举权仅仅针对腐败除了会缩小检举权的范围外，另一个问题就是给人们一个错觉，好像是检举权只能是匿名行使的一项权利。对于一个公民来讲，检举腐败可以得到的利益是自己的非排他性的权利得以保障，而在具体的腐败案件中，每个公民可以分得的这种利益是很细微的，但是检举腐败是一桩得罪人的事，会招致报复，因此是有风险的。为了规避这种风险，防止被人报复，检举人一般采取匿名的方式。这种顾虑并不是没有道理，现实生活中检举人受到打击报复的事情非常普遍①。在检举制度尚不能充分保障检举人权利的情形下，公民选择匿名是一种节约成本的表现，也是对检举程序和检举机关的不信任，我们可以合理地推断出大多数针对国家机关工作人员犯罪的检举将会是匿名的。

但是并不是所有的行使检举权的方式都是以匿名的方式行使的，公开检举其实是存在的。这是检举人向检举机关公开自己身份的一种检举方式。这种案件往往并不涉及犯罪，而且不是针对具体的领导干部的行为而是针对行政机关。因为行政机关在对外作出行政行为的时候，都是以机关的名义。在行政机关违反行政法或者环境法的规定损害公民利益的时候，常常有些公民会向有关机关反映问题，这其实就是一种检举。但不论是反映情况的公民还是听取群众意见的相关部门，都没有把这个问题提到检举权的高度来看待，因为很多人还是认为检举就是针对腐败这种违法乱纪行为的（建国初期可能还包含反革命等政治性犯罪）。这种公开检举可以克服匿名举报的一些缺点，

① 宁立成：《论我国公民检举权保障制度的完善》，载《湖北社会科学》2007 年第 4 期，第 148 页。

如检举人和接受检举的机关无法进行直接的互动，接受检举机关无法给予检举人及时的具体的反馈等。但是由于我国现有的制度基本上是为匿名检举而设，国家立法、司法解释、司法或者行政系统的内部文件都没有对这种看起来不痛不痒的检举做过程序上面的专门的具体规定。所以，行政机关并不重视这种检举，对于公民的反映往往是应付了事，久拖不决，没有严格的时限规定。公民看不到自己行使这种检举权的效益就会挫伤关心公共事务的积极性，也是剥夺了公民参与公共生活、监督公共决策合法性的权利和责任。一方面程序成本高，一方面预期收益极其低下。

本文认为使得公开检举获得一种程序上的保障的最佳选择就是通过扩大行政复议和行政诉讼案件范围的方式来实现①。

五、扩大行政诉讼范围保障公共利益

行政复议与诉讼在受案范围上是基本一致的，都要求必须是公民个人的排他性利益受害而申请提起程序。但是，如上文所议，为了保障检举权的实现，我们需要把对于申请人或者行政诉讼原告的要求扩大到包含非排他性利益受损的个人。也就是将原先仅仅保障申诉、控告权的行政复议和诉讼制度增加对于检举权的保障，建立检举型行政复议与诉讼。这不仅仅是笔者的个人见解，行政法学界近些年来也在热烈地讨论行政公益诉讼的问题（当然这种公益概念的内涵要大于在非排他性利益上的公益的内涵）。很多学者主张扩大行政诉讼的范围，并且举出了行政公益诉讼在其他国家和地区成功的经验。比如说我国台湾地区“行政诉讼法”第九条规定，“人民为维护公益，就无关自己之权利及法律上利益之事项，对于行政机关之违法行为，得提起行政诉讼，但以法律有特别规定者为限”，此处法律规定的权利与利益应当是指本文中所论述的“排他性权利与利益”。而在美国，公益诉讼的理论基础为“私人

① 而对于腐败的检举本文认为这是一种对于犯罪的检举，因此保持其匿名性而仍然在原有制度中解决是不错的选择，因此下文将讨论的以行政复议与行政诉讼保障的检举权不包括这一种。

检察总长”理论，美国法官杰罗姆·弗兰克说：“宪法允许国会授权任何人……提起诉讼，即便这种诉讼的唯一目的是保护公众利益也行。可以说，被授权的人是私方司法部长。”①“在日本，公益诉讼被称为客观诉讼。客观诉讼是与主观诉讼相对应的概念，是为了维持客观公法秩序，维护公益，纠正违法行政行为、解决机关之间的权限争议而进行的诉讼。客观诉讼的种类，有民众诉讼（它包含居民诉讼）和机关诉讼。”②

六、检举型行政诉讼与环境公益诉讼

对于公民的非排他性利益以诉讼的方式进行保护在其他国家有成熟的经验。美国环境法领域的公民诉讼就是一个典型代表。“在美国联邦环境法律层面，授权环境公民诉讼条款的联邦环境法律一般均规定，任何人（公民）为实施该联邦环境法律，可以代表自己提起一项民事诉讼。”③环境问题是一个公益问题，在联邦的层面，这个公益的主体是全体联邦公民，对于联邦公益的损害就是对联邦全体公民在联邦的公共环境资源上非排他性权利的损害。所以规定任何公民都可以成为公民诉讼的原告。

这是对公民诉讼的一项原则性规定。在具体的案件中，法官以判例的方式修正了对原告资格的具体要求。“他受到了一个具体的和独特的事实损害，(1)该事实损害是真实的或即将发生的；(2)该损害可以公正地追溯至被告的被控违法行为；(3)该损害可能（而非推测）会被法院所作的有利于原告的判决得以救济。”④原告必须证明符合以上条件才能被确认为具有起诉资格。但是除了采取了严格起诉规则的鲁坚案外，其他案件的法官都认为对公

---

① 《美国最高法院案例汇编》第 2 辑第 134 卷，第 694、704 页，转引自郑永彬：《论我国行政诉讼受案范围的完善》，2007 年山东大学硕士毕业论文，第 22、23 页。

② 郑永彬：《论我国行政诉讼受案范围的完善》，2007 年山东大学硕士毕业论文，第 22、23 页。

③ 陈冬：《环境公益诉讼研究——以美国环境公民诉讼为中心》，2004 年中国海洋大学博士毕业论文，第 34 页。

④ 陈冬：《环境公益诉讼研究——以美国环境公民诉讼为中心》，2004 年中国海洋大学博士毕业论文，第 7 页。

民从公共环境中获得的非排他性利益的权利的损害构成一种事实的损害，需要以诉讼的形式加以保护。塞拉俱乐部诉莫敦案的判决意见就是一个典型的代表，“最高法院确立了一项普遍的起诉资格规则，即一个人必须指证该受到质疑的行为已经使他们受到了‘事实损害’(injury in fact)，……涉及一种利益，该利益是受那些被声称遭到违反的法律所保护或规范的利益区域(the zone of interests)之内的利益。而且，难以确定的和非经济的利益可以成为证明伤害的例证”。① “同经济福利一样，美学的和环境的福利都是我们生活质量的重要成分，事实上由多数人而非少数人分享的特殊的环境利益并不能使它们通过司法程序得到较少的应得的法律保护。”②笔者认为上文中“多数人分享的特殊环境利益”就是本文中所指的“非排他性的环境利益”。

同样在美国诉学生挑战性的规章机构程序案中，法官的意见更为明显“拒绝授予那些事实上受到损害的人们的起诉资格的理由只是因为许多其他人也都受到了损害，将会意味着最可能造成伤害和最广泛的政府行为不会受到任何人的质疑”。③ 在雷德劳案中，最高法院说，“我们认为这种观点并非不无可能：一个公司的持续的、遍布的把污染物非法排放河流的行为将会使附近居民对该河流的娱乐价值之用途受损，而且会使他们对该河流的其他的经济和美学的价值受到损害。上述观点是完全合理的，其对于事实损害是足够的。”④

美国的环境公民诉讼是我们可以学习和借鉴的。在已经发生的很多案例中，被告都是政府首脑，而这与我国的行政诉讼制度恰好相对应。我们可以通过将行政诉讼原告人的资格扩大到其在公共环境中的非排他性利益受损的方

---

① Lisa Jorgenson, Jeffrey J. Kimmel, “Environmenal Citizen Suits: Confronting the Corporation”, Bureau of National Affairs, 1988, Washington, D. C, p. 5. 转引自陈冬：《环境公益诉讼研究——以美国环境公民诉讼为中心》，2004 年中国海洋大学博士毕业论文，第 38 页。

② 405U. S. 727，734(1972). 转引自陈冬：《环境公益诉讼研究——以美国环境公民诉讼为中心》，2004 年中国海洋大学博士毕业论文，第 38 页。

③ 412u. s. 669，688・89(1973). 转引自陈冬：《环境公益诉讼研究——以美国环境公民诉讼为中心》，2004 年中国海洋大学博士毕业论文，第 39 页。

④ 陈冬：《环境公益诉讼研究——以美国环境公民诉讼为中心》，2004 年中国海洋大学博士毕业论文，第 51 页。

式来建立我们的环境公益诉讼制度。也就是在现有的申诉、控告型行政诉讼的基础上，增加检举型行政诉讼，将检举权具体化为公益诉权。行政机关是与环境公益最密切相关的机关。在行政诉讼的框架内实现环境公益诉讼将是节约制度设计成本的一种选择。

并且，让人十分兴奋的另一点在于美国环境公民诉讼中的诉前通知程序和行政机关勤勉地执行法律可以阻止公民诉讼的提起。这非常类似于中国的行政复议前置型行政诉讼。公民必须事前通知行政机关，而行政机关得到通知后可以选择纠正作出举措或者拒绝纠正等待诉讼，然后公民可以进一步选择诉讼还是息诉。这也提醒我们对于公民的检举权的保障不仅仅在于诉讼阶段，而且在前诉讼阶段。我们可以让公民借助复议制度向环境管理机关反映问题，一方面给环境管理机关确定的时间与程序上的规定，避免行政机关久拖不决，提高处理效率；一方面也可以给环境管理机关一个恰当的时间段去纠正问题，在一定情形下可以节省很多司法资源。

外国环境法与国际环境法研究

WAIGUO HUANJINGFA YU GUOJI HUANJINGFA YANJIU

Why U. S. President Must Immediately Regulate Carbon Dioxide Under the Clean Air Act ?

Mary Christina Wood and Tim Ream *

Abstract: This article explains why U. S. President Barack Obama must immediately regulate carbon dioxide under the Clean Air Act.

Keywords: global warming, climate, air regulation, atmosphere

On election night, Barack Obama told the nation it faces "a planet in peril". Without immediate, dramatic greenhouse gas pollution reductions, scientists fear the planet will cross the threshold of catastrophic runaway heating. Last year, the head of the Intergovernmental Panel on Climate Change (IPCC) told world leaders: "If there's no action before 2012, that's too late. What we do in the next two to three years will determine our future. This is the defining moment."

The world has lost nearly a decade because President Bush led the American people to believe that protecting the atmosphere is a political choice—that the President has discretion to do nothing. Congressional hearings have unearthed repeated instances of the Bush Administration altering scientific reports, suppressing testimony, and hiding key climate information from the American public—clearly in service to the fossil fuel industry. For eight years, Bush refused to use the Clean Air

* Mary Christina Wood is the Philip H. Knight Professor of Law at University of Oregon School of Law.

Tim Ream is a Fellow for the Wayne Morse Center for Law and Politics at the University of Oregon School of Law.

Act to control carbon emissions.

Americans must overcome their apathy to such corruption and inaction, and hold their government accountable to its true and ultimate purpose. Since the earliest times, the U. S. legal system has recognized that "we the people" own critical natural resources, like the waters, wildlife, and the air, in common. As a fiduciary, or trustee, government must manage these resources on behalf of, and for the survival of, present and future generations of citizens. This is a fundamental, inherent obligation of government, and no official may disregard it. But the Bush administration ignored the primacy of the government's trust obligation in pursuit of a disastrous ideology that served a narrow set of special interests. Imagine a bank holding your retirement account in trust, yet keeping key financial information from you and allowing third parties to raid the funds. By catering to these special interest friends in the coal and oil industries, President Bush has brought the world's atmospheric trust to the verge of bankruptcy.

While many seek new climate legislation from Congress, legislators have squandered too much time in drawn-out deliberations with little to show for it. The urgency of planetary heating now demands immediate action—action that can be taken immediately by newly sworn-in President Obama.

The new President has the tools to regulate carbon through the Clean Air Act. In 2007, the United States Supreme Court set forth the statutory grounds for such regulation in a suit brought by states against the U. S. Environmental Protection Agency. In a ruling that should have forced the President's hand, the Court directed EPA to determine whether carbon dioxide endangers public health and welfare. Such an endangerment determination would trigger a host of regulatory mechanisms in the Act that would result in quick reductions of carbon pollution across industrial and transportation sectors. It could also thwart the building of new coal fired plants without carbon sequestration, plants recently called "factories of death" by NASA climate scientist James Hansen.

Following the Supreme Court's opinion, EPA staffers developed a Clean Air

Act roadmap for regulating carbon, but Bush persistently refused to make a carbon endangerment determination. His malfeasance has left Obama very little time to act before the window slams shut on our last opportunity to avert the planet's tipping point.

Obama needs to regulate carbon immediately to lay the necessary groundwork for international climate negotiations that will be held in Denmark next December. The U. S. is responsible for nearly 30% of the world's past emissions, yet has done almost nothing to accept its fair share of reduction. China, now the world's top polluter, is waiting for clear U. S. action before it commits to greenhouse gas reductions. If Obama has no record of regulation to stand on by next December, he will likely be unable to convince other nations to significantly reduce their emissions. The deadly international stalemate that Bush put into play years ago will carry us all past the climate tipping point.

Let us be clear about the stakes involved. Our children's lives years from now hang in the balance of actions taken early in this Presidency. Absent swift carbon reduction now, they will find themselves trapped within a deadly atmospheric greenhouse of our own making. Failure to mount a national climate defense would be as absurd as government sitting idle during an attack on American soil. Citizens world wide must make clear to President Obama that regulating carbon is not a matter of political discretion, as his predecessor conceived it, but a firm trust obligation. He can, and must exercise that obligation immediately, without waiting for Congress, using the fullest extent of regulatory tools he already has at hand.

澳大利亚新南威尔士州水资源法律与政策

胡德胜*

摘　要：澳大利亚的新南威尔士州是一个水资源比较缺乏的地区。其水资源法律最初承受英国普通法上的河岸权原则，后于20世纪第二个十年废除河岸权原则而进入行政管理时期以促进经济的发展。由于20世纪晚期可持续发展理念在国际上的出现，该州水资源形势的日益恶化，以及贯彻澳大利亚全国性水资源政策的要求，新南威尔士州制定《2000年水资源管理法》并进行多次修改，形成了以环境用水权、法定水权（家庭生活和禽畜水权、捕获水权和原居民水权）和取水许可证水权为权利结构体系，允许部分取水许可证水权按照严格条件和程序规则进行市场交易，强化国家管理的水资源管理法律与政策制度，从而促进了对水资源的生态友好型可持续利用。

关键词：新南威尔士　水资源　可持续利用　水权利　结构体系　法律与政策

一、新南威尔士州水资源概况

新南威尔士州是澳大利亚联邦（The Commonwealth of Australia）的一个州，位于澳大利亚大陆的东南部，东部面临太平洋，北、西、南三面分别同昆士兰州、南澳大利亚州、维多利亚州相邻，首都地区位于其东南部。新南威尔士州年均用水量约100亿立方米，其中90亿立方米来自地表水，10亿立方米来

---

* 胡德胜（1965—　），男，河南汲县人，法学学士（北京大学），法学博士（英国邓迪大学），郑州大学（法学院）特聘教授。

自地下水。

(一)地表水

在地表水来源方面,作为新南威尔士州大多数河流源头的大分水岭山系占主导地位。大分水岭山系以东是沿海平原,平原上流淌着22条落差大的短程河流。这些河流的径流量占新南威尔士州全部河流径流量的近75%。大分水岭山系以西是一系列落差小的长程河流,构成墨累—达令流域的一部分,占该州全部河流径流量的近25%。

沿海同内陆之间地表水供水模式的差异,是由于以下因素造成的。第一,大分水岭以东降水量大,沿海地区的年均降水量为800—1200毫米,而以西的年均降水量则低于800毫米。第二,大分水岭以东沿海地区的潜在蒸发率低于内陆地区,因而形成了更高的径流量。① 在该州西北部,潜在蒸发率大约2700毫米/年。与之形成鲜明对比的是,沿海地区的潜在蒸发率是平均约1000毫米/年,因而有30%的降水可以形成地表径流。第三,沿海河流和内陆河流之间的地理差异,导致内陆河流的高损耗。八条主要的内陆河流缓缓绵延流淌于广阔的大平原,由于渗入地下和蒸发而消耗了大量径流。与之相反,沿海河流流程短、落差大,径流量损失小。第四,在该州西部和北部,由于降水的季节性变化,多数河流是时令河。北部地区的降水大多集中于夏季,而西南地区的降水则大多集中在冬季,中部和东部地区的年度降水则相对分布均匀。

新南威尔士州河流的年径流量变化极大。例如,麦夸里河(Macquarie)的年径流量从年均径流量的2%—940%不等。为了适应不同的径流模式及相应的用水模式,新南威尔士州建造了大坝和大堰。② 州水务公司曾经是新南威尔士州土地和水利部的一个机构,现在是新南威尔士州水事和能源部的一个机构。它管理着跨界河流以及圭迪尔(Gwydir)、纳莫伊河(Namoi)、麦夸里河(Macquarie)、拉克伦河(Lachlan)、马兰比吉河(Murrumbidgee)、亨特河

① 潜在蒸发率用来表示连续地表水体(如湖泊、河流)可能出现的蒸发水平。——作者注
② 在新南威尔士州,其上建有大坝和大堰并且坝、堰由州水务公司所有和经营的河流,被称为流量调整河流,因为这些坝、堰对河流下游的径流量产生了明显影响。

（Hunter）等河流上的 20 座大坝和 280 多座水堰。根据河流的不同情况，这些大坝控制着 45%—80% 的年均流量，用于调整下游径流量，以及在每年的一定时间内向灌溉农业供水。

为了向城镇供水和水力发电，也建造了大坝。另外，还有许多私人个人使用的小坝和小堰。不过，这些小坝和小堰并不以控制流量的方式影响下游径流量。农场储水设施也在向农村用水户供水方面发挥着作用。这些设施收集的水可能来源于降水形成的即时地表径流，或者是捕获的暴雨水，或者是从河流中的取水。

灌溉用水占新南威尔士州地表用水量的 89%，其中大部分是在墨累—达令流域内使用的。灌溉业集中在墨累河和马兰比吉河流域，年均用水量共计 42.26 亿立方米。在其他流量调整河流拉克伦河、麦夸里河、圭迪尔、纳莫伊河、跨界河流和巴旺-达令河（Barwon-Darling），总用水量是年均 22.4 亿立方米。城镇和工业用水（10%）以及农村用水（1%）共计占地表水用水总量剩余的 11%。电力和燃气产业是最大的城镇和工业用水户。不过，其中大部分是用于水力发电的，就又返回了环境，可以再行利用。

（二）地下水

地下水源自地下水层或者地下水盆地，某些地下水层目前处于严重超采状态。例如，在新南威尔士州海拔较低的北部沿海地区，托马戈（Tomago）和托马里（Tomaree）地下水层的抽水量分别是可持续水量的 110% 和 125%。而且，可能还存在大量未经许可的地下水抽取。例如，根据托马戈—托马里地下水管理委员会估计，从托马戈、托马里和斯托克屯（Stockton）地下水层未经许可的抽取水量可能每年高达 300 万立方米。这一水量是这三个地下水层已知用水量的 8%。这导致从托马戈和托马里地下水层的抽水量分别是可持续水量的 115% 和 142%。新南威尔士州大多数地下水层的自然补水率都比较低，降水、溪水和地表水渗透产生的自然补水率仅仅是地下水储水量的大约 0.1%。

新南威尔士州有澳大利亚主要地下水盆地中的两个：一是位于北部的大自流盆地，二是位于南部的墨累盆地。大自流盆地占澳大利亚大陆面积的五分之一，在新南威尔士州、昆士兰州、南澳大利亚州和北部地区地下延伸。墨累盆地位于墨累河床之下，在新南威尔士州、维多利亚州和南澳大利亚州地下延伸。

地下水用量中，灌溉用水占65%，农村供水占20%，城镇和工业用水占15%。

二、新南威尔士州水资源法律与政策的演变

（一）新南威尔士州政治和法律制度框架

全面理解新南威尔士州水资源法律与政策，需要对其政治和法律制度框架有一个正确了解。澳大利亚是一个联邦制国家，就政治制度而言，是由三个层次政府（联邦、州、地方）组成的议会代表制民主，三个层次的政府共同分担治理国家的职责。联邦宪法明确规定了联邦政府的职能，其中包括外交、国防、税收和贸易。州层次上有新南威尔士、维多利亚、昆士兰、新南威尔士、西澳大利亚、塔斯马尼亚六个州以及澳大利亚首都地区、北部地区两个地区。六个州政府行使联邦权力以外的权力，自行管理教育、运输、执法、卫生、农业和资源等事务；两个地区同各州的情况类似，在很大程度上实行自治。在法律制度上，联邦和各州都体现了立法、行政和司法的三权分立。包括新南威尔士州议会在内的各州议会可以就任何与所在州有关的事宜进行立法。但是，在宪法限定的权力范围内，有效的联邦法律可以推翻州法律。司法独立于立法与行政。在解释和适用法律时，法官独立于政府。

因此，必须注意的是，澳大利亚并不存在全国统一的水资源管理法律，否则，就会产生以偏概全地用某个州或者地区的水资源法律来代替澳大利亚联邦水资源法律的错误。尽管如此，不同管辖范围的政府之间，特别是在联邦和州级层次政府之间有着不同的管辖范围（jurisdiction），存在一系列非法定的协商、协调和合作程序机制。这些程序机制的核心是澳大利亚政府间理事会（Council of Australian Governments，简称 COAG），它由澳大利亚联邦政府总理、各州（地区）首脑以及地方政府协会主席组成。① 澳大利亚政府间理事会

① 国内有人将 Council of Australian Governments 翻译成“澳大利亚政务院”、“澳大利亚内阁会议”等，这些都是错误的、不确切的，或者是容易引人误解的。

就同时影响联邦和州管辖范围内的事项或者需要全国性政策的事项进行协商、讨论，作出决定。决定的形式有协定、决议、公告等，而且主要是框架性的、建议性的，不具有直接的法律拘束力。不过，从实际情况来看，澳大利亚政府间理事会作出的决定，基本上都通过在联邦、州层次上制定法律、法规和规划等得到实施。另外，在许多需要联邦和州两个层次政府合作的具体事务上，存在一些主要由两个层次政府的相关部长组成的各种理事会（委员会）。

就水资源法律与政策而言，新南威尔士州的水权（water rights）最初是根据英国普通法上的河岸权原则进行调整。随着农业的发展和集约灌溉方式的推广，水资源利用方面的纠纷日益增多，对于共享的水资源，新南威尔士州于 20 世纪初通过成文法制度安排来取代普通法上的河岸权。到了 20 世纪末，由于建造大型水坝导致的环境退化和迅速增长的用水，使得调整新南威尔士州水资源利用的法律框架在水权结构和行政管理方面都发生了重大变化。

（二）河岸权原则时期

过去，新南威尔士州水资源法律以英国普通法上的河岸权原则为基础。根据河岸权原则，任何对邻接某一河流河岸的土地享有权利的人或者具有靠近该河流河岸的合法权利的人，都享有利用该河流中的水的权利。这一权利仅限于使用，而赋予土地所有者以水资源的所有权。

这一普通法原则将河岸权的行使限制于“一般使用”，而“一般使用”通常是指传统的家庭生活使用。至于其他使用，只有在不造成明显的水量减少或者水质下降的情形下，并且下游河岸权用水户不受不利影响的前提下，才是允许的。在普通法原则调整的地下水利用方面，土地所有人对地下水拥有绝对的所有权，唯一的限制是不得对其他人利用该地下水的水质造成不良影响。

（三）1912 年及其后的 20 世纪

到了 19 世纪末和 20 世纪初，随着人口的增长和内陆地区的不断开发，水资源竞争性利用导致使用行政的和法律的安排措施来控制水权，标志是《1912 年水法》的制定。该法废除了普通法上的河岸权，宣布王室（实际上即州政府）拥有对水的控制、流动和使用的权利。《1912 年水法》于 1999 年进行了修改,规定了家庭生活和禽畜水权、捕获水权和取水许可证水权共三类水权。

为了加强对水资源的行政管理和配置程序,新南威尔士州于1986年制定了《1986年水事行政法》。该法建立了水事行政部长理事会,规定了配置水资源和规范用水的框架结构。根据该法,水事行政部长理事会以及基础设施、规划和自然资源部的主要职责是:(1)确保新南威尔士州内水资源以及相关资源的配置和利用以一种符合环境需要并且实现该州的最大长期利益的方式进行;(2)按照符合新南威尔士政府水资源管理宏观政策的商业手段来提供用于满足用水户需求的水资源以及相关资源。1999年对《1986年水事行政法》进行了修改,规定水事行政部长理事会在配置和管理水资源时应当考虑生态上的可持续发展的要求。

(四)步入21世纪后的现行法律

在澳大利亚联邦体制下,尽管水资源及相关事项原则上属于各州或者地区的管辖事项,但是,环境保护的日益重要性、水资源的基础关键性、国际义务的承担、社会和经济发展以及市场的迫切需要,要求存在原则上统一的全国性水资源法律与政策。通过不同管辖范围的政府之间的一系列非法定的协商、协调和合作程序机制,形成了澳大利亚的以政策为主的全国性水资源法律与政策。其中,最主要的法律与政策是《1994年水事改革框架》、1996年《关于生态系统用水供应的国家原则》、2004年《关于国家水资源行动计划的政府间协议》、2007年《水资源安全国家规划》以及《2007年水法》。①

分析新南威尔士州的现行水资源法律与政策,从法律渊源上讲,主要有以下法律文件:

1. 澳大利亚联邦参加或者缔结的国际条约。

2. 新南威尔士州同澳大利亚联邦、其他州或者地区签订的协定。例如

---

① 《1994年水事改革框架》、1996年《关于生态系统用水供应的国家原则》和2004年《关于国家水资源行动计划的政府间协议》这三份文件的中文版本分别可见胡德胜、陈冬等编译:《澳大利亚水资源法律与政策》,郑州大学出版社2008年版,第75—82、88—99、100—133页。

《1992 年墨累—达令协议》①，2004 年《关于国家水资源行动计划的政府间协议》等。

3. 新南威尔士州议会立法。作为最重要的规范获得和利用水资源的立法，《2000 年水资源管理法》于 2000 年 8 月 12 日通过，后来经过多次修改，已经取代了《1986 年水事行政法》，并基本取代了《1912 年水法》。② 另外还有其他一些法律，如《1989 年流域管理法》、《1947 年新南威尔士—昆士兰界河法》，《1999 年墨累—达令流域法》以及有关水质规定的法律。

4. 判例法。由于在水资源管理方面有关普通法基本上已经被废除，判例法在水资源方面发挥作用的范围已经极其狭小，主要在有关私权性质较浓的纠纷处理方面具有一定作用。

5. 行政部门附属立法。州议会制定的一些法律授权州总理或者有关行政部门的部长为实施法律制定有关规定或者发布有关文件的权力。例如，《2000 年水资源法》授权行政部门制定或者组织制定的各种水资源管理规划（水资源规划）、《1999 年流域管理附属法规》等。

另外，为了更好地探讨上述水资源法律与政策的内在含义，还必须了解和研究影响它们的背景，特别是那些形式上不具有法律拘束力的全国性政策性文件，如《1994 年水事改革框架》、1996 年《关于生态系统用水供应的国家原则》。

总之，在新南威尔士州现在的成文法水资源管理阶段，最主要的法律是《2000 年水资源管理法》。

《2000 年水资源管理法》第 3 条规定，其目的是为了当代和后代人类的利益，规范新南威尔士水资源的可持续和一体化管理。在水权结构上，该法创设了由环境用水权、法定水权和取水许可证水权这三类水权构成的水权结构体系，并且强化了水权及其他水事方面的行政管理事宜。

---

① 《1992 年墨累—达令协议》的中文版本可见胡德胜、陈冬等编译：《澳大利亚水资源法律与政策》，郑州大学出版社 2008 年版，第 150—247 页。

② 《2000 年水资源管理法》制定后，经过多次修改。这里根据截止到 2008 年 10 月 28 日的生效文本进行讨论。

三、环境用水权(right of the environment to water)

在新南威尔士州水资源法律与政策历史上,《2000 年水资源管理法》第一次全面赋予环境用水以最高的优先地位(但是在极特别情形下除外),并建立了旨在管理环境允许范围内从每一水源取水量的规划程序。该法规定环境用水由规划的环境用水和作为条件的环境用水组成。①

1. 规划的环境用水(planned environmental water)是指管理规划中确定的用于维护基本生态健康的用水或者用于实现特定环境目的的用水,既可以是通常情形下的,也可以是在特定时间或者特定情形下的,而且,该用水不得为任何其他目的而取走或者使用。

2. 作为条件的环境用水(adaptive environmental water)是指为了实现特定的环境目的,许可证项下条件所规定的环境用水,既可以是通常情形下的,也可以是在特定时间或者特定情形下的。

在水权的优先地位顺序上,环境用水权高于法定水权和取水许可证水权,居于第一优先地位。

四、法定水权(statutory water rights)

根据《2000 年水资源管理法》的规定,法定水权包括家庭生活和禽畜水权、捕获水权和原居民水权三种水权。

(一)家庭生活和禽畜水权(domestic and stock rights)

家庭生活和禽畜水权是指因家庭生活和家禽家畜目的的用水而产生的水权。家庭生活和禽畜水权由《2000 年水资源管理法》直接赋予,无须许可证或者审批。它依用水目的而确定,没有数量上的限制,包括通常的家庭生活目的以及相应土地上的饮喂家禽家畜。但是,家庭生活和禽畜水权不包括集约型

① Section 8(1), *Water Management Act 2000*.

动物养殖业用水，也不包括灌溉用于家庭禽畜饲料的饲料地的用水。

家庭生活和禽畜水权赋予土地所有者以下权利：(1)从土地毗邻的任何河流、河口或者湖泊中取水，从土地下面的任何地下水层中取水；(2)修建和使用供水工程（但不包括水坝或者水洞）；(3)将取水用于家庭生活消费和饮喂家禽家畜（但不能用于任何其他目的）。①

（二）捕获水权（harvestable rights）

捕获水权是指土地所有者根据一项捕获水权令状，为了捕获和储存雨水径流，不经许可或者审批，在其土地上建设和使用水坝，并使用水坝之水的权利。但是，权利人不得将捕获和储存的水供给其他土地使用，也不得在捕获水权令状规定的小溪以外的河流上建设水坝。②

捕获水权令状由水事部长签发，适用于特定地区。令状中应当规定：(1)土地所有者在规定区域内可以捕获的雨水径流的平均比例（不超过 10%）；(2)计算平均雨水径流应当遵循的程序；(3)水坝的种类和位置；(4)水坝最大容量的计算方法；(5)相邻土地的土地所有者共有一座水坝的措施安排；(6)部长认为的其他必要事项。③

（三）原居民水权（native title rights）

原居民水权是指原居民权利持有者在其拥有权利的土地上，无须许可证或者不经审批而进行取水和用水的权利。但是，权利人不得未经供水工程审批而修建水坝或者引水水洞。原居民水权项下的最大取水和用水量由附属法规规定。④

（四）法定水权的优先地位

在水权的优先地位顺序上，法定水权位于环境用水权之后，处于第二优先

① *Id.*, Section 52(1).
② *Id.*, Section 53.
③ *Id.*, Section 54(1) and(4).
④ *Id.*, Section 55.

地位。根据《2000年水资源管理法》第328条规定,在紧急情形下,可以限制家庭生活和禽畜水权、捕获水权。紧急情形包括保护环境,保护既有家庭生活和禽畜水权、捕获水权,以及消除对公众健康的威胁。

五、取水许可证水权

(一)取水许可证水权的概念和内容

取水许可证水权是根据取水许可证(access licence)而享有的从水源中取水的权利。一项取水许可证授予许可证持有人两项权利:(1)对特定水资源管理区域内的或者对特定水源的可用水量的一定份额水量的权利;(2)在规定的时间按规定的比率,或者在规定的情形下,或者在兼涉及两者时符合两者的条件的情形下,在规定的区域内或者从规定的地点取水。[①] 前项权利被称为水权利的份额内容(share component),后者被称为水权利的取水内容(extraction component)。

一项许可证的份额内容还可以用下列方式之一表述:①规定一定时期内的最大取水量;②可用水量的一定比例;③某一水坝或者其他蓄水工程储水能力或其来水量的一定比例;④一定单位的水量。[②]

(二)取水许可证水权的种类和优先地位

根据《2000年水资源管理法》第57条规定,取水许可证分为流量调整河流(高度安全)取水许可证(regulated river(high security) access licence)、流量调整河流(一般安全)取水许可证(regulated river(general security) access licence)、流量调整河流(航运)取水许可证(regulated river(conveyance) access licence)、流量未调整河流取水许可证(unregulated river access licence)、地下水层取水许可证(aquifer access licence)、河口区域取水许可证(estuarine water access licence)、沿海区域取水许可证(coastal water access licence)、额外水量

① *Id.*, Section 56(1).
② *Id.*, Section 56(2).

取水许可证(supplementary water access licence)、重大设施取水许可证(major utility access licence)、地方水设施取水许可证(local water utility access licence)、家庭生活和禽畜用水取水许可证(domestic and stock access licence)以及附属法规规定的其他种类的取水许可证(such other categories of acess licence as may be prescribed by the regulations)共12种。

在优先地位方面,就取水许可证水权而言,依次低于环境用水权、家庭生活和禽畜水权,居于最低地位。在不同种类的取水许可证水权之间,其优先地位关系如下:①

第一,取水许可证优先地位从高到低的顺序是:①地方水设施取水许可证、重大设施取水许可证以及家庭生活和禽畜用水取水许可证;②流量调整河流(高度安全)取水许可证;③其他取水许可证(但不包括额外水量取水许可证);④额外水量取水许可证。

第二,在配置水量不得不减少的情形下,对优先级别高的取水许可证的减少比率低于对优先级别低的取水许可证的减少比率。

第三,在涉及水资源管理区或者水源的情形下,有关水资源管理规划可以规定不同的优先规则;此时,该不同规则视为法律的规定。

(三)取水许可证的转让

10多年来,对水市场、水权转让或者可交易水权的研究一直是中国环境与资源法学、经济学和水资源管理领域研究的热点问题,其中不乏对国外有关法律与政策的介绍和研究。然而,能够真正把握并全面介绍国外的并不多。这里对新南威尔士州《2000年水资源管理法》有关取水许可证转让的主要规定予以介绍,希望有助于厘清国内学界的某些片面认识。

1. 州内转让

(1)一般规定和条件

取水许可证可以根据该法的规定进行转让,但是,对于附属法规规定需要水事部长同意的许可证种类或者次级种类,或者附属法规规定需要部长同意

① *Id.*, Section 58.

的情形,在转让前应当取得部长的同意。在转让之前,需要有拟议受让人的同意,而且在拟议转让取水许可证有两个或者两个以上持有人的情形下,应当在取水许可证登记处有记载。①

(2)转让条件

对一项地方水设施取水许可证而言,只有在受让方也是地方水设施的情形下,才能够进行转让。②

对一项重大设施取水许可证而言,只有在受让方也是重大设施的情形下,才能够进行转让。③

对其他取水许可证而言,转让期限不得少于6个月,受让人应当承受转让期内转让取水许可证项下或者与之有关的一切权利和义务。转让期限可以根据规定缩短或者延长。④

2. 跨州转让

水事部长可以同其他州或者地区的有关部长签订关于跨州取水许可证以及相应水权转让的协议。对于跨州转让,水事部长可以同意,并授予受让方以取水许可证(在受让后取水地点位于新南威尔士州时)或者撤销取水许可证(在受让后取水地点不位于新南威尔士州时)。授予受让方取水许可证时,应当依法规定强制性条件。⑤

六、行政管理事宜

相对于《1912年水法》来说,《2000年水资源管理法》的重大特点是强化了对水权及其他水事方面的行政管理事宜。

首先,它规定了水资源管理规划制度。⑥ 水资源规划有州水资源管理目

① *Id.*, Sections 71M(1),(4),(5) and (6), 71N(3) and (4).
② *Id.*, Section 71M(2).
③ *Id.*, Section 71M(3).
④ *Id.*, Section 71N(2),(5),(6) and (7).
⑤ *Id.*, Section 71U.
⑥ *Id.*, Chapter 2.

标规划、水资源管理规划、流域管理规划、泛水区管理规划等。

其次，它规定了取水许可登记制度。① 根据取水许可登记制度，权利人应当就取水许可证的取得、转让、变更、担保等事宜进行登记。

第三，它就用水、水管理工程以及影响水资源行为的审批事宜作出了规范。②

第四，它就政府水事管理部门及其职责、供水设施、灌溉区域及工程、公共设施、水利投资信托等事宜作出了规定。

七、结　语

新南威尔士州是发达的市场经济地区。考察该州水资源法律与政策可以发现，传统的普通法河岸权原则的习惯影响在最初是巨大的。随后，经济发展对用水需求的增加和矛盾，导致了政府的干预，其中以行政干预为主。然而，对水资源内在价值、功能和作用认识的更加全面和科学，使对水资源进行生态上的可持续管理成为必然选择。"水权利的稳定性是水法的一项重要原则"，而且，"稳定水权利的法律制度是向水资源开发和保护领域投资的一种经济激励措施"。③ 然而，新南威尔士州水资源法律与政策的历史和实践都表明，市场并不是解决水资源问题的一项万能措施。科学的水权利结构应当包括水人权（这在新南威尔士水资源法律与政策中体现为家庭生活和禽畜水权）、生态环境用水权和其他水权，而且，前两者是不能用于市场交易的，其他水权也只能在法律规定的限制条件下并且按照规定的程序进行转让。

---

① *Id.*，Division 3A，Part 2，Chapter 3.

② *Id.*，Part 3，Chapter 3.

③ Solanes, M. and Gonzalez-Villarreal, F., *The Dublin Principles for Water as Reflected in a Comparative Assessment of Institutional and Legal Arrangements for Integrated Water Resources Management*, Global Water Partnership, Stockholm, 1999, p. 29.

技术标准、贸易壁垒与 WTO

那　力　全小莲*

摘　要：技术标准能为消费者获取信息，环境保护和货物、服务贸易的兼容性作出贡献。与此同时，技术标准同样可以成为贸易保护措施，增加发展中国家生产者的出口费用，从而阻碍贸易自由化和经济全球化。而且，技术性贸易措施越来越关注健康和环保问题。

关键词：技术标准　贸易壁垒　WTO

技术标准化与贸易之间的关系是很复杂的，在研究这个理论性和实践性都很强的问题时，很多经济学家和标准化专家做了大量的工作。从技术层面而言，人们对于标准和标准化的研究一直在进行，但是对于标准与贸易、经济的关系，我们的研究才刚刚开始。这里，我们抛开复杂的数据、图表以及专业的经济学词汇，从法学的角度来看待这个问题，另辟蹊径，提供一种不同的视角。

WTO《2005 年世界贸易报告》是素帕猜上任以来，WTO 第三年发布世界贸易报告。报告的副标题是"揭示贸易、标准和 WTO 之间的关系"。这份长达 300 多页的报告由 WTO 秘书处的专家执笔。报告明确指出，标准规范能为消费者获取信息，环境保护和相关货物、服务贸易的兼容性作出贡献。与此同时，报告也一针见血地指出，技术标准同样可以成为贸易保护措施，增加发展中国家生产者的出口费用，从而阻碍贸易自由化和经济全球化。

过去几十年间，技术标准以惊人的速度在国际贸易中广泛应用。而且，随

* 那力，吉林大学法学院教授，博士生导师；全小莲，吉林大学法学院博士研究生。

着双边和多边贸易自由化使得关税不断降低，技术标准的作用日趋明显。不断增长的标准化活动反映了消费者对更安全和高质产品的需求，也体现了企业的技术创新，全球贸易的扩展，许多政府和非政府组织对社会事物和环境的关注。可持续发展的理念对国际贸易的手段和格局正产生深远的影响。随着世人环保意识的增强，世界市场上环保产品走俏，绿色战略盛行，绿色革命方兴未艾。环保问题对国际贸易有许多重大影响。由环保引起的贸易纠纷正成为双边或多边贸易摩擦的焦点；绿色壁垒更多地取代传统的非关税壁垒，环保产品成为国际贸易竞争的新热点；绿色产品的兴起使国际贸易的商品结构进一步优化，环境保护的合作与交流正成为国际经济合作与交流的重要内容。

在满足这些需求的过程中，标准扮演了重要的角色。其实标准几乎渗透到我们生活的各个领域，从家庭日常用品到桥梁、大型建筑以及复杂的服务，人们几乎无时无刻不享受着标准带来的便利和种种好处。标准代表了在一个特定范围内技术应达到的必需水平。标准通过设定规则、指导和定义，增加了产品和服务的可靠性并为所有的交易行为提供了共同的语言，使商业交易得以简化。标准的存在使我们的生活更安全，并且极大地改善了产品、服务的效率和有效性。同时，不可避免地，技术标准也能成为潜在的贸易保护措施。即使标准从意图上不是出于贸易保护的考虑，制定或使用不合理的标准也会对贸易伙伴造成严重影响。关税降低和多边贸易规则限制了政府任意增加关税和数量限制的能力，但采取其他措施例如用技术标准来设置门槛从而限制进口却屡见不鲜，这已成为国际贸易关系中的常见现象。

在 WTO 的框架下，技术标准化已经成为国际贸易的“双刃剑”，一方面具有促进国际贸易、增进本国人民乃至全人类福利的积极作用；另一方面，标准尤其是发达国家的技术标准体系，也不可避免地成为贸易保护的措施，阻碍了 WTO 所倡导的自由贸易，对公平的国际贸易体系的建立带来了障碍。

一、标准中的经济利益

当今世界，技术标准正在被日益广泛地使用。目前世界上最大、最有权威性的国际标准化专门机构——国际标准化组织（ISO）拥有 14,900 多种标准。

据不完全统计，世界上的标准、规范已经达到65万种。标准化活动日益活跃，形形色色的技术标准的制定者不仅包括政府、企业，还包括非政府组织。很多非政府组织在制定技术标准方面往往发挥了巨大作用。例如FSC—COC认证，即是由森林管理委员会(FSC)设立的目前比较完善和成熟的森林认证体系，该委员会由来自50个国家的环境保护组织、木材贸易协会、政府林业部门、当地居民组织、社会林业团体和木材产品认证机构代表组成，FSC是一个独立的、非营利性的非政府组织，旨在对环境负责，促进对社会有益和在经济上可行的森林经营活动。

英国贸易工业部(DTI)和英国标准协会(BSI)在2005年发布的研究报告《标准的实证经济学》(The Empirical Economics of Standards)中首次量化了标准对英国经济的贡献，并公布了一些关键的统计数据。研究表明：标准每年为英国的经济贡献25亿英镑；劳动生产率增长的13%应归因于标准的作用；标准促进了创新和技术改造；对标准的投资所产生的经济回报，无论在宏观和微观经济发展的层面上都具有相当大的商业意义。

政府、企业以及非政府组织制定标准的目的何在？不外乎是以下几点。

第一，将技术标准作为国际贸易的推动器。标准化最直接的作用就是简化产品品种，在供方和需方之间传递信息。标准化很好地适应了现代制造业的发展需要，"现代制造业的一个特征是制造企业不生产它们所需要的所有零部件，而是从附属企业(常常是距离遥远的国家)购买这些零部件，这给企业很多低成本供应的选择，也使他们能在相对低的水平上维持库存并给了它们在生产装配线上使用替代产品的灵活性。标准帮助企业减少了成本，提高了生产效率"。①

有了标准的保证之后，社会经济的各个角色之间的经济交换就会更加频繁。在国际贸易中，技术标准发挥了推动器的作用，是推动出口的"技术外交"重要的一部分。目前许多发展中国家的出口产品被拒收或报废，其中一个主要原因就是缺乏技术标准、技术法规方面的情报和缺乏严格的质量控制。

---

① 参见联合国国际贸易中心、英联邦秘书处：《世界贸易体系商务指南》，赵维加译，上海财经大学出版社2001年第2版，第116页。

在许多发展中国家，各种技术标准体系的竞争十分激烈。供应国在提供产品的同时，也带进了自己的标准，如果某个部门或行业形成了某种技术习惯，那么该部门或行业的标准选择必然受供应国的影响，因此，有些发达国家尽力与发展中国家加强标准化的技术协作，其目的就是想施加和传播本国标准化的影响，使其在竞争中处于有利的地位。

第二，解决兼容性问题与仲裁作用。标准的采用一个重要的优点是解决了兼容性问题。一件由几千个零件组成的机器，如果这些组成部分不具有兼容性的话，供应商的生产是不可能完成的。正因为有了标准的保证，生产过程中各个环节才得以顺利进行。标准的制定，较好地保证了产品的兼容性和通用性，采用统一的标准可以成为促进贸易的重要方法和工具。

同时，标准也提供了信用，提供了贸易中发生争议时解决问题的基础。随着国际贸易的发展，买方和卖方之间在技术上的纠纷不断增加，为解决这些纠纷进行仲裁，一般不应以样品、样机为交货和验收的依据，而应以技术标准为依据。尤其是采用在国际范围内统一制定的客观的、中立的、合理实用的、为买卖双方所能接受的国际标准中的试验方法、检验方法、抽样方法进行检验，可以防止在贸易中以次充好、以劣充优，使经济上的强者不能去欺诈经济上的弱者。标准为贸易的顺利进行创造了一个理论的基点，为解决纠纷进行仲裁创造了公平的条件。

第三，保障消费者利益和保护环境。在高新科技领域，很多标准都是由产业界人士自己制定的，这些产业界的人士能力很强，他们可以凭借自己的力量解决很多技术方面的问题，而并不需要依赖政府的更多介入。但是与此同时会出现其他的一些问题，这些问题是企业界、产业人士自身无法自行解决的，这种情况叫做市场失灵。

市场失灵的后果对于消费者来说主要的影响是信息不充分。消费者在购买产品时可能并不清楚产品的具体性能，生产者对于产品情况的了解远远超过了消费者。在信息不充分的情况下，市场上出售的产品很可能是具有欺诈性的，也有可能是不安全的。生产者出于自己追求利润的考虑，不愿将更多的信息披露给消费者，这种情况下必须要求政府介入，强令企业披露相关信息，这对于保证消费者可以得到质量过硬的产品、满足消费者的期望是非常重要的。在这方面标准发挥了很重要的作用。通过标准认证体系，消费者可以购买到放心的产品，同时也可以通过了解标准的内容进而方便快捷地了解同类产品的性能指标。

标准的另外一个作用体现在环境保护方面。在环境保护越来越成为国际大趋势的今天，很多政府都要求企业生产、销售的产品在节能、环保方面达到一定要求，比如限制一些污染的最高允许量，依此来保证产品不会对环境产生过高的危害。欧盟曾发布了关于统一各成员国机动车发动机气体污染措施的88/76/EEC指令；关于各成员国减轻机动车发动机污染空气措施的88/436/EEC指令；关于汽车、摩托车排气标准，家用器具辐射噪声，挖掘装载两用机械发出噪声限制的86/662/EEC指令等涉及大气质量环境标准、水体环境标准以及噪声和废渣环境标准。在这些方面制定一些技术标准并且贯彻实施，对于保护本国和国际环境无疑都是具有积极意义的。

二、技术标准壁垒已成为重要的技术性贸易壁垒

在国际贸易实践中，发达国家通过标准设置贸易壁垒的案例已经不足为奇，且有愈演愈烈之势。1995年WTO成立后，第一起被列入WTO争端解决程序的国际贸易纠纷案——委内瑞拉和巴西与美国关于汽油标准的纠纷案①，就是一项基于标准的市场准入限制纠纷。虽然这起纠纷案最终以美国败诉并修改了其“汽油规则”而告终，但是这个纠纷案中所蕴含的信息，却对我们的标准政策研究工作有所启发。

（一）以技术标准为手段的贸易壁垒是国际贸易活动中的客观存在

WTO的精神和本质是贸易的自由化，各类贸易壁垒如关税壁垒、技术性贸易壁垒、资本流动限制、人员流动限制等都是WTO所致力消除的对象。在WTO协议框架内，各成员方都对消除贸易壁垒表现出积极的姿态，并且形成了多项协议。然而，在实际的国际贸易活动中，壁垒仍然存在，只不过由明转

① 参见那力：《WTO与环境保护》，吉林人民出版社2002年版，第110—111页。

暗，由直接变为间接，方式、形式和手段更加隐蔽和貌似合法、合理。特别是在经过多轮关税减让之后，关税壁垒的作用大为削弱的情况下，技术性贸易壁垒对各国、各地区的重要性是不言而喻的，其中主要的手段之一就是标准。

与市场准入有关的国际环境标准可以分为两大类：第一类，国际环境法上防止有毒、有害、危险的废物进入或经过本国领土的措施。其中最主要的是《控制危险废物越境转移及其处置巴塞尔公约》。该公约 1989 年签订，规定了控制危险废物越境转移的具体方法和事先知情同意、国际援助以及非法运输、再进口、赔偿责任等一系列问题，6 个附件明确规定了禁止进出口和转移的危险废物的名单，并且规定了废物出口通知书的具体内容以及在本公约的范围内引起争端的仲裁解决方法。现在这一公约还在不断的丰富和发展过程中。第二类，国际贸易法（特别是 WTO 法）中关于进出口产品、服务的健康和环境标准，比如某种物质的含量、包装的环保性能、商品来源是否保护了环境，等等。很多发达国家利用其技术和信息优势，利用发达国家与发展中国家的信息不对称、不均衡的现状，以环境保护为名，制造一些贸易壁垒。现在国际贸易中用来设置环境壁垒最为广泛的是环境技术标准和环境技术法规，主要是因为凭借这些标准和法规使所实施的壁垒具有名义上的合理性、提法上的巧妙性、形式上的合法性、手段上的隐蔽性。

为了阻碍外国产品的进口，保护本国市场，许多发达国家制定了繁多而严格的环境标准和规范，甚至用法律明确规定进口商品必须符合进口国标准。目前，欧盟拥有的技术标准就有 10 多万个，德国的工业标准约有 1.5 万种。据 1994 年 3 月调查，日本有 8184 个工业标准和 397 个农产品标准。美国是目前公认的法制、法规比较健全的国家，其技术标准和法规之多就不必多说了。这些都让出口国特别是发展中国家防不胜防。

发达国家凭借其经济、技术优势，制定出非常严格甚至苛刻的标准，有的标准让发展中国家望尘莫及。例如，欧盟的 OKO—生态纺织品标准 100 中对服装和纺织品中的某些物质的含量要求高达 PPb 级，如对苯乙烯的要求是不过 5PPb，乙烯环乙烷不超过 2PPb，这无疑给发展中国家的纺织出口贸易造成很大的难度。一方面由于技术有限，很难控制到 PPb 级；另一方面由于经济、实验条件有限，而无法检测出 PPb 级的物质。如果让发达国家的检测机构检测，则费用相当昂贵，从而使成本增高，对发展中国家起到技术壁垒的作用。

有些国家为了阻止特定国家的产品进入，经过特别研究，设定了一些标准，表面看来是针对所有产品的，实际上是专门对付某些国家的。所以这种标准对这些特定国家的产品就是技术壁垒。比如法国为了阻止英国糖果的进口而规定禁止含有红霉素的糖果进口，而英国的糖果是普遍采用红霉素染色剂制造的。法国禁止含有葡萄糖的果汁进口，这一规定的意图就在于抵制美国货物，因为美国出口的果汁普遍含有葡萄糖这一添加剂。又如原西德曾制定过一部法律，规定禁止进口车门从前往后开的汽车，当时意大利生产的菲亚特500型的汽车正是这种形式，结果使其完全丧失了德国的市场。又如英国方面规定，日本销往英国的小汽车可由英国派人到日本进行检验，如果发现有不符合英国技术安全的，可在日本检修或更换零件，这种做法比较方便。但日本方面规定，英国销往日本的小汽车运到日本后，必须由日本人进行检验，如不符合规定，英国则须雇日本雇员进行检修。这种做法费时费工，加上日本有关技术标准公布迟缓，客观上较大地妨碍了英国小汽车进入日本市场。

此外，一些国家还利用商品的包装和标签标准、法规给进口商品增加技术和费用负担，设置技术壁垒。

WTO对于关税壁垒和传统非关税壁垒的规制已经比较详备，有关争端解决的判例也日渐成型，因此适用这些贸易保护手段的余地不大，风险很高。相反对技术壁垒的规制尚不完善，虽有TBT协议等相关规定，但一则该协议本身还有很多不足之处，二则相关争端的处理还不成熟，为技术壁垒的适用打开了方便之门。

（二）利用技术标准制造技术壁垒的方式

1. 制定种类繁多的技术标准形成壁垒。目前欧盟拥有技术标准10万多个，单德国就有工业标准105万种。日本有1万多个工业标准，还有许多农业标准处在不断更新之中，如日本检验大米残留物的标准从1994年的56项一下提到1998年的105项。这种方式主要是利用信息知悉的困难限制进口，令出口商措手不及。

2. 制定发展中国家难以达到的技术标准。例如，欧盟要求蜂蜜中的氯霉素含量不能超过 0.1 个 PPb，对服装和纺织品中的氯物质含量要求也达到了 PPb 级别，即亿万分之一。即使在我国科研机构中也很少使用如此精确的标准。由于经济条件和试验手段的限制，我国出口商一般都无法检测出 PPb 级别的物质，而让发达国家的检测机构检测，费用又很昂贵，这在一定程度上造成了对出口的限制。

3. 针对某国的出口品制定标准以形成壁垒。采用这种做法的背后通常带有很强的政治因素，例如美国为了限制墨西哥向其出口马铃薯而对马铃薯进口规定了成熟度个头大小等指标。这给墨西哥的出口商出了难题：要销往美国就不能太熟否则容易腐烂，而不等成熟就摘又不符合成熟度的标准，造成了墨西哥马铃薯出口量的大幅下降。

4. 利用内外有别的标准制造壁垒。在前述的“汽油基准案”中，美国环保局依据对《1990 年清洁空气法》的修正案，对国产汽油只要求各炼油厂以 1990 年各厂的质量水平为基准，而对进口汽油则依据 1990 年美国全国汽油平均标准数规定了另外一条基准线，使得外国的汽油很难进入美国本土市场。

5. 将技术标准、技术法规与本国特定产品和含有知识产权的技术结合制造壁垒。这种手段较前几种手段更为隐蔽、更为有效。当某项技术标准、某种技术法规规定某种产品必须使用本国的某种装置或含有知识产权的技术时，往往可以达到一箭双雕的效果。一则，这等于变相强制推销本国的产品和含有知识产权的技术；二则，由于这些特定产品和含有知识产权的技术往往为国内与进口产品相竞争的厂商所拥有，如此规定，这些进口国的厂商可以凭借技术垄断的地位抬高售价或者许可费甚至拒绝销售或者许可，从而使得国外出口商失去竞争力。最典型的案例是 2002 年 3 月发生的“温州打火机案”。2002 年 3 月欧盟在欧洲打火机生产商协会的重重压力下制定 CR 法规，规定出口价在 2 欧元以下的打火机必须要安装防止儿童开启的“安全锁”，否则不准进入欧洲市场。这主要是针对我国温州生产的打火机。温州年产打火机 8.5 亿只，占世界市场份额的 80%，出口价为 1 欧元左右。而有关的安全装置的专利为欧洲生产商所掌握。所以温州出口商要么向欧洲国家购买该专利使用权，要么放弃欧洲市场。无论作出何种选择都将在竞争中处于不利地位。

6. 利用标签、包装要求设置壁垒。利用规定标签与包装的技术法规、标准是设置技术壁垒的另一项有力的措施。例如 1995 年美国联邦贸易委员会(FDA)颁布正式法令对《联邦法典》中强化食品营养标签一项进行修改,要求大部分食品至少必须标明 14 种营养成分的含量,仅此一项,处于技术领先地位的美国制造商每年就要多支出 10.5 亿美元,由此可以想见对于那些技术落后或无条件自行进行食品成分分析的出口商而言成本的压力有多大。如果说该成分标签的规定尚有其合理的一面,那么有些标签包装的规定可谓吹毛求疵。例如德国和法国禁止进口外形、尺寸与本国不同的食品罐头;美国和新西兰禁止用干草、稻草、谷糠等作为包装物或填充材料。这类关于包装和标签的要求明显是试图抵制进口或增加进口产品的费用负担。

三、技术性贸易措施的发展趋势

由于根据 TBT 和 SPS 协定的规定,各成员在制定或修订对国际贸易有重大影响的技术性措施时,应向其他成员方进行通报,因此,对 TBT 和 SPS 通报进行分析,可以在一定程度上了解各成员技术性贸易措施的动态变化趋势。

从通报来看,近年的技术性贸易措施呈现以下特点:

1. 技术性贸易措施数量逐年递增

统计表明,2002 年至 2004 年,各成员因制定技术性贸易措施而向 WTO 发出的 TBT 和 SPS 通报总数分别为 2002 年 1245 件、2003 年 1650 件、2004 年 1560 件,比 WTO 成立之初有了大幅度提高。从通报成员来看,通报数量名列前茅的成员多为发达国家,也是我国的主要贸易伙伴,例如美国、加拿大、欧盟、新西兰、日本在这三年中共通报 SPS 措施数量为 664 件、213 件、197 件、175 件、155 件,分列前五位;韩国和澳大利亚通报数量也较多,分别为 133 件和 80 件。

2. 技术性贸易措施越来越关注健康和环保问题

从各成员制定法规的目的可以看出,保护人类安全和健康、保护动植物健康和安全、保护环境、维护国家安全问题日益受到广泛关注。

对 SPS 通报的分析表明,2002 年至 2004 年所有成员制定的法规涉及食品安全的居第一位,为 1097 件;其次为动物检疫和植物保护,分别为 408 件和

406 件。从通报涉及的热点问题来看，农兽药残留是 SPS 通报“永恒”的热点，三年的通报量分别为 127 件、234 件、208 件；而疯牛病、禽流感等疫病问题由于爆发的突然性，导致相关通报在不同年份数量差异较大，因禽流感在世界范围内爆发，相关通报在当年陡增到 66 件；随着 ISPM15 号标准的实施，关于木质包装的通报呈逐年递增的趋势，2002—2004 年分别为 4 件、5 件、10 件；而前些年的热点如转基因问题，这三年通报数量基本稳定在 10 件左右。

WTO 各成员发出的大多数 TBT 通报都涉及健康和环保问题，特别是发达国家对这些问题更加关注。例如：2003 年 2 月 13 日，欧盟公布了《报废电子电器设备指令》和《关于在电子电器设备中禁止使用某些有害物质指令》。《报废电子电器设备指令》鼓励电子电器设备供应链条上的各个环节，采取各种可能的措施回收、再生和循环利用报废电子电器设备，以减少普通市政垃圾的处理量。《关于在电子电器设备中限制使用某些有害物质指令》的目的是协调成员国关于限制在电子电器设备中使用铅、镉、汞、六价铬、溴联苯醚和多溴联苯等有害物质的措施。

3. 技术性贸易措施呈现“体系化”的趋势

发达国家和地区由针对单一产品采取单一措施设置技术性贸易措施发展到针对大类产品采取体系化的综合措施，这种做法对国际贸易的影响更为巨大、深刻。

2003 年 5 月 8 日，欧盟公布了新化学品法规草案。REACH 法规将世界上的化学品分为两类：一类是 1981 年以前上市的化学品，被称为现有化学品，总共约有 70000 种；另一类是 1981 年以后上市的化学品，被称为新化学品，有 3 万种，是 REACH 法规要求逐一进行注册、评估、授权或限制的化学品。REACH 法规与以往的法规修订、增补不同，是一套全新的体制，将在世界范围内对以化学工业为起点、延伸到各个工业部门的产业界带来难以估量的影响，并对全世界的货物贸易秩序带来巨大的冲击。欧盟企业总司司长 Jean - Paul Mingasson 先生也承认，“新化学品管理体制可能导致贸易壁垒产生和贸易水平全面下降”。

日本自 2006 年 5 月 26 日开始实施农业化学品“肯定列表”制度，对目前世界上通用的农业化学品重新制定新的残留显亮标准。法规生效后，日本禁止销售含有未制定显亮标准的农业化学品或农业化学品含量超标的食品。“肯定列表”制度从根本上改变了日本农兽药残留管理体制，且新标准涵盖面广，指标要求严格，其实施将直接影响我国几乎全部农产品、食品的对日出口。

4. 技术性贸易措施的扩散效应

近年来，随着全球经济一体化进程加快，也由于TBT和SPS通报制度的建立，各国的技术性贸易措施相互借鉴的程度越来越高，一个国家（特别是发达国家）制定的措施往往会在世界范围内引起连锁反应。欧盟的“能效标识”指令、CR法规、对转基因产品的规定以及美国关于疯牛病的措施被其他国家纷纷效仿，使得存在这些问题的国家的相关产品更加难以打开国际市场。

WTO规则是一个多边协议，因此从国家利益至上原则这一角度出发，无论协议内容如何规定，都不可能是完全刚性的，必然有柔性的迂回空间。而技术标准是一个不断发展更新的领域，在WTO规则中有一定的存在空间。

在《TBT协议》出台之前，这种软性的规定主要表现在WTO的相关规定中，主要包括WTO规则的例外、对规则的暂时背离、发展中国家的差别待遇以及WTO规则本身的漏洞等，其中例外最为重要。

WTO规则的例外主要体现在WTO/GATT第20条的一般例外条款和第21条的安全例外条款，共规定了14种例外。包括了公共道德、人类、动物或植物的生活或健康，对可用尽自然资源的保护，应付国内的供应短缺，国内法律的实施，文化、文物的保护，稳定国内经济的必要措施，维护基本安全利益和国家安全利益等涉及一个主权国家或单独关税区的政治、经济、文化、法律、资源、民俗等主要领域，此外对黄金和白银、监狱囚犯产品、政府间的其他商品协议等方面也做了例外规定。

这些例外分别从不同角度为WTO各成员方灵活实施协议提供了方便，形成了“原则之中有例外，例外之中有原则”的这样一种适合实际需要的多边贸易规则体系。可以说，在制定WTO规则的多轮谈判中，就已经为设置适当的贸易壁垒提供了必要的空间。

前文中提到的美国汽油标准案首次涉及了WTO/GATT第20条的例外援用，为我们思考发达国家如何利用例外条款设置技术壁垒提供了启示。WTO争端解决机构在裁决美国汽油标准案中，首先是肯定了美国政府根据国内

《清洁空气法》而制定的《汽油规则》符合 WTO/GATT 第 20 条例外情况之一的"与保护可用尽的自然资源有关的措施"。WTO 争端解决的上诉机构在最终的裁决中指出，清洁的空气属于可用尽的自然资源，美国有权为保护本国的清洁空气而采取有关对产品生产进口的限制措施。至于美国败诉的主要原因，则是它在实施这种措施的过程中，未能给有关国家以足够的合作，违背了 GATT 第 20 条引言所规定的禁止"不在情形相同的国家之间构成任意或不合理歧视的手段"，因此美国的《汽油规则》虽属于第 20 条规定的例外情况，但不满足第 20 条所规定的实施要求。由此可以认为，美国《汽油规则》的失败在于运作方式和手段的欠缺而非具体内容的违规。《TBT 协议》制定以来，由于缺少可操作性，大多数具体争端还是在根据 WTO 的相关原则和规定来解决。因此，"有理由相信，如果注意改进有关的操作方式，类似的标准技术壁垒在 WTO 规则中是可行的"。

国际法视野下的北极环境法律问题研究

刘惠荣　杨　凡*

摘　要：北极地区自然资源的开发，必然要影响到北极的生态环境。如何保护北极的环境，已受到国际社会的广泛关注。本文通过总结北极国际环境法律制度，分析了北极环境法律所存在的条约冲突和国际法与国内法的冲突，提出北极现有环境法律冲突的表象是国际法不成体系特性的体现，而不成体系性又为我们提供了今后解决北极环境及其他法律冲突的新思路，并提出利用《联合国海洋法公约》的既有框架，发展新的特殊制度的解决方案。

关键词：北极　环境法　国际法不成体系　联合国海洋法公约

随着各国对参与北极事务热情的升温，北极地区的环境保护已经成为一个日益严峻的问题。北极地区是一个对环境污染非常敏感的地区，它的人口以及文化完全依赖于该地区的生态环境状况。当前世界各国和国际社会正逐渐认识到保护北极环境的重要性，北极的环境污染不仅威胁着北极地区的生态状况，还对包括全球气候和大气状况在内的全球环境产生着巨大的影响，造成世界性的环境问题。虽然不少国际条约也都覆盖到北极，但是北极地区所有的陆地被八个独立的在北极拥有领土的国家控制着。尽管各国在国内法中都制定有关于北极环境保护方面的法律，可是各国政治独立也导致了这些法

* 刘惠荣，中国海洋大学法政学院副院长、博士生导师，研究方向：国际环境法学；杨凡，中国海洋大学法政学院环境资源与保护法学博士生。

律在适用上的局限性。

一、北极地区的国际法地位

北极地区的陆地部分已经被加拿大、丹麦、芬兰、冰岛、挪威、瑞典、美国和俄罗斯八国领有。这样北极地区在现行国际法上可以划分为上述八国的陆地领土、其陆地领土所有的领海、专属经济区和大陆架以及未被上述区域所包括的公海部分，唯一的例外是挪威所属的斯瓦尔巴群岛。①

自俄罗斯在北极海底插旗后，国际政界、学界和环保主义者为缓解北极冲突竞拟良策，较为普遍的是建议按照《南极条约》的模式谈判签署一个“北极条约”。所谓南极模式，主要指领土冻结和非军事化。但笔者认为，南极模式北极化是行不通的，原因如下：

第一，所谓的北极地区和南极条约制度中规定的南极地区不一样，并非一个国际法上的概念，而仅仅是一个通常意义上的地理概念，它和南极地区的最大区别是，南极地区是陆地，并且是地球上现存的唯一一块无主地。为了避免由此产生的冲突，国际社会通过南极条约体制，冻结了国家对南极的主权主张，并在该条约体制下有限度地利用南极并对南极环境加以保护。而北极地区则是在八个国家对陆地、岛屿主权领有的前提下，依据《联合国海洋法公约》的规定将区域划分为领海、专属经济区、大陆架和公海。八个国家对陆地和领土享有主权，对专属经济区和大陆架享有主权权利（斯瓦尔巴群岛例外）。简言之，北极地区的国际法地位在现行国际法制度（领土主权和海洋法）即可确定，而南极地区则需要特定条约制度来调整相关国家的利益。

第二，《联合国海洋法公约》已经广泛运用于北冰洋，有些条款，如《公约》

① 1920 年《斯瓦尔巴群岛条约》一方面承认挪威对该地区充分和完全的主权，一方面明确了各缔约国国民自由进入、平等经营的权利，形成一种独特的法律制度，并且规定该地区为非军事区。

第234条①对冰封海域的管理规定，就是专为北冰洋地区而设计——该条款主要内容是针对沿海国对冰封区域的环境保护。

第三，北极地区的许多双边或多边协议也受《联合国海洋法公约》影响。例如，北极环境保护战略（AEPS）就是参照《公约》制定，海洋法的原则在AEPS中处处可见。而环北冰洋各国很难接受冻结原则，放弃已经基于海洋法而享受的权利，去接受新的限制。环北冰洋国家不愿意将200海里大陆架和专属经济区冻结起来，让渡于国际社会重新分配。非但如此，当前北冰洋各国考虑的是如何扩张大陆架到350海里处乃至更远。

第四，南极模式的另一个内容——非军事化，在北极也不太可能成为现实。今天的环北冰洋地带已经密布核武器，是全球军事化程度最高的地区。

北极地区的国际条约涉及环境保护、资源开发及其他有关人类共同利益的诸多问题，环境问题是其中重要组成部分之一。国际法在当代的发展已经影响到人类社会生活的各个方面，与此同时，其自身也面临着一些问题，一个引起关注的问题就是国际法体系中出现了很多相互冲突、相互矛盾的规则，这被西方国际法学者称为国际法的不成体系（fragmentation of international law）问题。而北极地区所涉及的诸多国际条约在条约的主体、适用范围、条约权利和义务等方面的规定并不一致，分别在不同层面上规范人类在北极的活动，形成了条约的冲突，明显地体现了国际法的这种不成体系的原则。

二、与北极有关的国际环境法律制度

现阶段很多国际条约环境保护条款与北极有关，或者适用于北极地区。最主要的包括《斯匹次卑尔根条约》（以下简称《斯约》）和《联合国海洋法公约》（以下简称《公约》）。此外，还有许多关于资源、环保等方面的条约和

① 1982年《联合国海洋法公约》第234条："冰封区域：沿海国有权制定和执行非歧视性的法律和规章，以防止、减少和控制船只在专属经济区范围内冰封区域对海洋的污染，这种区域内的特别严寒气候和一年中大部分时候冰封的情形对航行造成障碍或特别危险，而且海洋环境污染可能对生态平衡造成重大的损害或无可挽救的扰乱。这种法律和规章应适当顾及航行和以现有最可靠的科学证据为基础对海洋环境的保护和保全。"

协定。

目前还不存在一个专门为保护北极环境制定的国际条约。虽然在北极环境保护的某些方面也有法律支持，如《公约》、《防止海域污染的保护条约》等，但是这些法律文件没有一个是专门针对北极整个环境污染问题所作出的，大都为解决在全球出现的环境问题而制定，在治理北极问题时从中寻找相关文件加以适用。另有一些国际环境条约虽然和北极没有直接的联系，但是由于其所规制的环境领域具有全球性特点，其中也包括北极地区。有一些条约所针对的环境问题中，北极还具有特殊的地位和作用（如气候变暖问题）。这些条约虽然在一定程度上对保护北极环境有所帮助，但是很少考虑到北极的原始生态环境和对破坏的承受能力与地球上的其他区域相比要更加脆弱，同样的污染对北极地区的影响要比对世界其他地区的影响更加严重这样一个特殊情况。

目前对北极较有针对性的条约主要集中于三个方面：大气和气候的国际保护、海洋环境的国际保护以及生物多样性的国际保护。

（一）适用于北极的国际环境条约

1. 保护大气和气候的国际环境公约：《保护臭氧层维也纳公约》及其《关于消耗臭氧层物质的蒙特利尔议定书》、《远距离跨界大气污染公约》及其议定书、《联合国气候变化框架公约》及其《京都议定书》。

2. 海洋环境保护的公约：《公约》的特别及一般性规定、防止船源污染的公约、《防止倾倒废物及其他物质污染海洋公约》、《伦敦公约》、《公海捕鱼和生物资源保护公约》、《国际捕鲸管制公约》、《跨界鱼类和高度洄游鱼类种群养护与管理协定》。

3. 有关生物多样性保护的公约：《生物多样性公约》及《生物安全议定书》、《濒危野生动植物物种国际贸易公约》、《关于特别是作为水禽栖息地的国际重要湿地公约》、《保护野生迁徙动物物种公约》、《联合国防治荒漠化公约》。

（二）专门性的北极环境条约及文件

直接和北极相关的国际环境法主要是以北极国家为主制定的保护北极物

种的条约和其他国际法文件。北极有丰富的物种,北极熊、海豹、各种各样的候鸟等。为保护这些物种,许多国家参与制定了一系列条约,旨在保护北极物种,遏制在开发北极过程中对北极物种带来的伤害,保护北极生态平衡,保护北极环境。这些条约和协议,按照保护对象的不同,大概可以分为两个方面:

1. 关于保护候鸟的协议:1974 年《美日关于保护候鸟协议》、1936 年《墨西哥与美国保护候鸟协议》、1916 年《美英(加拿大)保护北极亚北极候鸟协议》、1926 年《苏联和美国签订的保护北极候鸟及其生存环境协议》。

2. 关于保护北极哺乳动物的条约:《保护毛皮海豹条约》、《国际捕鲸管制公约》、《北极熊保护协议》。这些都是多边条约,参与的国家较多,另外还有 2000 年美国、俄罗斯《养护和管理阿拉斯加—楚科奇北极熊数量协定》。

另外,《北极环境保护战略》是由八个环北极国家之间合作,于 1989 年由芬兰发起的,1991 年在芬兰罗瓦涅米召开的第一届保护北极环境部长会议上作为宣言通过。此宣言制定了一项联合行动计划,在这项联合计划中,极地八大国要合作进行科学研究以确定污染源、污染途径以及污染的影响,并共享数据。优先治理的污染为难降解有机污染物、石油、重金属、放射性以及酸化引起的污染。而且,北极国家同意对开发活动的潜在环境影响进行评价,采取措施控制污染物,以及降低污染物对北极环境造成的不利影响,另外还包括特殊关照传统和文化的需求、当地居民与土著居民的价值观和习惯等。

从上文对和北极有关的国际环境法律制度体系的总结可以看出,虽然各国际条约也都覆盖到了北极,但由于北极地区所有的陆地被八个独立的在北极拥有领土的国家控制着,各国政治独立导致了这些法律在适用上的局限性。偶尔这些北极国家组织建立关于环境保护的双边或多边条约,例如 1911 年,美国、俄国、日本和英国共同签署了一项关于保护海豹的条约,以及 1973 年由加拿大、丹麦、挪威、前苏联和美国共同签订的《北极熊保护协议》等,但是基本上类似的专门针对保护北极环境而进行的立法活动并不常见,并且形成的条约的约束作用也只限于签订协约的国家。现阶段国际上对北极进行环境保护的法律体系由一系列的软法(即没有强制性的法律)组成,例如 1991 年签订的《北极环境保护宣言》和 1991 年正式签署的"北极环境保护战略"共同文件。虽然这些区域性的条约和原则在对北极地区的环境保护中发挥着越来越重要的作用，但是由于这些条约的约束力有限，导致其适用效果受到一定影响。

三、北极的环境法律冲突及其在国际法中的解决途径

（一）北极环境法律的冲突问题

1. 条约冲突

北极地区涉及诸多国际条约，这些条约在条约的主体、适用范围、条约规定的权利和义务等方面的规定并不一致，形成条约的冲突。条约冲突问题在国际法文件中并没有明确的界定，现有关于条约冲突的界定主要体现在国际法学界的相关学说中。国际法文件采用的是广义的界定，国际法委员会在其发布的《国际法不成体系问题：国际法多样化和扩展引起的困难》中，"采用的是一种比较宽泛的冲突概念，即两种规则或原则表明对一个问题不同的处理方式的情形"。《维也纳条约法公约》第 30 条的标题是"就同一事项先后所订条约缔约国之间的权利义务应依下列各项确定之……"，采用的都是比较宽泛的标准。因此，广义而言，如果一项条约的规定将导致或可能导致对另一项条约规定的违反，或者一缔约国无法同时满足两项条约中规定的要求，就可以认为存在着条约之间的冲突。北极地区最为典型的是《联合国海洋法公约》和《斯瓦尔巴群岛条约》的冲突问题，主要涉及缔约国的不同以及在 1920 年《斯约》缔结时由于尚无大陆架的概念，因此在其中也没有明确的规定条约适用范围是否包括周边的大陆架和专属经济区，从而产生的争议。

2. 国内法与国际法的冲突

环北极国家尤其是其中在北极有领土的国家，出于自身国家利益的考虑，在制定和北极相关的法律时，一般都会突出本国的主张，维护本国的权益，而这些法律往往会和国际法上各国所共同认可的一些规则发生冲突。

北极法律秩序中针对某一领域多个条约同时适用的情况在很长时间内仍然会存在，《斯约》自 1920 年 2 月 9 日在巴黎签订以来，已近一个世纪。条约并未规定有效期，何时失效取决于缔约国的协商一致。而《公约》自 1994 年生效以来，迄今已有 155 个缔约国，是最具普遍性的关于世界海洋事务的国际

公约。同样,除非全体缔约国一致同意废止或以新的条约代替,否则《公约》也不会自动失效。因此多个条约将同时存在,条约的冲突也将长期存在。

(二)条约冲突的传统解决方法在北极环境法律问题中的局限

传统的条约法原则和国际法相关原则在解决北极法律冲突中可以发挥一定的作用,例如对基于《公约》第234条冰封区域所制定的沿海国特别法律,就不能定性为和国际法相冲突,而应视为一种特别的规定。国际法的现有机制已经发展出一些解决条约冲突的规则或方法。例如,《维也纳条约法公约》所确立的体系整合原则、特别法原则、后法原则、等级原则。另外,国际组织间的合作和国家间的协调也是缓解条约冲突的重要措施。但是这些方法也有一定的局限性,即忽视了北极环境法律冲突缘起于北极国际法体系的零散性、缺乏权威性和不确定性。因此,欲寻求北极环境法律冲突的进一步解决,还是需要再引入新的分析方法和思路。

(三)国际法不成体系:剖析和解决北极环境法律冲突的新思路

现代国际法体系充满了具有不同程度的法律一体化的普遍性的、区域性的甚至是双边性的体系、小体系和小小体系。存在于这个体系内部的各种规范和制度之间并没有形成一种结构上的有机联系,它们互相冲突、彼此矛盾,就像堆积在一起的“玻璃碎片”。联合国国际法委员会将这种现象称为“国际法的不成体系”。这些冲突导致了在适用国家法规则方面的困难,使国家可能遇到必须遵守相互排斥的义务的情况,从而引起国家责任与国际争端。

国际法从其产生就不是一个统一的法律体系,不成体系性也不是现代国际法才有的结构特征,国际社会是一个由众多主权国家组成的高度分权的平行式社会,没有一个超越国家之上的世界政府的存在。国际法以平权社会为基础,依国家同意而产生,不存在具有等级结构的统一立法机制,各种立法活动相互独立,体系结构缺乏统一性,规范的重叠与冲突现象难以避免,不同规范间的关系由于缺乏权威界定而处于不确定状态。

不成体系是国际法体系的固有的结构特征,但只是在国际法发展越来越多样化和扩展的条件下才凸显出来,并成为影响国际法适用效力的严重问题。

对于一个本身就是无组织的法律体系来说，它的内部协调性往往是与其体系的膨胀、规范的增加成反比的。

现代国际法呈现多样化的发展，最重要的标志之一是在国际关系的不同领域和世界不同区域层次上形成大量的诸如国际环境法这样的“次级法律体系”，即国际环境法本身有“一整套有序的行为规则、程序规则和定位规则，它为事实关系的特定领域构成了一个自我封闭的法律圈子”，因此也被称为国际法上的“自足制度”。自足制度的大量出现，意味着某些部门性或区域性的国际法制度实际上已经自成体系，表现出国际法在小范围内的统一性。但是，这种小范围内的统一性，却带来国际法在大范围内的不成体系性。

造成国际法不成体系的原因是多方面的，而北极环境法律冲突实际上是国际法不成体系性在北极问题上的体现。因为不仅北极环境法律冲突表现出明显的国际法不成体系的特性，同时国际法不成体系也揭示了北极环境法律冲突的原因。

1. 对北极影响比较大的《公约》、《斯约》、北极国际科学委员会章程（“八国条约”）和北极环境保护战略等，各自的订立主体、缔约目的、适用范围等均不同，在制定时并没有考虑过和其他条约的协调一致问题以及统一问题，因此在实行中必然会在交叉管辖的领域产生冲突。

2. 北极本身就是一个多维的国际法规制对象，涉及海洋、环境、资源、科研等诸多不同的国际法领域，因此国际环境法、海洋法、斯瓦尔巴群岛特殊制度这几个在国际法层面都具有自足性（self-contained）在其中交叉纵横，都在发挥作用。

3. 北极缺乏一个权威的区域性或全球性的国际组织发挥立法作用，各种适用于北极的国际法律法规令出多门、目的手段各异，而各国的专门立法也缺乏国际组织的监督与制约，不同国家基于自身利益的考量，势必在不同国际环境法规则的制定、解释和适用中选择不同的价值取向、行为方式和应对策略，从而导致不同国际环境法之间的冲突。

4. 北极国家组织建立了一些关于环境保护的双边或多边条约，而同一国家在不同时期根据不同利益需要，可以在不与强制法相抵触的情况下，与任何其他国家一起变更相互间已有的行为规则和权利义务关系，从而导致先订规则与后订规则之间的冲突。另外,代表国家参与不同北极地区环境法律规则的制定、解释和适用的行为者,并不是单一的。不同行为者受其自身所从事领域局限和所代表国内利益集团的牵制,往往以不同法律文件间的冲突和相关法律文件中的不连贯和相互矛盾为代价,在可争辩的具体问题上保证最大可能满足他们自己的观点和要求。可见,不成体系并不是一个新现象,由国际社会的结构所决定,国际法本身就是一个无组织的法律体系。

5. 围绕北极产生了诸多全球化问题,例如北极作为极地的"全球公域"性质、上文所述的北极不同于南极的特点(为主权国家包围、中间为国际海域)、斯瓦尔巴群岛"明确主权、权益共享"的模式、海冰融化带来的新岛屿的出现、新航道的出现,这些都是以往传统的国际法所没有考虑过的问题。而针对这些新问题所制定的国际法规则,从产生起就具有不成体系性。

随着北极海冰融化和其他环境变化、各国对北极的深入探索和开发能力的加强,北极的国际环境法新问题也会不断涌现,伴随着各国的争议,新的区域性条约以及各国国内有针对性的立法还会出现,北极的法律将进一步复杂化、多样化,北极的法律冲突在很长一段时间内将有加剧的趋势,因此,国际法的不成体系也就成为解析北极法律问题的理论工具。

(四)北极环境法律冲突的解决

国际法不成体系是国家法固有的缺陷,是由产生和适应国际法的国际社会本身的结构特点决定的。但正是国际法这种不成体系的特性给我们提供了一种解决北极法律冲突的新思路。对不成体系的把握恰恰是正确认识北极国际法问题的特殊性从而寻找正确解决道路的开始。我们要因势利导,利用国际法不成体系这一特性探索一种解决北极环境法律冲突的解决途径,使之成为对国际法来说虽有不成体系性,但自身又具有自足性的体系。在这一体系中,又存在不同维度的各种不成体系的条约群,国际环境法、海洋法、群岛法都能在其中找到自己的位置并且和谐相处,这些制度虽然具有自足性,但不应当彼此孤立,这里面需要做的最主要的工作在于北极法律体系的规则之间的内在协调。而这种协调的出路在于建立一种原则,将各个法律部门联系起来。

纵览目前能够解决北极相关争端的法律文件和各国的执行情况,《公约》

是平衡各签约的北极国家之间利益的最有效的途径。在目前的争端中,除美国之外的其他国家都已批准了《公约》。作为《公约》的非签约国,美国面对日益激烈的资源争夺,大陆架的数千平方公里的丰富资源遭遇风险。其非缔约国的地位实际上是妨碍了美国保护它的海洋利益。为了保护本国在北极地区的利益,各国都开始重视《公约》,并期望从该公约中寻找到能够支持本国主张的法律依据,以赢得在国际法院审判中的有利地位以及获得国际社会的认同。

笔者认为,应从海洋法出发,以《公约》为基点,创立专门针对北极的海洋法原则,并且使该原则能够覆盖到环境保护、科学研究和资源开发等多个领域。《公约》已经广泛运用于北极,有些条款的主要内容是针对沿海国对冰封区域的环境保护。北极的主体是一片由主权国家领土环绕的海洋,因此,北极问题实质上是海洋问题。虽然相关国家都认可《公约》作为解决北极问题的出路,但各国却根据本国利益对《公约》等条约进行任意解释,而且《公约》本身亦存在“缺陷”。我们应当对其相关制度进行发展和完善,尤其是可以从“冰封区域”特殊制度出发,争取针对北极的情况创设一系列新的专门制度来解决北极环境问题。而且作为纷乱的北极国际法体系中的一部分,公约还需要解决和其他条约的冲突问题。可见,北极的条约冲突远非一朝一夕能够解决的。

结语:2008 年 5 月 27—29 日,北极沿岸国家丹麦、俄罗斯、美国、加拿大和挪威五国代表在格陵兰岛的伊鲁利萨特召开会议。这是五国首次就北极问题举行部长级会议,会议通过了《伊鲁利萨特宣言》。五国在《宣言》中声明:“我们认为没有必要再建立一个新的广泛性的国际法律制度来管理北冰洋。”这一态度对于今后北极治理将有重要影响。《宣言》指出,“海洋法赋予了北冰洋沿岸各国重要的权利和义务,涉及大陆架边界划分、海洋(包括冰封海域)环境保护、航海自由、海洋科学研究及其他的相关事务”。以海洋法为主体的法律框架“为五国和其他使用北冰洋的国家提供了有效管理的坚实基础”。五国表示,他们将恪守这些法律框架,有序解决任何领土或海域权力交叠产生的纠纷。《宣言》产生之后,世界目光将聚焦于围绕海洋法的博弈。

参考文献

[1] Klaus Topfer, UNEP, Jacqueline McGlade EEA, "Arctic Environment: European Perspectives", Environmental issue report No. 38, 2004.

[2] Verhaag, Melissa A., It is not too Late: the Need for a Comprehensive International Treaty to Protect the Arctic Environment, *Georgetown International Environmental Law Review*, 2003.

[3] Donald R. Rothwell, "International Law and the Protection of the Arctic Environment", *The International and Comparative Law Quarterly*, Apr., 1995.

[4] 王秀梅:《试论国际法之不成体系问题——兼及国际法规则的冲突与协调》,载《西南政法大学学报》2006 年第 2 期,第 30 页。

[5] 古祖雪:《现代国际法的多样化、碎片化与有序化》,载《国际法论坛》2007 年第 1 期,第 139 页。

[6] Yearbook of International Law Commission, 1982, Vol. 1, p. 202.

有关北极资源的国际法律机制及其发展趋势研究

——以拓展我国权益空间为视角*

董　跃**

摘　要：北极地区划分、保护和开发资源的国际法律机制尚处于初步形成阶段，主要包括斯匹次卑尔根群岛的特殊制度、渔业和物种保护的国际协议以及大陆架划分的相关制度与协议。围绕这一机制产生的法律争端主要源于对海洋法相关制度的理解和执行，其焦点在于对外大陆架和国际海底区域的争夺。对于机制的走向，基于北极在国际法上的法律地位的特殊性，仿照南极搁置主权订立统一的资源开发条约是不可行的。从我国在北极资源上的潜在权益出发，通过拓展和完善《联合国海洋法公约》的相关制度来解决北极资源法律争端是最为可行和有利的方式。

关键词：北极资源法律机制　斯匹次卑尔根群岛法律制度　联合国海洋法公约　外大陆架

一、研究背景及目的

北极由于蕴含丰富的自然资源、占据重要的战略地位以及可能带来的巨大经济利益和科研价值，已经成为人类研究和开发的重要领域。但是基于北

* 本文系刘惠荣主持的国家社科基金项目“海洋法视角下的北极法律问题研究”(08BFX081)阶段性成果。

** 董跃，博士生，中国海洋大学法政学院讲师。

极的国际法地位极其特殊,因此围绕着北极的领土定位、航道管辖、资源权属与开发、环境保护、科学考察等问题产生了一系列的法律争议。西方国家尤其是在北极拥有领土的国家①很早就致力于对北极的开发利用,并且对北极领土和航道的管辖权问题进行了深入的研究,提出了"历史固有权利理论"②以及将北极视为"公共领域"进行治理③等观点。迄今为止,这方面的研究依然是西方法学界研究和争论的热点问题,没有定论。

近年来伴随着北冰洋海冰的急速融化,增加了克服北极自然条件障碍进一步开发北极的可能性,也产生了一些新的法律问题,其中最为突出的就是资源的划分、保护和开发问题。研究表明,北冰洋海底蕴藏着丰富的矿产资源,石油预计可占世界总储量的25%,天然气可占世界总储量的45%;而北冰洋的生物资源也极为丰富,巴伦支海、挪威海和格陵兰海是世界著名的渔场之一,近年的捕鱼量约占世界的8%—10%。因此围绕着北极的资源权属(主要表现为大陆架的划分)以及对相关的科学考察和开发行为的法律管制问题,西方法学界在近几年开展了一系列的研究。④ 其中最为主要的焦点之争集中在相关争端的解决途径之上。

我国地处北半球,北极地区的开发对于我国具有重大意义,其自然资源开发对解决我国的资源枯竭问题也有潜在的价值。但我国目前对于北极的法律问题研究甚少,相关著述匮乏,个别专题研究也主要是关注北极领土争端的国际法背景。⑤ 在国际环境法领域更是如此,只有一些教材对于"北极环境保护战略"等软法有一些概括性的介绍。⑥ 尤为重要的是,我国缺乏对《斯匹次卑

---

① 包括加拿大、丹麦、芬兰、冰岛、瑞典、挪威、俄罗斯和美国。

② See Pharand Donat, "Canada's Arctic Jurisdiction in International law", *Dalhousie Law Journal* (1983).

③ See Oran R. Young, *Creating Regimes: Arctic Accords and International Governance*, Ithaca: Cornell University Press, 1998.

④ See Myron H. Nordquist, John Norton Moore edited, *International Energy Policy, the Arctic and the Law of the Sea*, Leiden. Boston: Martinus Nijhoff, 2005.

⑤ 参见吴慧:《"北极争夺战"的国际法分析》,载《国际关系学院学报》2007年第5期;王秀英:《国际法视阈中的北极争端》,载《海洋开发与管理》2007年第6期。

⑥ 参见王曦:《国际环境法》第十四章第二节《北极地区环境保护法》,法律出版社2005年第2版,第267—269页。

尔根群岛条约》的研究，该条约是我国在北极进行合法科考和开发活动的依据。总的看来，和我国法学界对于南极的研究比较而言，北极法律问题特别是资源法律问题的研究基本等同于空白。

因此，本文拟选取北极的资源法律问题作为切入点，以拓展我国在北极的权益空间为目的，对保护和开发北极资源的相关国际法律机制进行概括，并对其相关理论争议及发展方向进行分析，提出我国的权益空间所在以及应采取的立场。

二、北极资源保护与开发的法律机制及相关争端

（一）斯匹次卑尔根群岛的特别制度及争议

1.《斯匹次卑尔根群岛条约》

斯匹次卑尔根群岛地处北极圈内，位于巴伦支海北部，具有重要科考价值和矿产、油气、渔业资源的开发潜力。群岛最初发现于 12 世纪末，挪威、英国、荷兰等均曾主张群岛发现权。19 世纪末起，挪威、俄罗斯等国国民开始到群岛采矿，各国对矿产权属产生争议。经多轮国际谈判，各国于 1920 年 2 月 9 日在巴黎签订了《斯匹次卑尔根群岛条约》。我国于 1925 年加入该条约，并且依据该条约于 2004 年在群岛上设立了我国在北极的首座科学考察站黄河站。因此，《斯匹次卑尔根群岛条约》是我国与北极的重要法律连接点，是我国行使北极权益的重要法律依据。

条约宗旨是在群岛地区建立公平制度，以保证对该地区的开发与和平利用，主要内容是：根据本条约，承认挪威对斯匹次卑尔根群岛和熊岛拥有充分和完全的主权；该地区不得用于战争目的；缔约国国民有权自由进入该地区并在遵守当地法律的条件下平等从事海洋、工业、矿业和商业等活动；挪威政府应制定采矿条例，规定与采矿有关的税费和经营条件，并应在实施前交各缔约国审议。① 附件主要规定了确定群岛土地权属的程序。条约是平衡各方资源权属冲突的妥协方案，一方面承认挪威对该地区充分和完全的主权，一方面明

① 参见《斯匹次卑尔根群岛条约》第 7 条及第 8 条。

确了各缔约国国民自由进入、平等经营的权利，包括对资源的勘探和开发，形成了一种独特的法律制度，对解决相关争端具有一定借鉴意义。

2.《斯匹次卑尔根采矿条例》

条约生效后，挪威对群岛进行了有效管理，颁布了《斯瓦尔巴法令》。法令是挪威关于群岛管理的基本法律，明确了群岛的立法、司法、行政制度。在资源方面，根据条约和《斯瓦尔巴法令》，挪威颁布了专门适用于群岛的《斯匹次卑尔根采矿条例》。条例重申了各缔约国国民平等采矿的权利，并规定了具体采矿规则：(1)关于矿产调查。除在自有土地上进行调查之外，矿藏调查应获得采矿专员或警察总长颁发的许可证。(2)关于发现权。经合法调查发现矿藏后，标记发现地点并书面通知采矿专员，即可获得优先于后续发现者的发现权。(3)关于采矿权。发现权人可于标记发现地点5年内向采矿专员提出采矿权调查申请。如采矿专员经调查决定授予采矿权，应颁发执照并刊宪。刊宪6个月内无异议，采矿权最终确定，采矿权所有人获得在批准范围内开采矿藏的独有权利。(4)采矿权人应履行最少工作日、劳动保护方面的义务。①

3. 相关争议

首先是各国可以开采资源的范围问题，在群岛条约订立之时，专属经济区及大陆架制度尚未确立，因此俄罗斯和冰岛都认为，群岛的法律制度应适用于专属经济区，缔约国国民可在专属经济区自由地从事商业性捕鱼和油气资源开发等活动。挪威则认为，条约规定的是自由进出权利的适用范围及平等经营权的范围仅限于群岛陆地和领水。这一问题目前尚无定论。②

其次，是挪威颁行的《斯瓦尔巴环境保护法令》，对很多商业行为包括捕鱼和油气开发都通过许可证制度和环境影响评估制度进行活动管理。这遭到了俄罗斯的强烈反对，并且提出"根据国际法优于国内法的原则，保留在法令

---

① 从实施情况来看，美、英、荷兰、瑞典等都曾在群岛采矿，后陆续退出。条约生效以来，俄罗斯及挪威公司在群岛采煤，俄年产量约50万吨，挪年产量约40万吨。

② Finn Sollie, "The Soviet Challenge in Northern Waters-Implications for Resources and Security", in Kari Mottola eds., *The Arctic Challenge: Nordic and Canadian Approaches to Security and Cooperation in an Emerging International* Region, Boulder & London: Westview Press, 99 (1988).

与1920年条约冲突时不遵守法令的权利”。

（二）渔业和保护物种的协议

1. 渔业协议

至今，国际上尚未形成专门针对北极地区的特别渔业协定，因此可以认为在北极地区对渔业资源的保护和开发应当适用国际上一般性的渔业协议，如《公海捕鱼和生物资源保护公约》、《国际捕鲸管制公约》以及《关于执行〈联合国海洋法公约〉有关养护和管理跨界鱼类种群和高度洄游鱼类种群的规定的协定》等；在北极国家管辖海域内应当适用各国国内渔业资源管理的法律法规。

另外根据《联合国海洋法公约》，几乎所有的北极沿海国家都建立了200海里专属经济区以及宽度不等的专属渔区。在专属经济区内针对主要的资源种类实行捕捞配额（Quotas），而配额的制定除了可持续发展的需要之外，往往会加入价格保护和国家利益的考虑。① 例如，俄罗斯对鄂霍茨克海中部海域的专属经济区政策，使得我国只能以协议的方式在该海域入渔，并须向俄方支付巨额资源配额费和观察员工资。虽然北极绝大多数地区还没有商业捕捞，但美国等国家已经开始制定或者完善专门针对北极的渔业管理计划，应对全球变暖可能导致的商业捕捞机会。

2. 保护北极物种的协议

北极有丰富的物种，北极熊、海豹、各种各样的候鸟等等。为保护这些物种，以北极国家为主制定了一系列保护北极物种的条约和其他国际法文件，包括：1973年加拿大、丹麦、挪威、前苏联和美国共同签订的北极熊保护协议；1911年，美国、俄国和英国等签署的保护毛皮海豹条约；1913年美国和英国签订的保护北极和亚北极候鸟协议（后加拿大也加入该协议）；1976年由前苏联和美国签订的保护北极候鸟及其生存环境协议；2000年美国和俄罗斯《养护和管理阿拉斯加—楚科奇北极熊数量协定》等等。这些协议的特点是形式比

---

① Honneland, G., “Fish Discourse: Russia, Norway, and the Northeast Arctic Cod”, Human Organization, 63 - 77, 2004.

较简单,目的也比较单一,主要是保护自然资源、保护物种①以及保护缔约国利益②。由于我国并未参加这些条约,因此这些国际环境法文件对我国并无约束力。

(三)资源权属的划分及争端

总体来看,北极现有的保护和开发资源的法律体系还是非常稚嫩的,尤其是对矿产资源,还处在对蕴含矿藏的海底区域的争夺阶段,其表现即对大陆架的划分。③

1. 北极国家之间的划分协议

北极各国就各自之间的海域和大陆架划分,已经达成了一系列的协议,如1957年2月15日,挪威和前苏联协议划分了瓦朗格尔峡湾(Varanger Fjord)海域的领海边界;1973年丹麦和加拿大签订了《加拿大和丹麦关于划分格陵兰和加拿大之间的大陆架的协定》,划分丹麦的格陵兰岛和加拿大的北极群岛之间的大陆架边界;1979年,丹麦和挪威划出了长32海里的等距离的海底与渔业边界;1990年,美国和前苏联确定了在白令海和楚克奇海(the Bering and Chukchi Seas)的海洋边界;1997年,丹麦和冰岛完成了关于丹麦的格陵兰岛和冰岛之间的海洋边界的划分等。

2.《联合国海洋法公约》的相关制度

---

① 例如《北极熊保护协议》载明:“各个缔约国充分认识到作为北极地区的国家对于保护本地区的动植物的特殊责任,并充分认识到北极熊作为北极地区的重要资源需要特殊的保护措施。”

② 如《美英(加拿大)保护北极亚北极候鸟协议》载明许多种类的鸟类对于消灭破坏在美国和加拿大的森林和有益作物(例如农作物)的害虫具有重大的作用,因此缔约各方希望阻止滥杀及设法保护对人类有益处或本身无害的候鸟。所以采取了能有效达到此目的的一系列的统一保护措施并最终达成此协议。

③ 如冰岛和挪威对位于扬马延岛海域大陆架的主权权利的争夺。挪威将扬马延岛视为其主权管辖下的岛屿并建立了专属经济区;而冰岛认为,扬马延只是礁石不能划定专属经济区和大陆架,而且扬马延处于冰岛本土大陆架在挪威海域延伸部分当中,因此应属于冰岛所有。这一争端最后因挪威的让步才获得解决。参见蔡鹏鸿:《争议海域共同开发的管理模式:比较研究》,上海社会科学院出版社1998年版,第96—108页。此外,俄罗斯北冰洋洋底的插旗行动,加拿大设立军事训练中心和深水港,丹麦对罗蒙诺索夫海岭的考察,其根本目的也都在于对资源的争夺。

根据《联合国海洋法公约》的规定，就北极地区而言，所有北极国家都可以根据《联合国海洋法公约》拥有毗连其海岸、面向北极的自领海基线量起200 海里的大陆架和专属经济区。并且北极国家在大陆架上行使的是“主权权利”，这种主权权利是一种经济权利，而非政治权力，即沿海国勘探和开发大陆架上的自然资源的权利；自然资源包括矿物资源（主要有煤、铁等）、其他非生物资源（石油和天然气固体）和定居种的生物。①

此外，根据《联合国海洋法公约》第 76 条第 8 款的规定，沿海国可以主张200 海里外至 350 海里或 2500 公尺等深线 100 海里以内的外大陆架权利，其前提条件是国家陆地领土的自然延伸，而且这种延伸必须是超过了自领海基线量起 200 海里的界线。

从自然地理上看，外大陆架应该是属于沿海国大陆边的一部分，其外部界限不应超过大陆边的外缘。从权利的确立看，沿海国划定 200 海里范围以内的大陆架，无须向大陆架界限委员会提出申请，只需将有关已经确定的划界说明和数据、资料提交联合国秘书长处保存即可。而划定外大陆架的外部界线，则必须将划界案提交大陆架界限委员会审议，在委员会建议的基础上划定的界线才具有确定性和拘束力。从对大陆架自然资源的开发来看，沿海国对200 海里以内的大陆架的开发，《联合国海洋法公约》并无缴纳费用或实物的要求。但沿海国对外大陆架的开发，原则上应向国际海底管理局缴纳一定的费用和实物。②

3. 相关争议

现在北极国家对大陆架的划分主要就是争夺外大陆架，很多国家希望通过确认本国的外大陆架从而达到分割占有北极海底的目的。早在 2001 年 12 月 20 日，俄罗斯政府就按照《联合国海洋法公约》的规定向联合国秘书长提交了划界案，该划界案包括俄罗斯申请从测算领海宽度的基线量起超过 200 海里的大陆架外部界限的资料，其中包括有对白令海峡、巴伦支海、鄂霍次克

---

① 《联合国海洋法公约》第 77 条至第 78 条。

② 《联合国海洋法公约》第 82 条。

海相关海域的划分请求。① 而挪威也于2006年提交了划界案，其中包括北冰洋中的西南森海盆。虽然这两个请求都尚未得到联合国的批准，但是申请国仍在不断补充相关材料，并且推动了北极各沿海国外大陆架划界的准备和申请步伐。

这里就引发了非北极国家的利益如何保障的问题。从大陆架制度来看，北极国家大陆架以外的海床洋底及其底土是"国际海底区域"，北极国家专属经济区以外的海域则是公海。在国际海底区域和公海，世界上所有国家都有权按照海洋法公约去行使相应的权利。但是北极国家并不这样想，就现有的趋势来看，北极国家在很多情况下都遵循"对内斗争、对外封锁"的政策，希望将北极的权益之争仅仅限定在环北极国家之间，通过划分外大陆架来内部瓜分北极海底，这是和大陆架制度相背离的，但是大陆架制度也没有很好的制约措施和对其他国家权益的保障措施。

三、北极资源法律争端的解决路径分析

（一）"南极模式北极化"的设想及理由

对于在北极出现的相关争议和法律冲突的解决路径，最主要的观点之一即应当仿照参照《南极条约》体系，在北极地区也建立一个类似于《南极条约》的北极条约体系。② 而围绕北极资源产生的法律争端以及相关空白，可以通过在"北极条约"中确立"冻结领土要求，开展国际合作"的原则以及制定专门的"北极矿产资源活动管理公约"和"北极生物资源保护公约"来解决。其原因包括以下几个方面：

1. 南北极的相似之处。北极与南极存在很多相似性，而且南极模式也取得了很大的成功。这些相似之处包括地理位置都处在地球的一端、气候条件

① 参见吴慧：《"北极争夺战"的国际法分析》，载《国际关系学院学报》2007年第5期，第36—42页。

② See Verhaag, Melissa A., "It is not too Late: the Need for a Comprehensive International Treaty to Protect the Arctic Environment", *Geo rgetown International Environmental Law Review*, 2003.

类似、人类居住情况类似等等。①

2. 南极模式中冻结主权的做法可以解决北极现有的问题。有学者提出南极条约在北极问题上最有借鉴意义的便是该条约中的一个关键性条款，即第四条款，其中提出了所有想在此大陆上主张领土权利国家的领土竞合权。该条款实质上将所有国家在南极的权利暂时搁置，声明条约并不表明所有先前主张对此大陆拥有领土权利的国家放弃权利。但是该条款同时也明确了在此条约执行过程中，任何国家都不能对南极有新的领土主张。这一约定使得所有国家都必须抛弃任何有关领土争议的前嫌而将注意力集中于其他重要的问题上，例如共同开采自然资源。②

3. 斯匹次卑尔根群岛条约与南极条约的相似及示范作用。有学者认为，与南极条约体系相比较，斯匹次卑尔根群岛条约无论是内容还是缔约国的组成更接近于《南极条约》，所不同的是该条约仅针对北极地区的斯匹次卑尔根群岛。该条约不失为当代解决国际权益争端的一个典范，它为冲突各方提供了解决问题的思路：搁置争议、共同开发。这也是避免冲突升级损害共同利益的唯一办法。因此，世界上所有国家的政府完全可以而且有必要按相同的思路，共同签署一个类似于"斯匹次卑尔根群岛条约"的北极条约，以"北极永远专为和平目的而使用，禁止在北极设立一切具有军事性质的设施以及从事任何军事性质的活动；冻结对北极的领土要求；各缔约国的公民在遵守有关法律的前提下可以自由进入北极从事正常的生产和商业活动；北极是人类共同继承财产，任何国家、任何自然人、法人均不得将北极据为己有"等为主要内容，将"北极环境保护战略"中的有关内容纳入并效仿《南极条约》中的内容予以细化，理顺各方关系、调和各方冲突。③

① See Koivurova, Timo, "Environmental Protection in the Arctic and Antarctic: Can the Polar Regimes Learn from Each Other?", *International Journal of Legal Information*, 2005.

② See Verhaag, Melissa A., "It is not too Late: the Need for a Comprehensive International Treaty to Protect the Arctic environment", *Geo rgetown International Environmental Law Review*, 2003.

③ 参见王秀英：《国际法视阈中的北极争端》，载《海洋开发与管理》2007 年第 6 期。

（二）对"南极模式北极化"的批评

我们认为，虽然南极模式北极化有一定的道理，但是基本上是行不通的，原因如下：

1. 南北极法律制度的基础因素大相径庭。虽然北极与南极在地理环境、生态状况存在相似之处，但两者的情况并不完全相同，尤其是在地区管辖权问题上，而这一问题恰恰是决定这一区域国际法走向的基础。北极并不是一个单独的洲，其周边领土被八个国家分别管辖，其国家间利益的冲突使得解决北极地区法律问题复杂化。南极比北极有相对简单的政治环境使国际社会更容易形成一个综合性的条约——《南极条约》，去解决南极各个方面的法律问题。但是对北极问题要达成这种共识的前提是，周边各国首先要维护本国利益，然后才会考虑在此基础上是否需要建立一个国际条约，以及符合本国利益的条约内容。这样的协议必然会遇到各种利益冲突，增加了在北极建立一个世界性条约的难度。①

2. 北极地区冻结主权是不可行的。首先，综合考虑国家利益来看，单纯地限制北极周边国家的划界争端并不是解决问题的根本方法。国家经济利益的驱动导致这些国家对北极自然资源的争夺是难以避免的。其次，同各国对南极的实际控制力较差不同，北极国家对北极的开发利用都已经有了一定的历史积累，有些甚至一直有原住民在北极居住。北极国家有更加强有力的手段来对北极进行控制和开展争夺。

3. 斯匹次卑尔根群岛条约与南极条约存在根本不同。虽然斯匹次卑尔根群岛条约与南极条约都是秉承"搁置争议、共同开发"的原则，但是两者的出发点或者说立约基础是完全不同的，后者是冻结主权，而前者的立约宗旨就是强调缔约国对挪威在斯瓦尔巴群岛的主权的尊重，换句话说，斯瓦尔巴群岛之所以能搁置争议，就是因为最大的争议主权问题已经得到了解决，挪威才愿意让渡其他方面的权益。它的实质和南极条约是完全不同的。另外，虽然现

① See Mark Jarashow, Michael B. Runnels, & Tait Svenson, "UNCLOS and the ARCTIC: the Path of Least Resistance", 30 *Fordham International Law Journal*, 1587, 2007.

在世界上多数国家的科考站都设在斯匹次卑尔根群岛，但就北极整体而言，该群岛的面积所占比例非常之小，①可以说微乎其微，因此其影响力十分有限。

四、结论：我国的权益空间与主张

从现有的北极资源法律机制来看，我国除了在斯匹次卑尔根群岛上同其他群岛条约缔约国一样，拥有对矿产资源的勘探、开发权利和根据海洋法公约以及北极国家的国内立法有在北冰洋相应海域捕鱼的权利外，潜在的资源权益空间主要是和大陆架制度以及国际海底制度联系在一起的。从现有的北极国家所确认的大陆架来看，北极还有很大一部分海底属于国际海底区域，但是如果以俄罗斯为首的提出外大陆架申请的国家的请求得到批准的话，那么北极的海底将基本被分割完毕。

这里就又涉及北极资源法律机制的未来走向问题，我们认为，纵览目前的相关法律文件，《联合国海洋法公约》是平衡各签约北极国家②之间利益以及相关非北极国家的最有效的途径。一方面通过上文的分析不难看出，围绕北极资源现有的法律争议多数要归结到对海洋法制度的理解和执行之上，如斯匹次卑尔根群岛条约的适用范围问题、外大陆架的划分问题以及海洋鱼类和其他生物资源的养护问题；这些都需要在海洋法体系内给予回应；另一方面是我国未来在北极的资源权益空间主要集中在北极的公海海域和国际海底区域，坚持海洋法公约所确立的划分原则，严格限制批准在北极拥有外大陆架的申请，有助于维护北极地区公海及国际海底区域的法律地位。

当然《联合国海洋法公约》的现有制度在解决北极争端上还存在不足，我们应当主张对其相关制度进行发展和完善，尤其是可以从“冰封区域”特殊制度出发，争取针对北极的情况创设一系列新的专门制度来解决北极问题。而且作为纷乱的北极国际法体系中的一部分，公约还需要解决和其他条约的冲突问题。

---

① 北极整体面积约 2100 万平方公里，而斯匹次卑尔根群岛面积仅约 6 万平方公里。

② 美国尚未加入，但是其国内主流意见赞成尽快加入海洋法公约。

生物多样性的知识产权保护:国际观点与中国应对

——以 TRIPs 协议和 CBD 为视角

于 文 轩*

摘 要:在有关 TRIPs 协议与 CBD 关系的国际谈判中,主要国家在二者之间是否存在冲突、事先知情同意和惠益分享制度、解决冲突和问题的方式等方面的观点均存在分歧。分歧的原因可从各国生物多样性赋存状况、现代生物技术发展状况、国内环境意识状况、处理国际事务的一贯态度等方面进行考察。在有关谈判议题中,TRIPs 协议与生物多样性保护、现代生物技术、遗传资源获取与惠益分享以及传统知识保护之间的关系等问题,事关我国的实质利益,应慎重对待。我国在谈判中应坚持生物多样性与生物技术协调保护、使 TRIPs 协议体现 CBD 的思想、充分考虑生物资源提供国的利益三项基本原则,在谈判中采取务实灵活的态度,重视双边谈判和区域谈判,适时阐明发达国家不合理的主张,并注意发挥环境保护 NGO 在谈判中的积极作用。

关键词:生物多样性 知识产权 保护 谈判对策建议

在 GATT 框架下,生物多样性的知识产权保护未能受到应有的重视。WTO 在这方面取得了相当大的进步,其框架下的诸多国际法文件均涉及生物多样性和知识产权保护,其中体现得最为明显的是《与贸易有关的知识产权协议》(TRIPs 协议)和《多哈部长宣言》。此外,其他多边贸易协议,如《关税与贸易总协定》、《服务贸易总协定》、《技术性贸易壁垒协议》、《实施卫生与植物卫生措施协议》,也涉及生物多样性保护和知识产权的保护。与此同时,

---

* 于文轩(1975—),黑龙江人,清华大学法学院博士后,研究方向:环境法学。

作为生物多样性保护国际法发展史上的一个里程碑，《生物多样性公约》(CBD)对知识产权的保护给予了一定的重视，这不仅体现在《生物多样性公约》的目标上，而且还体现在就地保护、遗传资源获取、技术交流和信息交换、技术合作、生物技术惠益分享、资金和财务机制等诸多方面。然而，有关国家在相关国际谈判中对于 CBD 与 TRIPs 协议之间关系、相关法律规范的适用关系以及在国际法层面的进一步行动等问题上却产生了较大的分歧。明确这些分歧的原因及其对我国的影响，并提出我国在谈判中的对策建议，对于确保我国在生物多样性知识产权保护领域的国家利益具有重要意义。

一、主要国家关于生物多样性知识产权保护的观点及其成因

（一）主要国家的观点分歧

在有关国际谈判中，主要国家在如下三个方面均存在分歧：

1. 关于 TRIPs 协议与 CBD 是否存在冲突

关于 TRIPs 协议与 CBD 是否存在冲突的问题，以印度、巴西为代表的发展中国家认为，TRIPs 协议与 CBD 的关注目标不同。TRIPs 协议关注知识产权权益的最终实现，最大限度地保护人类的精神财富；而 CBD 则关注生物多样性的保护、持续利用其组成部分以及公平合理地分享由利用遗传资源而产生的惠益。TRIPs 协议允许基于生物或遗传资源以及传统知识的专利申请被授予专利权，而专利权授予并没有要求事先知情同意或者达成惠益分享的协议，由此有可能会导致基因资源提供国的资源被掠夺性开采，进而损害该国的利益。CBD 明确提出国家对遗传资源和传统知识享有主权；但 TRIPs 协议中却没有任何条款具体保护基因资源提供国的权益，由此有可能被无节制地掠夺属其所有的遗传资源和传统知识。因此，发展中国家认为，TRIPs 协议的实施可能在一定程度上损害 CBD 目标的实现，并进而损害发展中国家的相关利益。

包括欧盟和美国在内的大多数发达国家认为，TRIPs 协议与 CBD 的目标是一致的，两者都是为了促进社会和经济福利。TRIPs 协议规定“各国知识产

权保护制度的基本公共政策目标,包括发展目标和技术目标”以及“最不发达的国家成员在国内实施法律和管理方面特别需要最大的灵活性,以便能够创造一个良好和可行的技术基础”,这为CBD目标的实现提供了一个相当大的空间。同时,发达国家认为,TRIPs协议的实施有利于CBD目标的实现,因为针对基于生物资源或传统知识取得专利权的发明或创造的商业推广,有助于生物资源和传统知识转化为物质财富,从而有利于实现CBD所倡导的惠益分享机制的实现。

2. 关于事先知情同意和惠益分享制度

关于是否应建立事先知情同意和惠益分享制度的问题,印度、巴西和其他发展中国家认为,应要求专利申请人披露生物资源的原产地及专利中所使用的传统知识的来源,提供经有关机关批准的事先声明许可的证明,并提供公平的惠益分享的证据。欧盟尽管也认同来源地披露制度,但认为应当以专门的文件规范该制度,而不应对TRIPs协议进行修订;同时,欧盟反对将披露作为判断是否授予专利的附加形式或实质性要件,认为这样做是对TRIPs协议规则的“明显超越”。而美国、日本和加拿大则认为没有必要建立此种制度。美国提出,对于事先知情同意和惠益分享,由当事人双方通过合同机制就可以解决问题。

3. 关于解决冲突和问题的方式

关于解决上述冲突和问题的方式,发展中国家认为,应根据CBD对TRIPs协议进行修订,以保证CBD的全面实施。包括欧盟、美国和日本在内的大多数发达国家则认为,不应对TRIPs协议进行修订,因为两者之间没有冲突,可以同时被适用。与此同时,发达国家成员内部意见也有分歧。例如,瑞士认为应当在世界知识产权组织框架内进行修订;美国则坚持申请专利时要求披露相关信息是对TRIPs协议的违反,因为这使专利的申请增加了实质性的条件;欧盟认为,应当同时重视立法方式和合同方式,不应当以排斥的态度选择其一,只有两种方式共同运用,才有利于问题的最终解决。

(二)主要国家观点分歧的原因

由上可见,对于CBD与TRIPs协议的关系,各国的观点可以归纳为三个

“阵营”：其一是以巴西和印度为代表的“发展中国家阵营”；其二是以欧盟和瑞士为代表的“欧洲阵营”；其三是以美国、日本为代表的“美日阵营”，加拿大亦属于这一阵营。分属于这三个阵营的各国在国际层面上就 CBD 与 TRIPs 协议之间的关系问题基本站在同一或者类似的立场上。对于其原因，主要应从生物多样性赋存状况、生物技术发展状况、国内环境意识状况、处理国际事务的一贯态度等方面进行考察。

“发展中国家阵营”成员国的共同特点是生物多样性资源丰富，但生物技术发展相对滞后。长期以来，发达国家一方面从发展中国家大规模地获取遗传资源和传统知识，另一方面又将基于此种遗传资源和传统知识开发的产品和技术高价出售给这些国家，并通过专利等措施对这些产品和技术提供保护，使这些国家作为遗传资源和传统知识的原产国和来源国无法从中获得合理的惠益。有统计表明，仅在 1985 年，在发达国家出售的以植物为原料的药品中，其中许多是由原住民首次使用的，其价值高达 430 亿美元，但其中只有不到 1% 返回到原料所来自的社区。① 随着生物多样性价值的逐渐凸现，发展中国家越来越意识到保护生物多样性资源的重要性。所以，在相关国际谈判中，发展中国家主要关注对生物多样性的保护，以及开发利用生物多样性资源的惠益分享问题。同时，由于其生物技术发展较为滞后，发展中国家对于 TRIPs 协议中有关对生物技术提供知识产权保护的规定持非常审慎的态度，认为此种保护在更大程度上倾向于保护生物技术发展较快的发达国家的利益，不利于维护生物多样性资源原产国的利益，会产生事实上的不公平，因此主张以 CBD 的规定改造 TRIPs 的有关条款。这是“发展中国家阵营”的共同态度。当然，由于各国的国情不同，故而在该阵营中的各国观点也存在或大或小的差异。例如，印度秉承其在国际事务中的一贯作风，加之其国力日渐强大，在 TRIPs 协议与 CBD 之关系的谈判中也相对激进；与印度相比，巴西的态度则相对温和，这亦与其经济发展水平有关。

“欧洲阵营”成员国的最大特点是，生物技术较为发达，同时国民环境意

① [美]达里尔·A. 波塞、格雷厄姆·杜特费尔德：《超越知识产权》，许建初等译，云南科技出版社 2003 年版，第 30 页。

识较高。欧盟国家生物技术的发展是有目共睹的。这些国家为了保护其既得利益,同时推动其国内生物技术的进一步发展,所以在 TRIPs 协议与 CBD 之关系的谈判中更大程度地关注对生物技术的知识产权保护,并以此为基点,认为 TRIPs 协议与 CBD 在目标层面并不矛盾,对遗传资源获取的信息披露总体上持抵制态度。但与此同时,欧盟国家内部的环境保护运动在事实上对其政府施加了不小的压力,同时这些国家的"福利国家"政策使其对民众的态度关注程度较高,这使得欧盟在谈判中的态度不像"美日阵营"那样极端。例如,欧盟尽管支持美国提出的"合同机制",但同时亦提出"立法方式"对解决有关问题的重要作用,由此表现出了一定程度的灵活性和开放性。也正因如此,尽管同属于发达国家,"欧洲阵营"与"美日阵营"的态度也是有区别的;同时,也时有"欧洲阵营"的某些观点(如"全球治理体系"①)被"美日阵营"攻击的现象。

"美日阵营"成员国的最大特点是,生物技术发展迅速,并将由生物技术带来的经济利益置于首位来考虑。尽管该阵营内部各国生物多样性资源的赋存状况差别甚大,例如,美国的生物多样性资源相对丰富,日本却相对贫乏;但是对于经济利益的追求使这些国家在 TRIPs 协议与 CBD 之关系的谈判中站到了相近的立场上。例如,美国提出"合同机制",便得到了日本的积极响应。事实上,日本在这一问题上的态度也是其在对外事务上一贯亲美政策的体现。也正是基于经济利益考虑,该阵营在相关谈判中主要将落脚点置于贯彻 TRIPs 协议规定之上,甚至对欧盟的"全球治理体系"这样略带调和色彩的观点也表示明确反对。值得注意的是,尽管"发展中国家阵营"与"美日阵营"在"全球治理体系"上的态度在表面上一致,但其初衷和动因却处于两个极端。"美日阵营"坚持"合同机制",而"发展中国家阵营"则意在坚持以 CBD 的规定改革 TRIPs 协议。当然,在"美日阵营"内部,其态度也不尽相同。例如,在"全球治理体系"问题上,加拿大认为这一机制可以成为现有机制的"补充"②,而不是像美国那样予以全盘否定,这与其"在世界知识产权组织框架内

---

① Global Governance.

② Complement, see TN/TE/R/8, 13 May 2004, p. 14.

讨论 TRIPs 协议与 CBD 之关系问题”的主张相暗合。①

二、TRIPs 协议与 CBD 关系对中国的影响

由上可见，明确 TRIPs 协议与生物多样性的保护、遗传资源的获取和惠益分享、传统知识的保护以及生物技术的基本关系，是就中国在 TRIPs 协议与 CBD 关系谈判中应采取的对策提出建议的理论前提。

（一）TRIPs 协议与生物多样性保护之间的关系

从促进人类发展的根本目标来看，TRIPs 协议与 CBD 之间并不矛盾。虽然 TRIPs 协议重点在于规定知识产权保护的最低标准，侧重于照顾成功地利用了遗传资源的发明人的利益；而 CBD 的重点则在于保护遗传资源等生态环境和惠益分享，侧重于保护生态环境和遗传资源提供者的利益。两者处理的事务不同，法律性质不同，各自的任务和职责不同。然而，正如专利法和药品管理法一样，两者都没有相互禁止的条款。例如，TRIPs 协议并没有禁止各成员国通过行政、司法或管理措施行使保护本国的遗传资源、传统知识、事先知情同意和惠益分享的权利，CBD 也没有禁止对利用遗传资源得到的生物技术发明创造给予专利保护。相反，两者在某些方面还可以互相补充和支持。例如，TRIPs 协议规定的专利保护可以为惠益分享提供经济上的来源和保障，而 CBD 规定的资源保护和惠益分享的实现又为生物技术的可持续性开发提供了广泛的原料和公平合作的基础。

然而，TRIPs 协议与 CBD 在具体实施时，由于不同的利益主体对有关的规定有不同理解，其结果有可能会大相径庭。例如，CBD 确认了对生物资源利用的国家主权原则、事先知情同意、惠益分享和对传统知识的保护，而 TRIPs 协议则特别强调知识产权的私权性质。如果对某一新物种授予专利，

---

① Committee on Trade and Environment, World Trade Organization, *REPORT OF THE MEETING HELD ON* 13 - 14 *JUNE* 2002 (*WT/CTE/M/*30), September 11, 2002; IP/C/W/254; IP/C/W/284; IP/C/W/257; IP/C/W/236; IP/C/W/228; IP/C/W/209; IP/C/W/196; IP/C/W/164.

这一物种在一定时期内就不再是公共的,而只有其权利人才有权处分它。这对于生物多样性的保护显然是不利的。

中国作为一个生物多样性比较丰富的国家,同时又是这两个国际条约的缔约方,在两者发生矛盾时,应更多地坚持 CBD 规定的原则和制度,并推动对 TRIPs 协议不利于生物多样性保护的规定进行修订,以适应保护生物多样性的需要。在这方面,中国与巴西、印度等发展中国家有着相似的情况和相同的利益,在谈判中可以持类似的观点。唯有如此,才能确保生物资源的相关权利不会受到侵害,避免落入某些发达国家以知识产权保护为名而设下的陷阱。

(二)TRIPs 协议与现代生物技术之间的关系

TRIPs 协议授权缔约方为了保护公众利益或社会公德,包括保护人类、动物或植物的寿命及建康,或者为避免对环境的严重污染,有必要在一缔约方的领土上禁止一个发明的商业性实施,可以排除该发明的可专利性,其条件是这样的排除不是仅仅因为该发明的实施为其国内法律所禁止。[①] 这一条款的合乎逻辑的理解是,如果一种技术发明不对人类、动物或者植物的寿命及健康造成危害,不对环境造成严重的污染,就不能排除该发明的专利性。虽然包括转基因技术在内的生物技术的发展具有一定的环境风险,但我们不可能认为所有的生物技术都会对人类、动物或者植物的寿命及健康造成危害或者对环境造成污染,因此,TRIPs 协议的规定也就包含着对生物技术可以授予专利权的含义。特别是,《协议》还特别明确"缔约方应以专利方式或者一种有效的特殊体系或两者的结合对植物新品种给予保护"。[②] 而且还对这一规定的执行情况"将在本协议建立的 WTO 生效之日起的 4 年之内予以复查"。可以说,TRIPs 协议对生物技术的专利和非专利保护相当重视。

如前所述,我国具有丰富的生物多样性资源,同时生物技术的发展相对较快;生物技术对我国国民经济的发展正在起到越来越重要的作用。因此,在保护生物多样性的同时,我国应当鼓励生物技术的健康发展,在法律层面尤应如

① 《与贸易有关的知识产权协议》第 27(2)条。

② 《与贸易有关的知识产权协议》第 27(3)条。

此。中国的《专利法》虽然对动物和植物品种不授予专利，对动物和植物新品种的生产方法却规定授予专利，也就是说可以对生产动物和植物新品种的生物技术授予专利。同时，为了与 TRIPs 协议的规定相协调，中国还专门制定和颁发了《植物新品种保护条例》，实际上就包括了对采用生物技术生产的转基因植物新品种的保护。生物技术作为技术发明，除了有悖于社会公德或者妨害公共利益者外，理应授予专利。但对于克隆人方法、改变人生殖系遗传身份的方法、人胚胎的工业或商业目的的应用、可能导致动物痛苦而对人或动物的医疗没有实质性益处的改变动物遗传身份的方法以及由此方法得到的动物，则不应授予专利。这应当是中国在谈判过程中应该坚持的原则。

（三）TRIPs 协议与遗传资源获取与惠益分享之间的关系

CBD 规定了遗传资源的获取问题，确认了各国对其自然资源拥有的主权权利，同时要求每一缔约方应致力于创造条件，便利其他缔约方获取遗传资源用于无害环境的用途，而获取遗传资源须经提供这种资源的缔约方事先知情同意。提供遗传资源的缔约方可以与获取遗传资源的缔约方公平分享研究和开发此种资源的成果以及商业和其他方面利用此种资源所获的利益。[①] 由于大多数遗传资源在发展中国家和最不发达国家，所以 CBD 的规定是有利于发展中国家的可持续发展的。然而，虽然 TRIPs 协议并没有特别提到遗传资源专利的问题，但根据其规定的专利授予条件，它并没有禁止缔约方授予基因专利，而是只要它具有新颖性、创造性和工业实用性就有可能被授予专利。授予基因专利，就必然涉及基因资源的来源问题。TRIPs 协议对基因资源取得的事先知情同意、无害使用和惠益分享却只字未提。这种条约内容的安排显然是有利于生物技术发达而遗传资源相对贫乏的发达国家的。

在这一方面，中国可以在谈判中同意授予基因专利权，但应当坚持在国际法律文件中规定让申请人提供基因资源的来源和建立惠益分享机制。之所以如此，也是出于对中国现实情况的考虑。一方面，由于我国的生物多样性资源较为丰富，所以基因资源来源披露机制和惠益分享机制对于确保我国相关权

---

① 《生物多样性公约》第 15 条。

利不受侵害具有重要的意义;另一方面,我国生物技术的发展相当迅速,如果反对授予基因专利权,就难免会对生物技术的发展造成实际上的阻碍。所以,对于中国而言,基因资源来源披露、惠益分享和生物技术的专利保护,三者之中的任何一个均不宜偏废。

(四)TRIPs 协议与传统知识保护之间的关系

CBD 在其序言中有关于“认识到许多体现传统生活方式的土著和地方社区同生物资源有着密切和传统的依存关系,应公平分享从利用与保护生物资源及持续利用其组成部分有关的传统知识、创新和实践而产生的惠益”的规定,从而确立了保护传统知识的原则。而作为以保护知识产权为宗旨的 TRIPs 协议,则没有规定对传统知识产权的保护问题,这不能不说是一大缺憾。

中国目前没有保护传统知识的专门立法,专利法和著作权法也没有对传统知识保护的条款。一些作家、作曲家通过收集或改编民歌而取得了著作权和广泛影响的声誉,但提供传统知识的当地居民却没有得到任何利益。中国作为一个文明古国,具有丰富而广泛的传统知识。因此在谈判中,中国应当坚持对传统知识的保护,将传统知识作为知识产权的组成部分加以考虑。当然,在把传统知识作为知识产权加以保护时,应当考虑到传统知识与现有的传统知识产权的不同点,这主要是指:(1)知识产权形成的个体性,传统知识形成的集体性;(2)知识产权的新颖性,传统知识的历史继承性;(3)知识产权的私有性,传统知识的共有性;(4)知识产权保护的时限性,传统知识保护的持久性。有鉴于传统知识与知识产权的这些差异,我们建议在知识产权的框架下建立特殊的制度安排。

传统知识的保护将非常有利于欠发达国家和欠发达地区的可持续发展。如上所述,传统知识是广义上的生物多样性的组成部分,同时也应当是知识产权的组成部分。因此,保护传统知识具有双重意义。就生物多样性保护而言,对传统知识的保护是一个争论颇多的议题。有些国家借口对知识产权的保护,主张给予商业化产品和方法的发明者知识产权保护,但对于传统知识来源地的居民的利益却关注不足。因此,作为生物多样性较为丰富的国家,中国应当支持对传统知识的保护。就知识产权保护而言，在现阶段将传统知识纳入知识产权体系进行保护，又是一条必由之路。尽管传统知识与传统的知识产权存在前述诸多区别，但是在现阶段，除了知识产权保护方法之外，无论在国际社会层面还是在国内层面，均未找到更为合适的系统的法律保护方法对其进行保护。因此，在探索新的保护途径的过程中，中国应当支持对传统知识的知识产权保护。特别是对基于传统的创新、识别性标记、民间文学艺术作品、人工制品来源证明、工艺设计等内容，均可以通过现有的知识产权制度为其提供保护。① TRIPs 协议应当对这部分传统知识的保护作出更为明确的规定，以便在现有的知识产权框架之内，为传统知识的保护提供明确的法律依据。

应当注意的是，对传统知识的保护不应囿于现有的知识产权的范围，因为现有的知识产权体系更主要的是针对商业化的产品和方法而设计和建立的；对于除此之外的大部分传统知识的内容，应当通过传统知识产权保护方法以外的途径予以保护，也即在知识产权的框架下建立特殊的制度安排，而不应像发达国家那样忽视或者置之不理。

三、中国在 TRIPs 协议与 CBD 关系谈判中的对策

我国在相关谈判中应当坚持生物多样性与生物技术协调保护、使 TRIPs 协议体现 CBD 思想、充分考虑生物资源提供国的利益这三方面的基本原则；在谈判策略上，我国应采取务实灵活的态度和“攻其软肋”的谈判策略，同时重视双边谈判和区域谈判以及环境保护非政府组织在谈判中的积极作用。

（一）关于谈判原则的建议

基于当前 TRIPs 协议与 CBD 关系谈判的主要争议点、我国生物多样性和生物技术发展的现状和特点，以及我国在生物多样性保护和知识产权保护方面的迫切需求，我们建议，我国在谈判中应坚持三项基本原则。

1. 生物多样性与生物技术协调保护

---

① 宋红松：《传统知识与知识产权》，http://zscq.law.ytu.edu.cn/TKIP2.htm。

TRIPs 协议与 CBD 之关系的实质,是生物多样性保护与生物技术发展及其知识产权保护之间的关系。基于国际环境法的可持续发展原则,三者在战略层面不可偏废。考虑到我国生物多样性资源丰富、同时生物技术发展相对较快之特点,我国在谈判中既应当关注对生物多样性本身的直接保护,又应考虑生物技术的发展及其知识产权保护对生物多样性保护的积极作用,从而使谈判成果既有利于保护生物多样性和生物多样性丰富国家的利益和发展机会,又能够使生物技术发达国家从其科技发展投入中获得合理的利益,从而促进世界各国均衡而可持续的发展,进而维护我国的利益。

2. 使 TRIPs 协议体现 CBD 的思想

由于自由贸易不可避免地会对环境产生影响,而 TRIPs 协议在制订和通过时没有充分注意到其对生物多样性和生物多样性丰富国家利益的影响,同时《生物多样性公约》对全球生物多样性保护特别是遗传资源的获取和惠益分享问题,已经作出了较为合理的规定,这些规定非常有利于维护我国和广大发展中国家的利益,因此,我国在谈判中,应根据 CBD 中的“国家主权”、“事先知情同意”和“惠益分享”三原则对 TRIPs 协议中不合理的规定加以修订。

事实上,TRIPs 协议与 CBD 之间的关系,清晰地体现了 WTO 规则与多边环境协议之间的关系。作为一项多边环境协议,CBD 确立了上述三项原则,并提出对基于生物资源的传统知识进行保护;而作为一项贸易协定,TRIPs 协议则仅仅强调对知识产权这种经济性私权的保护。如果有关谈判能够推动贸易规则与多边环境协议的原则相协调,所有国家(特别是发展中国家)均可从中受益。因为贸易规则与多边环境协议的精神达成一致,就意味着贸易规则可以包容共同但有区别等原则,并有助于实现能力建设、技术援助、优惠的技术转让、资金支持等诸多机制。

3. 充分考虑生物资源提供国的利益

由于生物资源对人类生存和发展以及对生物技术开发极其重要,同时包括我国在内的绝大多数发展国家具有较丰富的生物资源,并对生物资源的存续、保护和发展作出了重要贡献,所以,我国作为发展中国家,应当对生物资源包括遗传资源提供国的利益给予更多的关注,并建立具体的生物资源有偿使用和遗传资源利用的惠益分享机制。事实上,建立这种机制不仅有利于生物资源提供国的发展，同时也可以保障生物技术发达国家生物技术的可持续发展。

（二）关于谈判策略的建议

基于上述基本原则，建议我国在谈判中采取如下四方面策略：

1. 采取务实灵活的态度

从总体上说，作为发展中国家，我国在 TRIPs 协议与 CBD 关系谈判中的利益与广大发展中国家是一致的，因为生物多样性资源丰富、生物技术相对落后等因素，是我国与其他发展中国家的共有特点。基于此，在谈判中，我国应最广泛地借鉴其他发展中国家的建议和主张，并结合我国的实际情况，与发达国家进行磋商和谈判。这是我国参加 TRIPs 协议与 CBD 关系谈判的一项基本原则，应予坚持。同时，我国也应充分考虑自身的特点，例如生物技术相对发展较快、传统知识资源异常丰富等，这一点与有些其他发展中国家的情况又不尽相同。因此，我国既不应完全照搬其他发展中国家的观点，也不应将其他发展中国家的观点进行简单的整合，而应根据我国的实际情况，提出符合我国自身利益的意见和建议。

同时，由于 TRIPs 协议与 CBD 关系谈判中的主要对立方是发达国家与发展中国家，而两者之间的利益冲突和观点差异又非常大，因而不可能在短期内就相关问题完全达成一致。为了实现我国的谈判目标，我们可以在坚持既定谈判方针、战略和策略的前提下，采取灵活的态度，对于对我国权益影响不大而一直争执不下的争议，建议留待日后探讨，或者作出战术性让步；而对于影响我国利益的实质性问题，则应始终坚持我方的意见，不作让步。唯有如此，才有可能在谈判中争取主动，同时维护我国的利益。

2. 重视双边谈判和区域谈判

知识产权保护问题非常复杂，各国都有不同的制度安排。一般来说，发达国家希望有比 TRIPs 协议更高的保护标准。在多边谈判难以达到其目标的情况下，发达国家便采用各个击破的方式，进行双边和区域谈判，因此他们便利用 WTO 协议的规定，作出了比 TRIPs 协议保护标准更高的安排。先是美国与许多国家达成了协议，后来日本、加拿大、澳大利亚等国都寻求这种双边或区域安排。现在发达国家越来越对知识产权的多边谈判失去兴趣。在这种情况下,我国应当一方面做好多边谈判的准备,争取在多边谈判中解决问题;另一方面也应当积极准备双边谈判和区域谈判,争取在与发达国家和发展中国家的谈判中都能争取到有利于我国的制度安排。

之所以应当重视双边谈判和区域谈判,除了上述客观形势的要求之外,其原因也在于,双边和区域谈判有其固有的优点,也就是比较容易达成共识。由上可见,在 CBD 与 TRIPs 协议关系问题上的争论,其根源是各国对其自身利益的不同考虑。多边谈判之所以很难在短期内取得实质性成果,就是因为各国在这一问题上的利益考虑各不相同。而相对于多边谈判而言,双边谈判和区域谈判的参与方比较少,其中的利益冲突尽管有时也会相当激烈,但因所涉方面和内容一般相对较少,因而比较容易达成共识。

对于中国和其他发展中国家而言,双边谈判和区域谈判在一定程度上也是有利的。一方面,双边谈判和区域谈判对于中国和其他发展中国家以知识产权方式保护生物多样性是有利的。因为在与其他国家在处理相关环境问题时所发生的法律关系,实质上是国际环境法律关系。此种法律关系的主体在实践中往往并不是"各国"(All Countries),而是"诸国"(Each or Every Country)。因此,即使以多边谈判的形式达成共识,在实施中所面对的仍然是单独的"诸国"。从这个角度讲,双边谈判和区域谈判所取得的成果,与多边谈判取得的成果,在效果上应当是一致的;而达成双边和区域共识又是相对容易和可行的,所以,积极参与双边谈判和区域谈判,同时也采取"各个击破"的策略解决与"诸国"在 CBD 与 TRIPs 协议关系问题上的争论,不失为良策。另一方面,通过双边谈判和区域谈判的方法首先取得小范围的共识,同时也为国际社会取得进一步的共识打下一个良好的基础,从而在实际上推动了在 CBD 与 TRIPs 协议关系问题上的分歧得以尽快解决。

3. 在谈判中找出并阐明发达国家不合理的主张

由上述分析可见,发达国家在谈判中所持的诸多观点无论从法理上还是从实践上,都有其不合理之处。而完全利己的不合理要求,必然有其理论缺陷和缺乏多数支持。中国在谈判中应注意发现并阐明发达国家在谈判中建议与要求的不合理之处,以便在相互磋商中掌握主动地位。例如,在有关 TRIPs 协议的谈判中，发达国家极力主张发展中国家应当实行市场经济，而市场经济就要发挥市场的作用，而不应由政府对市场进行过多干预。但发达国家对农产品的出口补贴，就明显地违反了市场经济的要求。再如，TRIPs 协议明确规定知识产权是私权，对私权的侵犯，按照法律原则，应当由被侵权人通过民事途径加以解决，其费用也应当由有关当事人承担。但发达国家在谈判中却要求政府机构加强执法，其执法的成本由政府和社会承担。因此，可以说，制度的安排和原则的规定是矛盾的。在这种情况下，我们就可以要求被侵权的国家（通常是发达国家）向执法任务较多的国家（通常是发展中国家）提供必要的执法费用，包括行政执法机构运转和执法过程中的费用，这也是一种能力建设费用。我国在谈判中可以就此提出知识产权行政执法的费用安排建议。这样，我国通过阐明发达国家的建议和要求的缺陷，即可促其在某些方面作出一定程度的让步。

不仅如此，这一谈判战术还有利于中国在发展中国家甚至某些发达国家间争取支持。因为国际环境谈判的实质是国家之间就利益安排进行磋商，某些发达国家的不合理要求，必然会与大多数发展中国家甚至一些发达国家的利益产生冲突。因此，在谈判中明确地指出这些不合理要求的实质，并提出有利于自身和国际社会公平处理有关问题的制度安排建议，就有可能争取相关国家的支持。这样，一方面有利于提高中国在谈判中的地位，另一方面也有利于有关问题的尽早解决。因为在多边谈判中，争议点越少，谈判就越易于达成共识；而通过指出发达国家的不合理要求，可以与大多数发展中国家和某些发达国家达致求同存异的结果，从而减少争议点，推动尽快达成一致。

4. 发挥环境保护 NGO 在谈判中的积极作用

在许多发展中国家和发达国家，非政府组织（NGO）扮演着社会“第三部门”的重要角色。特别是在环境保护方面，许多重要的国际会议都有非政府组织参与，非政府组织也发挥了重要的作用。在 WTO 谈判中，虽然非政府组织的作用相对较弱，但在与环境保护有关的谈判中，却越来越多地出现了非政府组织的声音。一些国家也以其国内的非政府组织反对为由，拒绝在有关问题上作出让步。

在实践中，诸多非政府组织在生物多样性保护方面发挥了重要作用。国际自然保护同盟(IUCN)起草的《世界自然保护大纲》1982 年在联合国大会上通过,从而为全球生物多样性保护作出了重要的贡献。此外,国际自然保护同盟在制定与生物多样性保护有关的重大国际公约方面也发挥了重要的作用,这些公约包括《非洲保护自然界和自然资源公约》、《濒危野生动植物物种国际贸易公约》、《野生动物迁徙物种养护公约》等。① 世界自然基金会(WWF)对《关于特别是作为水禽栖息地的国际重要湿地公约》、《濒危野生动植物物种国际贸易公约》和《野生动物迁徙物种养护公约》的有效实施作出了重要的贡献;另外还与联合国环境规划署共同委托国际自然保护同盟起草《世界自然保护大纲》,从而极大地推动了全球野生生物资源的保护进程。② 绿色和平国际组织(Green Peace)也开展与生物多样性保护有关的活动,致力于海洋污染、生物安全、森林资源保护等方面的宣传工作。③ 香港绿色和平组织针对美国孟山都公司欲在中国申请利用中国野生大豆基因生产的转基因大豆专利问题,发起一系列反对授予该转基因大豆专利权的宣传活动,最后使得美国孟山都公司没敢向我国申请该转基因大豆的专利。可见,环境保护非政府组织不仅极大地推动了国际环境立法,而且还通过在有关国家积极开展环境保护活动,潜移默化地影响所在国在有关问题上的态度,并在事实上已经形成了一股不可忽视的"绿色力量",对国际环境谈判和维护发展中国家的利益起到了积极的作用。

在中国,非政府组织在环境保护方面的作用没有被充分地发挥出来,而众多政府组织的 NGO 应当对环境保护非政府组织的发展作出相应的制度安排,

---

① 参见[挪]弗里德约夫·南森研究所编:《绿色全球年鉴(2001/2002)》,中国国家环境保护总局国际合作司译,中国环境科学出版社 2002 年版,第 331—333 页;[法]亚历山大·基斯:《国际环境法》,张若思编译,法律出版社 2000 年版,第 149 页;参见:http://www.cppcc.gov.cn/trs4/zxb/lshb/2001/e/AndrewIngles/sld001.htm。

② [挪]弗里德约夫·南森研究所编:《绿色全球年鉴(2001/2002)》,中国国家环境保护总局国际合作司译,中国环境科学出版社 2002 年版,第 340—341 页;[法]亚历山大·基斯:《国际环境法》,张若思编译,法律出版社 2000 年版,第 149 页;《大自然的守望者——世界自然基金会四十年历程》,参见:http://www.wwfchina.org/html/wwfinfo/wwf.html,2003 年 1 月;http://www.anqiu.gov.cn/aqjj/5.htm。

③ [挪]弗里德约夫·南森研究所编:《绿色全球年鉴(2001/2002)》,中国国家环境保护总局国际合作司译,中国环境科学出版社 2002 年版,第 326—327 页。

并对能够发挥维护国家利益作用的环境保护非政府组织给予更多的鼓励和支持。这并非仅仅是一个战略上的构想。在涉及 TRIPs 协议与 CBD 关系的相关谈判中，中国也可以充分发挥非政府组织的作用，在谈判中将环境保护非政府组织的意见——这些意见通常都有利于发展中国家——包含在提议内容之中。由于国际社会对环境保护非政府组织意见的重视程度越来越高，所以，包含非政府组织观点的提议会更具说服力，从而也会使我们的提议受到国际社会的更高程度的重视。

论我国绿色保障法律制度的构建

——以环境安全为视角

曾文革 付良鹏*

摘 要:为了保护生态安全,我国必须构建和完善绿色保障法律制度。本文介绍了绿色保障法律制度的概念和国际实践,然后从环境安全的视角分析 WTO 和我国的绿色保障法律制度的相关规定,以环境安全为中心论述建立和完善我国绿色保障法律制度的必然性,并对构建我国绿色保障法律制度提出建议。

关键词:国际贸易 绿色保障 立法 实施机制

一、绿色保障法律制度的概念及其国际发展趋势

(一)绿色保障法律制度概念的提出

20 世纪初,经济全球化的步伐进一步加快。但是,面对工业化所带来的酸雨、荒漠化、气候变暖等日趋严重的全球性环境问题,人们深刻地认识到在全球范围内加强环境保护、实施可持续发展战略的必要性和紧迫性。1977 年,美国世界观察研究所所长莱斯特·布朗在《建设一个持续发展的社会》一书中最早提出了环境安全的概念并进行了专门的阐述,①国家生态环境安全开始受到各国的关注。1978 年德国首先制定了环境标准法律制度后,各国纷

* 曾文革(1966—),男,重庆大学法学院副院长,法学博士,教授,博士生导师,武汉大学法学院博士后,主要从事国际经济法、环境法研究;付良鹏(1982—),男,重庆大学法学院环境与资源法学专业硕士,现在东亚银行(中国)重庆分行工作。

① 张勇:《环境安全论》,中国环境科学出版社 2005 年版,第 2 页。

纷制定各种法律制度以保护本国生态环境安全，如北欧四国的“白天鹅”制度，奥地利、日本、韩国、印度的“生态标志”制度等。① 1992 年联合国世界环境与发展会议的召开和 1995 年世界贸易组织贸易与环境委员会的成立都标志着生态环境安全在国际贸易舞台上扮演着越来越重要的角色，发挥越来越大的作用。目前，大多数发达国家都制定了相关法律制度来限制别国向本国出口不符合其环境标准的产品，如环境标志法律制度、卫生检疫法律制度等，绿色保障已成为国际发展潮流并出现相关法律制度。在此背景下，绿色保障法律制度的建立已成为国际发展趋势。笔者认为，绿色保障法律制度是指为了维护本国环境和经济主权，保护本国的生态环境安全，保障国民的健康，在符合 WTO 规则的前提下建立的限制或禁止他国不符合本国法律规定的产品和服务进口的法律制度。它有以下特征：第一，绿色性。因为绿色保障法律制度主要是以保护国家生态环境安全等绿色因素为目的。第二，保障性。绿色保障法律制度的实施能够保障国家的生态环境安全和国民健康。第三，综合性。绿色保障法律制度是一个综合全面的法律制度，它是一个既与环境紧密联系，又与国际贸易紧密联系的法律制度。

（二）绿色保障法律制度的国际发展趋势

目前，许多发达国家如美国、日本等已经建立了比较完善的绿色保障法律制度，瑞典、法国、丹麦等国也初步建立了成熟的绿色保障法律制度。从这些国家的发展中可以预见绿色保障法律制度的发展趋势：第一，绿色保障法律制度采用的法律保障措施的数量和种类日益增加。为了保护国家生态环境安全和国民健康，近几年，发达国家的绿色贸易法律保障措施在数量上和种类上都大幅度增加。根据 WTO 的一项统计表明，WTO 成员根据 TBT 协议（贸易技术壁垒协议）进行的咨询通报中，以法律形式确定的与环境相关的技术贸易保障通报量逐年增加，通报数占总 TBT 通报的比例已从 20 世纪 80 年代末的 10% 上升到 2000 年的 15% 左右，仅 2002 年至 2003 年，欧盟新颁布或修订的

---

① 曾文革：《中国绿色贸易法律制度研究》，法律出版社 2007 年版，第 16 页。

相关重要法规和标准就近 20 项。① 到目前为止,欧盟拥有的技术标准有 10 多万个,单对进口的茶叶在农药残留物和重金属方面就要检测 118 项指标;德国工业标准达 1.5 万种;日本有 8184 个工业标准和 397 个农产品标准,仅在农药残留量方面的标准就多达 6000 多个。例如对中国出口到日本的大米,在农药残留问题上就要检测 123 项指标。② 第二,绿色保障法律制度涉及的范围越来越广。近几年,许多国家的绿色保障法律制度涉及的范围不再局限于传统的食品、农产品等行业,还扩展到了机电、材料等领域。2001 年国际贸易研究中心的一项专题研究的研究结果表明,在其调查的 4917 个国际贸易产品中,有 3746 项受到绿色保障法律制度的影响,这些产品的贸易总额达 47320 亿美元,占当年世界进口总额的 88% 。③ 第三,绿色保障法律制度的要求越来越严格。近年来,由于科学技术日新月异的发展,许多国家的绿色保障法律制度所提出的标准越来越高。由于发达国家的科技水平比发展中国家高,所以他们的绿色保障法律制度中,对进口产品的环境要求对于发展中国家来说普遍较高。而且其绿色保障法律制度规定的一些措施已由针对最终产品发展到针对产品生产工艺过程与方法(PPMs),如美国木材包装法案和美国食品药品管理局(FDA)的《加工和进口水产品安全卫生程序》等。

绿色保障法律制度在全球范围内的发展速度越来越快,其影响范围也越来越广。而且随着科学技术的不断发展以及国际贸易的日益频繁,绿色保障法律制度与环境安全更加密不可分。

二、环境安全——绿色保障法律制度的新视角

(一)环境安全视角下 WTO 的绿色保障规则

WTO 已经充分认识到国际环境安全形势的不乐观,并作出了相应的规定

① 沈晓悦:《环境措施与市场准入》,载《WTO 新一轮谈判环境与贸易问题研究系列丛书之三》,中国环境科学出版社 2005 年版,第 29 页。

② 张汝根:《试析我国产品出口遭遇国外技术贸易壁垒的成因及对策》,载《生态经济》2008 年第 8 期,第 125—126 页。

③ A First Assessment of Environment-Related Trade Barriers, Nov. 2001, Lionel Fontagne CEP Ⅱ &TEAM(University of Paris and CNRS).

以维护环境安全，其中最重要的就是绿色保障法律制度。这些法律制度主要规定在：(1)《建立世界贸易组织协议》。其前言中写道："成员国应按照持续增长的目标，考虑优化使用世界资源，努力保护与保存环境，并通过与各国在不同经济发展水平的需要和关注相符合的方式，来加强环保的手段。"(2) GATT 第 20 条。"一般例外"的 b 款规定：缔约方可实施"为保障人、动植物的生命或健康所必需的措施"。g 款规定：缔约方可实施"与国内限制生产与消费的措施相配合为有效保护可能用竭的天然资源的有关措施"，但其实施的前提是"对于情况相同的各国，实施的措施不得构成武断的或不合理的差别待遇，或构成对国际贸易的变相限制"。(3)《技术性贸易壁垒协议》。其前言中规定："承认不应阻止任何国家在其认为适当的程度内采取必要的措施来确保它的出口货物的质量，或保护人类、动物或植物的生命或健康以及保护环境……，只要这些措施不致成为在具有同等条件的国家间构成任意的或不合理的歧视的一种手段或构成对国际贸易的一种隐蔽限制，并在其他方面与本协议规定一致。"(4)《服务贸易总协定》。其第 14 条 1 款(b)项规定："缔约方对国际贸易不得实施限制和歧视，但成员可采用或实施为了保护人民、动植物的安全和健康的措施，只要这类措施的实施不在情况相同的国家间构成武断的或不公正的歧视，或构成对服务贸易的变相限制。"(5)《关于贸易与环境的决定》。该决定规定了绿色壁垒与发展中国家优惠待遇原则。按照其规定，发展中国家的优惠待遇应融入 WTO 的环境保护措施之中，环境保护应考虑到各成员方的各自需要和不同的经济发展水平。

WTO 将这些绿色保障法律规则作为保障全球范围内环境安全的原则性措施，也极大地促进和引导了各国积极创建绿色保障法律制度以保障本国的环境安全和国民健康。

（二）环境安全视角下我国的绿色保障法律制度

保护生态环境安全，是各个国家设置绿色保障法律制度的基本目的。随着我国对外贸易的不断深入以及环境安全的严峻形势，完善的绿色保障法律制度显得更为迫切和必要。首先，在我国加入 WTO 后，发达国家利用贸易自由向我国转嫁环境资源负担的机会明显增多。加之我国的环境标准较低，环境保护法律体系不完善,以投资或技术转让形式实现污染转移相对比较容易。这对我国生态环境和国民健康造成严重的负面影响。构建和完善我国绿色保障法律制度将会把这些对我国环境和国民健康不利的废物和污染产业拒之门外,切实保护我国的生态环境,保障国民的健康。其次,在与发达国家贸易的过程中,我国由于长期以来环境意识不强,对自然资源没有正确的认识,对产品和资源的输出没有计算环境代价。所以,在贸易自由化的今天,我国与发达国家之间的很多废物进口贸易表面上看是公平的,实际上发达国家借此对我国的环境安全带来了威胁甚至破坏。据《中国环境报》统计,1990 年废物进口量为 99 万吨,进口额 2.6 亿美元,占当年进口总额的 0.49%;1993 年废物进口猛增至 828.5 万吨,进口额 15.75 亿美元,占全国进口总额的 1.5%;1997 年废物进口量再创新高,达 1119.3 万吨,进口额增至 29.5 亿美元,占全国进口总额的 2.07%。另据海关统计,仅 2007 年 1—4 月,我国废物进口就达 1324 万吨,比上年同期增长 7.3%。其中,外资企业进口 545.3 万吨,占 41.2%。① 我国的废物进口总量呈逐年递增趋势,给我国生态环境带来的威胁令人堪忧。建立我国绿色贸易壁垒法律保障体制,将在很大程度上改变这一情况,保证我国的生态环境安全。

三、以保障环境安全为中心构建我国绿色保障法律制度

(一)以"保障环境安全"为立法原则,指导绿色保障法律制度的建立

立法原则是法律的核心之一,它引导着每一部法律的精神和风格,确立科学合理的立法原则,是立法者最看重的工作。目前,全世界都非常关注环境安全。环境安全是在环境污染全球化的形势下,人们对"安全"的全新诠释。也可以说,环境安全使人类社会的生存免于环境问题的威胁和危险。② 因此,各

① 海关统计:http://www.customs.gov.cn/publish/portal0/tab2453/module72494/page1.htm(中华人民共和国海关总署网站),2008 年 12 月 1 日访问。

② 张勇:《环境安全论》,中国环境科学出版社 2005 年版,第 88 页。

国纷纷将“保障环境安全”明确确定为立法原则。当下，我国的生态环境状况不容乐观，保障环境安全也给我国的立法提出了更多的要求和使命。我国应当将“保障环境安全”明确确定为立法原则进行立法，并将“保障环境安全”纳入所有相关领域的政策制定和实施过程之中，指引我国绿色保障法律制度的建立，切实保障我国的环境安全。

（二）国际标准和国内标准相结合，全面建立我国绿色保障法律制度

首先，建立绿色技术指标体系。《技术性贸易壁垒协定》中明确规定：不得阻止任何成员方按其认为合适的水平采取为保护人类和动植物的生命或健康，为保护环境所必需的措施。为了保护我国的环境和保障公民及动植物的安全，我国应该利用法律建立我国的绿色技术指标体系，对进口的产品设置技术指标，不仅针对终端产品，还要针对产品的整个生产过程。其次，建立与国际标准相衔接的绿色标准体系。这是保护国内环境和国民健康、抵制环境殖民主义的最有效途径之一。它可以利用国际上先进、科学的标准来保护国内环境。所以我国应该加快建立有关绿色认证的法律法规和标准，按照通行的国际国内绿色认证要求，结合全球绿色科技的发展趋势，制定既符合我国实际、又符合国际发展趋势的绿色产品认证标准体系。可以借鉴日本的经验，建立强制性认证制度和自愿性认证制度。① 前者主要适用于消费品、电器产品和煤气用具等，后者则适用于所有产品。第三，建立绿色环境标志制度。由于绿色环境标志表明了产品或服务从研制、开发到生产使用直至回收利用的整个过程都符合环保要求，对生态环境和人类健康均无危害或危害较小，所以我国应通过立法要求进口商品具有绿色环境标志。德国 1978 年使用了“蓝色天使”环境标志，而我国 1993 年才开始发展环境标志。我国不但应尽快制定环境标志方面的法律、法规规范国内环境标志的管理，使其制度化，而且还必须提高环境标志的法律位阶，制定环境标志管理的专门立法。为此，应当提高环境标志制度的权威性，把《环境标志产品认证管理办法》及相关文件提升到法律的层次上来。第四，建立动植物卫生检疫制度和绿色包装法律制度。我国

① 孙敬水：《技术性贸易壁垒的经济分析》，中国物资出版社 2005 年版，第 264—265 页。

应当通过修正《进出境动植物检疫法》、《国境卫生检疫法》等法律法规，完善风险预警与快速反应机制，建立健全境外动植物疫情通报制度，适当提高检验检疫标准，严格检验检疫程序要求，以在不违反条约义务的前提下，更加有效地保障人民健康和环境安全。同时，大力发展绿色包装，颁布相关的法律法规，对进口产品的包装材料、包装废弃物的处理、包装容器结构等作出规定，要求相关人员强制执行，否则禁止相关商品进口和销售。

（三）以市场机制和科技发展为引导，丰富绿色保障法律制度

在市场经济环境下，科技日新月异，科技对国际贸易、生态环境以及人类的健康都产生着极大的影响力，很多新的科技对生态环境的影响还不为人们所知晓。为了避免其他国家利用先进的科学技术和自有的市场机制，将对生态环境和人类健康有不利影响的商品出口到我国，我国应该以市场机制和科技发展为引导，不断地丰富绿色保障法律制度。但是，需要考虑的是，如果在商品进口以后或者进口过程中，发现其有可能威胁环境安全，而国内并没有明确的绿色保障法律制度对其进行限制，这就要求我国建立环境预警制度。《里约宣言》规定："为了保护环境，各国应按照本国的能力，广泛适用预防措施，遇有严重或不可逆转损害的威胁时，不得以缺乏科学充分确实证据为理由，延迟采取符合成本效益的措施防止环境恶化。"①我国应该在法律中明确规定环境预警制度，以便严密掌握市场动态，遇到紧急情况时采取应急措施。

（四）坚持以人为本，完善我国绿色保障法律制度的实施机制

环境安全的一个重要内容就是保障人的健康和安全，绿色保障法律制度建立和实施最重要的目的之一也是保护国民的健康和安全。所以，在绿色保障制度的执法、司法过程中，我国应该从公民的健康和安全出发，以人为本，从以下方面不断完善我国绿色保障法律制度的实施：第一，完善环境行政管理体

---

① Declaration of the UN Conference on Environment and Development, Available at http://www.unep.org/Documents.Multilingual/Default.asp?DocumentID = 78&ArticleID = 1163, (last visited Dec. 3, 2007).

制。虽然经过20年的不断发展和完善，我国的环境行政管理体制已基本建立，但仍然存在不少问题，应从以下方面进行改进：(1)提高环境保护机构的地位。环境保护工作涉及国民经济的结构和社会生产力的合理布局以及资源的科学合理配置等重大的经济社会战略问题，需要高层次的综合协调，这就要求环境保护机构有较高的地位和权威。所以，我国应该通过立法明确规定环境保护机构的职权，提高其地位，深化其环境管理职能。(2)协调统一环境执法与贸易执法。目前，我国在绿色贸易的行政执法方面由环境保护部门和贸易管理部门分别进行，环境执法与贸易执法没有协调统一。由于绿色保障法律制度的综合性，我国必须建立科学的执法管理体制。这种管理体制健全的关键在国家有关部委之间以及中央与地方之间的职权划分，可以在商务部和环保总局以及质检总局之间建立协调机构，其成员由各方的人员担任，从而在处理有关环境与贸易问题时，该机构能综合考虑贸易与环境，从可持续发展的角度考虑问题。第二，完善环境行政执法机制。科学的环境行政执法机制是保障环境法律法规能够得到真正实施的基本条件。但是我国的环境行政执法机制还不完善，为了实现绿色保障法律制度的目的，保护我国的生态环境安全，我国必须完善环境行政执法机制。要完善各地区、各部门的分工与合作制度；要实行部门环境执法责任制。国家和各地方都应建立环境行政执法责任制，明确每个环境执法部门的执法岗位、执法权限、执法范围、执法依据、考核评议标准、过错责任类型和责任追究方法等；①要增强环境行政执法的透明度，建立行政执法公示制。GATT1994 第10条规定："缔约国有关进出口货物的销售、运输、检验等所使用的法令、条例和行政决定都应迅速公布，以使各国政府和贸易商熟悉它们。"另外，我国各级政府应尽快建立对国外技术和绿色壁垒的信息，加强我国的通报咨询网络建设，并建立国外绿色壁垒信息中心和数据库②，便于我国的贸易对象国和企业查询相关信息。我国还应该规定并公开相关的咨询服务信息，及时接受其他国家的信息反馈和意见。第三，完善

① 国家环境保护总局政策法规司：《中国环境保护法治理论与实践》，法律出版社2003年版，第150页。

② 徐敏：《绿色壁垒对我国出口贸易的影响及对策》，载《华东经济管理》2006年第11期，第41页。

环境司法和仲裁机制。为了与 WTO 所要求的司法审查制度保持一致,我国必须完善司法审查制度。要增强司法审查机构的独立性;扩大司法审查的范围,逐步取消行政机关的终局裁决权,使具体行政行为都纳入司法审查的轨道。还要完善相关的程序性规定,包括证据规则、法律适用规则和庭审程序规则,使司法审查在审理的过程中有章可循。另外,还要完善相关的仲裁机制。一是要建立临时仲裁制度,这对标的较小但结案时间要求非常高的案件非常有用;此外,目前我国对国内仲裁裁决既审查程序又审查实体,而对涉外仲裁裁决只审查程序。这种区别对待的模式不符合 WTO 的国民待遇原则,应对此加以改革,遵循国际惯例,对国内仲裁裁决与涉外仲裁裁决统一进行形式审查。

环境法学书评

HUANJING FAXUE SHUPING

贝克的"风险社会"理论及其对环境法学研究的启示

——《风险社会》与《世界风险社会》介评

刘卫先

摘　要：德国当代著名社会学家乌尔里希·贝克以其敏锐的洞察力发现工业社会的发展模式必然把人类带入风险社会，并向人们展示了生态环境、社会结构、科技、政治等多维度的风险社会，构成其独特的风险社会理论。了解和把握风险社会及其理论，有助于我们明确现代环境法的使命，准确定位现代环境法，并有利于环境法理论与制度的创新。

关键词：风险　风险社会　环境法

乌尔里希·贝克(Ulrich Beck)是德国当代著名社会学家，慕尼黑大学教授，长期从事社会发展和全球化问题的研究，思维活跃，著述颇丰。在不断进行理论创新的过程中，创立了风险社会学，提出了"风险社会"、"再现代化"等产生了广泛影响的重要概念，形成了自己独具特色的理论。主要著作有《风险社会》、《风险时代的生态政治》、《世界风险社会》、《风险社会理论修正》、《生态启蒙》、《反思性现代化》、《反毒物》和《世界社会的前景》等。贝克通过对现代化理论的反思，系统地提出了"风险社会"理论，对我国学术界产生了广泛而深刻的影响。

一、风险、风险社会及世界风险社会

风险(Risk)，本意是指冒险、危险，早期用于航海业，意为可能发生的危险，后来发展为保险业和法律术语，是指具有一定危险的可能性或可能发生危险、形成灾难。只要人们从事一定的行为，此种行为就有可能给行为人带来某种预料之外的不利后果，这就是风险。从这种意义上说，风险总是伴随着人类的活动而普遍存在于各种社会形态之中。但在贝克的风险社会理论中，风险有其独特意蕴，成为其整个风险社会理论的基础。

风险社会中的风险是一种现代化风险。贝克指出："风险是个指明自然终结和传统终结的概念；或者换句话说，在自然和传统失去它们的无限效力并依赖于人的决定的地方，才谈得上风险。"①在后现代工业社会中，物质世界的方方面面不受人类干预和影响的已经寥寥无几，人类很大程度上凌驾于自然之上。并且，在传统社会中，人生活的方方面面往往都受到传统的严格约束（如阶级、家庭、性别角色、婚姻、民主政治等），人必须循规蹈矩地生活，听天由命地接受外界的安排。而后现代社会则是一个自由开放的社会，传统对人们的束缚越来越少，传统规则已经失去其昔日的地位。在《世界风险社会》一书中，贝克对其风险概念做了八点阐释性的界定：②

第一，风险既非毁坏也非安全，而是真实的事实。风险并不等于"毁坏"，但它确实"威胁"毁坏。风险刻画出的是"安全"与"毁坏"之间的一种特有的中间状态，在这种状态中，人们对具有威胁性的风险的认识决定着人们的思想和行动。人们对风险的关注，开始于当潜在的灾难发生时人们对自己的安全不再信任，并且即使还存在信任，则这种信任已经变得无关紧要了。从这个角度来讲，贝克认为正是文化的认识与定义形成了风险，"风险"与"对风险的（公共）定义"是同一的，体现了贝克在风险认定中建构主义立场的一面。

第二，风险是一种具有威胁性的未来，与事实相反，成为影响当前行为的参数。风险已经扭转了过去、现在和未来的关系。过去失去了其决定现在的权力，它作为今日行为之原因的位置被未来——并不存在的、被建构的和虚假的东西所占据。但如果我们按照传统的道路继续前进，这种并非真实的事物确实有可能发生。并且，这种令人恐惧的未来越具有威胁性，其所引发的震惊

---

① [德]乌尔里希·贝克：《关于风险社会的对话》，载《全球化与风险社会》，薛晓源、周战超主编，社会科学文献出版社2005年版，第4页。

② [德]乌尔里希·贝克：《世界风险社会》，吴英姿、孙淑敏译，南京大学出版社2004年版，第174—189页。

就越具有强迫性，就越能引起现在人们的关注而影响其行为。

第三，在数学化的道德中，风险是事实声明与价值声明的结合。在现实中，尽管一般都是采用数学计算（如：或然率计算或事故计划书）的方式来表示风险，但这种计算并不能反映人们所想要过的生活。在某种程度上，风险还是直接和间接与文化定义以及一种可接受的或不可接受的生活标准相联系。风险声明从本质上来说是一种仅仅能够在跨学科的关系中被译解的声明，这种声明在生存价值的文化重要性和把危险归因于社会秩序（商业、政治、法律、科学）的生产者与保证者而具有的政治动力的双重影响下发展为一种混合的评估，而这种评估处于真实的事实和并不存在的未来的中间领域。

第四，风险所表述的是人为不确定性中控制与缺乏控制。风险是驾驭现代性的控制逻辑的“无法预测的结果”。从社会学的角度看，现代性是一种由“国家—政府”所实施的社会和技术控制项目，以这种方式，风险作为现代性的后果被制造出来。而全球性的风险（如臭氧空洞）以及风险诊断的不确定性和内在的模糊性致使对由“国家—政府”所提出的这种控制主张产生了怀疑。现代性的第一个阶段对驾驭思想和行为的安全与控制的解释在风险社会中正在失去其真实性。在自然变得工业化和传统变得可自由选择的程度上，出现了“人为的不确定性”，科学专家在其中同时扮演制造者、分析者和从风险中投机的人三重角色。在这种情况下，许多限制和控制风险的尝试转化成了对不确定性和危险的扩大。

第五，风险是在认知或重新认知的冲突中被意识到的知识与无知。与风险社会和人为的不确定性相联系的当代风险概念是知识与无知的某种特殊的综合，也即以经验知识（如汽车事故）为基础的风险评估和在模糊的不确定性下按风险决策与行动在此被合并了。一方面，更多更完善的知识正在成为新风险的来源；另一方面，风险来自无知并由无知构成。其实无法预测的结果也是知识的一部分，其根本不意味着没有知识，而是意味着其主张是相互矛盾的一种知识，对它的谈论代表着一种知识的冲突、理性冲突。“知识的负面作用打开了多元主义的理性主张的战场”，这种冲突暗指存在一个对于知识的相互竞争的行动者、制造者和有利害关系的各方的扩大的可能难以划界的范围，在此范围中，知识和无知之间已经确立的线性关系开始变得可疑起来。①

第六，风险在全球和地区两个层面被同时重构。新的风险类型同时是全球性的和地区性的，它导致已经确立的风险逻辑的基础遭到了瓦解并变得无效，破坏了传统的安全计算的支柱。风险社会中的危险几乎不能再被归因于确定的致害者，也不能再从经济上被补偿。风险是一种“自然而然的负通货”，传统的制度边界不再真正起作用。控制逻辑从内部崩溃了。

第七，风险是指知识、潜在影响和有症状的后果间的差异。知识和影响是有差异的，影响的含义并不明显地和起因的含义相联系。在知识和影响间存在着巨大的空间断裂：知识总是有前后关系的，而且其构成总是局部的。这种局部的知识只有在想象中和在大众传媒中才是可扩张的，而工业生活方式的影响在时空上却是开放的。风险，正如前面所指出的，同时是“真实的”并且是由社会认识和解释所构建的。其真实性产生于根植于持续的工业和科学生产及研究惯例的“影响”。相反，风险知识却和某种文化的历史与象征及知识的社会结构相联系。并且，在行动与其影响之间具有不能逾越的暂时的鸿沟。只有当危险在某时某地具体化为一种可见的“文化”现象，影响才变得如有症状般可被察觉。而起因和可观察到的症状之间的差异正是社会建构和专家建构间的一个主要冲突。风险愈少被公众所知，愈多的风险就会被制造出来。

第八，风险存在于失去自然和文化间的二元性的一个人造的混合世界。现今如果我们谈论自然，我们就在谈论文化，如果我们谈论文化，我们就在谈论自然。自然与文化间明确的差异已经消失。界限的消失不仅是由自然和文化的工业化，而且是由危及人类、动物和植物的危险所引发的。普遍的危险有一种相同的效果，它会削弱阶级、国家、人类和自然的其他物之间，文化的创造者和直觉动物间的被精心设定的边界。风险开始于界限结束的地方，是“人造的混合物”，结合了政治学、伦理学、数学、大众媒体、技术、文化定义和认识，它不仅仅是一个被完全不同的学科用于重要问题的概念，还是“混合社会”观察、描述、评价、批评其自身的混合性的方式。

---

① ［德］乌尔里希·贝克：《世界风险社会》，吴英姿、孙淑敏译，南京大学出版社 2004 年版，第 155—156 页。

其实，贝克对其“风险”概念的多角度阐释与其“风险社会”判断是不可分割的。正是第一阶段的现代性，即以启蒙运动为基础的现代性本身制造了风险，而风险反过来又对现代性自身提出挑战，破坏了现代性的基础，现代性成了自己的“掘墓人”，社会由此而进入了“自反性现代化”阶段，即第二阶段的现代性，也即风险社会。掌握了贝克的“风险”含义，在很大程度上也就理解了他所提出的风险社会。并且贝克指出，“从总体上考虑，风险社会指的是世界风险社会”，它们的挑战都是无论在时间上还是在空间上均无法从社会的角度进行界定的现代文明制造的危险。① 所以，世界风险社会和风险社会在贝克的风险社会理论中在一定程度上是可以等同的。

与有组织的不负责任、危险的社会爆发、福利国家争论等范畴相比，定义关系是我们理解风险社会的关键。贝克认为，风险社会的定义关系类似于卡尔·马克思的生产关系，是在进行各种风险定义时所确定的力量对比关系，包括在特定的文化环境中构成风险识别和评估的特定规则、制度和能力，它们是风险政治运行于其中的法律的、认识论的和文化的权力模子。为了进一步说明风险社会的定义关系，贝克提供了四组问题：②第一，谁将定义和决定产品的无害性、危险、风险？责任由谁决定——由制造了风险的人，由从中受益的人，由它们潜在地影响的人还是由公共机构决定？第二，包括关于原因、范围、行动者等等的哪种知识或无知识？证明和“证据”必须呈送于谁？第三，在一个关于环境风险的知识必定遭到抗辩和充满盖然主义的世界里，什么才是充分的证据？第四，谁将决定对受害者的赔偿？对未来损害的限制进行控制和管制的适当方式是什么？与这些问题相关，目前对风险社会的定义陷入困境，对于现代灾难和由人为不确定因素造成的挑战来说，它成了一个不太恰当的词语。因此，当威胁和危险变得更加紧迫和明显时，我们却处于自相矛盾的境地，即我们越发不能借助于科学的、法律的和政治的手段来确定证据、原因和

---

① [德]乌尔里希·贝克：《世界风险社会》，吴英姿、孙淑敏译，南京大学出版社 2004 年版，第 24 页。

② [德]乌尔里希·贝克：《世界风险社会》，吴英姿、孙淑敏译，南京大学出版社 2004 年版，第 192 页。

补偿。[①] 风险和人为的不确定性引发文化和政治变化的动力的方式，这种变化瓦解了国家官僚，对科学的统治提出了挑战，并重新勾画了当代政治的边界。因此，风险本身在社会意义上被理解为一种被建构和制造的“准主体”，是一种强有力的、无法控制的“行动者”，它使对污染控制和公共安全负有责任的国家制度丧失了权威并变得不稳定。风险社会具有全方位多层次的含义，为了深入了解，我们还需进一步揭示贝克所描述的多维视角下的风险社会。

二、风险社会的多维视角

（一）风险社会的环境维度

贝克认为，环境风险是在工业社会系统地伴随着财富的社会生产而必然产生的，它在本质上与财富不同，是指完全逃脱人类感知能力的放射性、空气、水和食物中的毒素与污染物，以及相伴随的短期和长期的对植物、动物和人的影响，引致系统地、常常是不可逆的伤害，而且这些伤害一般是不可见的。[②] 这种产生于现代化工业的环境风险与以往社会的自然危险或危害相比，有其自身显著而独特的性质。

第一，非直接感知性。以往社会中的环境危险是可以被感受到的明确的危险，而现代环境风险一般是不能被感知的，并且只出现在物理和化学方程式中（如食物中的毒素和核威胁）。[③] 并且，现代环境风险的存在主要是通过论证来传递的，那些损害健康、破坏自然的东西是不为人的眼睛和感觉所认识的，甚至那些表面上明确无误的观点，仍旧需要有资格的专家来评判其客观性。许多新近出现的环境风险（核或者化学污染、食物污染、文明病），完全逃脱人的直接感知能力，无论在何种情况下，这些危险都需要科学的“感受

---

① ［德］乌尔里希·贝克：《世界风险社会》，吴英姿、孙淑敏译，南京大学出版社 2004 年版，第 192 页。

② ［德］乌尔里希·贝克：《风险社会》，何博闻译，译林出版社 2004 年版，第 20 页。

③ ［德］乌尔里希·贝克：《风险社会》，何博闻译，译林出版社 2004 年版，第 18 页。

器"——理论、实验和测量工具使其最后变成可见和可解释的危险。①

第二,科学不确定性。虽然现代环境风险的感知与解释依赖于科学,但是科学却不能够使其完全确定。有关现代环境风险的陈述并不仅仅是关于事实的陈述,还有其中存在的因果关系的阐明。从南极企鹅身上发现了过量的滴滴涕已经表明现代环境风险虽然出现在地理上特定的地域,但它同时也是非特定的、普遍的,其形成有害影响的曲折途径是多么的不稳定和不可预测。②科学所确定的某种污染物的"单一可接受值"不仅在整体上是自败的、无效的,而且其自身也是错误的。对于单一产品是"无关紧要的"东西,当它在人们于整体市场化的更高阶段所组成的"消费者矿藏"中集中起来的时候,也许就会拥有特别重要的意义。③ 可接受水平的判定和最大浓度的规定都是对一无所知的表达,各种各样的毒性物质之和等于更高的整体毒性水平。我们只拥有单个污染物的特殊知识,并且这些知识还是远远落后在工业上化合物和化学原料的增加的后面的。如果同时释放了千百种其他的有毒有害物质,而这些物质的协同效应并不被提及的话,对单一污染物设定可接受水平就仍旧是一个骗局。并且,单一可接受值的确定至少是建立在两个错误结论的基础上的,即从动物实验的结果得出人类反应的错误结论和物质在进入循环之前就先验地确定其影响的错误结论。④

第三,建构性。由于科学理性在确定现代环境风险中的局限性,紧紧依靠科学理性本身并不能保证人们的安全,从而导致社会理性对现代环境风险的建构。完全由化学、生物和技术术语引导的对环境问题的讨论,不知不觉地把人仅仅归结为一个有机物,在基于"生物学的社会苦难"的错误结论和一种排除了人的"选择性苦难"及与之相联系的社会文化意义的自然观之间摇摆,它没有考虑到同样的污染,依照年龄、性别、饮食习惯、工作类型、知识和教育程度等等,对于不同的人会有十分不同的意义。⑤ 已经感受到现代环境风险使

---

① [德]乌尔里希·贝克:《风险社会》,何博闻译,译林出版社 2004 年版,第 26 页。
② [德]乌尔里希·贝克:《风险社会》,何博闻译,译林出版社 2004 年版,第 27 页。
③ [德]乌尔里希·贝克:《风险社会》,何博闻译,译林出版社 2004 年版,第 25 页。
④ [德]乌尔里希·贝克:《风险社会》,何博闻译,译林出版社 2004 年版,第 76—83 页。
⑤ [德]乌尔里希·贝克:《风险社会》,何博闻译,译林出版社 2004 年版,第 24—25 页。

人们的安全感丧失和信任崩溃，科学理性对风险界定的垄断被打破了，风险专家对社会运动所提问题的回答不能够安抚民众的焦虑，人文科学与日常理性已经参与到现代环境风险的确定之中。① 风险终究是源于知识和规范的，进而他们可以在知识和规范中被放大和缩小，或者简单地从意识的屏幕上被移除。②

第四，全球性与平等性。现代环境风险对整个人类来说是全球性的威胁，虽然在某些方面它们还伴随着阶级和阶层地位的不平等性而导致局部暂时的风险地位的不平等：财富在社会上层聚集，而风险在下层聚集。贫穷弱小的社会底层人因为害怕失去收入而接受更高的忍受限度，而且处理、避免或补偿风险的可能性和能力在不同的职业和不同教育程度的阶层之间也是不平等地分配的。但这种表面的现象并没有触及现代环境风险分配逻辑的核心。全球性的现代环境风险对所有人所有国家都是平等的，“化学烟雾是民主的”，食物链实际上将地球上所有的人连接在一起，环境风险在边界之下蔓延，空气中的酸性物质不仅腐蚀雕像和艺术宝藏，而且早就引起了现在习惯屏障的瓦解，即使是“加拿大的湖泊也正在酸化”，甚至“斯堪的纳维亚最北端的森林也在消失”。③ 现代环境风险具有“飞去来器效应”，以一种整体的、平等的方式损害着每一个人，那些生产风险或从中得益的人迟早会受到风险的报应，即使是富裕和有权势的人也无法逃脱。在现代化风险的屋檐之下，罪魁祸首与受害者迟早会同一起来，“被影响”的“阶级”并没有面对一个不受影响的“阶级”，而至多面对一个还没有被影响到的人组成的“阶级”。虽然发达国家把危险的工业转移到低工资的第三世界国家，在国际上出现极端的贫困和极端的风险之间系统“吸引”的现象，但“飞去来器效应”精确地打击着那些富裕的国家。发达国家曾经希望通过将危险转移到国外来根除它们，却又不得不进口廉价的食物，杀虫剂通过水果、可可和茶叶回到了它们高度工业化的故乡。风险的倍增促使世界社会组成了一个危险社区，环境风险就像“狭窄的中世纪城市

---

① ［德］乌尔里希·贝克：《风险社会》，何博闻译，译林出版社 2004 年版，第 27—30 页。

② ［德］乌尔里希·贝克：《风险社会》，何博闻译，译林出版社 2004 年版，第 90 页。

③ ［德］乌尔里希·贝克：《风险社会》，何博闻译，译林出版社 2004 年版，第 36—39 页。

中穷人的传染病"一样,不会绕过那些世界社区里的富裕邻居。[1]

第五,强制性。现代环境风险是人为的产物,是现代工业制度的"副产品",是现代工业文明所强加的。社会财富的不平等分配给现代环境风险的生产提供了无法攻破的防护墙和正当理由,并使之合法化。传统阶级社会的确实性是"可见性文化"的确实性,如饥饿憔悴与饱食肥满、宫殿与棚屋、华丽与褴褛相对照。而这些明确有形的性质在环境风险中不再能够保持,在可感知的财富与不可感知的风险的竞赛中,后者不可能取得胜利。人们总能在对有形需要的消除中找到正当的理由去忽视在任何情况下都不可感知的风险,这是风险和威胁生长、开花和繁殖的文化和政治土壤。在阶级、工业和市场问题与环境风险问题相互重叠和竞争中,依据权力关系和重要性标准,财富生产的逻辑总能够取得胜利,而就是因为这个原因,作为财富生产系统副作用的环境风险成为最后的胜利者。[2] 毒物和污染与工业界的自然基础和基本生活纠缠在一起,人无论出生在哪里,都不可能以任何行为来脱离它,处于环境风险地位已经是工业社会中人们的"命运"。[3] 在工业社会的控制逻辑中,环境风险的扩散带来了新的商业机会,而新的商业机会反过来又带来更多更大的风险,在这样的一个怪圈中,环境风险是"自我参照的","饥饿和需要都可以满足,但文明的风险是需求的无底洞"。[4]

第六,自反性。现代环境风险是现代工业社会自身的产物,反过来又侵蚀和摧毁现代工业社会的基础。现代环境风险不仅是自然和人类健康的次级问题,而且是这些副作用所带来的社会的、经济的和政治的后果——市场崩溃、资本贬值、对工业决策的官僚化审查、新市场的开辟、巨额浪费、法律程序和威信的丧失。[5] 现代环境风险"既不能以时间也不能以空间被限制,不能按照因果关系、过失和责任的既存规则来负责,不能被补偿或保险"。[6] 它毁掉了"风

① [德]乌尔里希·贝克:《风险社会》,何博闻译,译林出版社 2004 年版,第 39—49 页。

② [德]乌尔里希·贝克:《风险社会》,何博闻译,译林出版社 2004 年版,第 50 页。

③ [德]乌尔里希·贝克:《风险社会》,何博闻译,译林出版社 2004 年版,第 44—45 页。

④ [德]乌尔里希·贝克:《风险社会》,何博闻译,译林出版社 2004 年版,第 21 页。

⑤ [德]乌尔里希·贝克:《风险社会》,何博闻译,译林出版社 2004 年版,第 22 页。

⑥ [德]乌尔里希·贝克:《世界风险社会》,吴英姿、孙淑敏译,南京大学出版社 2004 年版,第 101 页。

险微积分学的基本支柱”，破坏或取消福利国家现存的风险计算的既定安全制度。① 它逐渐破坏了国家司法的秩序，以污染流通的普遍性和超国家的观点来看，即使是巴伐利亚森林一片草叶的生命，最终将依赖于国际协议的制定和遵守。② 环境问题只能以一种客观上有意义的方式加以解决，这在于跨越边界的谈判和国际协议，相应地也在于跨军事同盟的会议与协议。③ 面对现代环境风险，人们不再关心获得“好的”东西，而是关心如何预防更坏的东西。如果说阶级社会的驱动力可以概括为：我饿！那么在现代环境风险中人们的驱动力可以表达为：我害怕！每一个人都应该免受毒害，自我限制作为一种目标出现了，焦虑的共同性取代了需求的共同性，④从而改变了传统工业社会的整个运行逻辑。

（二）风险社会的社会结构维度

从社会结构上看，风险社会是“个体化”的社会，在其中，人们脱离并重塑了工业社会内在的社会结构及其基本的生活行为的确定性——社会阶级、家庭模式、性别身份、婚姻、亲子关系和职业。这种个体化主要表现在两个方面：一是个人从作为身份认同的阶级中脱离；二是妇女从传统的性别角色和家庭关系中脱离。

在个体化社会中，基于阶级的身份区别已经失去了其传统的支持，人们生活方式的“多样化”和个体化过程已经开始，社会阶级和阶层的等级模式逐渐被颠覆。⑤ 为了经济生存的目的，现在个人被迫使自己成为生活规划和行为的中心。从内部意义上讲，个体化是资本主义所主张的个人权利不断膨胀的产物，人们要求发展自己的生活观念并能够据以行动的权利促使现代社会个体化。从外部来看，个体化是劳动市场——教育、流动和竞争的产物，并且在

① ［德］乌尔里希·贝克：《世界风险社会》，吴英姿、孙淑敏译，南京大学出版社 2004 年版，第 72 页。
② ［德］乌尔里希·贝克：《风险社会》，何博闻译，译林出版社 2004 年版，第 21 页。
③ ［德］乌尔里希·贝克：《风险社会》，何博闻译，译林出版社 2004 年版，第 54 页。
④ ［德］乌尔里希·贝克：《风险社会》，何博闻译，译林出版社 2004 年版，第 56—57 页。
⑤ ［德］乌尔里希·贝克：《风险社会》，何博闻译，译林出版社 2004 年版，第 112 页。

不同工作技能的获得、提供和使用中表现出来。学校教育意味着选择和规划自己的教育生活过程，受过教育的人成为他们自己的劳动境况的生产者，并且以这种方式成为他们自己的社会生涯的生产者。同时教育也提供给个人通向劳动市场中个体化职业机会的资格。但人们一旦进入劳动市场，便感受到流动。人们脱离了传统的模式和安排，并且，为了避免经济上的失败，人们总是被迫去掌握自己的生活。不断增加的竞争压力导致了在互动和行为的领域具有共同背景的个体之间的分离。教育、流动和竞争相互补充相互促进，最终导致了个体化的过程。①

个体化意味着生活方式和形式的变化和分化，这与阶级、等级和社会阶层中的传统思想相抵触，其后果主要有三：首先，阶级虽然不会仅仅因为传统的生活方式的衰微而消失，但它从地区性的和特殊的束缚和限制中解放出来，成为一种更具有全球性和普遍性的区分。其次，公司和工作场所不再是冲突和社会认同的场所，新的社会纽带形成和冲突发展的源泉可能存在于人种、种族、民族、性别、年龄等等的差别中。最后，人们变得不自足，风险、风险感知和风险管理在所有的社会部门中都变成了一种冲突和社会形成的源泉。在风险社会中，不平等绝对没有消失，它们仅仅是以社会风险的个体化形式被重新界定了。为了应对社会问题，人们仍然需要组成政治和社会联盟，但不一定遵循阶级模式这样的单一模式，而是根据不同的特殊议题和所处的特殊情境（如风险和风险冲突）进行不断地联合与解散。如果说在工业社会，处于同一阶级的人们有着相同的认同、观点和行为的话，那么在风险社会中，我们已不再能根据某人的阶级地位确定其观点、关系、家庭地位、社会和政治认同。在发达个体化的条件下，人种、肤色、少数民族、年龄和肢体残疾等准自然的社会不平等都可以导致十分特殊的组织效应。②

个体化风险社会结构的另一方面是妇女从工业社会的性别关系和家庭关系的束缚中解放出来。贝克认为，工业社会是一个“现代的封建社会”，它从来不是也不可能单独地作为工业社会而存在，而总是一半是工业的，另一半是

① ［德］乌尔里希·贝克：《风险社会》，何博闻译，译林出版社 2004 年版，第 113—116 页。
② ［德］乌尔里希·贝克：《风险社会》，何博闻译，译林出版社 2004 年版，第 121—124 页。

封建的。工业社会将现代性不可分割的原则（即个人自由和超越出身的平等）总是与生俱来地从女性那里拿走而只归诸于男性，这一封建的侧面已经建构进工作和生活的制度安排而成为工业社会的基础。① 但是，使人脱离阶级文化的个体化动力并没有在家庭的大门前停住脚步，婚姻关系、对子女的义务、职业以及他们对流动性的要求、强制教育、家务劳动的单调乏味等冲突在家庭这一舞台上上演。随着家庭劳动的去技艺化、避孕、离婚的普遍化、受教育机会的平等化以及对职业的普遍参与，妇女已经从她传统的女性身份命运中解放出来。在个体化社会中，无论在家庭中还是在家庭外，个体都变成了他们教育和以市场为中介的生存以及相关生活计划和组织的能动因素。个体化也同时伴随着个人生活方式的标准化和制度化，个人变得依赖于劳动市场，并因此而依赖于教育、消费、社会法规的规范和支持、交通规划、产品报价、医学的可能性和方式、心理学和教育学的建议和照顾。在个体化社会中，风险不仅仅在量上增加了，选择和改变个人认同作为一种新型的个人风险已经出现。

与个体化社会结构相关的还有另外两个关键点，即工作的灵活化和工作场所的分散化。在工业社会中，工资劳动和职业成为人们生活的轴线，形成以劳动契约、工作场所和工作时间为主要支柱的标准化充分就业体系。但这些支柱在现代自动化浪潮中变得灵活化，工作和非工作的界限变得模糊，充分就业体系开始松动，灵活而多元化的不充分就业形式流行开来。这种灵活、多样、分散的就业体系虽然不存在完全失去付薪工作意义上的失业问题，但它换来的是一种普遍的就业不安全感，这种变化给劳动法律制度和社会保障制度带来了新的挑战。

（三）风险社会的科技维度

贝克认为，在风险社会中，科学既是造成风险的原因之一，也是定义风险的媒介和解决风险的资源。但在科学促成并界定的风险与对这些风险的公共批判的相互影响中，科学技术的发展变得矛盾重重。

科学的核心理念在于对严格因果关系的遵循，在这一理念的指导下，现代

---

① ［德］乌尔里希·贝克：《风险社会》，何博闻译，译林出版社 2004 年版，第 131 页。

环境风险作为“不可见的”和“未证明的”“空白点”而被否认了,这就意味着危险在增加。参照科学精确性的标准,可能被判定为风险的范围被减到最小,结果是科学的特许暗中在允许风险的增加。坚持科学分析的“纯洁性”导致对空气、水、食物、土壤、植物、动物和人的污染,严格的科学实践与其助长和容忍的对生活的威胁之间存在一种隐秘的“共谋”。① 科学已经成为对自然和人的全球污染的保护者,永远纠缠在风险的起源和增长之中。科技理性面对文明风险和威胁的增长而断裂了,“现代化风险意识已经针对科学理性的抵制而确立了自身”,②与此同时,人们解除对科学的神圣不可怀疑的信赖,并开始怀疑其对真理的垄断。

在贝克看来,科学实践和公共领域的关系表现为两种格局,即初级的科学化和反思的科学化。初级科学化是一种不完全的、被“截削的”科学化,它指向一个“既定”的自然、人和社会的世界,对知识和启蒙的科学理性吁求排除了对科学自身应用科学怀疑论。反思科学化是一种完全的、彻底的科学化,它面对科学自己的产物、过失和二次问题,并将科学怀疑论扩展应用到科学自身的固有基础和外在结果上,这样,科学对真理和启蒙的吁求“解神秘化”了。③在科学专注于自身的时代里,对科学和进步的完全信仰的格局被打破了,科学自身是它们要去加以分析和解决的现实和问题的产物与生产者,在此,科学不仅是一种处理问题的源泉,而且也是制造问题的原因,科学扩张的未来前景和可能性也与对科学的批判联系在一起,科学揭示了与其基础和后果有关的不安全感。“科学越是成功,其最初的有效性要求就越快和越彻底地被相对化了”,并通过不断的成功削弱了自己的界限和基础。④ 并且,当科学越来越分化的时候,有条件的、不确定的和分离的细碎后果在增长并变得不可能加以研究,知识的超复杂性不可能被机械的验证规则所把握。这样,科学就丧失了其对社会所遵循的真理的垄断地位和对知识的代表性确定的最核心功能。⑤

① [德]乌尔里希·贝克:《风险社会》,何博闻译,译林出版社2004年版,第73页。
② [德]乌尔里希·贝克:《风险社会》,何博闻译,译林出版社2004年版,第69页。
③ [德]乌尔里希·贝克:《风险社会》,何博闻译,译林出版社2004年版,第190页。
④ [德]乌尔里希·贝克:《风险社会》,何博闻译,译林出版社2004年版,第201—202页。
⑤ [德]乌尔里希·贝克:《风险社会》,何博闻译,译林出版社2004年版,第192、206页。

在风险社会中，风险也被科学化了。随着科学应用的自主化已成为事实，应用的一方开始通过科学使自己越来越独立于科学。科学家实际上已经与对他们成果的应用区分开来，他们不能够影响到应用领域，从而不能为他们从分析的角度得出的实际后果负责。虽然科学的次级影响的可计算性在降低，但次级影响的可估计性由于从一个外部问题转化为一个内部问题、从一个应用问题转化为一个知识问题而大大增长了。公众对科学在实践方面的后果越来越敏感，实践方面的自主性的增加使科学“中立”、“无偏见”的形象受到挑战，科学对“需要”和“风险”的“纯粹客观的”解释在随后的发展中得到主观性的协商。什么被看做“需要”和“风险”，是在核电站和火力发电站、能源保护措施和替代性资源开发间进行抉择的核心问题，这就像贫困线的确定一样具有主观性。在风险社会中，科学应该接受那些返回来的有关威胁和风险的报告，这些报告是对科学的自我概念的经验挑战，并且促成对科学工作的再组织。所以，要从科学内部减少外部不安全感，关键在于以下三点：对症状的处置被对原因的消除所代替、从实践中学习的能力将得到保留或被创造、在语境中进行专业化的力量将被重新发现并得到发展。① 科学必须被构想为客观约束的一个发源地，普遍的不确定性从中产生了，为了使科学的发展符合人类的利益，有必要为其安上“方向盘”和“制动器”，在此过程中，社会科学家们应发挥更为积极的作用。

（四）风险社会的政治维度

风险社会中的风险已经不能归咎于外在原因，它取决于决策，并以工业的方式被生产，因此而具有政治上的反思性。在风险社会中，政治的概念、地位和媒介都发生了变化。

政治领域的核心原则是在代议制民主（政党、议会等）中的公民参与，在这种政治中，被认为适于政治的并非是个人，而是法团主义的、集体的代理人。② 在工业社会中，虽然在政治领域之外，如商业、科学、技术实验室和私人

① ［德］乌尔里希·贝克：《风险社会》，何博闻译，译林出版社2004年版，第210—222页。
② ［德］乌尔里希·贝克等：《自反性现代化》，赵文书译，商务印书馆2004年版，第29页。

生活中，也存在大量的活动、争论、讨价还价、欺骗、分裂、统一、爱与背叛，但是没有一个是按照政治的合法规则来行事的，既没有指令和党组织，也不需要依赖被统治者的许可。① 技术进步被认为等同于社会进步，其负面影响总是在民众生活标准的上升中找到自己的正当理由，追求技术—经济利益的领域被认为是非政治的。但生态危机和对我们确实生活在一个全球性的风险社会的日益增长的认识使现存的过时的政治不再发挥作用。

在风险社会中，工业社会民主政治系统的功能逐渐丧失。随着政治决策以及论证的科学化程度的增加，政治机构只能去执行科学专家的意见，造成技术专家关闭议会和行政机构的决策领域。同时，科层制官方机构的压力群体的影响同时向国家行政的决策和政治党派的“意愿形成”方面延伸，利益群体的组织力量被认为产生了政治决策。政治从官方领域（议会、政府、政治管理）转移到社团主义的“灰色领域”。干预主义福利国家的方案已经失去了其乌托邦的力量，民族国家的权限范围也因污染物和有毒物质在全球范围的交换流动以及随之而来的普遍的健康威胁和自然破坏而负担重重。② 这样，政治与非政治的概念模糊了。这种模糊性的背后隐藏着政治在以下两个方面发生的深刻系统变迁：一是集权政治体系在以一种新政治文化形式出现的公民权利的执行和运用中所体验到的权力的丧失，干预主义因其成功而衰微；二是技术—经济的不断增长的变迁和危险的潜在可能性使它失去了非政治的特征，变成了亚政治。③

亚政治的形成表明，不仅政治体系和法团主义体系之外的代理人可以出现在社会设计的舞台上，而且社会和集体代理人之外的个人也在争夺新兴的政治塑形权。亚政治意味着从下方塑形社会，如果从上方来看，这导致了执行权的丧失以及政治的收缩和缩微化。作为亚政治的后果，从前未卷入实质性的技术化和工业化过程的团体有了越来越多的机会在社会安排中取得了发言权和参与权，勇敢的个人甚至有机会在发展的神经中枢“移动大山”，这意味

---

① ［德］乌尔里希·贝克：《世界风险社会》，吴英姿、孙淑敏译，南京大学出版社 2004 年版，第 120 页。

② ［德］乌尔里希·贝克：《风险社会》，何博闻译，译林出版社 2004 年版，第 231—234 页。

③ ［德］乌尔里希·贝克：《风险社会》，何博闻译，译林出版社 2004 年版，第 235、228 页。

着中央控制方法的衰微和此前无摩擦运转的过程在相互矛盾的目标的抵抗下以失败而告终。① 风险社会中建构社会的潜力就从政治系统转移到科学、技术和经济现代化的亚政治系统中。一种不稳定的政治和非政治的颠倒发生了，政治变成非政治而非政治变成政治。对“科学进步”和“科学自由”的促进和保护变成了“滑竿”，在这一滑竿上面，政治安排的首要责任从民主政治体系滑到了经济和科技的非政治语境，而后者却没有进行合法的民主化。技术—经济的发展正在失去其文化共识，对“进步”的信仰日益受到风险的威胁而终止。② 而未来政治的安排和出路将通过三个变量来勾画，即返回工业社会（再工业化）、技术—经济发展的民主化和分化的政治。③

三、风险社会理论对环境法学研究的启示

风险社会是传统资本主义工业社会发展模式的逻辑必然，开始于 20 世纪后半叶，是现代环境法产生的社会基础。④ 环境风险是风险社会的根本维度，不仅工业社会的政治、经济、科技、法律等制造并竭力掩盖环境风险，而且环境风险反过来又促使工业社会的各个方面处于风险的困境之中。在风险社会中，作为工业社会发展的“副产品”与“例外”的环境风险随着工业社会自身的发展而积累壮大，逐渐从幕后跃显到前台而吸引公众的眼球。当今人们已不再把环境问题视为一个“环境”问题，而是工业社会的自身问题。环境问题不

① ［德］乌尔里希·贝克等：《自反性现代化》，赵文书译，商务印书馆 2004 年版，第 30 页。

② ［德］乌尔里希·贝克：《风险社会》，何博闻译，译林出版社 2004 年版，第 229、246—250 页。

③ ［德］乌尔里希·贝克：《风险社会》，何博闻译，译林出版社 2004 年版，第 278—292 页。

④ ［德］虽然环境法学者对现代环境法产生的具体时间不尽相同，如徐祥民教授认为“现代环境法的历史是从上个世纪（即 20 世纪）六七十年代开始的”（徐祥民：《从全球视野看环境法的本位》，载《环境资源法论丛》第三卷，法律出版社 2003 年版，第 1—2 页），吕忠梅教授认为“环境法的观念被正式引入法律制度，始于（20 世纪）五六十年代的美国”（吕忠梅：《环境法新视野》，中国政法大学出版社 2000 年版，第 33 页），法国著名环境法学者亚历山大·斯基通过考察相关国际环境运动，认为国际环境法开始于 20 世纪 60 年代末（亚历山大·斯基：《国际环境法》，法律出版社 2000 年版，第 30—31 页），但这些学者的共同之处都是认为现代环境法开始于 20 世纪后半叶，这与风险社会的起始时间相契合，进一步说明了风险社会是现代环境法产生的社会基础。

仅不能为工业社会的模式所容纳和消解，反而推动了工业社会自身发展模式的解构，使人类进入风险社会。① 但风险社会并非意味着人类社会进入绝境，而是表明"人们创造了一种文明，以便使自己的决定将会造成的不可预见的后果具备可预见性，从而控制不可控制的事情，通过有意采取的预防性行动以及相应的制度化的措施战胜种种副作用"。② 而现代环境法律制度便是"战胜副作用"的"制度化措施"的一种。认识和把握风险社会理论，对现代环境法的研究与完善具有重要的意义。

第一，现代环境法在本质上应是风险社会的基本法。从形式上看，现代环境法还主要体现为民族国家基于传统而构建的整个法律体系的一部分，虽然存在大量的国际环境条约等国际性环境法，但其实施还需依赖于民族国家的承认和遵守。这实际上等于把现代环境法镶入民族国家在风险社会以前形成的传统法律框架体系之中，使现代环境法在形式上体现为传统法律体系的一个部门。但就现代环境法的本质而言，它已远远超出传统法律体系之外。造始于风险社会的现代环境法，是为弥补传统法律在应对环境危机时的缺陷与不足而产生的。现代工业社会的其他部门法都是在没有环境保护的意识和观念下形成并发展起来的，当环境危机凸现时，这些法律在危机面前往往"既无能也无力"，无论是宪法，还是民法、行政法、刑法，都不足以阻止愈演愈烈的环境恶化趋势，甚至其中的许多法律制度还是造成环境危机的罪魁祸首，为此种法律制度提供支撑的法学理论也是同样的"贫困"并对环境危机负有不可推卸的责任。正是认识到这一点，有学者才主张环境法的"革命性"，并指出环境法的革命首先应是"理论的革命"。③ 很显然，这种"革命"是指对现代工业社会法律本质的彻底改造，改变它们环境不友好的品性与特征，使它们不仅

① 正如美国著名哲学家托马斯·库恩所言，随着实践的发展将会出现日益增多的为"模式"所难以解释的"例外"现象，一旦这些例外现象发展到足以动摇人们对模式的信心的程度，就会发生危机，科学革命也就开始了。（参见王涌：《一人公司导论》，载《法律科学》1997 年第 4 期，第 53—54 页。）

② [德]乌尔里希·贝克：《关于风险社会的对话》，载《全球化与风险社会》，薛晓源、周战超主编，社会科学文献出版社 2005 年版，第 5 页。

③ 吕忠梅：《环境法新视野》，中国政法大学出版社 2000 年版，第 54—66 页、《序言》第 3 页。

披上绿色的外罩，而且要根据环境法所体现的环境保护思想对它们进行彻底"绿化"。以至于学者们陆续提出"宪法与行政法的生态化"①、"经济法的生态化"②、"民法典以及物权法的绿化"③、"刑法的生态化"④等。正因为如此，我们可以说现代法律不仅没有足够大的张力去容纳环境法，使环境法成为其中的一员，恰恰相反，以风险社会作为独特产生背景的环境法具有足够大的能力去融化其他法律，使其他法律向环境法看齐。

理论革命是环境法革命的先行者，这种理论最集中的体现就是可持续发展，它结束了人们以往不可持续发展的短浅目光，把视野扩大到人类整体的持续生存与发展。这就要求人们在处理人与人之间关系的时候必须多考虑一个因素，那就是要顾及人类赖以生存的环境资源的承受能力，要处理好人与自然之间的关系，并以此为基础去处理人与人之间的关系，而且前者是后者不能突破的绝对底线。以往法学理论只考虑人与人之间的关系，绝没有顾及自然环境的状态，视野也仅限于人类的局部，常常是一个国家或地区的当代人。环境法学所要阐释的理论正是对以往法学理论进行"革命"，以往法学理论无论从视阈还是从处理的关系方面，都无法涵盖环境法学，相反，以往法学理论只体现了环境法学理论的一部分。然而，这种脱离整体的部分与环境法学理论却相差万里。

现代环境法的这一风险社会基本法性质决定着其要渗透进其他各个部门法之中而具有更宽广的调整范围，在形式上表现为由多个规范性法律文件以及所有相关法律规范构成的"体系"，而不仅仅是简单的污染防治法、简单的资源保护法，或者它们的简单的结合，或者再加上一些学者所说的生态保护法等，但这绝不意味着现代环境法是把所有事务都包揽的"法律杂烩"。⑤

第二，环境法应以环境承载力为基础性判断，以循环型社会为路径，以实

---

① 陈泉生、张梓太：《宪法与行政法的生态化》，法律出版社 2001 年版。

② 李挚萍：《经济法的生态化》，法律出版社 2003 年版。

③ 徐国栋：《绿色民法典草案》，社会科学文献出版社 2004 年版；吕忠梅：《关于物权法的"绿色"思考》，载《中国法学》2000 年第 5 期。

④ 梅宏：《刑法生态化的立法原则》，载《华东政法学院学报》2004 年第 2 期。

⑤ 参见徐祥民：《关于修改环境法的八点看法——人与自然和谐的视角》，载徐祥民主编：《中国环境资源法学评论》（2007 年卷），人民出版社 2008 年版，第 3—9 页。

现人与自然的和谐为根本目的。① 人类虽然在“传统终结与自然终结”的地方进入了风险社会，但为了克服风险并不意味着人类要返回工业社会的传统以及还自然以“自然”状态。现代化这驾马车已经进入高速行驶的状态，不可能随意停下来或者返回，并且返回工业社会的传统也不能消除环境风险，反而更加重了环境风险的累积。当今地球已经经过人类的改造并留下人类的足迹，很难找到没有受到人类影响的纯“自然”的地方。如果“自然的”意味着自行其是的自然，那么它的一分一毫都不再是“自然的”了，这就意味着传统工业社会中自然与社会之间的对立在某种意义上已经结束，“自然”就是社会，而社会也是“自然”，我们现在所关心的是一种处处可见的高度综合的产物，是一种人造的“自然”。② 但这种综合是充满矛盾、冲突和风险的杂合，风险社会由此进入。在这种情况下，要想消除环境风险，只能改变现代化“马车”的运行方式以及自然与社会的“杂合”现状，使人与自然达到和谐相融的状态。

有限的环境承载力是大自然给人类设定的客观约束，是环境风险进而也是风险社会产生中体现客观制约的因素。传统工业社会的线性发展模式在环境风险面前碰得头破血流，从而走到了自己的尽头。人类要想获得持续的生存与发展，必须走循环型社会发展模式，把人类对环境的不利影响减到最低限度，甚至是可被环境系统吸收和消解的程度，实现人与自然的和谐。在经历了头痛医头足痛医足的“防、堵”式污染防治法的失败之后，人们逐渐认识到，此种性质和目的的环境法不能阻挡环境风险的现实化，环境法必须肩负把人们引向与自然和谐的发展道路，必须以人与自然的和谐为根本目的。现代环境法在其短短近半个世纪的成长过程中，经历了从污染防治法到源头治理的清洁生产法再到循环型社会法的转变，正是为追求人与自然和谐这一目标所驱动，也是风险社会的客观现实性所使然。

第三，风险社会决定着现代环境法理论与制度的创新。现代环境风险的

---

① 徐祥民：《关于修改环境法的八点看法——人与自然和谐的视角》，载徐祥民主编：《中国环境资源法学评论》(2007年卷)，人民出版社2008年版，第3—9页。

② [德]乌尔里希·贝克：《风险社会》，何博闻译，译林出版社2004年版，第97—99页。

特殊性要求现代环境法应当拥有特殊的原则与制度以有效应对环境风险。

首先，现代环境法应以预防与国际合作为基本原则。现代环境风险一般不能够依照污染者补偿原则进行“解释”并“消除”，在现实中通常不存在单一的污染者，而多个污染源排放的污染物经过广大时空的流转与不断累积，无法与特定的污染损害后果直接联系在一起，损害后果通常由多个“原因”引起。① 在这种情况下，污染者补偿原则的适用首先遇到的就是因果关系的确定问题。虽然现代国家的法律在面对由环境而导致的损害中采取了一系列因果关系证明的变更手段，如优势证据说、事实推定说、疫学因果说、间接反证说等，使得环境损害的后果得到部分补偿，如受害者的人身与财产损失以及部分环境本身的损失，但这种事后补偿的救济措施由于环境损害的难以恢复性甚至是不可逆转性而无法保证环境本身的良好状态，无法克服和消除环境风险。通过事后的补偿救济去保护生态环境，犹如缘木求鱼，无果而终，最后只能导致生态环境进一步恶化。要想保护好生态环境，只能在环境损害发生前进行预防。预防原则应当是环境法的一项基本原则。

此外，环境公益的保护还有赖于国际合作的发展与有效实施。由于整个地球生态环境的整体性和现代环境风险的全球性与平等性，在当今地球被各民族国家分而治之的局面下，仅仅依靠部分国家作出环境保护的努力是无法消除现代环境风险和危机的。危险物质具有跨界流动性，环境风险的消除与环境利益的保护需要所有国家共同努力合作，协调一致行动。在环境保护领域，不仅对于各国所管辖的范围，而且对于诸如公海、南极或外层空间这样任何领土界限之外的地方，国际合作都是保护整个环境所必需的。② 国际合作应当并且已经成为现代环境法的一个基本原则。

其次，环境义务应当成为保护环境、预防和消除环境风险的核心手段。在风险社会中，“责任伦理已成为普遍性的伦理原则”，在“责任原则”之下，没有人能够逃避彼此休戚与共的责任要求，但这并不是要人们为他们在过去几百年来所犯的过错负责，而是要去唤醒每个人在实施行为之前首先要考虑的不

① 参见[德]乌尔里希·贝克：《风险社会》，何博闻译，译林出版社 2004 年版，第 74 页。

② [法]亚历山大·斯基：《国际环境法》，张若斯编译，法律出版社 2000 年版，第 85 页。

是美好远景的预期,而是行为的风险及后果,增强人们的责任意识。① 但仅仅依靠人们的责任意识并不能完全消除环境风险以实现人类的持续生存与繁荣发展,此一目标的实现,还有赖于法律对人类的自然开发利用行为进行规制,鼓励环境友好行为,更重要的是约束和限制环境污染与破坏行为。

从法律的角度看,约束和限制人的行为有两条路经:一是直接赋予人们法律权利,二是直接科以人们法律义务。法律权利不仅把权利人的行为限制在法律允许的范围之内,更重要的是限制并阻止权利人以外的任何人的侵犯权利的行为。法律义务就是直接对义务人行为的限制,规定义务人应该为或不为某种行为,且这种行为不以权利人权利的存在为前提,否则就属于第一种路径,即权利路径。如果通过赋予权利的方式去保护生态环境,就是承认人们享有良好环境的权利(即环境权),以限制权利主体以外的人对环境资源的过度开发利用。如果通过科以义务的方式保护生态环境,就是规定所有的主体都要承担保护环境的普遍义务。对于实现环境保护这一目的而言,权利路径是行不通的。全球环境危机把人类卷入一个全球性的风险之中,这种风险完全超出人类的感知能力,并且不可预见,风险一旦转化为损害,就会引致系统的、常常是不可逆的损害,而且这些损害一般也是不可预见不可计算的,"时间上和空间上都没有限制,不能按照因果关系、过失和责任的既存规则来负责,不能被补偿或保险"②。这已超出权利的应对能力。由于全球生态系统的整体性,环境利益只能作为一个不可分割的整体为全体人类所共同享用,理论上的环境权主体只有一个,即人类整体。我们虽然可以从理论上说环境利益属于人类整体的利益,但实践中并不意味着人类可以作为一个整体针对环境享有"权利",如果把利益上升到权利,至少还遇到一个问题,即谁有资格行使这个代表人类整利益的权利。在目前地球被各民族国家分而治之的局面下,权利"总是具有极其具体的地方社会特性",以"特殊类型的社会结构或实践的存

① 薛晓源、刘国良:《全球风险世界:现在与未来——德国著名社会学家、风险社会理论创始人乌尔里希·贝克教授访谈录》,载《马克思主义与现实》2005年第1期,第44—55页。

② [德]乌尔里希·贝克:《世界风险社会》,吴英姿等译,南京大学出版社2004年版,第101页。

在”为必要条件，[①]实践中根本找不到“人类环境权”的行使主体，导致多元化的权利主体在所谓的环境权理论和实践中无法实现。这就使“权利”存在的“利益可分割性”与“主体多元化”基础得以彻底否定。

全球性环境危机至少在危机应对领域已经打破“权利”话语，使“权利”面对环境危机无能为力，换来的应是人们的责任意识，是人们共同保护环境的义务。现代环境保护的国际合作原则也说明，只有从个体出发，努力合作保护环境，以实现人类整体的环境利益才是切实可行的途径，这对于个体来说唯一的方式就是付出或限制，而不是索取。这种付出或限制，在权利义务中的体现就是义务，而不是权利。保护环境就是保护人类利益，这是一种最大范围的社会公共利益，对此种利益应当首先通过科以“绝对义务”加以保护。[②]

最后，风险社会的亚政治体现了在风险迫使下公众的广泛参与，这也是保护环境的重要途径，应当成为现代环境法的一项基本制度。亚政治中的个体绕过传统政治的代议制民主而直接形成政治力量，这对于传统政治而言不能不说是一种“风险”。但若站在预防环境风险和保护环境的立场与目的上，则这种公众直接参与的亚政治确实阻止了环境损害的发生，在一定程度上消除了环境风险，实现了保护环境的目的。[③] 在风险社会中，这种公众的直接参与不仅不应该再是“缺乏法律保护”[④]的，而且更应该得到法律的支持和鼓励。环境法要实现其保护环境的目的，应当把公众参与作为一项基本制度加以规定并完善，使其切实成为一项法律上可操作并有实效的制度。

---

① [美]A. 麦金太尔:《追求美德》，宋继杰译，译林出版社 2003 年版，第 86 页。

② [美]罗斯科・庞德:《法理学》(第三卷)，廖德宇译，法律出版社 2007 年版，第 256 页。

③ 典型的一个例子就是绿色和平组织于 1995 年夏天成功地使壳牌公司将它的废弃石油装置在陆地上而不是在北海中处置。（参见[德]乌尔里希・贝克:《世界风险社会》，吴英姿等译，南京大学出版社 2004 年版，第 50—51 页。）

④ [德]乌尔里希・贝克:《世界风险社会》，吴英姿等译，南京大学出版社 2004 年版，第 50 页。

案例评析

ANLI PINGXI

产业转移变身污染转移

——一个案例引发的思考

王　萌*

重庆市铜梁、大足两县坐落在渝西巴岳山怀抱之中，两座小城历史悠久，文化繁荣，铜梁龙乡名扬华夏，大足石刻驰名中外。得益于得天独厚的地理位置，该区域在拥有丰富的旅游资源的同时，还拥有丰富的矿产资源和水能资源。涪江、濑溪河、淮远河、小安溪河、琼江5条主要河流穿城而过，两县境内已探明的矿产资源种类达到21种，其中开发最好的是天青石矿。

渝西巴岳山(起于永川市止于铜梁县)是我国两大天青石产地之一，也是西南地区的唯一天青石产地。重庆市已探明的天青石储量占全国总量的45%，居全国首位。重庆合川区、铜梁县的天青石矿床是全国的特大型锶矿之一，规模大、埋藏浅、品位高、易开采，经济效益十分可观。天青石是生产碳酸锶、氯化锶、氢氧化锶、氧化锶等锶化合物不可缺少的原料，锶的化合物广泛应用在冶炼、医药、化工等行业，其中，占锶化合物消耗比例近70%的碳酸锶，主要应用于生产彩色电视机显像管、荧光屏及光学玻璃产品。目前，在电子制造业中，碳酸锶的广泛应用有效地改进了彩色显像管的质量，消除、吸收在高压电流下电视显像管产生的对人体有害的X射线，并使影像更为清晰、稳定。锶矿资源稀缺加之碳酸锶用途广泛，近年来碳酸锶在国际市场上的价格持续走高。

自20世纪90年代起，顺应国家西部大开发战略，铜梁、大足两县地方政府致力于将当地的资源优势转化为经济优势，以天青石矿为依托，引进和发展

---

* 王萌(1981—　)，女，山东青岛人，法学硕士，研究方向：国际环境法，现任中华环保联合会法律服务中心维权案件督查部督查专员。

了一批碳酸锶生产企业。在十几年的发展期间，这些企业给当地带来经济效益的同时，也给曾经山清水秀的山城渝乡带来了一场可怕的生态灾难。

一、警惕产业转移变身污染转移

重庆红蝶锶业有限公司是青岛红星化工集团在西南地区投资建成的第一家试点企业，也是渝西地区规模最大的一家碳酸锶生产企业，公司由铜梁红蝶锶业有限公司和大足红蝶锶业有限公司组成，年产碳酸锶 8 万—13 万吨，是名副其实的"亚洲锶王"。青岛红星化工集团是一家具有四十年化工产品生产历史的全国重点无机盐化工生产企业。1991 年，该企业的三大产业支柱之一铬盐系列产品因城市建设需要，由青岛市政府决定停产。时任红星集团领导班子为扭转被动局面，决定迁厂至原料产地。1994 年，重庆铜梁红蝶锶业有限公司正式建成投产，1997 年，重庆大足红蝶锶业有限公司建成投产。

"铜梁红蝶"建厂之初是由日本蝶理株式会社与青岛红星化工集团有限公司、当地矿业公司共同出资兴办。作为一家中日合作经营企业，出资各方约定企业建成投产后由日本蝶理株式会社以产品出口抵资的形式先行收回出资，待收回全部出资后该企业转为全资国有企业，企业全部资产归中方所有。目前，铜梁红蝶锶业有限公司已转为全资国有公司。

作为渝西地区最大的碳酸锶生产企业，"红蝶"的污染问题十余年来一直是周边群众投诉的焦点，其中，位于涪江边安居镇的铜梁红蝶锶业有限公司和当地养鱼户之间的纠纷更是由来已久。1996 年，由于涪江下游渭沱站关闸蓄水，水位升高，江水回流造成铜梁红蝶锶业有限公司排放的污水回灌，养殖户骆礼全养殖的 5 万公斤草鱼、鲫鱼，11 万尾大口鲇全部死亡，经济损失达 139 万元，百万富翁一夜之间一贫如洗。老骆与红蝶的官司打了六年，经过三级法院六次审理，至今仍未有结果。污染不仅波及渔业养殖，还涉及大气、土壤、农作物、林业等多各方面。据安居镇居民反映，锶厂排放的废气（含有 SO_2 和 H_2S）造成镇上唯一一家蚕种养殖场倒闭；生产废渣堆放江边，废渣渗滤液造成地下水源受到严重影响，"住在江边没水吃"、"安居镇不能安居"是当地居民无奈的叹息。

产业转移带来污染转移，这是一个老生常谈的话题，其根本原因在于环境成本内部化的程度在国家之间、区域之间存在差异，进而导致污染密集型产业从环境成本内部化程度较高的国家和地区迁徙到环境成本内部化程度低的国家和地区，使实施较低环境标准的国家和地区成为污染的集中区域。我国广大中西部地区因具备得天独厚的资源优势和相对宽松的环境准入标准，成为国际、国内资本竞相追逐的投资市场。"红蝶锶业"污染一例，既体现了国际污染转移现象，又反映了国内产业转移引发的环境问题，是产业转移引发污染转移的一个典型案例。

（一）国际产业转移对中西部地区产生的影响

在国际贸易和国际投资中，发达国家拥有强大的资金、技术优势，因而一直在国际环境保护领域倡导更高的环境标准。根据污染者负担原则，环境成本应当纳入生产成本，这就导致发达国家的经营者如果将高污染、高消耗的产业置于国内发展，势必将要承担极高的环境成本。因此，发达国家往往将本国的污染产业转移到发展中国家，利用发展中国家的低环境标准和低廉的劳动力降低生产成本，赚取高额利润。

我国是世界上最大的发展中国家，也是世界上人口最多的国家，一直以来都是国际污染转移的重灾区。在过去20年里，我国是世界上吸引外资最多的国家，与东部沿海地区相比，中西部地区囿于区位、通信、交通等方面的问题，在利用外资方面明显不足。① 但西部地区能源、矿产、农牧业和旅游资源丰富，市场潜力巨大，随着西部地区硬件配套设施的不断完善，西部地区吸引、利用外资的比例正在逐年提升。

近年来，外商在我国投资成立的合资、合作企业中，像"红蝶锶业"这样，由外商先行回收投资的形式被越来越多地应用，尤以产品分成的回收方式广受外商青睐，原因有二。其一，先行回收投资可以降低投资风险，是吸引外资的有利条件。其二，以产品分成形式回收资本可以使外商以较低价格获得在本国或国际市场上较高价格的产品，获得差价利润。《中外合作经营企业法》

---

① 据2004年统计，西部地区外资利用比例仅占全国外资利用率的4%左右。

及其实施细则都对外国投资者先行回收投资进行了规定，财政部2005年还专门出台了《中外合作经营企业外国合作者先行回收投资审批办法》，加强对外资企业的监管和对国有资产的保护。

众所周知，日本是全球著名的电子产品生产大国，而碳酸锶正是生产彩色电视机玻壳、计算机显示屏、显像管等电子元件的重要原料。在“红蝶锶业”建成投产的最初几年，碳酸锶产品主要向日本地区出口。虽然外商的投资带来了先进的技术和管理理念，也确实带动了当地经济的发展，但产业转移造成的污染问题却是我们必须高度警惕的。怎样才能在国际投资中获得一个双赢的结果，是当地政府、中国企业应当考虑的，也是环保部门必须关注的。

（二）国内产业转移对中西部地区产生的影响

长期以来，我国社会经济呈现着东、中、西梯度发展的格局。一方面，经济技术基础条件由东向西递减；另一方面，自然资源条件由东向西递增。国内产业转移的基础和根本原因与国际产业转移一致，都是源于环境成本内部化的程度和东西部地区环境政策在地区之间的差异。

1. 东部地区战略性产业调整对西部地区产生的影响

20世纪90年代，由于污染严重、能耗巨大，锶盐产业在我国东部沿海地区属于区域产业调整规划中的禁止性产业。但在当时，四川地区并没有相关限制规定，东部地区锶盐企业看重重庆的政策、资源优势，纷纷在当地投资建厂。这些资金雄厚、规模可观、技术先进的大企业落户西部对带动西部经济发展、解决当地就业问题的贡献是巨大的。但在保护当地生态环境、节约当地自然资源方面，“外来户”们往往显得缺乏基本的责任感。地方政府作为最终决策者，在招商引资时首先应当考虑的是经济效益和环境成本的协调统一。在铜梁县，安居镇的居民说起红蝶公司无不怨声载道，与巨大的环境成本相比，锶厂创造的经济效益显得微不足道！在占我国国土面积三分之二的广袤的西部地区，这样的“红蝶”还有不少。怎样衡量西部地区经济发展和环境保护的关系，是西部地区地方政府必须深入思考和正确认识的问题。

2. 环境标准不统一引发的区域环境标准的“执行难”

2007年4月，重庆市环保局和市质量技术监督局联合发布了《重庆市锶盐工业污染物排放标准》(以下简称《排放标准》),明确了锶行业废水特征因子锶、钡、氨氮,行业废气特征因子硫化氢的排放浓度和排放限值,并作出了安装在线监测自动装置的有关规定,为对该行业进行依法管理提供了依据。《排放标准》是全国第一部针对锶盐行业制定的区域性行业污染物排放标准,规定的相关排放限值符合国家标准。但该《排放标准》在执行中却遇到了意想不到的问题。首先,企业懈怠,法不责众。大足、铜梁两县境内90年代曾经拥挤着十余家碳酸锶生产企业,2004年重庆市政府对污染严重的小碳酸锶生产企业施行了强制性关停,仅保留了红蝶锶业有限公司(铜梁红蝶、大足红蝶)、中昊集龙锶业有限公司、庆龙锶盐公司和安彩锶业有限公司五家规模较大的企业。这些经过层层筛选留存下来的企业均有符合规定的生产规模和污染处理能力,但却普遍存在污染物超标排放的情况。企业日常环境监管的职责归县环保局,但县环保局每月的例行检查显然不能引起这些利税大户们的重视。其次,环保执法,有苦难言。重庆市环保局的工作人员坦称,在《排放标准》制定之时,由于没有充分考虑企业的实际执行能力,造成标准制定过高。目前,全国只有重庆市有这样的锶盐行业标准,如果按照《排放标准》执行,企业在现有水平下可能难以达到标准,严格执法也可能导致企业转移到其他天青石资源丰富的省份,如青海、湖北、江苏去生产。由此我们可以看出,区域环境标准的不一致和区域环境标准制定不科学是当前我国地方环境标准“执行难”、地方政府不愿积极制定地区环境政策标准的重要原因。针对这一问题,从政策角度而言,最有效的解决途径是制定统一的国家行业污染物排放标准。但就我国现状而言,在短期之内实现区域环境政策、环境标准的统一并完善各类国家行业标准的制定确有困难。笔者认为,政策的引导是外因,只有配合地方政府决策者的环保意识和管理水平才是真正实现区域的可持续发展的有效途径。

综上所述,通过产业转移吸引外部投资,进而拉动地方经济增长的模式是一把双刃剑,一方面对区域资本形成、就业促进、结构调整、制度创新等方面具有积极意义,另一方面,一系列污染密集型的产业、技术的转移也给中西部地区的自然生态环境带来巨大破坏。产业转移变身污染转移是我们必须高度重视的问题,招商引资过程中必须充分考虑经济效益和环境效益的平衡,决不能再走西方国家不计后果、先污染再治理的老路。

二、关注企业收购成为掩盖污染的新外衣

现代企业实施发展战略最主要的途径是企业收购。早在20世纪80、90年代，收购已经成为美国等市场经济发展较为完善的国家的企业广泛采用的一种发展战略。随着我国市场经济的逐步发展和企业收购相关法律制度的完善，企业收购在实践中正越来越多地被应用。从效果上看，企业收购有利于资源的优化配置和先进生产技术的推广应用，也有利于提高企业的市场竞争力和企业文化的形成。但不可忽视的是，近年来在企业收购的过程中暴露出的环境污染问题日益突出。一些不符合国家产业政策、本应被关停取缔的中小企业，经过当地政府招商引资被其他规模较大、资金雄厚的企业收购，有些企业经过收购方的投资重组，建成完善的污染处理设施，采用先进生产工艺，确实做到了规模效应和环境成本并重；有些企业却是“换汤不换药”，厂房大了、产量高了，污染也变本加厉。

（一）企业收购成为环境污染的保护伞

以本案为例，经过多次整治活动，大足、铜梁两县原有的十余家小碳酸锶生产企业现仅存五家符合产业标准的大企业，这五家企业分别是：重庆红蝶锶业有限公司（铜梁红蝶、大足红蝶）、铜梁庆龙锶盐化工有限公司、重庆中昊集龙锶盐有限公司和铜梁县安彩锶业有限公司。其中，除红蝶公司外，其余三家企业均是当地原镇办锶盐化工企业被收购后组建的“新”企业。庆龙公司由重庆市巴南区外贸公司在收购原铜梁县镁盐化工厂基础上建成；中昊公司在河北辛集化工集团收购精细化工二厂基础上建成；安彩公司在河南安彩化工集团公司收购原蒲吕化工厂等4家小碳酸锶厂的基础上建成。

环保部门称，“这些大企业资金充足、技术先进，环保投资大、生产规范，基本没有污染”。但企业周边村民却有不同看法：“这些企业重新开始生产后，规模大了，污染也比以前更严重了。”位于土桥镇河水村的中昊集龙碳酸锶厂恰好印证了村民的这一说法。该厂选址在湾泥洞山的半山腰，从高处俯

视,厂区笼罩在一片浓烟之中,对该厂废气现场监测结果显示,在中昊集龙碳酸锶厂上方约50米处,SO_2浓度竟达到83.5mg/L,超标167倍(国家标准为0.5mg/L)!在春意盎然的季节里,放眼望去,环绕中昊集龙碳酸锶厂的四面大山却是枯黄一片,大片被废气熏死的长江防护林如同被大火烧过一般漆黑。即便污染情况如此严重,在铜梁县环保局出示的一份情况报告中,对这家企业的描述仍然是:"废水、废气、噪声污染治理设施基本正常稳定运行。"

中昊集龙碳酸锶厂的污染问题在同类企业中具有一定的代表性。地方环保部门应当对这些因不符合环保政策、产业政策被关停,后经收购重组重新生产的企业加强日常环境监管,确保这些企业的建设和生产能够严格遵守国家相应的环境保护法律、法规和标准。由资金雄厚、技术先进的企业收购落后企业是实现社会资源优化配置的重要途径,具有节约社会成本、降低就业率等一系列优点。但在环保领域,必须重视收购企业"换汤不换药",换一块牌子继续污染的现象。我们支持地方政府招商引资,利用外部投资扩大生产规模、实现可持续发展,但我们更要警惕那些披着收购外衣掩盖污染问题的不良现象的蔓延。

(二)新组建企业对老企业环境债务的继承

按照公司法的规定,公司合并时,合并各方的债权、债务,应当由合并后存续的公司或者新设的公司承继。但公司收购重组与公司合并在法律上存在较大差异,一个最主要的区别就是公司合并后,只存在一个法人,而公司收购则可能存在两个独立的法人。因此,公司法中对企业债权债务的规定不能适用于公司收购。我们可以举一个例子:如果A企业因违反国家环境、产业政策被依法关闭,B企业出资进行收购重组后成立C企业,因为A企业已经注销工商登记,C企业将是一家完全独立的新企业,对A企业的债权、债务不享有权利和承担义务。

中昊集龙碳酸锶厂就是一个典型的例证。该厂的一位负责人称:现在显现出的因污染造成的损害结果基本都是其前身精细化工二厂造成,"中昊集龙"只对自身造成的污染问题负责,对之前的污染损害不负赔偿责任。从法律上讲,这种说法是完全合法的,但在实践中我们又会遇到这样的问题:环境污染损害结果的表现具有迟延性、延续性、复合性的特点，我们很难界定某些损害结果是由之前的污染还是之后的污染造成的，也很难判断之后的污染对之前的损害结果的加重程度究竟如何。因此，企业并购之后，随之而来的问题就是企业污染责任的混淆和环境权益受到损害的公众索赔无门的问题。

根据环境法“污染者负担”的基本原则，从加强环境保护、维护公众环境权益、严格限制以企业收购重组为手段进行环境污染的行为的角度出发，似乎应当在公司法和环境保护相关立法中新增对收购“丧失法人资格”企业的环境债务的继承作出特别规定，杜绝收购重组成为掩护环境污染的保护伞的现象，但这种立法在法理上存在冲突，在国际上也没有先例。笔者认为，环境保险制度是解决企业环境责任承担问题的最有效手段。目前，环境保护部已经将环境保险政策的研究提上实践层面，江苏省已经率先在全国试点推行环境保险制度并取得了良好的效果。虽然环境保险制度在我国广泛推广还必须解决保险范围、保险种类、赔偿金比例等一系列问题，但环境保险制度在国际上有成功的经验可供参考。该制度虽不能保证完全补偿污染损害，但至少在一定程度上可以起到化解社会矛盾、维护社会稳定的作用。

三、地方保护主义成为环境保护的瓶颈

渝西地区碳酸锶生产企业污染问题自 1996 年的涪江死鱼事件（骆礼全案）开始被媒体所关注。1997 年 11 月 23 日《重庆晚报》刊登“一宗震惊国家领导人的投诉”，李鹏总理要求有关部门深入调查，胡锦涛同志责成《焦点访谈》栏目记者赴实地调查。工人日报、现代工人日报、经济日报、西南经济日报、重庆晚报、重庆晨报、四川电视台等 13 家媒体都对此事进行了曝光，央视《经济半小时》栏目也曾对长江防护林受损情况进行过报道。虽然媒体监督屡遭企业暴力阻挠，还是有越来越多的污染事实暴露在公众面前，但群众持续投诉、媒体不断曝光的效果却微乎其微。2008 年 7 月，中华环保联合会联合中央电视台、法制日报、中国环境报进行现场调研时，看到的仍然是铜梁红蝶、大足红蝶废水偷排，涪江、濑溪河、怀远河污染严重；中昊集龙碳酸锶厂 SO_2 排放浓度达到 83.5mg/L，超标 167 倍（国家标准为 0.5 mg/L），百余亩长江防护

林被熏死的悲惨场景。周边居民引出自家浑黄的水井,控诉锶厂污染了大家的饮用水;农民翻开土地,遭废渣渗滤液污染已经变成黑色的土地赫然在目;家长脱下孩子的衣服,展示孩子身上总也痊愈不了的皮肤过敏;当地的一家环保民间组织甚至向调研组公开了一份触目惊心的调查报告:渝西地区碳酸锶企业周边受污染较严重的各村社在2001—2007年之间癌症的发病率及死亡率平均为3.48%,以肝癌、肺癌、食道癌为主,肺气肿、心肺疾病的平均发病率为2.8%……面对这样的情景,我们不禁要问,为什么十几年来周边群众无数次投诉上访、各家媒体不断宣传呼吁,污染问题总不能得到有效解决?在污染的背后,深层的原因究竟是什么?

(一)地方保护是污染得以长期存在的根本原因

环境保护遭遇地方保护,是我国基层环保执法工作中的一个顽疾。这种现象的存在与我国在改革开放初期重经济发展、轻环境保护,将地方GDP的增长作为官员政绩考核的标准存在直接关系,同时也是部分党员干部无视党纪国法、贪污腐败的直接表现。地方保护主义的存在已经成为我国当前环境政策落实难、环境整治见效慢、环境污染根除难的根本障碍。

1. 强大的企业vs弱小的环保局

与其他政府部门的工作内容相比较,环保工作往往是地方经济发展的中一个“不和谐的音符”,环保工作的特殊性质,决定了它在政府部门中的特殊地位。在基层环保部门(指区县级环保局)中有这样一句顺口溜:基层环保局长最难干,“站得住的立不住,立得住的顶不住”,形象地反映了当前基层环保执法工作中存在的政府干预问题。

以渝西碳酸锶生产企业污染案为例,重庆市环保局、大足县环保局、铜梁县环保局多次采取处罚措施①,但收效甚微。根据我国相关法律、法规规定,

① 2000年,重庆市对渝西地区碳酸锶行业进行专项整治,对不达标企业实行全面停产治理;2004年,重庆市出台《关于加强锶行业管理的意见》(渝府发[2004]42号),对污染物排放不达标的企业,由所在县(市)人民政府责令其限期治理或停产治理;2005年4月,因铜梁红蝶废水、废气不能实现稳定达标排放,被重庆市环保局及铜梁县政府下达限期治理决定;2005年7月,大足红蝶被列为重庆市十大环保挂牌督办案件进行整治。

环保机关对污染企业的处罚权限限于责令限期改正、罚款、责令限期治理，《水污染防治法》还赋予了环保机关在限期治理期间限制生产、限制排放或者停产整治的权力，但对污染企业的关停权一直掌握在地方政府手中，环保机关对此只享有建议权。部分基层环保机关工作人员常常抱怨，没有"关停权"是环保执法软弱无力的根本原因，但已经被赋予的权力，特别是"建议关停权"是不是被尽职尽责地利用却并不被关注。

不可否认的是，地方污染大户常常也是利税大户，是地方政府财政收入的重要来源，部分地方政府重经济轻环保，地方行政干预环保执法的现象普遍存在。在政府的保护伞下，企业"很强大"，而"票子、帽子"都由政府掌控的环保局则变得"很弱小"。

笔者认为，克服地方行政干预环境执法的根本方法是提升环保机构依法行政能力建设。在 2008 年年初的全国环境执法工作会议上，周生贤部长传达了温家宝总理的重要指示：环境执法要像钢铁一样坚硬，不能像豆腐一样软弱，要坚决做到有法必依、执法必严、违法必究，严厉查处环境违法行为和案件，决不允许严重危害群众利益的环境违法者逍遥法外。在党中央、国务院高度重视环境保护，环保工作已经进入国家核心战略规划的大背景下，环保不再是弱者，基层环保机关工作人员应当从思想上树立依法行政、执政为民的责任意识，坚决依法行使法律赋予的职权，只有这样才能从根本上强化环保工作的地位，捍卫环保执法的权威。

2. 社会监督 vs 环保腐败

任何事物都有矛盾的两个方面，环境保护地位的提升随之而来的就是被广泛关注的环保腐败问题。还是以本案为例，2008 年 7 月，中华环保联合会联合中央电视电、中国环境报、法制日报 3 家媒体对渝西地区碳酸锶生产企业污染问题进行了专题调研。在调研中，两县环保局的负责人面对环保组织和新闻媒体的质疑，无一例外地宣称自己辖区内的企业已经完全做到了达标排放，群众投诉只集中在少数"钉子户"身上。甚至有一位县环保局局长对着镜头"拍案而起"，公然叫嚣："化工企业有污染是正常的，没有污染才怪，我这里的企业已经做得很好了"，"企业有没有污染，不是你们说的算，是我们环保局说的算，你们凭什么监督？你们没有监督权！"环保局长如此护短，实在令人瞠目结舌。铜梁县安居镇居民中流传着这样一首民谣:“环保难,难环保,环境污染不好搞,党的政策实在好,下面就是执行不了。”村民们不明白,为什么在党中央、国务院三令五申要重视环境保护、实现可持续发展的大背景下,当地的污染问题就是得不到重视和解决。调研中,很多群众都失望地表示:“不想再向环保局投诉了,他们(政府与企业)都是一气的。”

任何权力都会滋生腐败,随着环境保护工作在国家政治社会生活中的地位不断上升,环保腐败问题成为人们关注的焦点。近年来,全国检察机关查办的环保领域渎职犯罪案件逐年上升,2003 年 23 人,2004 年 40 人,2005 年 45 人,2006 年 49 人,2007 年 85 人,2008 年 1—9 月 89 人,这其中,发生在基层环保部门的案件占到了绝大多数。笔者认为,惩治和预防环保腐败可以从内因和外因两个方面着手。其一,内因方面,加强对基层环保工作人员的思想素质教育和业务能力培养,借当前科学发展观学习活动,大力推进反腐倡廉教育,提高执法人员综合素质,增强依法行政的意识。其二,外因方面,完善立法,加强社会监督。健全和完善相关规章制度,严肃查处环保领域的违法犯罪行为,完善行政执法与刑事司法的衔接机制,加大生态环境的司法保护力度。另外,环境保护工作与人民群众的日常生活和生命财产安全密切相关,近年来受关注程度与日俱增,为开展环境保护领域的社会监督提供了良好的条件。这其中,新闻媒体和环保民间组织的监督尤为重要。环境保护,保护的是大家的环境,环保部门只有充分动员社会各界参与环保,积极接受社会监督,才能树立环保执法的权威,保障我国的环保事业沿着正确的轨道发展壮大。

(二)权责不清导致污染久拖不决的直接原因

现行的环保立法在审批与监管的权责配置上,往往是审批权力集中在上面,监管责任分配在下面,这样可能造成权责脱节,出现问题相互推诿的情况。

以本案为例,铜梁、大足两县的五家碳酸锶生产企业审批权属于重庆市环保局,且均属于市控重点污染企业,企业污染物在线监测全部与重庆市环保局联网,但企业日常环境监管职责归属于县级环保部门,由县环保局定期对生产企业进行现场检查。在调研中,调研组向县环保局询问企业污染物排放日常监测数据,县环保局工作人员以这些企业都是市控重点污染企业、企业污染物在线监测是与重庆市环保局联网、相关审批手续和监测数据只有重庆市环保局才有为由，拒绝提供日常监测数据。然而，在重庆市环保局，调研组了解到：五家规模较大的碳酸锶生产企业是在 2008 年 3 月纳入市控重点污染企业名单的，并且废水、废气在线监测设备由于技术原因尚未与市局联网。那么在 1996—2008 年十余年间，究竟是谁应当负起碳酸锶企业日常环境监管职责，每月一次的检查如何确保企业污染物实现稳定达标排放呢？

根据国家环保法律关于地方政府对环境质量负责的规定，污染企业的环境监管职责应该归地方环保部门，这一规定从提高行政效率的角度充分考虑了地方政府部门在属地管辖上的便利条件。近年来越来越多的重点行业环保审批权限上移，污染严重的企业被纳入国控、省控名单，这即是国家对高耗能、高污染产业的发展持慎重态度的表现，也是严格环境准入标准、从源头防范环境污染的基本要求。

笔者认为，对于国控、省控重点污染企业，地方环保部门仍然负有日常监督管理职责，并应当承担日常监管不利的相关责任；上级环保部门应当对重点监控企业予以重点关注，就发现的问题督促基层环保部门严肃查处；各级环保部门对本机关审批的事项就审批内容负责。只有明确权责分工，才能避免环境监管中存在“真空”地带，提高行政机关的工作效率。

结　语

重庆渝西碳酸锶生产企业污染问题曝光后引起社会各界广泛关注，重庆市委、市政府迅速反应，采取果断措施整治污染：

●2008 年 5 月 13 日，《中国环境报》刊发专题报道：《谁在造假？》

●2008 年 6 月 11 日，中华环保联合会向重庆市政府发送《关于商请妥善解决重庆铜梁县、大足县有关地区碳酸锶生产企业环境污染投诉的函》

●2008 年 7 月 3 日，《法制日报》刊发专题报道：《权威环保监督机构调研遇怪事　疏于监管掩盖问题　地方环保执法水平何时“局升部”》

●2008 年 7 月 16—20 日，该案引起温家宝总理关注，温总理作出重要批示；重庆市市委书记薄熙来、市长王鸿举、副市长凌月明及副秘书长欧顺清先

后对中华环保联合会《关于商请妥善解决重庆铜梁县、大足县有关地区碳酸锶生产企业环境污染投诉的函》作出批示

●2008年7月22日，市环保局迅速落实市领导批示精神，抓紧碳酸锶企业污染整治工作

●2008年7月25日，重庆市环保局曹光辉局长再次召开专题会议，对整治工作提出了初步处理意见，上报市政府领导审定后实施

●2008年8月4日，重庆市首次启用区域限批强制措施，对大足、铜梁两县实施区域限批，强力推进碳酸锶污染整治工作

●2008年9月9日，重庆市环保局全面开展碳酸锶污染整治指导和督办工作

●2008年10月，群众反映，碳酸锶厂污染整治初见成效

……

几个月的喧嚣过去，重庆渝西碳酸锶污染一案尘埃落定，重庆市政府部门采取了最大力度的措施向污染宣战，渝西百姓盼望了十几年，终于看到了污染问题彻底解决的希望。虽然重庆案在很多方面都非常具有代表性，但个案的解决只能作为特例，所牵涉的也毕竟只是少数人的利益。我们希望能从该案中总结出一些共性的特点，对今后的环境政策的制定和环保执法工作起到一些有益的作用。

环境资源法学研究进展

HUANJING ZIYUAN FAXUE YANJIU JINZHAN

水资源可持续利用与水生态环境保护的法律问题研究成果综述

梅　宏　刘卫先　董　跃

摘　要：中国法学会环境资源法学研究会2008年学术年会以“水资源可持续利用与水生态环境保护的法律问题研究”为主题。本文介评这次学术会议上分组研讨的主题和年会论文集中的研究主题，并对水权问题、水资源可持续利用的法律问题、跨国水资源的法律问题、水资源权属问题和水生态法律问题的研究成果予以综述。

关键词：水权　水资源可持续利用　跨国水资源的法律问题　水资源权属问题　水生态　水生态法律问题

为了全面贯彻落实科学发展观，促进我国水资源可持续利用与水生态环境保护的法制建设，构建资源节约型、环境友好型社会，维护生态安全，实现社会和谐，中国法学会环境资源法学研究会于2008年10月16日—19日在南京召开2008年全国环境资源法学研讨会（以下简称“南京年会”）。本次会议的主题是“水资源可持续利用与水生态环境保护的法律问题研究”，二百多位环境法学人围绕这一主题撰写并提交了论文。会议期间，学者们展开了热烈的专题研讨。

现根据《水资源可持续利用与水生态环境保护的法律问题研究——2008年全国环境资源法学研讨会（年会）论文集》和三场学术研讨会的现场记录，将学者们的研究成果予以综述。

一、关于“水权问题”的研讨

水权问题是南京年会学者们争论的焦点之一。与会代表分别就水权的界定、水权的性质、水权的流转、国外水权制度对我国的启示以及我国流域水权制度建设等方面做了深入的交流和讨论。

（一）水权的概念、性质、特征及内容

明确水权的概念是有关水权讨论与研究的前提，而对水权概念的界定是与对水权性质、特征及内容的认识和把握密不可分的。不同的水权定义包含并决定着不同的水权性质、特征和内容。“水权”作为一个法律术语，并没有在我国法律中明确规定，目前“水权”还只是一个法学理论概念。正是由于法律对“水权”缺乏统一的规定，国外理论和实践中也没有统一、明确的水权界定，致使我国学者对水权的界定众说纷纭，对其性质、特征及内容的争论也僵持不下。黄锡生教授在南京年会第一组讨论会上说：“水权就是对水的物权。水就是一种物，谁拥有谁就是所有者。以前尚未将水分为资源水、商品水时，很难对水权下定义。按照自然科学对水资源下的定义是，‘凡是存在某处供人们利用的淡水就是水资源’。根据水法规定，水资源归国家所有，那么人们对水资源只有使用权，并无所有权。经过考察我将水分为两种，一种是自然状态下的资源水，一种是人力劳动提取的产品水，如水库中的水。从平等交易合同角度看，取水权是一种债权，与取果权道理相同。”①曹明德教授则认为：“水权是一个比较宽泛的概念，可以限定为取水权。取水权主要是一种行政许可，它是可以转让的，因此形成了水权转让的二级市场，相当于许可证贸易。”②

学者们把现有对水权的争论概括为以下几种学说：(1)单权说，即水权就

---

① 黄锡生教授在南京年会第一组讨论会上的发言内容，引自河海大学研究生在会议现场所做的《水资源可持续利用的法律问题研究（一）“会议记录”》整理文稿。在此对河海大学研究生同学所做的工作表示感谢！

② 曹明德教授在南京年会第一组讨论会上的发言内容，引自河海大学研究生在会议现场所做的《水资源可持续利用的法律问题研究（一）“会议记录”》整理文稿。

是关于水资源的使用权；(2)双权说，水权就是水资源所有权与使用权；(3)多权说，即水权是包括水资源的所有权、经营权和使用权在内的三种权利的总和，或水权就是水资源的所有权、占有权、支配权和使用权；(4)权利束说或集合权利说，即水权是由水资源所有权、水资源使用权(用益权)、水环境权、社会公益性水资源使用权、水资源行政管理权、水资源经营权、水产品所有权等不同种类的权利组成的水权体系。①

部分学者认为不同水权学说之间的争论主要是由对水权客体的认识不统一所造成，并从确定水权之客体入手对水权进行界定。其中有学者认为作为法学概念的水权，在“水”的理解上应高瞻远瞩，为将来与“水”有关的法律制度规范预留空间，不应将水权客体的“水”仅仅理解为“水资源”或者更狭隘的“地表水和地下水”，而应当将不同类型的水作为水权的客体。水资源与水并不是同一概念，若将水权客体的“水”狭隘地理解为“水资源”，将会导致对水权的狭隘理解。广义的“水”应当是水权的客体，由此应将水权理解为与“水”(包括不同物理形态的水)有关的各类权利，并在整个法律体系层面来建构水权体系，即水权应包括：水之物权、水之行政管理权、水环境权等等，而水之物权又包括水之所有权、水之用益物权、水之担保物权，水之用益物权又包括取水权、排水权等等。② 有学者对此观点表示异议，认为水权中的“水”是指水资源，其原因有二：第一，“水”这个语词太笼统，不符合法律权利客体的要求。权利客体是法律关系中主体的权利和义务所指向的对象，是法律关系主体之间的权利和义务联系在一起的中介，因此权利客体须明确、具体、可控，否则权利主体无法行使权利、履行义务。“水”除了包括水资源以外，还包括水资源以外的水，对于这部分水，人们在现有的经济技术条件下无法加以利用，不具有可控制性。第二，水资源相对较为具体，且与现行法律可以较好地衔接。我

---

① 黄辉：《水权：体系与结构的重塑》，载《2008 年全国环境资源法学研讨会论文集》，第 118—122 页；贾爱玲、马婵娟、周红占：《水权之界定》，载《2008 年全国环境资源法学研讨会论文集》，第 128—132 页；金海统：《水权究竟是什么?》，《2008 年全国环境资源法学研讨会论文集》，第 154—158 页。

② 黄辉：《水权：体系与结构的重塑》，载《2008 年全国环境资源法学研讨会论文集》，第 118—122 页。

国的《水法》中也是用“水资源”作为水资源所有权的权利客体，水权制度既然作为其中的一个基本制度则应当与目前我国法律中的规定相衔接。学者认为水权是人们对水资源进行利用的权利总和，主要包括所有权、经营权和使用权在内的三种权利。① 还有学者对前两种观点都不赞同，认为水权客体应是时空和质量上更为具体的水资源，是由相应水权许可条件所限定的水资源。其理由有四：第一，经济学上的水资源资产应被排除在外。第二，从法理上看，能作为权利和义务的客体，需具备三个条件：首先，必须是一种资源，能够满足人们的某种需要，具有价值；其次，必须具有一定的稀缺性，不能被需要它的人毫无代价地占有利用；最后，必须具有可控性，可以被占有和利用。因此，并不是所有的水都能成为法律上的客体，只有那些有用的、稀缺的水资源才适合。第三，资源水和产品水其实都是水资源，而统一的水权客体用一个称呼较为适宜。第四，一般情况下，水权所利用的不是总括的、全部的、各种形态的水资源，例如在汲水、引水、排水、航运水等很多情况下，水权的客体实际上都只是一定的水。即使是水资源所有权所针对的水也是有局限的，即限定在我国领域内。所以应该对作为水权客体的水资源作出限定，限定在时间、空间、数量和质量方面。并认为水权客体——水资源具有财产、物和环境的三重属性，因此在定义水权和界定水权性质时应予以充分考虑，否则偏重其中一方都不利于水资源的保护和利用。②

有学者坚持认为将水权定位于使用、收益的权利，不仅廓清了水资源所有权与水资源使用权的关系，并且认识到水权类型的多样性，是一种比较科学的定义方式。并把水权的特征概括为四点：水权可以是不动产性质的用益物权；水权是经过行政许可方式获得的用益物权；消耗性水权中不包括处分权；水权中应包含生态性水权。③ 另有学者认为，在水权的众多权利学说中，科学性最

① 贾爱玲、马婵娟、周红占：《水权之界定》，载《2008 年全国环境资源法学研讨会论文集》，第 128—132 页。

② 徐丽媛：《论水权客体的三重属性》，载《2008 年全国环境资源法学研讨会论文集》，第 426—429 页。

③ 姜双林、王宝臻：《对水权性质和特征的几点思考》，载《2008 年全国环境资源法学研讨会论文集》，第 146—149 页。

强的要数集合性权利说，但集合权利说也存在自己的不足之处：第一，集合性权利说未能完成对水权权利体系的系统建构。第二，集合性权利说没有说明水权的法学理论基础，即所有水权的子权利类型是基于什么原则统一到水权的体系中来，从而建立起一个完整、系统的水权理论体系。第三，集合性权利说未能说明各种类型的水权子权利之间的关系，没有对水权内部的权利类型预先作出统一的定位。第四，集合性权利说没有从本质上去寻求水权产生的依据，导致水权理论以及水权体系的设想没有一个坚固的平台，使水权理论在内部无法形成一个逻辑严密、层次分明的权利体系。并且认为水不但具有经济价值，而且还具有生态价值、国防价值、美学价值等方面的价值。作为水权客体的水的价值的多层次性决定了水权的多层次性。由于水权的价值多元，使得不同价值层面的水资源属于不同的学科，由此导致与各种价值层面对应的水权概念也应运而生。而环境资源法学作为一个新兴的法律部门，它是公法私法化和私法公法化失败的产物，它的产生为的是应付随着社会、经济的发展而日益增多的协同型、复合性权利的需要，对于诸如水权等协同型权利而言，对其各个层次的价值进行综合的定义是多么的艰难。在对水权问题的研究上，法学特别是环境法学者在这个方面的滞后恰恰是过于理性的表现。基于这些原因，认为水权是指环境法上的主体在开发、利用、管理及保护水资源的过程中所产生的对水所具有的权利的总称，具有以下特征：第一，水权是一种集合性权利，其内部的结构主要包括两个方面：一是水所有权，二是他项水权。第二，水权是一个一般条款，决定了以下两个方面的内容：(1)水权是一切具体类型水权的母权，包括水资源所有权；(2)水权是一个开放性的制度体系。第三，水权是一种协同型权利。这种性质决定了水权既不可能是一种私权，也不可能是一种公权，它是一种成长于私权和公权的缝隙之间的权利，它既具有私权属性，又具有公权属性，是公权和私权的混合体。在水权制度中，公法上的内容与私法上的内容相互交叉，无法在这两者之间找出一条清晰的界线。第四，水权的权利基础是公民环境权。第五，水权内部权利的不平等性。① 另外

① 金海统：《水权究竟是什么?》，载《2008 年全国环境资源法学研讨会论文集》，第 154—158 页。

还有学者在对水权性质的私权学说、公权学说、既非公权也非私权学说做了考察后认为，水权的公权属性与私权属性似乎难以区分孰轻孰重，就权利的形式而言是公权，就权利的内容而言是私权。但就其形式上的公权性质并不能否认它私权的本质属性。水权制度产生于水资源市场配置的目的需要，是以政府调节为主的水资源分配体系中的一个必要的组成部分，理应受到水行政管理机关规划以及计划权、总量控制权、供水分配权、审查监督权等行政权力的制约，因此，从这个层面上讲，水权具有很强的公法色彩。当权利在"从归属走向利用"的状态下，本着水资源所有权与使用权相分离的原则，水权可在平等私法主体之间进行流转，从而形成水市场和水权交易制度，因此，水权又属于私法上的权利，具有私法色彩。所以，水权兼有公权和私权两种性质，是一种公权性的私权，具体地来讲是一种用益物权，且是一种新型用益物权，其具有以下特征：水权的客体不具有用益物权客体物的一般特征；水权在性质上属于公权性的私权；水权在占有权能方面的特殊性，即占用的优先权和最大限度的有益用水；水权的权利效力的特殊性，即不具有传统民法中用益物权的排他性。①

（二）水权的流转与交易问题

随着经济的发展，世界水资源供需矛盾进一步激化，对水资源的争夺已成为战争的根源之一。据联合国《世界水资源开发报告》，在过去的 50 年里，由水引发的冲突达 507 起，其中 37 起是跨国境的暴力纠纷，21 起演变为军事冲突。世界各国为缓解淡水危机，纷纷制定、修改本国的水事法规。美国、日本、澳大利亚、墨西哥、智利等国都依照本国法律的规定，建立了水权交易体系。在我国，水短缺问题已成为经济进一步提升的绊脚石。② 在这种背景下，有学者认为建立和完善我国的水权转让制度具有重要意义：能够提高水资源的利

---

① 贾爱玲、马婵娟、周红占：《水权之界定》，载《2008 年全国环境资源法学研讨会论文集》，第 128—132 页。

② 韩利琳、苏芸芳：《水权交易制度探析》，载《2008 年全国环境资源法学研讨会论文集》，第 101—105 页。

用效率;有助于缓解水资源的浪费;适应市场经济管理体制的需要。[①] 虽然我国现行有关法律法规对水权转让制度有一定的规定,如:2005 年 1 月,颁布并实施了《水利部关于水权转让的若干意见》,首次在正式的规范性文件中使用“水权”术语,并指明水权转让是水资源使用权的转让;2006 年制定的《水量分配暂行办法》使用了“水权”概念并使水权制度体系具备雏形;2006 年国务院制定并颁布了《取水许可和水资源费征收管理条例》,使我国水权转让法律制度有了质的发展。并且,实践中的水权交易也以 2002 年水利部在甘肃张掖市的水权转让试点工作,对权利人使用特定区域——梨园灌区水资源的水的权利通过“水权证”予以确定,允许水权人将其结余的水权进行有偿转让。这一尝试揭开了我国水权交易的真正序幕。并形成了各种水权转让的实践模式,如国家“南水北调”中线工程模式,浙江东阳—义乌模式,甘肃张掖模式,宁(宁夏)蒙(内蒙)模式,河北、北京水权交易模式。[②] 但这些还都只是处于水权转让的探索阶段。学者们普遍认为我国的水权交易制度还存在诸多问题及缺陷:[③]

第一,水权在宪法上的地位缺失及 2002 年修正的《水法》中有关水权的规定存在不足,导致水权不明晰。宪法中水权的缺位及其他法律中关于水权规定效力较低的现状,极大地影响了对水权这一基本人权的保护,其中对水权转让规定的空白也不利于指导其他法律法规的制定和实践的发展。2002 年修订的《水法》也有其不足之处:立法理念还没有完全适应市场经济体制的要

---

① 王瑛娜:《我国农村水权转让制度的构建》,载《2008 年全国环境资源法学研讨会论文集》,第 396—399 页。

② 康建胜、卫霞:《水权交易若干法律问题探讨》,载《2008 年全国环境资源法学研讨会论文集》,第 159—162 页;戚道孟、周庆春:《论我国水权转让制度的完善》,载《2008 年全国环境资源法学研讨会论文集》,第 272—278 页。

③ 康建胜、卫霞:《水权交易若干法律问题探讨》,载《2008 年全国环境资源法学研讨会论文集》,第 159—162 页;刘小春:《论水权交易制度的构建》,载《2008 年全国环境资源法学研讨会论文集》,第 227—230 页;戚道孟、周庆春:《论我国水权转让制度的完善》,载《2008 年全国环境资源法学研讨会论文集》,第 272—278 页;乔刚、王中义:《我国水权流转主、客体范围的厘定》,载《2008 年全国环境资源法学研讨会论文集》,第 287—290 页;王瑛娜:《我国农村水权转让制度的构建》,载《2008 年全国环境资源法学研讨会论文集》,第 396—399 页;杨柳青、赖家明:《对我国水权转让制度的思考》,载《2008 年全国环境资源法学研讨会论文集》,第 438—440 页。

求，有的规定仍带有计划经济模式的痕迹；缺乏对水权转让方面的规定，对于取得用水权后，水权的性质、权利的内容、能否转让等都缺乏明确规定，不能满足实践的要求；对“相关利益者”缺乏关注，缺乏公众在水权流转过程中的参与和知情权。除水资源所有权外，现行水法对水资源使用权、收益权等他项水权的权利主体、权限范围和获取条件等都没有具体明确的界定，使用权等他项水权的模糊降低了水权的排他性和行使效率，极易引起各地区、部门在水资源开发利用方面的冲突，不利于水权的转让和交易。

第二，取水权的配置较低，初始水权分配制度尚未全面确立，水权流转面临尴尬的境地。水行政主管部门承担着水资源分配、调度以及取水许可证的颁发等职责，常因技术、资金等客观条件的限制而难以保证取水权在不同行业、不同申请者之间的高效配置。取水许可的调度原则相对模糊，接近于上游优先、生活用水优先原则。在水资源短缺时缺乏可预见的、灵活的调节机制，临时性的应急方案使得水资源使用权在水量、水质上都存在很大的不确定性，极易引起不同用水户之间的矛盾。取水许可监督管理制度不够完善，特别是缺乏水权获取、变更的登记公示，不利于公众的参与和监督。取水权几乎不具有转让性和排他性。现行取水许可制度不仅对用户取水的起始时间、期限、取水目的、取水量、年内各月用水量、保证率、取水方式、节水措施、退水地点、污水处理措施等方面进行了严格的限定，还赋予水事管理机构在地下水严重超采、由于自然原因使水源不能满足本地区正常供水等情况下核减和限制许可水量的权利，这使得用水户的权利既难以转让，又面临着其他用水户和水事管理机构潜在的侵犯或干预。

第三，没有建立起正式的水权交易市场，水权价格体系不完善，实施中缺乏具体技术支撑。长期以来，我国是通过行政手段配置和管理水资源，强调水资源的公共性，极大地限制了水市场的发育。随着水资源供需矛盾的日益加剧，借助市场方式配置水资源的客观需求日趋强烈，但相应的调节、监管手段尚未建立起来，从而给一些临时的、应急的、地下的、隐蔽的、非法的、变相的、非正式的水权交易或水市场提供了空间。在农村，农业用水收费过去一直是作为行政事业性收费管理，个别地方还无偿供水。直到近些年才逐步纳入到商品价格管理中，但是水费的征收标准仍然普遍偏低，并且在水价上是国家采取政府补贴的方式,农业用水的水价没有达到其真正的成本,这使得政府的供水成本无法收回。

第四,部门分割的水管理体制尚未理顺,权力分配较为混乱,权力乱用情况较为严重。涉水管理部门之间缺乏有效的协调机制,各自为政,在一些涉及部门利益的问题上,部门之间你争我夺,毫不相让。这种政出多门、部门分割的水权体制是实现水利现代化和水资源优化配置的最大障碍。为了解决水权转让对他人的影响,需要建立相关的法律机制,平衡用水各方的利益,从而决定如何进行水权交易,在对第三方产生影响的时候应当如何对其权益进行救济。目前我国的水权交易制度在这方面的规定都还处于缺失状态。并且,由于目前缺乏对水资源费的界定与征收、使用和管理的统一原则和规范,对于水权交易合理的费用和利润没有规范,一方面导致水权交易缺乏利益驱动,另一方面容易导致利用水权交易牟取不正当利益。

第五,集体经济组织水塘、水库中的水排他性使用权法律没有明确规定,只规定了农村集体经济组织及其成员使用本集体经济组织的水塘、水库中的水不需要申请取水许可。这样的规定显然没有把集体经济组织水塘、水库中的水"盘活"。并且,依据现行法律水权流转的形式过于单一。从目前仅有的几部法律法规看只确认了水权的转让,而对于出租、抵押等非常灵活的流转方式没有规定。

针对我国水权转让制度的缺陷与不足,学者们进一步提出了建立与完善我国水权转让制度的一些建议与措施:

第一,明晰水权,厘定水权转让的主体与客体,确定水权转让的内涵。明确界定水权是建立水权转让法律制度的逻辑起点,只有以此为基础,才有可能确定水权转让的内涵,制定出一整套相关的法律制度。至于我国水权流转的主体,有学者认为应当包括四个层次:上下级政府之间的水权流转;平级政府之间的水权流转;各级水行政部门以国家水所有权人的身份出让水资源使用权;各资源水使用者之间的水权转让,即基于许可证的水资源使用权转让。2005 年 1 月 11 日水利部颁布的《水利部关于水权转让的若干意见》规定了对水权流转客体范围的限制,包括(1)取用水总量超过本流域或本行政区域水资源可利用量的,除国家有特殊规定的,不得向本流域或本行政区域以外的用水户转让;(2)在地下水限采区的地下水取水户不得将水权转让;(3)为生态环境分配的水权不得转让;(4)对公共利益、生态环境或第三者利益可能造成重大影响的不得转让;(5)不得向国家限制发展的产业用水户转让。据此,学者主张在对水权流转客体范围进行限制的基础上进一步拓展水权流转的范围,并主张在以下种类的水权中展开积极的探索研究,创新水权流转的新模式:(1)对于集体经济组织水塘、水库中的水应当明确该集体经济组织享有排他性的使用权。(2)对于城镇居民生活用水,可以模仿《联合国气候变化框架公约》下的清洁发展机制(CDM),由用水企业或专业的公司为居民提供节水的技术或设施,由此而节约的水量经过评估以后,该用水企业或专业公司拥有与其节约的水量相当的取水权,允许其从江、河、湖泊或者地下直接取用资源水。(3)对于用水企事业单位的退水,应当赋予其拥有对退水的所有权。① 此外,黄锡生教授认为:"水权交易是一种水的买卖合同,是一种水商品的交易,并不是笼统的水资源交易,如水库中的水是国家所有,我可以买卖但是要交税。"②曹明德教授认为:"水的交易买卖的是水的价值而不是其生态功能。其中包括两个法律关系:一个是行政法律关系,这涉及生态功能;二是民事买卖关系,水交易是在不违反行政许可的前提下进行商品买卖。"③

第二,确定水权流转应当遵循的基本原则。学者认为,我国水权流转制度应当遵循以下原则:政府调控和市场机制相结合的原则;公平与效率相结合的原则;统筹兼顾各种利益的原则;生态环境保护原则;有偿转让和合理补偿的原则。④

第三,培育平等的水权主体。水权转让的主体是单位和个人,还包括政

---

① 乔刚、王中义:《我国水权流转主、客体范围的厘定》,载《2008 年全国环境资源法学研讨会论文集》,第 287—290 页。

② 黄锡生教授在南京年会第一组讨论会上的发言内容,引自河海大学研究生在会议现场所做的《水资源可持续利用的法律问题研究(一)"会议记录"》整理文稿。

③ 曹明德教授在南京年会第一组讨论会上的发言内容,引自河海大学研究生在会议现场所做的《水资源可持续利用的法律问题研究(一)"会议记录"》整理文稿。

④ 才惠莲、蓝楠、黄红霞:《我国水权转让法律制度的构建》,载《2008 年全国环境资源法学研讨会论文集》,第 1—5 页;施燕、陈原笑、苏倪:《浅析水权转让的基本原则》,载《2008 年全国环境资源法学研讨会论文集》,第 301—303 页。

府,但实际情况是由国家的各级公权力机关作为水权主体,而真正的平等市场主体缺位。因为我国现阶段的水权转让主体绝大多数是国家意志的代表和国家力量的延伸,代表私人利益的相互平等的水权人,基本上不存在或者远没有形成与国家相抗衡的力量。现行水权制度的这一缺陷,既是我国目前政治社会结构的反映,也是计划经济体制改革进程中遗留的产物,它将对未来水权转让制度的构建产生不可低估的消极影响。培育平等的市场主体,也是水权交易制度建设的难点之一。①

第四,确立合理的初始水权分配制度。有学者认为,采用比例和优先水权相结合的初始水权确定方式是我国水资源短缺地区建立初始水权的主要理论依据。流域内部地区之间的水资源分配应该主要基于优先水权的思想,并辅之以比例水权的方式。而在同一地区、特别是同一灌区内部初始水权的确定应该在参考优先水权要素的情况下,主要按照比例水权的思想进行水权分配。在初始水权确定中,尽管有各种原则可以考虑,但公平性原则应该受到特别的关注。初始水权在确定时可采取民主协商的方式,特别应该考虑农民和落后地区的水权利益。② 另有学者从水权初始分配的程序、原则、要求和初始分配后的调整四个方面构建水权的初始分配制度,认为水管理部门首先应确定水权初始分配的原则和要求,然后考虑水资源的承载力和环境保护等因素,确定宏观总量控制指标和微观定额控制指标,再根据流域内供水量和需水量预测进行供需平衡分析,最后通过多方协商确定水权的初始分配方案,并以许可证、协议或合同等形式进行登记确认。初始分配应遵循以下原则:一是水资源公有制不变原则;二是居民生活用水、生态用水和农业用水优先原则;三是时间优先和地域优先原则,即水权的初始界定要以占用水资源使用权时间先后作为优先权的基础,同时水源地和上游地区具有分配水资源的优先权,距离流域较近地区比较远地区具有优先权,本流域范围内的地区比范围外的地区具有优先权;四是公平和效率兼顾原则,即水权的初始界定必须在保障安全、公

---

① 张丰芹:《论我国的水权转让》,载《2008年全国环境资源法学研讨会论文集》,第465—469页。

② 田亚平:《澳大利亚水权制度对我国的启示》,载《2008年全国环境资源法学研讨会论文集》,第352—354页。

平分配和社会可接受的前提下，才能最大限度地追求水资源利用的效率。初始分配应当使水权达到明确性、排他性、交易性的要求和水权交易补偿机制要求。此外还应建立比例水权制度和水权应急调整机制，以弥补水权初始分配和再分配机制的不足。①

第五，完善政府职能，改革我国水行政管理制度。要分清开发部门与水行政主管部门的不同职责。开发部门以水资源开发利用为中心，经过对全地区（省、区、县）水资源的综合科学考察和调查评价，组织编制各级水资源开发利用综合规划，审查有关部门的水资源专业规划，利用新技术进行水资源开发治理，指导、负责水资源开发、利用工作等。水行政主管部门代表国家行使水资源权属管理，以水权管理为中心，包括各级水权的界定、保护和监督及水使用权的取得程序，水使用量的核定及监测，水权转让或交易的指导、审批和执行，水权纠纷的处理等。② 此外，政府要抓好水资源规划，实行总量控制和定额管理制度，建立和完善水权管理制度、交易制度和水价形成机制，加强水利基础设施建设，加强信息服务，为水权制度建设、水市场发育和发挥作用创造条件并提供制度保障。政府要建立专门的水权交易的审批机构，综合分析评估预期的水权交易行为潜在的利益和不利影响，决定水权是否可以转让以及对第三方的补偿，保证水权转让的公平、公开和公正。③

第六，建立适当的水权转让价格机制。要建立合理的节水激励机制和浪费破坏水环境的约束机制，营造全社会节约用水、保护水环境的良好氛围。改革目前的水资源费收费标准，尽可能地对水资源的经济价值和生态价值予以充分地反映。

第七，建立健全水市场。认为我国的水市场应是一个“准市场”或“拟市场”，在具体实施上，可以成立专门的管理或仲裁机构，通过水权交易登记制

---

① 刘小春：《论水权交易制度的构建》，载《2008 年全国环境资源法学研讨会论文集》，第 227—230 页。

② 田亚平：《澳大利亚水权制度对我国的启示》，载《2008 年全国环境资源法学研讨会论文集》，第 352—354 页。

③ 杨柳青、赖家明：《对我国水权转让制度的思考》，载《2008 年全国环境资源法学研讨会论文集》，第 438—440 页。

度合理地引导水权交易,并适时进行监管。①

第八,借鉴国外的"水银行"制度和水权转让公告制度。结合我国实际情况,可由各省的水管单位改组成立供水公司。供水公司的设立根据水权市场的要求,应是企业法人单位。可利用法律法规,让水管部门与当地政府脱钩,组建供水公司,有利于克服目前存在的体制上的一些弊端。还可建立用水者协会,其职责是:代表各用水户的意愿制定用水计划和灌溉制度,负责与供水公司签订合同和协议等。我国水权转让也应实行公示登记制度,无论是获得水权还是丧失水权,都应向水行政主管部门办理登记手续。水权转让主体要对自己拥有的多余水权进行公告,公告制度要规定公告的时间、水质水量、期限、公告方式和转让条件等内容,这样有利于水资源使用权转让的公开、公平和效率的提高,既保护了水权拥有者的用水权利,也保证了水权的交易安全,同时保护交易相对人的利益。②

第九,健全我国水权转让的法律体系。我国水权转让法律制度的构建,应着眼于形成"内部和谐"的水权转让法律体系。首先要在《宪法》中明确规定水资源使用权可以依法转让。其次要增强民法、刑法对水权转让的确认和保障。在民法中赋予所有单位、公民个人以水资源使用权,并明确其物权性质,以进一步全面保障公民个人水权的实现;允许水资源使用权的买卖、出租、抵押或以其他形式合法转让;在水权转让过程中确立侵权的民事责任。在刑法中确立无过错责任原则,并增设非法转让水权罪和非法取水罪。最后,要完善《水法》和《取水许可制度实施办法》,在《水法》中明确水权转让的具体规定,在《取水许可制度实施办法》中赋予取水权的可转让性。③

---

① 田亚平:《澳大利亚水权制度对我国的启示》,载《2008 年全国环境资源法学研讨会论文集》,第 352—354 页。

② 才惠莲、蓝楠、黄红霞:《我国水权转让法律制度的构建》,载《2008 年全国环境资源法学研讨会论文集》,第 1—5 页。

③ 才惠莲、蓝楠、黄红霞:《我国水权转让法律制度的构建》,载《2008 年全国环境资源法学研讨会论文集》,第 1—5 页;戚道孟、周庆春:《论我国水权转让制度的完善》,载《2008 年全国环境资源法学研讨会论文集》,第 272—278 页。

二、关于水资源可持续利用的法律问题研究

在与水资源相关的法律研究中，学界渐渐将视点聚焦于水资源保护法制完善和水资源权属问题，这两个问题也成为此次年会学者们讨论的重点问题。

（一）水资源立法评估问题

近年来，环境立法评估已成为我国实务部门和理论界关注的热点问题之一。在这次年会的主题发言中，水利部门的几位负责人都提到了环境立法评估的必要性、重要性及其在实施中遇到的种种问题。我国已有学者对此问题予以关注，并同实务部门开展了合作。

其一，对我国现有水环境水资源保护相关法律法规的系统评估。学者认为，我国现有的水环境水资源法律法规在法律法规衔接、区域和流域管理体制、政府水环境资源保护责任、面源污染治理、生态补偿机制、跨行政区水污染纠纷、水事纠纷的处理、水事民事纠纷和水污染民事纠纷行政调解等几个方面都存在一定的缺陷。针对这些缺陷，应当从以下方面进行立法改进：(1)加快制定或修改相关法律法规；(2)完善水环境、水资源管理体制，实现水资源综合管理；(3)强化政府及执法部门的责任；(4)进一步完善面源污染控制的途径与措施；(5)建立水环境、水资源保护的资金保障机制；(6)明确流域内不同法律主体的权利、义务关系；(7)通过立法解决行政处理水事纠纷和水污染纠纷的有效性问题，充分发挥行政调解民事环境资源纠纷的作用。①

其二，水资源立法评估成果的实际应用。有学者在典型城市地方立法整体评估所收集的资料基础上，通过个案研究的方法，对地方水资源法规的执行效能进行了实证分析，进而总结地方水资源法规的实施绩效，主要包括促进具体政策拟定、水资源管理实权化、对经济结构和社会效应产生直接影响等方面；执行中存在的问题主要包括建设目标的缺失、对新形势挑战应对不力、忽

① 李广兵、蔡守秋：《关于水环境水资源保护相关法律法规的评估》，载《2008 年全国环境资源法学研讨会论文集》，第 189—194 页。

视地方情况的特殊性、与相关政策的冲突和对城乡统筹的忽视等等。出现这些问题的原因主要是立法理念的滞后、缺乏独立性和自主性、价值取向和现实利益的冲突以及对水资源的特殊性考量不足,缺少灵活的应对机制。在此个案的基础上,对地方水资源立法在执行上所存在的普遍性问题进行探讨,并提出了相关的建议。①

(二)完善水资源保护法制的立法建议

同环境资源法的其他领域相仿,近年来与水资源法律保护相关的新问题层出不穷,学者们也纷纷提出完善水资源保护法制的立法建议。

1. 水资源风险防范法律制度。学者从水资源风险的特征、我国水资源现状以及水资源安全与国家安全的关系三个方面论证了建立我国水资源风险防范法律制度的必要性,指出在我国水资源风险防范法律制度的立法及实践中主要存在着指导思想落后、环境风险与环境损害尚未加以区分、水资源保护领域尚未有专门的风险防范制度三方面问题,提出应当从指导原则、水资源风险评价制度和水资源风险管理制度完善我国水资源风险防范法律制度。②

2. 再生水回用农业的立法问题。再生水回用农业就是经处理过的再生水达到农田灌溉水质标准,允许用于农田灌溉的节水灌溉模式。学者在分析了再生水回用农业存在的问题以及立法现状后,提出了"制定《城市排水和再生水利用法》,专章规定再生水回用农业"的立法建议。其中《城市排水和再生水利用法》的法律框架分为两大部分:一部分为排水,设规划与建设、排水、污水处理等章节,另一部分为再生水利用,设再生水回用工业、再生水回用农业等章节。再生水回用农业专章的主要内容和基本制度包括:(1)管理主体和运行机制;(2)技术规范和灌溉标准;(3)监测队伍和仪器设备;(4)再生水

① 刘惠荣、董跃:《对地方水资源法规执行效能的实证研究》,载《2008 年全国环境资源法学研讨会论文集》。

② 窦玉珍、余洁:《完善我国水资源风险防范法律制度的几点思考》,载《2008 年全国环境资源法学研讨会论文集》。

利用收费制度；(5)再生水灌溉农田价格指导制度。①

（三）循环经济视角下水资源法律的完善

伴随着《循环经济促进法》的颁行，如何调整相关的水资源立法，使之适应循环经济的需要并进一步推动循环经济，是一些学者关注的热点问题。

1. 循环经济对水资源立法的需求。学者认为，循环经济对水资源立法的需求包括：(1)调整立法思路，改进立法机制，特别是与《循环经济促进法》的有关要求相衔接的内容；(2)健全水资源法律体系；(3)完善水资源法律制度设计；(4)充分发挥市场机制的作用。②

学者分析了对水资源循环利用进行立法的必要性，指出水资源循环利用法律具有广泛性、公益性、示范性、强制性和技术性的基本特点，并提出关于水资源循环利用的立法建议可以先由相关行业协会起草，再向相关部门提请审议，并通过政策法规引导，建立统一、科学、高效的水资源管理制度。③

2. 以促进循环经济发展为视角，对我国水资源保护法律制度现状予以检视。学者提出了完善我国水资源保护法律制度的建议：(1)完善水资源保护法律体系，依法落实科学发展观；(2)建立健全相关制度，推动循环经济下的水资源保护，包括完善节水和污水再生利用制度、建立节水和污水再生利用专项资金制度以及健全水资源税费制度；(3)改革水资源管理体制，强化环境行政执法；(4)加强宣传教育，拓宽公众参与的法律渠道。④

（四）节水法律制度研究

伴随着城乡用水的日益紧张，节水的相关法制建设日益引起环境资源法

---

① 王伟、戚道孟：《再生水回用农业的立法思考》，载《2008 年全国环境资源法学研讨会论文集》。

② 王明远：《循环经济背景下水资源立法的健全与完善》，载《2008 年全国环境资源法学研讨会论文集》。

③ 朱沛智：《论我国水资源循环利用的法律促进》，载《2008 年全国环境资源法学研讨会论文集》。

④ 王燕：《我国水资源保护法律制度浅析——基于循环经济的视角》，载《2008 年全国环境资源法学研讨会论文集》。

学界的关注，尤其是节水型社会目标的提出，为相关法律的研究提供了新的维度。此次环境资源年会中对节水法律制度的研究主要集中在以下几个方面。

1. 节水立法体系及相关制度。学者介绍了节水法律制度和法律体系构建得比较完善的美国、日本和以色列的节水立法模式，分析了我国节水法律体系的构建中存在的不足，提出我国今后应当加快全国节水条例的出台、加快城乡一体化的节水立法体系以及将节水法律制度、节水措施和节水法律责任在节水立法中进一步明确的立法建议。①

学者分析了我国节水法律制度在设计理念和原则、政府管制制度、市场调节制度、社会调整制度、技术创新制度以及法律责任与救济制度上存在的问题，并以统筹兼顾为理念提出相应的改善措施。②

2. 城市节水法制建设。学者从应对城市水资源紧缺的目的出发，指出其解决方法在于有针对性地完善地方立法和制定用水制度，包括：(1)制定城市节水法律制度。包括建立科学的水价形成机制，坚持节水政令的实施效力以及从经济法与行政法两个领域来拟定相关制度。(2)水资源维护法律制度。(3)水产业发展制度。一方面从行政法上对发展水产业予以行政指导和行政奖励，对于相关科研项目予以经费资助；另一方面，从经济法上对于海水、污水、雨水的资源化利用和转化予以税收减免、政府补贴以及采取其他扶持措施，激励单位和个人积极发展水产业。③

学者指出，制度创新是节水型城市建设的重要保障。要实现建设节水型城市的目标，需要健全和完善如下制度：理顺管理体制，合理调整水价，推行用水定额管理制度，鼓励多元化投资以及完善激励和优惠措施。④

3. 建设节水型社会的法制保障。学者从建设节水型社会的角度出发对我国的水资源立法进行了梳理，并且重点总结了我国建设节水型社会的政策

---

① 顾向一：《我国节水立法模式选择的探讨》，载《2008 年全国环境资源法学研讨会论文集》。

② 王文革：《论完善我国节水法律制度的对策》，载《2008 年全国环境资源法学研讨会论文集》。

③ 陈朝晖：《应对城市水资源紧缺的制度安排与地方立法》，载《2008 年全国环境资源法学研讨会论文集》。

④ 朱晓勤：《节水型城市建设的制度保障》，载《2008 年全国环境资源法学研讨会论文集》。

法规建设及相关活动。①

学者从我国水资源面临的问题出发，分析了我国节水型社会建设的必要性，从政治、经济、科技、文化四个方面论证了如何构建我国节水型社会制度。②

学者对节水型社会进行了定位，认为它是指人们在生产和生活过程中，在水资源开发、利用和管理的各个环节，在全社会确立起人们对水资源的节约和保护意识，以建立完备的管理体制、运行机制和法律体系为保障，在政府、用水单位和公众参与下，通过法律、行政、经济、技术和工程等措施，结合社会经济结构的调整，实现全社会用水在生产和消费上的高效合理，保持区域经济社会的可持续发展的社会发展模式和社会存在形态。节水型社会法律制度构建应坚持人与自然和谐原则、总体规划与利益平衡原则、节约与保护并重原则。③

学者认为节水型社会建设成为解决我国水资源问题的根本出路，而节水型社会建设的关键便是进行制度创新，通过法律制度保障其有效实现。为此，我国需建立一套系统的水资源节约法律制度。首先是重构我国水资源节约法律体系：第一，在《宪法》中规定单位和个人对水资源的使用权以及保护水资源、节约水资源的义务；国家鼓励和保护单位、个人依法开发水资源和进行水利基础设施建设。第二，在《民法》、《环境保护法》、《水法》中完善水权制度，明确确立水权的财产权性质，并在此基础上构建水权体系，允许单位、个人对依法取得的水资源使用权、特许取水权以买卖、出租等形式合法转让；完善水权责任制度，确立对高危作业侵犯水权的严格责任制。第三，制定专门的节水法，以进一步完善节水法律制度。第四，国务院可制定专门的水资源节约行政法规，对水资源的节约规定比法律更为具体的、具有可操作性的条例、规定或办法，根据不同行业制定不同的节水标准。第五，各部委可根据法律的授权，在各自的职责范围内对相关行业、部门作出水资源节约的规定，并将水资源利

---

① 莫神星：《珍惜水资源，建设节水型社会》，载《2008 年全国环境资源法学研讨会论文集》。

② 乔大丽：《我国节水型社会制度构建》，载《2008 年全国环境资源法学研讨会论文集》。

③ 王小萍：《节水型社会建设的法律制度研究》，载《2008 年全国环境资源法学研讨会论文集》。

用状况作为考查领导干部政绩的一个标准。①

(五)地下水源及饮用水源的法律保护问题研究

地下水源及饮用水源因其在水资源法律体系中所处的特殊位置及发挥的特殊作用,其法律保护问题也成为一个独立的研究领域。

学者分析了美国和法国地下饮用水源保护的特殊法律规定,包括地下灌注控制计划,对单一含水岩层特别保护原则,评价和监测制度,审批、申诉和命令制度,指出我国应从立法上强调地下饮用水源保护,建立和健全地下饮用水源评价制度和监测制度,加强公众参与的力度,健全农村地下水源保护机制。②

学者对浙江省农村饮用水源保护的法律问题进行研究,指出浙江省关于农村饮用水源保护的立法存在具体制度上的缺失,而且制度大多仅限于各种禁止、限制性规定,鼓励性规定极少,还存在许多空白。建议加快浙江省农村饮用水源保护的立法进程,改变浙江省现有农村饮用水源保护管理体制,建立农村流域饮用水源统一管理与区域管理相结合的管理机制,并加大浙江省农村饮用水源保护的法律责任。③

学者指出我国农村饮水安全存在水资源时空分布不均、污染加剧、应急能力差、安全保障程度低等问题,要从根本上解决农村饮用水安全问题,建立与完善我国农村饮用水安全保障立法体系是关键。而我国农村饮水安全保障立法存在缺少针对农村饮水安全的内容,缺少农业面源与生活垃圾的污染治理相配套法规以及没有建立农村小型集中式取水以及分散式取水水质监测体系等问题。我国应当尽快确立农村饮用水源安全立法框架,制定专门的农村水

---

① 谢军安、杨飞:《建立节水型社会的法律制度研究》,载《2008 年全国环境资源法学研讨会论文集》。

② 蓝楠:《美法等国地下饮用水源保护法律规定的启示》,载《2008 年全国环境资源法学研讨会论文集》。

③ 李明华、陈真亮、文黎照:《浙江省农村饮用水源保护的法律支撑》,载《2008 年全国环境资源法学研讨会论文集》。

资源保护条例或者农村饮用水源保护区管理条例等。①

学者认为饮用水安全法律保障方面存在不少问题，如缺乏专项法规规范，散见在相关法律中的具体制度未能很好地衔接、协调，甚至相互冲突，不同部门之间在一定程度上还存在职能交叉等。借鉴美国相关的经验，改善我国饮用水安全法律保障制度及机制的出路在于扭转多头管理的体制，加强跨行政区法律调控力度，完善生态补偿、公众参与等法律制度建设，并出台综合性的《饮用水安全法》。②

（六）其他方面多视角、多领域的理念推进及制度完善

除了上述五个方面以外，对于水资源的法律保护，学者们还将视野扩大到诸多领域，例如公共治理、管理体制、环境教育等等。

1. 水资源保护法律中的公共治理问题。学者在分析了水资源保护法律构建过程中引入公共治理的必要性基础上，提出水资源保护法律的两个途径：一是完善公众的参与机制、实现水资源治理的透明和效率；二是建立激励机制、实现治理主体之间的互动。③

学者也对我国水资源行政管理体制进行了分析，指出我国将水资源与水环境分别交由水利部门及环境保护部门管理，同时其他相关政府部门在各自的职责范围内配合水利部门和环境保护部门对水环境与水资源进行管理，流域管理机构虽然已经建立但流域管理机构的作用并没有完全发挥出来。为实现保护水资源和水环境，有必要改革现行的双重管理体制，建立水环境与水资源综合管理体制，从而完善各部门之间的协调机制，增强流域管理机构的作用。④

2. 城市水务法规体系的发展。学者在分析我国城市水务市场的基础上，

---

① 潘泊、穆宏强、汪洁：《我国农村饮水安全保障立法初步研究》，载《2008年全国环境资源法学研讨会论文集》。

② 任世丹：《论饮用水安全法律保障》，载《2008年全国环境资源法学研讨会论文集》。

③ 刘荣昌：《公共治理背景下水资源保护法律规制探析》，载《2008年全国环境资源法学研讨会论文集》。

④ 郭普东：《论我国水环境与水资源行政管理体制的改革》，载《2008年全国环境资源法学研讨会论文集》。

比较了城市水务法规体系与水法体系的关系，指出我国城市水务立法的重点与发展趋势在于：(1)把城乡水资源统一管理模式纳入法制轨道；(2)立法保护并不断提高生活饮用水质量；(3)依法规范城市水价上涨行为及水价形成机制；(4)更加重视污水处理与节约用水工作；(5)政府对城市水务依法监管；(6)对公众参与机制法律保障的要求。并建议在城市水务的监管体制方面成立独立性的水务监管机构，并在法律上予以正名；在水务市场准入方面，建立特许经营制度和支撑体系。①

3. 利益衡平视角下的水资源法规完善。学者提出水资源的有限性、多用性及我国水资源空间分布不均匀的特点和市场经济条件下利益主体多元化的客观事实，决定了无论是流域内上下游水事管理还是跨流域调水，运用行政手段来协调利益冲突的有效性越来越差。从利益衡平的角度我国需要建立完善水信息共享与公开制度、生态补偿制度、水规划环境影响评价制度、经济激励制度。②

学者认为，目前我国水资源利益分配不公的问题集中体现为水资源利益在不同地区间分配不公和在不同行业间分配不公。前者又主要表现为江河源区水资源利益补偿不足；后者则主要表现为高耗水、高污染行业对水资源低代价的挤占和破坏。水资源利益分配不公的本质原因主要是由于水资源具有公共产品的属性，以私权利为主要调整对象的市场调节机制不能彻底解决水资源利益的公平分配问题；同时，在生存权、发展权与环境权之间的利益冲突衡量上，政府的政策选择存在价值偏好。我国应建立以国家和中下游地区为主、以源区和社会补偿为辅的水资源生态补偿法律机制，实现补偿主体、补偿对象、补偿依据、补偿方式(如何补偿)、补偿标准(补偿多少)的制度化和法律化。建设以"命令—控制"为主、以"经济刺激"为辅、以"公众参与"为补充的水污染防治多元法律调控机制，其中应特别注重以水污染防治规划制度、水污染监测管理制度和流域污染控制制度为核心的政府职权和责任法律制度建设

---

① 谭柏平：《论我国城市水务法规体系的建立及完善》，载《2008 年全国环境资源法学研讨会论文集》。

② 王纯兵：《试从利益衡平角度谈建立我国水资源开发利用、配置的法律制度》，载《2008 年全国环境资源法学研讨会论文集》。

以及污染物排放总量控制与排污许可证制度的运作。①

4. 水能资源的法律地位。学者指出在我国现有的法律体制下，对水能资源的法律地位认识不统一，《水法》、《节约能源法》将其列为"国家鼓励开发利用"的能源，《电力法》、《可再生能源法》中规定不明确。而在全球气候变化背景下，开发利用水能资源有着不可替代的重要作用。正确的做法是在鼓励开发利用的同时，采取措施尽量减少或避免其负面影响，而不是一味地加以限制。《能源法》征求意见稿对于在应对气候变化方面具有重大战略意义的水能资源的法律地位仍然存有疑义，应当予以澄清。应当将水能资源列入新能源和可再生能源的范畴。②

5. 公众环境意识角度与水资源可持续利用。学者指出公众环境意识的提高有利于水资源的可持续利用，提高公众的环境意识，就是使普通民众用可持续发展的观念看待水资源保护问题，充分意识到水资源的环境价值比经济价值更重要。提高公众环境意识的两个主要渠道是媒体与教育。③

6. 环境税与水资源保护。学者以洞庭湖水保护为例，提出环境税有利于水资源的保护。如果能确定合适的环境税税率，使排污者带来的外部成本内部化，当然会有力地改善洞庭湖的水环境。但是环境税在实施上也存在不足。首先，环境税率难以确定；其次，环境税容易转嫁，导致不公平；最后，水环境治理受多种外部条件制约。④

三、跨国水资源的法律问题研究

除了对国内水资源保护法律体系进行研究外，也有学者从国际法和比较

---

① 赵爽：《水资源利益公平分享法律机制研究》，载《2008 年全国环境资源法学研讨会论文集》。

② 董勤：《气候变化背景下水能资源的法律地位——兼对〈能源法〉征求意见稿的建议》，载《2008 年全国环境资源法学研讨会论文集》。

③ 时军：《公众环境意识对水资源可持续利用的作用》，载《2008 年全国环境资源法学研讨会论文集》。

④ 唐钊、杨利雅：《环境税与水资源保护——以洞庭湖水保护为例》，载《2008 年全国环境资源法学研讨会论文集》。

法的视角出发，对跨国水资源法律问题、国际水资源分配、国际河流利用以及欧盟水指令框架进行了研究。

（一）跨国水资源的法律问题

学者指出流域各国在自己境内利用跨国水资源或进行其他活动时，有义务通过国际合作或者采取合理的单边措施，保护国际流域水资源，防止对其他流域国造成重大损害。规范跨国水资源保护问题的国际法律文件包括全球性水条约、区域性和流域水条约、政府间组织的决议和宣言、国际法学术团体的决议和规则等。根据这些文件的规定以及国际社会的实践，流域各国应当采取的保护国际流域水资源的措施包括但不限于环境影响评价、交流信息、监测、通知、紧急情况下的援助、控制污染、公众参与等，这些措施有助于预防和减少损害。中国在保护相关跨国水资源方面也采取了环境影响评价、交流信息等措施，但是需要加强和改进。①

（二）国际水资源分配问题

学者从环境伦理角度指出世界范围内的贫困与全球水资源匮乏之间的深层关系，主要是因为淡水资源空间分布不均和分配不畅，而不是表象上的淡水资源总量不足。传统国际水资源分配原则暗含古典自由主义持有正义分配模式的意蕴，流域国之间仅基于自然资源永久主权之下的最高效益原则分配水资源。地球是人类的家园，流域国基于合作的功利考虑和同情的道义考虑，在分配水资源时负有避免浪费、保护生态系统、帮助因水资源匮乏而陷入贫困的人们的道义义务。②

（三）我国国际河流可持续开发利用的法律问题

学者针对我国国际河流可持续开发利用存在的立法缺失、保障措施缺位

---

① 何艳梅：《跨国水资源保护法律问题研究——兼及中国的实践》，载《2008 年全国环境资源法学研讨会论文集》。

② 李彩虹：《国际水资源分配的伦理考量》，载《2008 年全国环境资源法学研讨会论文集》。

和环境保护工作不到位，提出应当首先完善我国国际河流可持续开发利用的前提要素，即重视国际河流可持续开发利用的重要意义和加强国际河流可持续开发利用的基础性工作；其次，我国国际河流的开发利用应遵循以下主要原则：(1)维护国家主权并尊重其他国家主权原则；(2)不造成重大损害原则；(3)公平合理使用原则。最后要在国际国内两个层面完善我国国际河流可持续开发利用的立法，包括争取加入《国际水道非航行使用法公约》，健全双边或多边的区域性专项水协定和由国务院组织制定《国际河流开发管理条例》，积极参与国际河流可持续开发利用的国际合作。①

(四)欧盟水框架指令的专题研究

学者指出欧盟水框架指令是近几十年来欧盟在水资源领域颁布的最重要指令。其目标是保护和管理水资源，其核心是流域综合管理计划，其内容涉及水资源保护的各个方面，并将水域的保护与污染控制结合起来。欧盟水框架指令的主要启示在于：(1)鼓励支持公众参与；(2)打破属地界限，建立完备的流域管理法律体系和流域管理机构；(3)城市小区建设和开发中的水土保持不可忽视；(4)按就地处理的原则收集和处理雨水和污水是确保资源节约的重要手段之一；(5)把重视河流的生态保护和实施亲水型的防洪策略与建立环境友好型社会融合在一起。②

四、水资源的权属问题

(一)围绕《物权法》自然资源权属所展开的对水资源权属制度的讨论

在颁行不久的《物权法》中，对自然资源的权属做了概括性、原则性的规定，而对于水资源的权属并未作出明确规定。很多学者从《物权法》的原则性规定出发，水资源的权属制度进行研究。

---

① 曾文革、许恩信：《论我国国际河流可持续开发利用的问题与法律对策》，载《2008 年全国环境资源法学研讨会论文集》。

② 谭伟：《欧盟水框架指令及其启示》，载《2008 年全国环境资源法学研讨会论文集》。

学者对《物权法》中水资源权属制度的合理性进行了深入研究。指出围绕着《物权法》中的诸如水之类的自然资源的物权法化争议颇多,既有传统民法的物权理论的质疑,又有环境资源保护视角的忧虑。但是“从对传统物权理论的反思出发这一立法却有其可能性,从加强水资源的统一规划和利用、保护水资源的角度理解也有其必要性,同时这一财产属性的确认并不与民间百姓的习惯法权基础上的取水权相冲突”。并将国家行使水资源所有权的表现归纳为对水资源开发利用进行管理以此干预水资源利用权的不当行使,采取行政的、经济的、法律的等各种手段来配置、协调、管理、监督和保护水资源的合理使用。同时,通过行使收益权,建立水资源有偿使用制度;通过建立完善的水市场,实现水资源使用权的合法转让;通过制定严格的水质标准和污染排放标准,维护水资源的再生利用等。指出未来以物权法为核心建立水资源权属制度对水资源的可持续利用将起到非常重要的作用。①

学者指出,物权法相关条文规定已清楚表明我国通过财产基本法的形式承认私法手段是水资源配置的主要方式。但物权法对水资源用益物权缺乏概括性规定,作为水资源用益物权定性的取水权,因为需要按照相关行政法律、法规予以解释和适用,导致其应该具备的安全价值大为减损。因此,我国立法应该进一步按照物权法确定的调整思路,来完善水资源之用益物权及其相关制度安排,包括:在物权法中采用水权来定义非所有人对水资源的新型用益物权,取消取水权的规定;水资源用益物权的种类、内容、取得等,根据物权法定原则由立法直接界定,而不再任由行政权力创设,使其体现出私法物权的性质;转换政府对水资源的管理手段和方式,将政府对水资源的计划管理权建立在水资源的整体之上,水资源份额上所存在的财产利益,则经由民事立法构建系统的水资源财产权法律制度调整。②

学者对《物权法》中水资源国家所有权进行了分析,认为《物权法》肯定了将水资源国家所有权改造成为纯粹的私权的主流观念。事实上,在世界水资

---

① 陈德敏、杜辉:《关于〈物权法〉中水资源权属制度合理性的评介》,载《2008 年全国环境资源法学研讨会论文集》。

② 裴丽萍:《水资源用益物权立法解读》,载《2008 年全国环境资源法学研讨会论文集》。

源国家所有权的产生和发展历史上，民法典虽然对此有所涉及，但并未将其纳入私权体系。水资源国家所有权主要是规定在宪法和水资源单行法中，公权的属性更为突出。应当矫正我国《物权法》对水资源国家所有权不恰当的私权定位，实现其公法属性的回归，特别是要强调水资源国家所有权的全民性和国家责任。①

（二）对水资源所有权性质的分析

除了以《物权法》为研究基础外，一些学者对水资源的权属性质进行了全面的考察和分析。

学者在文献综述的基础之上，从法律的规定上对我国自然资源所有权制度的主要内容、特点及缺陷进行了分析，指出我国现行自然资源所有权的主要特点就是自然资源的国家所有和集体所有的二元所有制结构，而这种结构的主要缺陷在于导致自然资源所有权主体虚位和使所有权成为行政权的附庸。并且自然资源的集体所有权十分不稳定，何为"集体"难以确定。之后将我国学界的主张归纳为三种思路：第一，取消自然资源的集体所有，确立自然资源的国家专属所有。第二，打破全部自然资源归国家和集体所有的垄断格局，实现自然资源的单一公有产权向国家所有和民间所有的多元所有权体系转化，即建立多样化、多层次的自然资源所有权体系。第三，不改变自然资源国家所有和集体所有的结构，仍然坚持自然资源国家所有为主导，集体所有为补充，只是要完善自然资源国家所有权的有效实现，并且对自然资源集体所有权进行改造。之后提出在当前阶段，只能采取渐进式的改良，在维持自然资源国家所有和集体所有二元所有制结构的前提下，切实推进自然资源国家所有权的实现。②

学者认为关于水资源国家所有权法律性质的公权说和物权说的观点各有偏颇之处。水资源国家所有权既有公权性质，又具私权特征，其双重属性应从

---

① 邱秋、唐士梅：《水资源国家所有权的性质辨析》，载《2008 年全国环境资源法学研讨会论文集》。

② 陈俊源：《从〈水法〉的修订看我国自然资源所有权制度的完善——新〈水法〉将水资源所有权统一为国家专属所有的启发》，载《2008 年全国环境资源法学研讨会论文集》。

水资源国家所有权主体和客体的特殊属性来分析理解。①

学者提出,水资源权是自然权的一种,与水权是两个具有一定关联性但不同的概念。水资源权包括水资源所有权和水资源使用权两个层次的权利形态。我国采用水资源单一的国家所有权,顺应了当今世界各国在水资源管理和控制方面的发展趋势,但相关立法也充分保护了农村集体经济组织的农民现有的用水权益。水资源使用权在我国立法中被确定为取水权,是实现对水资源非所有开发利用的重要制度保障,我国取水权的取得有经许可取得取水权和非经许可取得取水权两种方式,各自有不同的适用条件。②

(三)特殊情况下水资源的权属

学者对水流、水资源与水工程设施收集的水资源的所有权进行了分析,认为《宪法》和《物权法》都规定"水流"属于国家所有;《水法》则规定"水资源"属于国家所有。《宪法》之所以选择"水流"而非"水资源"一词,源于人们从水力学角度看待水资源,利用水资源因流动而产生的能量。在法律上,大气降水不属于水资源的范畴,但在水利学上大气降水属于被人类利用的水资源。在水资源匮乏的地区,雨水收集设施等水工程日益得到应用。雨水收集设施等水工程设施收集的水资源的所有权,因大气降水不是水资源的范畴,雨水收集设施等水工程设施收集的水资源所有权便取决于雨水收集设施等水工程设施的所有权。雨水收集设施等水工程设施的所有权包括国家所有、集体所有、其他组织和个人所有等形式,因此,雨水收集设施等水工程设施收集的水资源所有权自然包括国家所有、集体所有、其他组织和个人所有。③

学者对农村通过人工修建水库、水塘、水池、水窖等取水工程直接收集的雨水,大气降水的权属进行了研究,认为地表水按照其是否介入人类劳动可以分为自然状态下的地表水和受人工影响的地表水,即自然资源水和劳动产品

---

① 林纯青:《论水资源国家所有权的法律性质》,载《2008 年全国环境资源法学研讨会论文集》。

② 张璐:《略论水资源权》,载《2008 年全国环境资源法学研讨会论文集》。

③ 唐双娥:《水流、水资源与水工程设施收集的水资源的所有权分析》,载《2008 年全国环境资源法学研讨会论文集》。

水。自然状态下天然的水资源应该只能归国家所有，劳动产品水、商品水等介入人工和人类劳动的水归该劳动者、投资者所有，因此广大农村地区的集体经济组织及其成员、其他人投资修建的水库、水塘、水池、水窖所集蓄的少量雨水应界定为产品水，应该归该投资者、劳动者所有。①

五、水生态法律问题研究

（一）“水环境”、“水资源”、“水生态”等概念辨析

在以“水生态保护的法律问题研究”为主题的研讨会上，与会代表围绕“水环境”、“水资源”、“水生态”的定义展开了热烈的讨论。

长江流域水资源保护局水保护管理处的吴国平先生在研讨会上引出问题：“在学术研究上，怎样定义水环境这个词。它到底指的什么意思？环境前面加个水，到底是什么？”中国法学会环境资源法学研究会副会长徐祥民教授也表达了“不明白何为水生态”的困惑。武汉大学环境法研究所的罗吉副教授作出回应，她说，“水生态更多的是指水生态系统”，“水生态系统就是与水有关的、外部的环境系统。”“水环境就是指的水环境容量，它以它的环境纳污能力以及环境优美的深层发展功能为定义（中的要点）。”“我们是从不同的价值层面来认识水的。从相对的概念来说，水资源更多谈的是由水导致的水资源问题，是水的资源性问题，是以（如何）发挥水的经济功能为主的（问题），而水环境是以（如何）发挥水的生态功能为主的（问题）。”

浙江林学院的蒋春华认为：“（对于）水生态的概念，我们可把争论略掉，要解决一个实实在在的问题，怎样使水变清，这样能回避掉很多的问题，在立法的时候不需要特别强调这个概念的问题。”“我们说到这个环境和资源的时候，我认为应该从一个价值的虚化的角度去处理它。”吴国平先生则认为：“现在这个阶段对水资源作出定义很有必要，（因为）当前一个（突出的）问题就是水资源信息的缺失。生态系统的信息本身很不完善，很缺失。”郑州大学法学

① 王龙生、周立坤：《浅议农村集蓄雨水的权属制度》，载《2008 年全国环境资源法学研讨会论文集》。

院的胡德胜教授在讨论会上发言："翻看了年会的论文集之后发现什么是水资源的可持续发展，什么是水生态保护问题，似乎并没有人说清楚。而在不了解水资源可持续利用的前提下，对概念的不清会导致目的不清。对水生态保护不仅仅涉及有关环境保护的社会学科领域，也涉及自然学科领域，这不是单一的学科所能完全解决的问题。如何维护和提高水资源的生态效益是核心问题，而在研究中对水资源、水物质、水服务等不做区分同样也是存在问题的。在法学领域，对水资源可持续利用中，会牵涉到不同的部门法，这就要我们不仅了解水法，也要了解其他相关的部门法学。"①胡德胜教授所言不无道理。在《2008 年全国环境资源法学研讨会论文集》中"第二辑　水生态环境保护的法律问题研究"中，有学者在阐述完善水生态保护制度的建议时，提出"水生态系统健康诊断制度"、"水环境风险评估与安全分析制度"、"水环境安全预警制度"。② 由这些统称为"水生态保护制度"的具体制度的名称，不难看出学者在运用"水生态"、"水环境"等概念时，并无特别限定。环境法学研究在运用一些源于自然科学的概念时，如果不加以明确的法学界定，难免学术研究失范之嫌。这一问题在本次年会上被提出，却未得到有效的解决。

当然，学者表达的观点应当更受重视。有学者主张，我们在兴建各类水利工程的时候，应尽可能考虑减少对自然原生态的改变，如蓄水工程是否应该多考虑些生态流量，减少对下游生物生存环境的影响；多留些洪水，减少对下游环境的影响、对水环境容量的影响。③ 有学者著文指出，无论是修复已被破坏的流域水生态，还是预防流域水生态被破坏，都需要科学布局流域产业。科学的流域产业布局不仅意味着今后流域产业布局应当科学，而且意味着流域已布局的产业需要进行适当的调整，以完成流域产业的科学布局。我国目前流域产业布局缺乏法律规制，因而出现流域产业布局非科学性，严重地威胁到流

---

① 以上所述吴国平先生、徐祥民教授、罗吉副教授、蒋春华讲师、胡德胜教授在南京年会第三组讨论会上的发言内容，引自河海大学研究生在会议现场所做的"水生态法律问题研讨会记录"整理文稿。

② 马存利：《水生态文明的法理分析及其制度构建》，载《2008 年全国环境资源法学研讨会论文集》。

③ 马存利：《水生态文明的法理分析及其制度构建》，载《2008 年全国环境资源法学研讨会论文集》。

域水生态保护。法律应当成为规制科学布局流域产业的重要手段。因此，我国应当通过完善立法，明确流域产业布局必须以保护水生态环境、公众参与和产业布局公开为原则，规制流域产业布局规划，建立和完善流域产业布局规划制度、体制和协调制度、公众参与制度、生态补偿制度、违反流域产业布局的法律责任制度以及流域产业布局争端解决制度等。① 还有学者在分析小城镇水危机的主要类型和严峻形势的基础上，阐述了小城镇水生态环境保护选择市场化路径的理论依据，提出应建立、完善水权制度、适用准则许可制度，实行合理的水价制度，设立排污权交易制度，通过市场化路径化解水危机，保障水安全，保护水生态环境。②

此外，学者们对企业在水环境保护中的责任予以分析，提出生态文明背景下企业水环境保护责任的立法要适应生态文明的发展要求，把责、权、利落实到企业中，减少经济发展中的危害，③并对生态文明下完善企业水环境保护责任加以思考。④ 还有学者认为，近年来发达国家更多地强调减排机制，而增汇机制有减弱的趋势。“泛温室气体成因”的趋势对气候变化问题认知和对策路径提出了挑战。在承认各国在气候变化成因、利益、作用等方面差异的前提下加强国际分工与合作，实现的路径是以《联合国气候变化框架公约》为主导，在重视减排的同时，加强增汇机制的作用，并且应增加水循环改善这一新的机制要素，形成减排—增汇—治水的三元应对机制。减排的主要对象依然是发达国家，对于中国等碳汇潜力巨大、水循环影响力巨大的国家，则要通过生态保护建设增加碳汇，并加强水利建设改善水循环，加强和培育自然力碳循环和水循环对温室效应的修复功能。⑤

---

① 饶世权：《科学布局产业保护流域水生态环境的法律规制》，载《2008 年全国环境资源法学研讨会论文集》。

② 赵美珍、常永达：《小城镇水生态环境保护的市场化路径探索》，载《2008 年全国环境资源法学研讨会论文集》第二辑。

③ 乔琳、李希昆：《生态文明背景下企业水环境保护责任的立法完善》，载《2008 年全国环境资源法学研讨会论文集》第二辑。

④ 时光、苏倪：《企业在水环境保护中的责任——以生态文明为理念》，载《2008 年全国环境资源法学研讨会论文集》第二辑。

⑤ 周珂：《水循环治理对气候变化的修复功能》，载《2008 年全国环境资源法学研讨会论文集》第二辑。

(二)对修订后的《水污染防治法》的评价、深思和前瞻性思考

2008 年 2 月 28 日,第十届全国人大常委会第三十二次会议全票通过了修订后的《水污染防治法》,自当年 6 月 1 日起施行。与 1996 年修正的《水污染防治法》相比,新修订的《水污染防治法》新意颇多,有学者总结为十大亮点,如明确违法界限,超标排污就是违法;"区域限批"法制化等。① 学者认为,新的《水污染防治法》是对我国水资源保护和水污染防治法律体系的完善,是针对当前水污染治理中存在的突出问题,在总结经验教训的基础上颁布实施的,对现有法律法规未规定或者虽有规定但十分模糊的方面作出了规定或者较为具体的规定,无疑使水污染治理在法律方面有了新的突破。虽然,到目前为止并没有专门针对流域水污染治理的法律,但现有的水资源保护和水污染防治法律法规仍为治理流域水污染提供了很大的法律保障,尤其是新的《水污染防治法》中的一些规定适用在流域水污染的治理上更能发挥出作用,产生更为明显的治理效果。②

南京年会上,多位学者对修订后的《水污染防治法》予以认真省察,以期对即将制定、颁行的《水污染防治法实施细则》有所帮助。其中,既有评价,认为新修订的《水污染防治法》更加注重以人为本,以保障人民群众的身体健康为根本出发点,总结了实施 11 年的《水污染防治法》的经验教训,为水污染防治工作由被动应对转向主动防控、让江河湖泊休养生息奠定了坚实的法律基础;③也有深思,指出修订后的《水污染防治法》存在立法目标偏低、概念模糊等八个方面的问题,进而剖析了存在问题的原因和解决《水污染防治法》问题

---

① 参见孙佑海:《明确政府责任、界定违法界限、强化总量控制、十大新意贯穿〈水污染防治法〉》,载《中国环境报》2008 年 3 月 4 日;冷罗生:《对〈中华人民共和国水污染防治法〉的理性思考》,载《2008 年全国环境资源法学研讨会论文集》。

② 高慧娟:《流域水污染治理的法律突破》,载《2008 年全国环境资源法学研讨会论文集》。

③ 参见姜红波:《〈水污染防治法〉的新发展——体现以人为本》,载《2008 年全国环境资源法学研讨会论文集》;冷罗生:《对〈中华人民共和国水污染防治法〉的理性思考》,载《2008 年全国环境资源法学研讨会论文集》第二辑。

的建议；[①]还有前瞻性思考，在对水污染防治法施行中存在的问题进行分析的基础上，提出进一步加强水污染防治立法，完善水污染防治法制，加强执法力度，已经成为我国环境法理论和实践亟待解决的一个重要问题。[②]

此外，有学者对《水污染防治法》和我国台湾地区“水污染防治法”[③]做了比较分析，以期能为我国水污染防治措施的完善提供参考价值。[④] 美国水污染法律控制机制对我国的启示，也是学人津津乐道的论题。[⑤] 还有学人从《民法通则》、《环境保护法》、《水污染防治法》三个法律对免责事由的规定入手，对水污染侵权行为的免责事由进行梳理，认为新《水污染防治法》对第三者责任的规定值得其他环境污染防治单行法借鉴。[⑥]

值得一提的是，有学者对排污许可证制度和限期治理制度做了深入分析。学者指出，我国目前的排污许可证制度不仅实行的是主要以排污总量控制为目的的排污许可证制度，而且，既缺乏立法的规范与支撑，尚未规范化、程序化、具体化，又与其他制度之间存有冲突之处，未能满足加强污染物排放控制的需要，其实施效果不尽如人意。加强排污许可证立法，完善污染物排放控制具有十分重要的意义。学者呼吁，尽快制定排污许可证条例，就排污许可事项作出全面规定，以保证排污许可证制度的依法施行。[⑦] 准确理解限期治理的法律性质，既有助于一些环境法理论问题的澄清，也有着重要的实践意义。在法律属性上，限期治理既不是行政处罚的一种特殊形式，也不是行政强制，而是一种特殊的行政命令。有学者以行政法基本原理为依据，以对具体法律条

① 冷罗生：《对〈中华人民共和国水污染防治法〉的理性思考》，载《2008 年全国环境资源法学研讨会论文集》。

② 迟嵩：《〈水污染防治法〉施行中的问题与完善——从〈水污染防治法〉修订谈起》，载《2008 年全国环境资源法学研讨会论文集》第二辑。

③ 我国台湾地区“水污染防治法”于 2007 年 11 月 27 日修订，并于同年 12 月 12 日施行。

④ 蔡文灿：《海峡两岸水污染防治法比较分析》，载《2008 年全国环境资源法学研讨会论文集》第二辑。

⑤ 陈海宏：《美国水污染的法律控制机制及对我国的启示》，载《2008 年全国环境资源法学研讨会论文集》第二辑。

⑥ 陈原笑、施燕、苏倪：《试论水污染侵权行为的免责事由》，载《2008 年全国环境资源法学研讨会论文集》第二辑。

⑦ 罗吉：《完善我国排污许可证制度的探讨》，载《2008 年全国环境资源法学研讨会论文集》第二辑。

款的解释为中心，尝试运用“解释论”对限期治理的法律属性予以分析和辨析，得出“限期治理是一种特殊的行政命令，并非行政处罚”的结论。①

（三）环保公众参与和环境公益诉讼

对环境保护事业来说，公众参与是一个历久弥新的话题。这是因为，环境是公众的环境，环境保护是公众应当参与也有权参与的工作。公众既是环境保护事业的监督者、推行者，也是环境保护事业的受益者。问题是，如何顺应时代的发展要求，不断加强环保公众参与？在推行环境法治、建设生态文明的背景下，如何保障环保公众参与的落实？

本次年会研讨会上，吴国平先生从水行政管理的角度，谈了长江流域水资源保护局水保护管理工作中，利益相关方参与，如排污口的选址会有公示的环节，若有人提出异议还可以举行听证；水生态的影响与利益相关方的影响，行政审批后还有公告的程序，公众也可以参与；与老百姓有密切关系的如长江流域涉及省界饮用水的公告，都会有公告或是公报的方式出现，在网上都可以查阅到。吴国平先生与朱谦教授的一段讨论饶有趣味。“实践中会出现公众参与的问题，我对此存有一定的困惑，比如，有51%的人支持，49%的人反对，那么此时在法律的层面应当如何决策？”对这一提问，朱谦副教授回应，不应当采取表决的方式。例如，小区附近开饭店，距离50米处的住户考虑到油烟等问题可能会反对，但是，距离100米处的住户却因油烟对其影响小，而饭店的营业对他们带来的利大于弊而选择赞成。这一例子说明，对于有利害关系的公众需要划定范围，予以必要的界定，选择特定范围内的对象考虑问题。提出反对意见的公众，可以依要求陈述理由，因为公众要表达自己的意志，就应表达清楚自己的理由。当然，这是一个互动的环节，政府对群众的意见也要作出反馈，但最终的目的是为了决策的科学和正当。

本次年会上，关于环境公益诉讼的讨论十分热烈。苏州大学法学院朱谦副教授发言指出，环境公益诉讼，实际上就是公众参与的问题；但是，最终的决

---

① 陈海嵩：《论限期治理的法律属性——一个“法解释论”的尝试》，载《2008年全国环境资源法学研讨会论文集》第二辑。

策权仍由政府掌握。为了辅助和制约政府，很重要的一个途径就是公众参与；在环评中，公众参与得到了明显的体现。在《环境影响评价法》颁行之后不久，我国就制定、颁行了《环境影响评价公众参与暂行办法》，这说明政府正在努力完善公众参与。饶世权先生发言主张，公益诉讼不是指检举、揭发、控告、申诉之类的（民主监督形式），而应当是法律层面的诉讼（形式）。在民间应有环保组织。禁止利益集团的结盟，实际上剥夺了弱势群体结盟的权利，因为在实际生活中即便规定了禁止利益集团结盟，但是强势群体仍然可以结盟，故主张在现阶段鼓励结盟，而不是禁止结盟。①

学者指出，公益诉讼发展得好，对污染者和不履行法律职责的行政机关都造成很大压力，有利于抑制给水源带来污染的组织和个人，同时督促富有职责的行政机关积极有效地履行自身职责，从而使水污染能得到切实的防治，这也体现了《水污染防治法》的立法目的。然而，新的《水污染防治法》中没有规定公益诉讼，这是新法很大的遗缺。② 有学者认为，由于我们的立法者妥协性地写入代表人诉讼制度和支持起诉制度，2008 年《水污染防治法》错失了写入环境公益诉讼条款的良机。③ 1989 年《环境保护法》的控告权条款（第 6 条）在很大程度上为我国实施环境公益诉讼制度保留了一个较大的空间。为了明文规定环境公益诉讼制度，我们有必要在环境基本法中写明“公民和依法登记的环境保护民间组织有权向人民法院提起环境公益诉讼”。此外，环境公益

① 以上所述吴国平先生、朱谦副教授在南京年会第三组讨论会上的发言内容，引自河海大学研究生在会议现场所做的“水生态法律问题研讨会记录”整理文稿。

② 宋金玉：《从水污染探析环境公益诉讼制度的构建》，载《2008 年全国环境资源法学研讨会论文集》。

③ 王小刚博士认为，2008 年《水污染防治法》不仅没有确立环境公益诉讼条款，反而删掉了环境公益诉讼的潜在法律依据。他在文中写道，2008 年《水污染防治法》第 10 条规定：“任何单位和个人都有义务保护水环境，并有权对污染损害水环境的行为进行检举。县级以上人民政府及其有关主管部门对在水污染防治工作中做出显著成绩的单位和个人给予表彰和奖励。”1984 年《水污染防治法》第 5 条规定：“一切单位和个人都有责任保护水环境，并有权对污染损害水环境的行为进行监督和检举。”1996 年《水污染防治法》第 5 条沿袭了 1986 年的规定。2008 年《水污染防治法》毅然率先在污染防治法中删除了“监督”一词，却没有根据 1989 年《环境保护法》添加“控告”一词。详见王小钢：《论污染防治法中的环境公益诉讼条款——兼评 2008 年〈水污染防治法〉第八十八条》，载《2008 年全国环境资源法学研讨会论文集》第二辑。

诉讼制度的完善还有待于民事诉讼法“诉的利益”观念的突破和污染防治法环境公益诉讼条款的确立。① 有学者著文指出，建立环境公益诉讼制度的核心和首要的问题是原告资格问题。在我国，环境公益诉讼原告应该以检察机关为主，辅以公民和环保团体，组成我国环境公益诉讼的原告体系，而环保部门等不宜担任公益诉讼的原告。②

民事司法改革进程的深入发展和多元化纠纷解决机制的兴盛为环境纠纷的多元化解决途径带来了新的发展契机。学者在借鉴发达国家和地区环境纠纷行政处理的立法经验和灵活多样的纠纷解决途径的基础上，从环境纠纷行政处理专门立法、纠纷解决机构设置、纠纷解决方式、行政处理的纠纷范围、行政处理救济的程序保障等方面，提出完善我国环境纠纷行政处理制度的思考和建议。③

（四）重大水污染事件应急处理机制

近年来，我国水污染形势非常严峻，重大突发性水污染事件频发，引起社会各界的高度关注。本次年会上，关于重大水污染事件应急处理机制的研讨可谓一大热点。

有学者呼吁，我国应尽快完善突发水污染事件应急组织管理机制。中央、地方各级政府及有关部门都应在自己的职权职责范围内把握好每一个预防、控制、减少或消除重大突发性水污染事件的环节和阶段，提高应急能力，并要加强水污染处理的技术研究和专业人才的培养。同时要注重突发事件应对中多方部门的协作和社会公众的参与，明确各方的责任与义务，实行责任追究与奖励相结合的制度，建立健全我国突发性重大水污染事件的应急处理机制。④

---

① 王小钢：《论污染防治法中的环境公益诉讼条款——兼评2008年〈水污染防治法〉第八十八条》，载《2008年全国环境资源法学研讨会论文集》第二辑。

② 秦天宝、汪玲霞：《浅论我国环境公益诉讼原告的确定——从水污染防治出发》，载《2008年全国环境资源法学研讨会论文集》第二辑。

③ 崔金星：《民事司法改革进程中环境纠纷行政处理问题探析》，载《2008年全国环境资源法学研讨会论文集》第二辑。

④ 参见孟庆瑜、李娜：《重大突发性水污染事件应对机制研究》，载《2008年全国环境资源法学研讨会论文集》第二辑；田信桥、申家杰：《突发性重大水污染事件应急处理机制研究》，载《2008年全国环境资源法学研讨会论文集》第二辑。

有学者指出，我国突发环境事件应急管理工作基础仍比较薄弱，体制、机制、法制尚不完善，预防和处置突发公共事件的能力和意识有待提高。因此，加强突发环境应急管理迫在眉睫。在这一工作中，平时就做好污染事件的预防，提高对突发性环境污染事件处理处置的应变能力，系统研究建立突发性环境污染事件应急管理体系问题是当务之急。①

有学者提出，长江流域水污染纠纷处理的现状要求加强司法救济，但司法通道的不畅影响到了水污染纠纷进入司法领域。要解决这个问题，就必须从方便诉权和审判权行使方面重新考察审判组织的建构，提高司法权威。这种审判机构应当是专门审理机构而非普通地方法院，即由专门法院来管辖长江流域的水污染案件。② 还有学人对当前我国跨行政区域水污染纠纷及其解决机制做了研究。③

（五）地方水污染防治与水生态保护法律问题

南京年会上，不少学者就地方水污染防治与水生态保护法律问题加以探讨。

太湖流域水污染治理一直是江苏省水污染防治的重点工作。2007 年 9 月，江苏省人大常委会修订了《江苏省太湖水污染防治条例》，并于 2008 年 6 月 5 日开始实施。与此同时，《水污染防治法》也在 2008 年 2 月底进行了修订，并于 2008 年 6 月 1 日实施。由于它们修订时间存在一定的差异，不可避免地导致一些法律规范存在一定的冲突。这种冲突在地方性法规还没有根据国家《水污染防治法》加以修订之前，对于地方环保部门行政执法来说，确实带来诸多的困惑。对此，有学者仔细研讨了“对未报批建设项目环境影响评价文件擅自开工建设行为之规制问题”、“建设单位未依法报批环境影响评价

---

① 邹爱勇：《论我国突发环境污染事件的应急管理》，载《2008 年全国环境资源法学研讨会论文集》第二辑。

② 吴勇：《试论长江流域水污染纠纷的司法救济》，载《2008 年全国环境资源法学研讨会论文集》第二辑。

③ 张百灵：《跨行政区域水污染纠纷解决机制研究》，载《2008 年全国环境资源法学研讨会论文集》第二辑。

文件却已建成项目行为之规制问题”、“超标、超量排污行为的行政处罚问题”、“超标排污加收排污费问题”、“不正常使用环保设施或者擅自闲置或拆除环保设施”及“区域限批”问题。①

改革开放30年来，我国东部的经济取得了举世瞩目的成绩，但同时我们也应看到为经济的发展所付出的巨大的环境代价。西部大开发政策无疑是西部经济发展的新亮点。但是面对着西部脆弱的生态环境，机械地走东部发展的老路显然行不通。学者提出，调和西部经济建设与生态保护的矛盾之关键，在于将环境成本纳入到企业的生产成本当中，实现环境成本的内部化。在决策的制定和执行过程中，时刻考虑经济发展与环境保护的关系，将环境保护纳入到企业的经济核算中。将环境成本内部化，有利于增强企业的环境意识，更能有效规制其行为，使企业为其自身对环境产生的负面影响负责，且有利于调和经济发展和环境保护的矛盾。② 对西部生态问题关注的学者还就三江并流区域保护区重叠的法律问题、云南昆明滇池水环境保护发表了意见，③认为我国西北地区湿地生态系统保护应将综合生态系统管理理念奉为基本立法理念。④ 在山西工作的学者提出，治理汾河流域生态环境问题，必须强化汾河流域生态环境的刑法保护。⑤ 生长在鸭绿江滨的环境法学人关注鸭绿江丹东市区段水环境，强调鸭绿江保护必须坚持“预防为主、保护优先”的原则，避免重蹈“先污染，后治理”的覆辙。⑥

建立生态补偿机制，将生态补偿问题纳入法律的制度化规制，正在日益受

---

① 参见朱谦：《江苏省太湖污染防治法律适用的若干问题——以法律规范冲突为中心》，载《2008年全国环境资源法学研讨会论文集》第二辑。

② 李希昆、黄佳：《西部开发生态保护之环境成本分析》，载《2008年全国环境资源法学研讨会论文集》第二辑。

③ 王欢欢：《三江并流区域保护区重叠的法律问题研究》、张树兴：《云南昆明滇池水环境保护之我见》，载《2008年全国环境资源法学研讨会论文集》第二辑。

④ 郭武：《略论我国西北地区湿地生态系统保护的立法理念——以“综合生态系统管理”理念的全球发展为背景》，载《2008年全国环境资源法学研讨会论文集》第二辑。

⑤ 田肇树：《强化汾河流域生态环境的刑法保护》，载《2008年全国环境资源法学研讨会论文集》第二辑。

⑥ 孙丹秀：《鸭绿江丹东市区段水环境保护策略探析》，载《2008年全国环境资源法学研讨会论文集》第二辑。

到理论界、实务界乃至社会公众的广泛关注。本次年会上，有学者通过分析生态补偿的基本理论蕴涵，对生态补偿的制度路径和法律体系下生态补偿的制度安排予以探析，提出生态补偿法律制度的应然逻辑构成要素应当包括生态补偿的主体、补偿的标准和补偿的方式等。①

① 史玉成：《生态补偿的理论蕴涵与制度安排》，载《2008 年全国环境资源法学研讨会论文集》第二辑。

建设生态文明，推进法学研究

——2007年度国内环境法学研究综述

石　欣　于　铭　白　洋

摘　要：2007年我国的环境法学科发展和理论研究蓬勃发展，研究成果的数量和质量都比从前有进一步的提高，环境法学基础理论研究进行得更加深入，与其他学科的交流和渗透也进一步加强，环境资源与保护相关的立法实践受到了空前的重视，这也给环境法学的发展提供了更大的空间。本年度研究热点包括生态文明建设问题、环境权等环境法基本理论问题、水污染防治法问题、可持续发展和环境立法相关问题、环境侵权及其救济法律问题、循环经济法律问题和国际环境法律问题等等。

关键词：环境法学　学术研究　研究综述

一、研究概况

在党的十七大报告提出贯彻科学发展观、建设生态文明的大背景下，2007年的环境法学科发展和理论研究仿佛如鱼得水，研究成果的数量和质量都比之从前有了进一步的提高，环境法学研究成果丰硕，继续呈现出蓬勃发展的势头。主要表现在：

（一）形成了相当数量的研究成果，且质量较高

据不完全统计，2007年在各类公开学术期刊上发表的环境资源法学论文600余篇；各个环境资源法学术会议论文集收录几百篇，其中仅全国年会就收录276篇。图书方面，出版新书几十部，且多数都为专著。另外，全国高校2007届毕业研究生中，以环境资源法问题为主题的博士、硕士论文共计300

余篇。这些书籍和论文绝大部分具有相当高的质量，充分体现了环境法学界的创新精神和水平的不断提高。

（二）学术会议的数量较 2006 年显著增加，国际学术交流继续加强

2007 年全国共举行环境资源法学研讨会近 20 场。除每年举行的全国年会和西部开发法律研讨会以外，土壤污染防治立法国际研讨会、战略环境影响评价国际论坛、比较法视野下的生态文明学术研讨会、中日中青年环境法学术论坛、环境立法与可持续发展国际论坛、中华环保联合会法律专家委员会第四次工作会议等一系列高级别学术会议的举办，为环境法同仁的交流与对话提供了良好的平台。

（三）中外学术访问明显增多，学术合作机制逐渐成熟

2007 年，先后有来自美国、欧洲、澳大利亚等国家和地区的几十位环境法学者、律师到国内大学及学术机构进行访问，我国也先后有多位环境法学者赴美国、欧洲、韩国以及我国台湾、澳门地区开展学术访问和学术交流活动。有些国内环境法研究机构和院校还与上述国家和地区的一些研究机构和院校签订了长期合作协议，这些学术访问和合作活动的开展加深了国内外环境法学界的相互了解，有利于实现资源共享，共同进步。

二、研究特点

（一）加强了环境法学的基础理论研究

环境法作为一个新兴的法律部门，近十多年来在我国得到较快的发展，已初步形成其法规和法学体系。但是，就环境法的研究来说，还远远不能适应环境法发展的需要，环境立法、环境执法以及环境法学的一些基本问题的研究还停留在比较浅显的层次。因此，2007 年，在吸收前辈和同行研究成果的基础上，又大胆地提出了一些新的想法和看法，如环境法规范的分类问题，建立国土、环境、资源法大系统问题，确立环境保护自卫权问题，环境法律责任的特点问题等。其中有些观点未必正确，其论证也未必充分，但发现问题和提出问题是解决问题的前提。另外，环境权的研究继续深入，2007 年全年公开发表的直接以环境权为题的学术论文有 37 篇，博士、硕士论文近 40 篇，这一系列学术成果对环境权进行了比较深入的探讨。

（二）加强了环境法学与其他学科的交叉研究

环境资源法学是一门新兴的边缘、交叉的综合性的学科，环境法学是环境科学与法学相互渗透、结合而形成的一门交叉科学，是综合各种污染防治法、自然保护法、资源法、能源法、区域发展法、土地法的产物。环境法与其他学科的交叉研究，从多学科、多角度研究环境问题，如环境法与法理学和法哲学研究、环境法与国际法学研究、环境法与经济法学和社会法学研究、环境法与民商法学研究、环境法与刑法学及其他相关学科研究等，这些研究成果为环境法学理论发展开拓了新方向、新视野。该年度出版的一系列专著，如徐祥民教授的《生态文明视野下的环境法理论与实践》，以及其他一些学术文章，如张一粟先生的《环境法的权利本位论》、徐祥民教授的《从现代环境法的发展阶段看循环型社会法的特点》、朱谦先生的《环境法的权利基础——基于财产权、生命健康权的考察》等，无不充分反映了这一特点。此外，2007 年环境法年会将《环境保护法》修改法律问题研究、土壤污染防治立法问题研究、环境资源法其他理论与实践问题研究列为年会三个主题，学者们以此为契机，就从环境伦理学的视角对环境法完善的宏观思考、构筑环境友好型社会的法治屏障、我国土地污染问题的法律规制、国外土壤污染防治立法及对我国的启示、节约型社会建设中的法律功能优势、我国自然资源纠纷及其解决机制等问题进行了广泛深入的探讨，相互取长补短，为完善环境法的研究提供了全新的思路。

（三）为立法提供了全方位的学术支持

环境法学界的一大特点之一就是注重学术研究与立法实践紧密结合，学术研究既保持适当的前瞻性，有兼顾当前的立法实际。本年度的年会主题之一就是《环境保护法》的修改问题，学者们就这一问题提出了环境法修改的新方向，即将环境法修改成为体现综合生态系统方法的《中华人民共和国生态法》，促进中国环境保护法向中国生态法方向发展。目前我国环境资源法学界已经对生态法有了一定程度的研究，会议对当前生态法的研究进行了一个基本的梳理，提出了生态法的含义和在法律体系中的定位。生态法的理论基础主要是综合生态系统方法，这是一种全新的综合管理自然资源和自然环境的战略和方法，是对人与自然、生态和社会关系的经典解读。将综合生态系统方法运用到生态法的理论研究中，总结出了生态法所追求的正义、秩序和效率三个层面的目标；生态法的立法应该在现行《环境保护法》的基础上增加一些体现综合生态系统方法的原则、权利义务和制度。

2007 年度，与环境资源保护相关的立法受到了相关部门和社会各界的广泛重视。在 2007 年 3 月 5 日至 3 月 16 日召开的第十届全国人民代表大会第五次会议上，主席团交付全国人大环资委审议的代表提出的 66 件议案中涉及要求制定环境与资源保护方面法律 15 部、修订法律 9 部。其中有 3 项立法项目的法律草案已经提交全国人大常委会审议，两项立法项目已经列入十届全国人大常委会立法规划；另外 6 项立法项目中，两项已经列入国务院立法计划，4 项正由有关单位研究起草，建议条件成熟时列入全国人大常委会立法规划或计划。① 在数量和广度上，2007 年度所呈现的环境立法的繁荣是空前的，随着环境立法的紧锣密鼓地进行，2007 年度环境法学界学者对于环境立法的研究也更加细化和深入，如蔡守秋先生的专著《河流伦理与河流立法》就是 2007 年度中水法立法研究的代表之作。②

① 引自环境法研究网，网址：file:///C:/Documents% 20and% 20Settings/shixin/Local% 20Settings/Temp/Rar $ EX01. 157/1/1 国内重大环境事件及相关新闻材料/中南财经政法大学环境资源法研究所/环境法研究网，htm，访问时间：2008 年 4 月 5 日。

② (1) 469 位全国人大代表提出了关于修订《环境保护法》的 15 件议案。全国人大环资委认为，启动《环境保护法》修订工作的条件已经具备，建议将《环境保护法》的修订列入下一届全国人大常委会立法规划。

(2) 125 位全国人大代表提出了关于修订《水污染防治法》的 4 件议案。国务院及有关主管部门用了两年多的时间起草了《水污染防治法（修订草案）》。新修订的《水污染防治法》已由中华人民共和国第十届全国人民代表大会常务委员会第三十二次会议于 2008 年 2 月 28 日通过，自 2008 年 6 月 1 日起施行。其中，代表议案中提出的全面建立总量控制和排污许可制度、加大处罚力度等建议，已经在修订草案中得到了一定程度的体现。

(3) 32 位全国人大代表提出了关于修订《大气污染防治法》的议案。建议国务院及其有关主管部门抓紧开展《环境噪声污染防治法》修订的准备工作，待条件成熟时，由国务院将这部法律修订草案提请全国人大常委会审议。

三、研究热点

（一）2007 年全国环境法年会的相关主题

《环境保护法》自 1989 年颁布以来已经有 18 年的历史，在这 18 年中我国的社会经济文化和法制建设状况发生了巨大的变化，出现了可持续发展战略、科学发展观、循环经济、环境友好型社会、资源节约型社会、和谐社会、生态社会、生态文化等许多新的理论、战略、原则或理念。1989 年《环境保护法》的很多内容已经很难适应现在的社会状况，因此，2007 年年会将《环境保护法》的修改列为主题之一。自 1996 年第一次就《环境保护法》的修改召开学术研讨会以来，至今已召开了 6 次关于修改《环境保护法》的全国性学术研讨会。目前，制定中国的《国家环境政策法》已被纳入"十一五"发展规划中①，对《环境保护法》的修改已经提上了全国人大的议事日程②。《环境保护法》修改中强化政府环境保护责任，将法律调整对象扩展至政府，并且建立和完善一批规范和约束政府行为的管理制度，是对我国环境保护法律体系的丰富和完善，是建设有中国特色环境保护法律体系的有益探索③。此次年会上，学者就这一问题进行了广泛的探讨。现行法在立法理念、立法宗旨、价值取向上都与时代脱节，新的生产、生活方式和新的伦理道德，新的世界观与方法论都要求修订与

---

(4) 有 123 位全国人大代表提出了关于制定《循环经济法》或《循环经济促进法》的 4 件议案。《循环经济促进法》已由第十一届全国人大常委会第四次会议于 2008 年 8 月 29 日通过，自 2009 年 1 月 1 日起施行。

(5) 31 位全国人大代表提出了关于制定《土壤污染防治法》的议案，全国人大环资委专门进行了土壤污染防治立法论证，认为土壤污染有必要制定专门的《土壤污染防治法》。建议将制定《土壤污染防治法》列入下一届全国人大常委会立法规划。

(6) 37 位全国人大代表提出了关于制定《自然保护区法》的议案。目前，《自然保护区法（草案）》已经广泛征求了有关方面的意见。

① 国家环保总局认为，按照环境保护法（试行）制定之初的设想，修改环境保护法，并将其上升为国家基本法律并由全国人民代表大会审议通过的时机已经成熟，故将《国家环境政策法》的制定列入了《"十一五"全国环境保护法规建设规划》。

② 蔡守秋、吴贤静：《从环境法到生态法：修改〈环境保护法〉的新视角——综合生态系统方法的考虑》，载《2007 年全国环境资源法学研讨会论文集》，第 1 页。

③ 杨朝飞：《〈环境法护法〉修改思路》，载《环境保护》2007 年第 2 期，第 21 页。

之相适应的《环境保护基本法》。环境法的修改是人类面临严重的环境问题而重新审视人类与环境关系，并选择新的生产方式和生活方式的产物。在修改和完善环境保护基本法时一定要结合环境的整体性、生态性和开放性的特点，此次年会上，有学者认为应从两个层面入手：一是制度层面上，即运用先进的立法技术，使环境基本法与各单项法规配套协调；二是从价值层面上的修改和完善①。还有学者认为应从人与自然和谐的角度审视对《环境保护法》的修改，并把握以下三个基本问题：一是环境问题的本质。环境问题的本质就是人类活动及其影响超出自然环境的极限边界所致，《环境保护法》以义务为出发点来限制人类的活动，通过极限与分配来确定环境开发者的权利义务，协调人与自然的矛盾。二是《环境保护法》定位。将《环境保护法》定位于基本法，以履行循环利用资源、防治环境污染义务为出发点，遵循环境与资源整体性规律、生态规律等自然规律，整合、创新环境保护法律制度体系。三是反思环境管理权。国家为全体人民的利益履行保护环境资源的义务是国家享有环境管理权的前提，《环境保护法》强调环境保护管理部门履行保护环境的义务，创新环保靠政府、政府靠公众的运作机制②。

土壤污染防治立法问题研究是此次年会的另一主题。工业化的发展以及粗放的农业生产方式和大量农药，致使我国土壤污染问题日趋严重。目前我国受镉、砷、铬、铝等重金属污染的耕地而积近 2000 万 hm^2，约占总耕地而积的 1/5，其中工业“三废”污染耕地 1000 万 hm^2，污水灌溉的农田已达 330 万 $hm^2$③。并且这些数字在逐年上升。土地的污染，尤其是农村耕地的污染，造成耕地土壤退化，耕作层变浅，耕种性差，保水肥力下降，同时也带来了一系列的食品安全问题。据估算，全国每年因重金属污染的粮食达 1200 万顿，造成的直接经济损失超过 200 亿元，这严重制约了农业的可持续发展。但目前我

① 陈丽：《新视野下的环境立法——论〈环境保护法〉修改的必要性》，载《2007 年全国环境资源法学研讨会论文集》，第 9—12 页。

② 田其云：《探讨〈环境保护法〉的出发点》，载《2007 年全国环境资源法学研讨会论文集》，第 105 页。

③ 梁海燕：《我国国土整治中存在的问题及法律对策》，载《甘肃农业》2007 年第 2 期，第 47 页。

国土壤污染防治基础薄弱，全国土壤污染的而积、分布和程度不清，导致防治措施缺乏针对性；资金投入有限，土壤科学研究难以深入进行；土壤环境标准体系尚未形成，法律也存在着空白。虽然《环境法》、《土地管理法》、《基本农田保护法》、《农药安全使用标准》中涉及保护土壤、防止基本农田污染的内容，但对土壤的保护仍存在着制度性的缺陷：一是法律的可操作性不强，法律条文的规定比较原则、笼统，对土壤污染缺乏有效的防范措施和调控手段，对已经发生的污染缺少救济手段和整治措施；二是存在法律的空白，目前我国有关土壤污染的法律大多针对分散的点源污染，而对大规模的面源污染，尤其是农村基本农田污染缺乏法律规制。此次年会上，有学者认为，政府承担环境保护污染治理责任是政府公共管理的本质属性之体现。政府作为人民权力的授予者和执行者，应按照社会的共同利益和人民的意志制定与执行公共决策。在现代社会里，创建和谐社会是政府决策的一大目标和宗旨。和谐社会不仅包括人与人的和谐，还包括人与自然的和谐，维护自然生态环境的和谐、有序、稳定的可持续发展也应成为政府职责的重要组成部分。土壤污染由于其隐蔽性、长期性和不可逆性等特点，一旦发生污染，必然会对当代人以及后代人产生严重的后果，不利于土壤资源的可持续利用①。为了避免这一后果，政府基于其地位和职责，应当承担起防治污染保护土壤环境的责任。责任政府作为现代民主政治的一种基本价值理念，又是一种对政府公共行政进行控制的制度安排，它要求政府必须回应社会和民众的基本要求并采取积极行动，必须积极地履行其社会义务和职责，承担道义上、政治上、法律上的责任②。还有学者从土壤污染防治管理体制方面进行了探讨，指出土壤污染重在污染的防治，其统管部门是环境保护主管部门，环境保护行政主管部门的这方面的权限主要来自于《环境保护法》的授权。农业部门、环保部门、国土资源部门、地矿部门多头治土壤的状况，有可能会导致各个行政主管部门互相推诿、扯皮或者争相管理的现象，不能对土壤污染防治起到积极的作用。对此，解决的办法就是

① 潘丹：《政府土壤污染防治责任探析》，载《2007 年全国环境资源法学研讨会论文集》，第 658 页。

② 张成福：《责任政府论》，载《中国人民大学学报》2000 年第 2 期，第 77 页。

在土壤污染防治立法中规定相对完善的土壤污染防治行政管理体制，以法律的形式明确环境保护部门统一监督管理权限，更为重要的是明确其他相关主管部门的职权范围①。另外，学者们还从国外有关国家和地区土壤污染防治立法对我国的启示这一角度发表了自己的见解。

此外，参加年会的学者还对生态补偿等问题进行了深入浅出的探讨。自然资源的属性包括自然性和社会性。自然性包括效用性和稀缺性，是其价值的自然基础。资源的重要性也是随着稀缺性和效用性的增加而不断提高的。市场交易则是其价值的社会基础。当今社会，资源已不再简单地停留在物质财富概念上，它包含三个方面的价值：经济价值、生态价值与精神价值②。通常环境法学界认为的生态补偿，一是指对由人类的社会经济活动给生态系统和自然资源造成的破坏及对环境造成的污染的补偿、恢复、综合治理等一系列的活动；二是对生态环境保护作出努力并付出代价者理应得到相应的经济补偿，而生态受益人也不能免费使用改善了的生态环境，应当对其进行补偿。学者们认为应健全生态保护法律体系，国家生态环境补偿机制应建立在法制化的基础上，需要加强生态保护立法。通过立法确立生态环境税的统一征收、管理制度，规范使用范围。制定《可持续发展法》，对生态、经济和社会的协调发展作出科学的、系统的安排，用法律制度保障相关群众的生存权和发展权。同时，对《环境保护法》等现有法律进行修订，使其更加有利于限制开发区和禁止开发区生态环境保护和建设。统一政府生态管理体制，调整政绩指标。针对我国生态环境管理分别涉及林业、农业、水利、国土、环保等部门，部门分头管理现象严重，中央政府要明确各部门在生态补偿体系中的职责和任务，加强部门之间的协作。例如，可以指定现有部委中的一个部委或单独成立一个主体功能区工作委员会，推进主体功能区定位，特别是统筹协调各部门在限制和禁止开发区的生态保护政策，以整合各部门在限制和禁止开发区的生态保护

① 吴贤静：《我国土壤污染防治管理体制探析》，载《2007 年全国环境资源法学研讨会论文集》，第 699 页。

② 吕忠梅：《超越与保守》，法律出版社 2003 年版，第 21—28 页。

与建设资金，完善生态保护的投资融资体制，提高生态保护区管理的效率和质量①。

(二)环境权及其相关问题

环境权是环境法的核心问题之一，是环境立法的基础，在本年度继续受到学者们的广泛关注。学者们从不同角度对环境权进行了探讨，主要包括以下几个方面：

1. 环境权的性质问题。有学者认为环境权是复合型的现代新型权利，是一项独立的基本人权，它既是集体的需要，又是个体的需要，它涉及“人之所以为人”的基本条件和基本内容，具有不可缺乏性、不可取代性，而环境权的人权属性使得法律对环境权的保障更加有章可循。在环境立法尚不完善的今天，环境权的这一属性将为环境权的保护提供重要的依据。还有学者认为，环境权具有公权和私权的双重属性，世界上任何事物之间都是相互联系的，环境权的公、私属性也不例外。环境权的公益性强调人类整体，私权性则是从独立自然人角度出发，且人类整体是由单个自然人组成，这样，私权性包括于公益性之中，同时，公益性又以私权性为基础，二者相辅相成。既为生活于环境中的人类个体所拥有，同时，又不可分割地服务于生活环境中的人类整体，其中的区别只不过是在不同的阶段，公益属性或私权属性谁表现得更加明显。人们在追求环境公益的同时，环境私益也得到满足。②

---

① 王健：《我国生态补偿机制的现状及管理体制创新》，载《中国行政管理》2007年第11期；王淼：《关于建立海洋生态补偿机制的探讨》，载《海洋信息》2007年第4期；崔广平：《论三峡库区生态补偿法律制度的构建》，载《当代法学》2007年第4期；吴晓青：《加快建立生态补偿机制　促进区域协调发展》，载《求是》2007年第19期；张金泉：《生态补偿机制与区域协调发展》，载《兰州大学学报(社会科学版)》2007年第3期；李静云：《生态补偿机制法律研究》，载《河北法学》2007年第6期；刘旭芳：《论生态补偿的法律关系》，载《时代法学》2007年第1期；曹明德：《矿产资源生态补偿法律制度之探究》，载《法商研究》2007年第2期。

② 王群：《论环境权的性质》，载《学术交流》2007年第4期；凌勇：《论环境权的公私属性》，载《法制与社会》2007年第3期；钱成竹：《浅论环境权性质和立法构想》，载《社科纵横》2007年第6期；许伟煌：《浅析环境权的界定和性质》，载《基础理论研究》2007年第4期；余晴：《浅谈环境权的的人权属性》，载《能源与环境》2007年第6期。

2. 环境权的立法问题。有学者认为公民环境权只在《环境保护法》中做了相关规定，而作为国家根本大法的宪法，却还未为环境权开辟一席之地，应尽早将环境权宪法化，理由是国家有义务像保护基本宪法权利一样保护人权，而环境权是人权，且环境权与其他已经拥有宪法基本权利地位的人权之间具有平等性，那么环境权就应该被宪法化。还有学者认为，将环境权作为一项新的公民基本权利写入宪法是立法发展及人权保护的必然趋势，是构建社会主义和谐社会、实现人与自然和谐发展的必然要求。只有宪法对这一权利给予确立，才能使其他法律对公民环境权的法律保护获得合法的宪法依据，从而制定相应的保护措施，以弥补我国环境权立法的不足。① 另外，还有学者从刑法角度进行了探讨，认为国家应强化对严重危害生态环境的行为推行“犯罪化”和“刑罚化”，同时认为，我国刑法虽然设定了一系列的环境犯罪条款，也加重了对这些环境违法犯罪行为的处罚力度。但总体看来，所设的罪种不能很好地适应我国环境的现状要求。根据各国成功的立法经验，结合我国环境侵权的实际情况，学者认为应增设环境噪声污染罪、违反防治污染义务罪、破坏草原罪、污染海洋环境罪、破坏自然保护区罪、破坏风景名胜区罪、破坏国家公园罪、破坏水土保持罪及破坏珍贵野生植物资源罪等。②

同时，学者们还对农民的环境权问题进行了深入研究，认为我国环境立法虽然数量比较可观，但很多都没有将农村地区的环境污染和破坏纳入立法调整的视野。我国农村环境污染具有不同于城市污染的特点，其中农业生产导致的面源污染就有别于城市的点源污染，而我国现行环境法律法规体系基本上是建立在城市和重要点源污染防治上的，忽略了农村污染及其特点，对农村

---

① 邹燕玲：《环境权入宪之探讨》，载《基础理论研讨》2007 年第 6 期；黄利红：《环境权的宪法对待》，载《甘肃农业》2007 年第 9 期；侯怀霞：《论宪法上的环境权》，载《郑州大学学报》2007 年第 3 期；夏永梅、吴晓雄：《公民环境权入宪与生态和谐建设》，载《西南交通大学学报》2007 年第 6 期；李华：《论我国公民环境权法律保障制度的完善》，载《科技信息》2007 年第 35 期；郎励贤：《论我国环境法律权利体系的构建——环境权具体化的一条新路子》，载《河北师范大学学报》2007 年第 6 期。

② 刘润发：《论我国环境刑法的路径选择——基于环境权的宪法保护》，载《湖南税务高等专科学校学报》2007 年第 5 期。

污染治理和环境管理的具体困难考虑不充分，导致现行环境法规在农村地区缺乏实施的根基。学者们提出，应调整环境立法的适用对象，将农村地区的环境污染和资源破坏纳入立法调整的范畴；补充农村环境与资源保护法律中欠缺的诸如有关公众参与环境评价、排污费征收使用管理、生态补偿等方面的法律法规。①

（三）水污染防治法和水法问题研究

2007年，在经过十届全国人大常委会第29次会议的初次审议后，《中华人民共和国水污染防治法（修订草案）》向社会各界公开征求意见。水污染防治法延续了前几年的热度，继续成为2007年环境法学界的热门话题。不少专家学者撰文对完善水污染防治法律制度提出了有价值的建议，内容主要涉及如下几方面：（1）重新界定水污染防治法的立法目的。有学者认为应该确立"防治水污染、保障水安全"的立法宗旨；②也有学者认为应该在立法目的中体现现代环境伦理观，将"防止水污染，恢复并保持清洁的水环境，以保障整个生物界健康的生存和发展"作为立法目的。③（2）转换水污染防治法"为城市立法、为工业立法"的思维模式，加强对农业面源污染、农村饮用水安全和城市生活污水污染的关注。④（3）继续强化政府在水污染控制中的责任，包括强化政府自身的监管责任、政府对企业的引导与激励责任和政府对公众的救济

① 周作翰、张英洪：《当代中国农民的环境权》，载《湖南师范大学社会科学学报》2007年第3期；吴献萍：《我国农民环境权法律保护的不足及完善》，载《文史博览》2007年第10期；吴献萍、胡美灵：《新农村建设与农民环境权法律保护》，载《昆明理工大学学报》2007年第5期。

② 吕忠梅：《〈水污染防治法〉修改之我见》，载《法学》2007年第11期。

③ 黄锡生、许珂：《关于修改〈水污染防治法〉的几点思考》，载《环境保护科学》2007年第33卷第4期。

④ 吕忠梅：《保障饮水安全的法律思考——兼论〈水污染防治法〉的修改》，载《甘肃社会科学》，2007年6月；吕忠梅：《〈水污染防治法〉修改之我见》，载《法学》2007年第11期；吕忠梅、刘超：《水污染治理的环境法律观念更新与机制创新——从滇池污染治理个案出发》，载《时代法学》，2007年4月；毛术文：《〈水污染防治法（修订草案）〉评析及完善建议》，载《法制与社会》，2007年12月。

与赔偿责任。[①] (4)明确流域水污染防治的监督管理职责，建立流域水污染防治制度。[②] (5)进一步加强法律责任。许多学者都建议将"按日处罚"作为追究水污染法律责任的一种方式。有学者还进一步论证了水污染法应采取"按日处罚"模式，建议对于环境违法行为不论是否持续，先作为"一次"进行处罚，然后通过行政命令责令限期改正，若期满仍未改正的再从责令限期改正命令发布之日起按日连续处罚，即将"按日处罚"作为对违反行政命令的行政强制手段而非行政处罚。[③]

除了《水污染防治法》的修改与完善这个问题之外，水法和水污染防治法领域中的一些其他问题也受到广泛的关注。由于水污染事件频发，水污染纠纷的解决自然引起学者们的思考。有学者论证了非诉讼方式将是水污染纠纷解决的主要方式这一观点[④]；也有学者建议协调《水法》和《水污染防治法》中对水污染纠纷处理办法的规定，同时充分发挥法院在水污染纠纷解决中的作用。[⑤] 对于物权法和水法均有涉及的水权问题的研究在 2007 年也取得了很大的进步，包括：(1)进一步辨析了水权、水资源所有权和水所有权之间的关系[⑥]；(2)通过对水资源法律制度历史的考察，揭示了水权法律制度发展的脉络，提出了将可交易水权作为实现水资源可持续综合管理的一种法律手段。[⑦]

---

① 秦天宝、周琛：《〈水污染防治法〉的发展方向：强化政府责任》，载《绿叶》，2007 年 5 月；穆治霖：《重点强化政府责任切实提高违法成本——对完善〈水污染防治法（修订草案）〉的思考与建议》，载《环境保护》，2007 年 10 月。

② 吴勇：《流域水污染的司法救济现状与需求》，载《绿叶》，2007 年 8 月；吕忠梅：《〈水污染防治法〉修改之我见》，载《法学》2007 年第 11 期。

③ 汪劲、严厚福：《〈水污染防治法的修订〉：应当建立何种性质的按日连续处罚制》，载《环境保护》，2007 年 12 月；姜明安：《〈水污染防治法〉中实施"按日计罚"的可行性——行政法学家视角的评述》，载《环境保护》，2007 年 12 月；毛术文：《〈水污染防治法（修订草案）〉评析及完善建议》，载《法制与社会》，2007 年 12 月；《构建我国环境立法中的按日连续处罚制———以〈水污染防治法〉的修改为例》，载《法学》，2007 年 12 月。

④ 丁渠：《非诉讼方式在解决水污染纠纷中的法律效果》，载《环境科学与技术》2007 年第 30 卷第 5 期。

⑤ 张百灵、江滔、李希昆：《跨行政区域水污染纠纷解决机制研究》，载《昆明冶金高等专科学校学报》2007 年第 23 卷第 16 期。

⑥ 丁渠：《浅议我国水权制度的立法完善》，载《人民黄河》2007 年第 29 卷第 5 期。

⑦ 裴丽萍：《论水资源法律调整模式及其变迁》，载《法学家》2007 年第 2 期。

此外，流域水资源管理依然是水法中的热点问题。学者们提出了建立流域生态补偿机制、①确立具有较高法律地位和法制权威并独立行使流域管理职能的流域机构、加强流域管理中的公共参与、引入市场机制促进流域管理效率等建议。②

（四）可持续发展和环境立法相关问题

在可持续发展和环境立法领域的研究依然是本年度学者们所关注的热点。在可持续发展研究领域，有学者从不同的角度对可持续发展作出了新的诠释。例如有学者认为可持续发展作为人类环境危机的产物，它不仅是一种新的发展模式，更体现了一种全新的生存理念与社会道德，在人类共同的生存危机面前，可持续发展的原则要求已经不仅仅是某种高尚的美德，而应一种是任何人都应秉持的基本道德，是人类为了自身延续和发展所不得不共同坚持的基本伦理。在环境立法领域，学者们从我国环境立法的各个层面提出了许多宝贵的建议，如在环境立法目的这个传统研究热点上，有学者指出环境立法中的"目的一元论"与"目的二元论"是存在冲突的，在现阶段我们既要反对狭隘的人类中心主义思想的环境立法目的一元论，又应抛弃同时追求多项价值目标的环境立法目的二元论，明确保护生态系统整体的价值才是当代环境立法的唯一目的，另外生态本位的现代环境理念也应在环境立法的过程中得到充分体现。此外，还有学者指出当前我国环境立法尚存在的诸多问题，如立法指导思想在一定程度上偏离了环境保护的基本要求；环境责任保险、环境损害补偿基金等重要的环境法律制度亟待建立；现有的环境应急处理制度、跨行政区环境污染纠纷处理制度、跨国界环境污染纠纷处理制度有待进一步补充完善；相关法律规定无法很好地认定环境损害赔偿的范围、无法应对环境诉讼的特殊性等，并针对这些问题上提出了许多非常有现

---

① 毛术文：《〈水污染防治法（修订草案）〉评析及完善建议》，载《法制与社会》，2007年12月；郭恒哲：《城市水污染生态补偿法律制度研究》，载《法制与社会》，2007年10月。

② 董黎光：《浅析我国流域管理的法律缺陷》，载《人民黄河》2007年第29卷第8期。

实意义的建议和措施。①

（五）环境侵权及公益诉讼

环境侵权及其救济问题在 2007 年的环境法学届依然是一个热点的学术研究领域。与以往的研究侧重点不同的是，学者们对环境侵权的关注更多地集中在了环境侵权的构成要件、环境侵权的归责原则以及环境侵权的救济等领域，并在很多方面都有了新的突破。在环境侵权的构成要件领域中，学者们提出了许多自己的见解。例如有学者提出在我国环境诉讼当事人适格的问题上，适格当事人的范围是相当“狭隘”的，鉴于环境纠纷的特殊性，则需要正确认识“当事人”与“当事人适格”概念的区别，并在此基础上，对该类诉讼中的当事人适格基础进行“扩张”，这样才能更好地赋予受害主体以便利的救济；而在环境侵权因果关系问题上，有学者认为损害行为与损害结果之间的因果关系的认定不宜再采取传统法所采用因果关系的确定原则，而是应采用以经验事实为基础的因果关系推定原则。而在环境侵权的归责原则领域，有学者认为让环境侵权行为人承担责任不应是基于过错或其他什么理由，而应该是以环境侵权行为的“原罪”为根据，即环境侵权行为从一开始就注定会不可避免地而不是潜在地给环境造成不利的影响；还有学者指出在环境侵权诉讼中，在适用损害赔偿责任方式的同时，还应充分重视侵害排除责任方式在环境侵权民事责任的抑制和预防功能方面所发挥的重要

① 季泓、聂大海：《环境可持续发展视角下的政府作为》，载《2007 年中国法学会环境资源法学研究会年会论文集》；巩固：《可持续发展的道德性解析》，载《中国海洋大学学报（社会科学版）》2007 年第 4 期；伍双双：《论环境法领域可持续发展的实现形式》，载《法制与社会》2007 年第 7 期；鄂英杰：《论环境保护目标责任制——环境保护目标责任制之立法的几点建议》，载《2007 年中国法学会环境资源法学研究会年会论文集》；王灿发、于文轩、李丹、李俊红：《我国环境立法的困境与出路——以松花江污染事件为视角》，载《中州学刊》2007 年第 1 期；黄明健：《环境立法目的刍议》，载《西南政法大学学报》2007 年第 3 期；刘爱军：《生态文明与我国环境立法体系的完善》，载《法学论坛》2007 年第 1 期；赵春蕾：《从法律社会学角度谈环境法的立法目的》，载《大众科学（科学研究与实践）》2007 年第 23 期；李淑文：《完善环境影响评价制度的立法思考》，载《求索》2007 年第 1 期。

作用。①

无救济即无权利，学者们也在环境侵权救济的具体方式方面做了深入探讨。例如，由于环境侵权自身特殊性，环境侵权诉讼与执行对受害者而言还存在一些障碍，有学者认为有必要建立诉前交易制度，即受害者与专业组织之间的交易制度，以便利受害者的救济，从而促使潜在的环境侵权者采用先进技术和设备保护和改善环境；此外学者们还对环境纠纷的解决，提出了诸如行政调解、ADR 调解制度（又称为“代替性纠纷解决方式”）及重视发挥环保组织在调解中的作用等建议。②

环境公益诉讼的专门研究日益升温。学者们普遍认为借鉴吸收国外发达国家环境公益诉讼的成熟做法是十分必要的。有学者认为，构建我国环境公益诉讼制度的切入点首先要确立原告的类型及相关的体系设计，并指出在主体体系构建中，应以确立国家机关履行职责并行使环境公益诉讼为主导，以社会团体和公民个体行使环境公益诉权为核心，并强调把环境公益诉讼这架机器之最终“启动权”交给普通公民；在法律体系方面，有学者认为要发展我国

① 吴勇、王霞：《环境诉讼中的因果关系推定探析》，载《2007 年中国法学会环境资源法学研究会年会论文集》；杨雅妮：《环境诉讼中正当当事人问题探析》，载《2007 年中国法学会环境资源法学研究会年会论文集》；乔琳、李希昆：《再论环境侵权因果关系推定之适用》，载《2007 年中国法学会环境资源法学研究会年会论文集》；马栩生：《环境侵权视野下的因果关系推定》，载《河北法学》2007 年第 3 期；李劲：《环境侵权侵害排除责任方式研究》，载《行政与法》2007 年第 3 期；罗丽：《环境侵权侵害排除责任研究》，载《河北法学》2007 年第 6 期；伊媛媛：《略论无意思联络的数人环境侵权及其责任》，载《法学评论》2007 年第 1 期；吕霞、徐祥民：《再论环境侵权责任的“原罪”说》，载《现代法学》2007 年第 4 期。

② 贾爱玲：《环境侵权中的精神损害赔偿制度初探》，载《行政与法》2007 年第 4 期；徐丰果：《论环境侵权救济中的交易行为与交易制度》，载《云南大学学报（法学版）》2007 年第 3 期；胡晓红：《我国环境侵权救济的制度障碍及完善路径》，载《甘肃政法学院学报》2007 年第 6 期；丁渠、朴光洙：《论我国环境纠纷解决中的 ADR 制度》，载《2007 年中国法学会环境资源法学研究会年会论文集》；付兴艳：《浅析环境纠纷中的行政调解》，载《2007 年中国法学会环境资源法学研究会年会论文集》；刘岩：《我国环境保护团体在环境纠纷中的作用》，载《2007 年中国法学会环境资源法学研究会年会论文集》；李娟、刘芳：《我国环境侵权司法救济的现状与未来——从法社会学角度分析》，载《2007 年中国法学会环境资源法学研究会年会论文集》；竺效：《试论环境侵权损害赔偿责任的可保险——对当前构建环境责任保险制度的若干对策建议》，载《中州学刊》2007 年第 3 期（总第 159 期）。

的环境公益诉讼立法，不仅应修订《宪法》、《环境保护法》、《民事诉讼法》和《刑事诉讼法》，还应当修订单行环境立法，发挥司法解释的作用；而在具体规定方面，有学者认为不仅应承认公民的环境权，扩展环境损害的范围，扩大社会团体以及非直接利害关系人行使起诉权的案件范围，还要建立介入诉讼、环境公诉制度及有利于律师参与和代理诉讼的收费标准等制度。①

（六）国际环境法问题研究

对国际环境法问题的研究在 2007 年也取得了一些成绩，研究领域主要涉及对国际环境法基本原则、国际环境法主体以及国际贸易中的环境问题的研究。对基本原则比较有代表性的研究集中在风险预防原则和共同但有区别的责任原则上。就风险预防原则，有学者提出了在适用风险预防原则的过程中需要遵循的要件，包括：(1)前提条件——风险阀值和科学不确定性的确定；(2)依据该原则进行决策时需遵循的要件——成本效益分析以及根据不同的风险水平采取适当的预防措施；(3)执行风险预防措施时需遵循的要件——对措施的后期审查及相关科学信息的收集。② 就共同但有区别的责任原则，有学者认为由于该原则并没有发展成一个国际环境保护领域内的惯例，也不具备“法律确信”的要素，它不能被称为国际环境法的基本原则。同时，该学者还预计发达国家会通过谈判弱化该原则的作用，使其演变成久已存在的对

① 齐树洁：《环境公益诉讼原告资格的扩张》，载《法学论坛》2007 年第 3 期；常纪文：《我国环境公益诉讼立法存在的问题及其对策——美国判例法的新近发展及其经验借鉴》，载《现代法学》2007 年第 5 期；孟雁北、万欣：《环境侵权纠纷解决机制的经济法解读——以乌油污染案为例》，载《法学家》2007 年第 2 期；张式军：《德国环保 NGO 通过环境诉讼参与环境保护的法律制度介评策——以环境公益诉讼中的“原告资格”为中心》，载《黑龙江省政法管理干部学院学报》2007 年第 4 期；张式军：《谁能为“不会说话的鱼儿”说话——以“原告资格”为核心构建我国环境公益诉讼制度》，载《昆明理工大学学报·社科(法学)版》2007 年第 3 期；张式军：《我国环境公益诉讼原告类型和体系探讨》，载《暨南学报(哲学社会科学版)》2007 年第 3 期；李扬勇：《论我国环境公益诉讼制度的构建——兼评〈环境影响评价公众参与暂行办法〉》，载《河北法学》2007 年第 4 期；贾志民、王敏：《从美国环境公益诉讼制度谈中国环境保护问题的法律对策》，载《华北电力大学学报(社会科学版)》2007 年第 4 期。

② 高晓露、孙界丽：《论风险预防原则的适用要件———以国际环境法为背景》，载《当代法学》2007 年第 21 卷第 2 期(总第 122 期)。

发展中国家的优惠待遇。①

在对国际环境法主体的研究中，非政府组织（NGO）在国际环境法中的地位最受关注。研究者呼吁依据区域性的国际公约、条约或政府间国际组织的决议赋予非政府组织"非平等性的"国际环境法主体地位。但是他们得出结论的依据并不相同，有学者认为在国际环境法律框架中，享有国际法律权利、承担国际法律义务者，凡是国际条约对其直接规定了权利和义务，尤其是国际和国内诉权的个人、单位、组织和国家都是国际法的主体；②有学者则认为非政府组织的优势可以弥补国家主权的有限性与环境问题的跨国性之间的矛盾，可以弥补国家利益与国际环境公益之间的矛盾。③

在国际贸易与环境保护的问题上，WTO 规则和欧盟的技术标准依然是学者们关注的焦点。有学者的研究显示，欧盟开始实施的《化学品注册、评估、许可制度》是国际技术性贸易壁垒的最新走向，表明国际市场对卫生标准、环境标准、环保要求及其管理逐步趋紧。④ 有学者通过对关税及贸易总协定（GATT）第三条国民待遇原则中"相同产品"的定义的研究，指出"相同产品"的界定成为国际市场上的一种新型的"绿色壁垒"。

① 边永民：《论共同但有区别的责任原则在国际环境法中的地位》，载《暨南学报（哲学社会科学版）》2007 年第 4 期，总第 129 期。

② 肖晓春：《论环境 NGO 在国际环境法中的地位》，载《黑龙江省政法管理干部学院学报》2007 年第 1 期，总第 58 期。

③ 张新月：《论国际环境法中的非政府组织》，http://www.riel.whu.edu.cn/show.asp?ID=5018，最后访问：2008 年 4 月 18 日。

④ 那力：《标准和环境税等环境法基本机制的国际适用——从我国对高能耗，高污染产品的关税措施和欧盟 REACH 法规与说起》，http://www.riel.whu.edu.cn/show.asp?ID=5646，最后访问：2008 年 4 月 18 日。

附　录

一、期刊公开发表的部分文章

（一）环境损害赔偿法律问题研究相关论文材料

1. 徐祥民、巩固：《环境损害中的损害及其防治研究——兼论环境法的特征》，载《社会科学战线》2007 年第 5 期。

2. 吕霞、徐祥民：《再论环境侵权责任的"原罪"说》，载《现代法学》2007 年第 4 期。

3. 梅宏：《生态损害：生态文明视野下环境法研究不容忽视的问题》，载《当代法学》2007 年第 1 期。

4. 张开泽：《论纯生态损害救济机制的完善》，载《江西金融职工大学学报》2007 年第 1 期。

5. 赵海涛：《环境侵权损害赔偿社会化刍议》，载《理论学习》2007 年第 2 期。

6. 杨萍：《环境侵权损害赔偿制度的完善——从环境责任社会化的角度》，载《常州工学院学报（社科版）》第 25 卷第 2 期，2007 年 4 月。

7. 贾爱玲：《环境侵权中的精神损害赔偿制度初探》，载《行政与法》2007 年 4 月。

8. 梁文莉：《环境污染损害惩罚性赔偿原则之探究》，载《广东广播电视大学学报》2007 年第 5 期第 16 卷，总第 65 期。

9. 张蕾：《环境污染损害赔偿的相关问题探析》，载《河北工程大学学报（社会科学版）》第 24 卷第 2 期，2007 年 6 月。

10. 潘林伟：《论环境侵权的社会损害赔偿》，载《生态经济》2007 年 9 月。

11. 刘武朝：《论环境损害赔偿社会化》，载《产业与科技论坛》2007 年第 6 卷第 4 期。

12. 张蕾、胡颖欣、吴海玲:《论环境污染损害赔偿的法律依据》,载《中国市场》2007 年第 18 期。

13. 姜方利:《论环境污染损害赔偿中的利益衡量》,载《邵阳学院学报(社会科学版)》第 6 卷第 2 期,2007 年 4 月。

14. 李志明:《浅论精神损害赔偿在环境侵权领域中的适用》,载《湖北教育学院学报》第 24 卷第 9 期,2007 年 9 月。

15. 竺效:《试论环境侵权损害赔偿责任的可保险性——对当前构建环境责任保险制度的若干对策建议》,载《中州学刊》2007 年 5 月第 3 期(总第 159 期)。

16. 王堃:《试论我国环境侵权损害的社会化赔偿机制》,载《现代商贸工业》,第 19 卷第 1 期 2007 年 1 月。

17. 李锴、周辉:《试论我国环境损害赔偿的国家责任》,载《江西社会科学》2007 年 1 月。

18. 周玥:《中国亟待建立环境污染损害赔偿责任基金或环境污染损害责任保险制度——美国超级基金法案对我国的启示》,载《商业文化》2007 年 9 月。

19. 竺效:《反思松花江水污染事故行政罚款的法律尴尬——以生态损害填补责任制为视角》,载《法学》2007 年第 3 期。

20. 周晨:《环境损害赔偿立法研究》,中国海洋大学博士学位论文。

21. 孟雁北、万欣:《环境侵权纠纷解决机制的经济法解读——以乌油污染案为例》,载《法学家》2007 年第 2 期。

22. 伊媛媛:《略论无意思联络的数人环境侵权及其责任》,载《法学评论》2007 年第 1 期。

23. 丁凤楚:《论国外的环境侵权因果关系理论——兼论我国相关理论的完善》,载《社会科学研究》2007 年第 2 期。

24. 徐丰果:《论环境侵权救济中的交易行为与交易制度》,载《云南大学学报(法学版)》2007 年第 3 期。

25. 李劲:《环境侵权侵害排除责任方式研究》,载《行政与法》2007 年第 3 期。

26. 罗丽:《环境侵权侵害排除责任研究》,载《河北法学》2007 年第 6 期。

27. 马栩生:《环境侵权视野下的因果关系推定》,载《河北法学》2007 年第 3 期。

28. 刘方飞:《论环境侵权民事责任的构成要件》,载《武警学院学报》2007 年第 1 期。

29. 崔臻峰、朱保建:《我国环境侵权诉讼的困境及出路探索》,载《法制与社会》2007 年第 2 期。

30. 罗一荣、王晓博:《我国环境侵权救济制度的现状及完善探析》,载《法制与社会》2007 年第 2 期。

31. 龚袭:《论物权救济方式在环境侵权责任中的运用》,载《广西政法管理干部学院学报》2007 年第 3 期。

32. 夏慧:《环境污染侵权的相关法律问题研究——由一起案例引发的思考》,载《广东工业大学学报(社会科学版)》2007 年第 2 期。

33. 陈瑶瑶:《"举证责任倒置"在环境侵权诉讼中的理解和适用》,载《云南电大学报》2007 年第 2 期。

34. 赵海涛:《完善环境侵权民事诉讼问题的思考》,载《山东行政学院山东省经济管理干部学院学报》2007 年第 3 期。

35. 范钟秀:《归责体系:一元与二元之间——浅论环境污染的侵权责任》,载《长春理工大学学报(社会科学版)》2007 年第 5 期。

36. 李靓:《环境侵权民事责任归责原则的适用》,载《中国青年政治学院学报》2007 年第 5 期。

37. 胡晓红:《我国环境侵权救济的制度障碍及完善路径》,载《甘肃政法学院学报》2007 年第 6 期。

38. 李莉:《我国环境侵权救济法律制度研究》,山东大学优秀硕士学位论文。

39. 张义福:《环境共同侵权行为研究》,山东大学优秀硕士学位论文。

40. 杨莉:《论我国环境侵权赔偿责任的完善》,吉林大学优秀硕士学位论文。

41. 杜健勋:《基于法经济学的环境侵权行为分析》,重庆大学优秀硕士学位论文。

42. 周越男:《环境侵权诉讼证明问题研究》,中国地质大学优秀硕士学位论文。

43. 杨重阳:《环境侵权救济制度研究》,华南师范大学优秀硕士学位论文。

（二）海洋环境、船舶污染问题研究相关论文材料

1. 周珂、吕霞:《关于制定渤海环境保护单行法必要性的思考》,载《昆明理工大学学报(社科版)》第7卷第3期,2007年7月。

2. 崔凤、徐伟力:《试析联合国海洋法公约与船舶污染综合管辖权》,载《中国海洋大学学报》(社会科学版)2007年第1期。

3. 李刚:《联合国海洋法公约与海洋环境保护》,载《中国远洋航务》2007年9月。

4. 王建廷、窦黑铁:《进一步完善我国的海洋和渔业法规》,载《海洋开发与管理》2007年第5期。

5. 邓丽娟:《可持续发展观下我国海洋环境资源法的完善》,载《集美大学学报(哲学社会科学版)》第10卷第2期,2007年6月。

6. 张茜:《论陆源污染防治与海洋环境保护法律问题研究》,载《大众科学》2007年第23期。

7. 张湘兰、朱强:《船舶"污染损害"的定义及解释》,载《科技与法律》2007年1月,总第65期。

8. 刘功臣:《建立完善中国船舶防污染法规体系》,载《中国海事》2007年6月。

9. 唐华:《论我国船舶油污损害赔偿的法律适用》,载《科技信息》2007年第14期。

10. 韩洪蕾:《我国船舶油污损害赔偿机制研究》,载《海洋开发与管理》2007年2月。

11. 黄嘎:《沿海船舶油污损害赔偿的法律适用》,载《水运管理》第29卷第4期,2007年4月。

12. 李芳:《中国油污损害赔偿制度的建立》,载《世界海运》第 30 卷第 5 期,2007 年 10 月。

13. 戚学龙:《论跨界船舶油污损害的国家责任》,载《法制与社会》2007 年 6 月。

14. 白佳玉:《互有过失的船舶碰撞中非溢油船对海洋油污损害的法律责任》,载《海洋开发与管理》2007 年第 2 期。

15. 林晓媚:《论国际油污损害赔偿基金》,载《中山大学学报论丛》2007 年第 27 卷第 8 期。

16. 李金生、张云科:《评海上油污的"谁漏油、谁负责"原则》,载《法学杂志》2007 年 4 月。

17. 刘艳娜、陈胜:《涉外船舶油污损害赔偿的若干法律问题探讨》,载《吉林公安高等专科学校学报》第 22 卷第 3 期,2007 年 6 月。

18. 王建廷、许浩:《试析我国水生生物资源养护法律体系》,载《河北法学》第 25 卷第 4 期,2007 年 4 月。

19. 王建廷:《我国水生生物资源养护法律体系的现状分析》,载《河北渔业》2007 年第 4 期(总第 160 期)。

(三)环境法基本理论问题相关论文材料

1. 曹素芳、屈迎昕:《中国古代法律中的环境伦理思想》,载《湖南科技学院学报》2007 年第 3 期。

2. 王紫零:《现代环境伦理与环境法律契合的新视点》,载《广东行政学院学报》2007 年第 4 期。

3. 蔡守秋、王秀卫:《人工影响天气的法学思考》,载《河南省政法管理干部学院学报》2007 年第 4 期。

4. 蔡守秋、王秀卫:《论人工影响天气致损的法律责任》,载《法学论坛》2007 年第 5 期。

5. 蔡守秋:《论综合生态系统管理原则对环境资源法学理论的影响》,载《中国地质大学学报(社会科学版)》2007 年第 5 期。

6. 徐祥民:《从现代环境法的发展阶段看循环型社会法的特点》,载《学海》2007 年第 1 期。

7. 徐祥民:《被决定的法理——法学理论在生态文明中的革命》,载《法学论坛》2007 年第 1 期。

8. 徐祥民、李瑶:《普通法传统与违宪审查制度的形成》,载《烟台大学学报(哲学社会科学版)》2007 年第 2 期。

9. 徐祥民、王岩:《外空资源利用与外空环境保护法律制度的完善》,载《中国人口、资源与环境》2007 年第 4 期。

10. 徐祥民:《道法自然与环境保护——由自然资本投资引发的法学思考》,载《中州学刊》2007 年第 6 期。

11. 常纪文:《解析〈环境保护法〉修订中的适事范围设计》,载《绿叶》2007 年第 7 期。

12. 常纪文:《动物福利与动物权利之法学辨析》,载《昆明理工大学学报(社会科学版)》2007 年第 7 期。

13. 邹清平:《论征地法律制度对公众环境权的保护》,载《江汉论坛》2007 年第 1 期。

14. 蒋亚娟:《论环境权的证伪与证实》,载《理论界》2007 年第 2 期。

15. 高素:《论环境权的性质与主体》,载《法制与社会》2007 年第 2 期。

16. 明辉:《环境权概念的法律思考》,载《环境与可持续发展》2007 年第 2 期。

17. 黄喜春:《利用国际刑法保护环境权》,载《平原大学学报》2007 年第 1 期。

18. 李尊然:《环境权与人权的协调——以欧洲人权法院的实践为例》,载《河南师范大学学报(哲学社会科学版)》2007 年第 1 期。

19. 方萍:《欣赏的和谐:人与自然关系微探——解读环境权的三个层次》,载《理论月刊》2007 年第 4 期。

20. 王小钢:《揭开环境权的面纱:环境权的复合性》,载《东南学术》2007 年第 3 期。

21. 凌勇:《论环境权的公私属性》,载《法制与社会》2007 年第 3 期。

22. 朱谦:《反思环境法的权利基础——对环境权主流观点的一种担忧》,

载《江苏社会科学》2007 年第 2 期。

23. 王群：《论环境权的性质》，载《学术交流》2007 年第 4 期。

24. 孙巍：《公民环境权的法律定位及立法完善》，载《科技咨询导报》2007 年第 11 期。

25. 侯怀霞：《论宪法上的环境权》，载《郑州大学学报（哲学社会科学版）》2007 年第 2 期。

26. 王小钢：《中国环境权理论的认识论研究》，载《法制与社会发展》2007 年第 2 期。

27. 佀连涛、闫召华：《我国环境权概念的反思与重构》，载《昆明师范高等专科学校学报》2007 年第 1 期。

28. 李茹：《论公民环境权的宪法保障》，大连海事大学硕士学位论文。

29. 罗丽：《日本环境权理论和实践的新展开》，载《当代法学》2007 年第 3 期。

30. 李长友：《公民环境权的涵义及其法律属性探析》，载《齐齐哈尔大学学报（哲学社会科学版）》2007 年第 5 期。

31. 陈雄根：《公民环境权与接近正义——以环境公益诉讼为视角》，载《求索》2007 年第 9 期。

32. 陈海龙：《试论公民环境权的生成路径》，载《河南教育学院学报（哲学社会科学版）》2007 年第 5 期。

33. 李宏：《公民环境权的宪法设计》，山东大学硕士学位论文。

34. 吴卫星：《环境权可司法性的法理与实证》，载《法律科学（西北政法学院学报）》2007 年第 6 期。

35. 赵惊涛：《企业环境责任确立的价值定位》，载《当代法学》2007 年第 5 期。

36. 吴真：《企业环境责任确立的正当性分析——以可持续发展理念为视角》，载《当代法学》2007 年第 5 期。

37. 陈泉生：《生态文明与环境法制建设》，载《当代法学》2007 年第 1 期。

38. 刘爱军：《生态文明与我国环境立法体系的完善》，载《当代法学》2007 年第 1 期。

39. 孟庆垒:《生态文明背景下的环境法理论创新》,载《当代法学》2007 年第 1 期。

40. 曹明德:《促进人与自然和谐相处是环境法学者的目标和使命》,载《当代法学》2007 年第 2 期。

41. 周启梁:《资源环境立法的权利本位困境与出路》,载《重庆大学学报(社会科学版)》2007 年第 5 期。

42. 晋海:《基本法模式:我国环境立法的理性选择》,载《江淮论坛》2007 年第 5 期。

43. 王灿发、于文轩、李丹、李俊红:《我国环境立法的困境与出路——以松花江污染事件为视角》,载《中州学刊》2007 年第 1 期。

44. 陈孝劲:《可持续发展观下环境立法的价值取向研究》,中国地质大学硕士学位论文。

45. 夏凌:《环境法的法典化》,华东政法大学博士学位论文。

46. 王晋:《我国当代环境立法目的研究》,河海大学硕士学位论文。

47. 张一粟:《环境法的权利本位论》,载《东南学术》2007 年第 3 期。

48. 鄢斌:《公民环境意识的变迁与环境法的制度调整》,载《法学杂志》2007 年第 3 期。

(四)环境法中的公众参与相关问题论文材料

1. 李雪梅:《发挥环境 NGOs 在公众参与环境影响评价中的作用》,载《科技管理研究》2007 年第 8 期。

2. 李红梅:《环境保护中的公众参与原则浅析》,载《法制与社会》2007 年 5 月。

3. 胡颖铭:《浅析环境公众参与原则的法理依据》,载《辽宁行政学院学报》2007 年第 3 期。

4. 帅海涛:《试论环境法中的公众参与原则》,载《法制与社会》2007 年 6 月。

5. 陈峥嵘:《试析大陆与台湾环境影响评价活动中的公众参与之不同》,载《法制与社会》2007 年 8 月。

6. 张晓文:《我国公众参与环境保护法律制度探析》,载《河北法学》第25卷第7期,2007年7月。

7. 张晓文:《我国环境保护法律制度中的公众参与》,载《法学论坛》2007年第3期。

8. 张金艳、赵国宁:《我国环境影响评价中的公众参与》,载《河南省政法干部管理学院学报》2007年第2期。

9. 温英民:《城镇污水处理厂环境监管立法的法律思考》,载《环境保护》2007年1月。

10. 何燕:《从中美环评制度的比较谈〈环境影响评价法〉的完善》,载《法制与社会》2007年第3期。

11. 张霞:《论环境影响评价法律制度》,载《法制天地》2007年第11期。

12. 边丽娜、商钊敏:《欧美战略环评法律体系发展与启示》,载《经济论坛》2007年第19期。

13. 张忠生、包玉华,付小东:《浅析我国建设项目环境影响评价法律制度》,载《科技信息》2007年第7期。

14. 冯哲:《听证程序实效性问题研究——以环境影响评价制度为视角》,载《黑龙江省政法管理干部学院学报》2007年第6期。

15. 刘芙:《我国环境影响评价制度的不足与完善——以司法介入为救济途径的考察》,载《当代法学》2007年3月。

16. 李莉莉、程胜高:《依法行政与环境影响评价》,载《理论月刊》2007年第9期。

17. 薛继斌:《中国环境影响评价立法与战略环境评价制度》,载《学术研究》2007年第9期。

18. 古晓丹:《中美环境影响评价制度比较分析》,载《法制与社会》2007年2月。

（五）环境公益诉讼相关论文材料

1. 陈泉生:《循环经济法初探》,载《福州大学学报（哲学社会科学版）》2007年第1期。

2. 常纪文:《我国环境公益诉讼立法存在的问题及其对策———美国判例法的新近发展及其经验借鉴》,载《现代法学》2007 年第 5 期。

3. 常纪文:《建立环境公益诉讼制度促进我国环境法治》,载《中国社会科学院院报》2007 年第 8 期。

4. 张式军:《德国环保 NGO 通过环境诉讼参与环境保护的法律制度介评——以环境公益诉讼中的“原告资格”为中心》,载《黑龙江省政法管理干部学院学报》2007 年第 4 期。

5. 张式军:《谁能为“不会说话的鱼儿”说话——以“原告资格”为核心构建我国环境公益诉讼制度》,载《昆明理工大学学报·社科(法学)版》2007 年第 3 期。

6. 张式军:《我国环境公益诉讼原告类型和体系探讨》,载《暨南学报(哲学社会科学版)》2007 年第 3 期。

7. 李扬勇:《论我国环境公益诉讼制度的构建——兼评〈环境影响评价公众参与暂行办法〉》,载《河北法学》2007 年第 4 期。

8. 贾志民、王敏:《从美国环境公益诉讼制度谈中国环境保护问题的法律对策》,载《华北电力大学学报(社会科学版)》2007 年第 4 期。

9. 蓝江川、黄春英:《建立环境公益诉讼之构想》,载《法制与社会》2007 年第 6 期。

10. 万英仪:《论集团诉讼在我国环境公益诉讼中的意义》,载《江西金融职工大学学报》2007 年第 5 期。

11. 姚芳:《网络环境下的商标侵权问题研究》,中国优秀硕士学位论文全文数据库,网络出版投稿时间:2007 年 11 月 7 日。

12. 段媚媚:《网络环境下商业秘密侵权案件的司法管辖权问题》,载《淮北煤炭师范学院学报(哲学社会科学版)》2007 年第 4 期。

13. 刘居艳:《我国建立环境公益诉讼制度的可行性与必要性分析》,载《中国海洋大学学报(社会科学版)》2007 年第 1 期。

14. 张旭东:《环境公益诉讼法律制度研究——以环境民事公益诉讼为中心》,载《汕头大学学报(人文社会科学版)》2007 年第 2 期。

15. 张凯:《多维视角下环境公益诉讼之管见》,载《政法学刊》2007 年第 2

期。

16. 林丽:《关于环境行政公益诉讼的法律思考》,载《河北法学》2007 年第 8 期。

17. 严厚福:《环境公益诉讼原告资格之确立——扩大“合法权益”的范围还是确立自然物的原告资格》,载《北大法律评论》2007 年第 1 期。

18. 齐树洁:《环境公益诉讼原告资格的扩张》,载《法学论坛》2007 年第 3 期。

19. 夏云娇、王国飞:《国外环境行政公益诉讼相关立法对我国的启示——以美国、日本为例》,载《湖北社会科学》2007 年第 9 期。

20. 祁英香:《浅论架构环境民事公益诉讼制度的必要性》,载《青海社会科学》2007 年第 4 期。

21. 于博:《略论环境行政公益诉讼中的 NGO——基于一个案例的联想》,载《山东科技大学学报(社会科学版)》2007 年第 4 期。

22. 杨留强、王彦昕:《我国环境公益诉讼立法问题的探讨》,载《广州环境科学》2007 年第 4 期。

23. 程庆水、李鹏、李占标:《我国环境公益诉讼及其制度设计》,载《石家庄经济学院学报》2007 年第 6 期。

24. 穆今悦:《论我国环境公益诉讼制度的构建》,大连海事大学优秀硕士学位论文。

25. 杨长青:《环境公益诉讼的经济学分析》,山东大学优秀硕士学位论文。

26. 佟铃:《论我国环境公益诉讼制度之建构》,吉林大学优秀硕士学位论文。

27. 卫晓锋:《环境公益诉讼制度研究》,郑州大学优秀硕士学位论文。

28. 郑荷花:《我国环保 NGO 参与环境公益诉讼问题研究》,湖南师范大学优秀硕士学位论文。

(六)水法和水污染法相关论文材料

1. 吕忠梅:《保障饮水安全的法律思考——兼论〈水污染防治法〉的修

改》,载《甘肃社会科学》2007 年 6 月。

2. 何艳梅:《刍议国际水条约》,载《水资源研究》第 28 卷第 3 期,2007 年 9 月。

3. 吴章云:《贯彻新水法　推进水资源可持续利用》,载《中国水利》2007 年第 18 期。

4. 胡文俊:《国际水法的发展及其对跨界水国际合作的影响》,载《水利发展研究》2007 年第 11 期。

5. 余文华:《国外水权制度的立法启示》,载《法制与社会》2007 年 3 月。

6. 刘书俊:《基于民法的水权问题思考》,载《法学论坛》2007 年 7 月第 4 期。

7. 裴丽萍:《论水资源法律调整模式及其变迁》,载《法学家》2007 年第 2 期。

8. 姚金海:《论水资源国有产权体制创新》,载《学术论坛》2007 年第 5 期。

9. 姚金海:《论水资源监管体制创新》,载《改革与战略》2007 年第 8 期。

10. 刘书俊:《水资源立法浅探》,载《环境保护科学》第 33 卷第 3 期,2007 年 6 月。

11. 丁渠:《我国水事纠纷解决机制存在的缺陷及立法完善》,载《水利发展研究》2007 年 3 月。

12. 秦天宝、周琛:《〈水污染防治法〉的发展方向:强化政府责任》,载《绿叶》2007 年 5 月。

13. 汪劲、严厚福:《〈水污染防治法〉的修订:应当建立何种性质的按日连续处罚制》,载《环境保护》2007 年 12 月。

14. 毛术文:《〈水污染防治法(修订草案)〉评析及完善建议》,载《法制与社会》2007 年 12 月。

15. 吕忠梅:《〈水污染防治法〉修改之我见》,载《法学》2007 年第 11 期。

16. 姜明安:《〈水污染防治法〉中实施"按日计罚"的可行性——行政法学家视角的评述》,载《环境保护》2007 年 12 月。

17. 郭恒哲:《城市水污染生态补偿法律制度研究》,载《法制与社会》

2007 年 10 月。

18. 丁渠:《非诉讼方式在解决水污染纠纷中的法律效果》,载《环境科学与技术》第 30 卷第 5 期,2007 年 5 月。

19. 杨继:《公司环境责任之再思考——松花江水污染事件的启示》,载《法学评论》2007 年第 1 期。

20. 黄锡生、许珂:《关于修改〈水污染防治法〉的几点思考》,载《环境保护科学》第 33 卷第 4 期,2007 年 8 月。

21. 李小苹:《海峡两岸水污染防治法比较》,载《甘肃政法成人教育学院学报》2007 年 10 月第 5 期。

22. 黄建文、李银芬:《检察机关参与水污染防治的法律思考》,载《常州工学院学报(社科版)》2007 年第 25 卷第 6 期。

23. 张百灵、江滔、李希昆:《跨行政区域水污染纠纷解决机制研究》,载《昆明冶金高等专科学校学报》第 23 卷第 16 期,2007 年 11 月。

24. 吴勇:《流域水污染的司法救济现状与需求》,载《绿叶》,2007 年 8 月。

25. 吕忠梅,刘超:《论水污染防治立法的思维转换——以〈滇池保护条例〉修订为例》,载《河南师范大学学报》第 34 卷第 2 期,2007 年 3 月。

26. 惠建利:《论水污染纠纷的概念及意义》,载《理论界》2007 年 1 月。

27. 李军:《论水污染物排放许可证制度的法律规制——〈中华人民共和国行政许可法〉在水污染防治中的作用》,载《油气田环境保护》第 17 卷第 3 期。

28. 李建勋、颜正魁:《美国水污染控制立法的经验与教训及对中国的启示》,载《广西政府管理干部学院学报》第 22 卷第 3 期,2007 年 5 月。

29. 王岩:《欧洲新水政策及其对完善我国水污染防治法的启示》,载《法学论坛》2007 年 7 月第 4 期。

30. 吕忠梅、刘超:《水污染治理的环境法律观念更新与机制创新——从滇池污染治理个案出发》,载《时代法学》2007 年 4 月。

31. 尹萍:《行政规划中的公益权衡及以人为本的法价值指向——以松花江水污染事件为例的分析》,载《山东大学学报》2007 年第 3 期。

32. 穆治霖:《重点强化政府责任 切实提高违法成本——对完善〈水污染防治法(修订草案)〉的思考与建议》,载《环境保护》2007 年 10 月。

(七)可持续发展相关论文材料

1. 王灿发、于文轩、李丹、李俊红:《我国环境立法的困境与出路——以松花江污染事件为视角》,载《中州学刊》2007 年第 1 期。

2. 刘爱军:《生态文明与我国环境立法体系的完善》,载《法学论坛》2007 年第 1 期。

3. 黄明健:《环境立法目的刍议》,载《西南政法大学学报》2007 年第 3 期。

4. 肖兴、姜素红:《论我国地方环境立法之完善》,载《中南林业科技大学学报(社会科学版)》2007 年第 4 期。

5. 赵春蕾:《从法律社会学角度谈环境法的立法目的》,载《大众科学(科学研究与实践)》2007 年第 23 期。

6. 陈海嵩:《绿色的环境法与绿色的方法论——评〈可持续发展与环境法学方法论〉》,载《浙江社会科学》2007 年第 5 期。

7. 伍双双:《论环境法领域可持续发展的实现形式》,载《法制与社会》2007 年第 7 期。

8. 李淑文:《完善环境影响评价制度的立法思考》,载《求索》2007 年第 1 期。

9. 焦盛荣:《"综合生态系统管理"与我国生态环境保护的立法理念》,载《甘肃理论学刊》2007 年第 3 期。

10. 周玉华、孟佳:《〈环境政策法〉作为我国环境保护基本法的立法建议》,载《法制与社会》2007 年第 9 期。

11. 诸江:《我国实现环境责任社会化的立法构想》,载《湘潮(下半月)(理论)》2007 年第 6 期。

12. 钱成竹:《浅论环境权性质和立法构想》,载《社科纵横(新理论版)》2007 年第 1 期。

13. 陈懿:《乡镇政府环境保护职权的立法考察》,载《中国特色社会主义研究》2007年第5期。

14. 薛继斌:《中国环境影响评价立法与战略环境评价制度》,载《学术研究》2007年第9期。

15. 赵晓耘:《略论我国环境犯罪的立法再完善》,载《湖北行政学院学报》2007年第6期。

16. 夏凌:《环境法的法典化》,华东政法大学博士学位论文。

17. 陈孝劲:《可持续发展观下环境立法的价值取向研究》,中国地质大学硕士学位论文。

18. 丁愉棽:《可持续发展理论与中国环境法》,对外经济贸易大学硕士学位论文。

19. 郭晓光:《我国环境税的立法设想》,兰州大学硕士学位论文。

20. 王卉:《论可持续发展观视野下我国环境立法思想中的症结与出路》,广西师范大学硕士学位论文。

21. 王晋:《我国当代环境立法目的研究》,河海大学硕士学位论文。

（八）矿产资源相关论文材料

1. 王明远:《"看得见的手"为中国可再生能源产业撑起一片亮丽的天空——基于〈中华人民共和国可再生能源法〉的分析》,载《现代法学》2007年第6期。

2. 王明远:《我国能源法实施中的问题及解决方案——以〈节约能源法〉和〈可再生能源法〉为例》,载《法学》2007年第2期。

3. 孙佑海:《能源立法——实现能源安全的有力保障》,载《法学杂志》2007年第5期。

4. 肖国兴:《论能源法对循环经济的促进》,载《中山大学学报(社会科学版)》2007年第4期。

5. 肖国兴:《我国〈能源法〉起草中应考虑的几个问题》,载《法学》2007年第2期。

6. 肖国兴:《论〈能源法〉的理性及其法律逻辑》,载《中州学刊》2007年第4期。

7. 马俊驹、龚向前:《论能源法的变革》,载《中国法学》2007 年第 3 期。

8. 张梓太:《我国〈节约能源法〉修订的新思维——在理念与制度层面的生成与展开》,载《法学》2007 年第 2 期。

9. 杨卫东、郭坤:《立陶宛〈能源法〉及其对我国能源立法的启示》,载《华北电力大学学报(社会科学版)》2007 年第 2 期。

10. 龙钮:《关于重构能源立法体系的思考》,载《西南农业大学学报(社会科学版)》2007 年第 3 期。

11. 刘颖:《美国〈2005 国家能源政策法案〉分析及对我国能源立法的借鉴》,载《能源与环境》2007 年第 5 期。

12. 赵保庆:《蒙古〈能源法〉述评及对我国能源立法的借鉴意义》,载《华北电力大学学报(社会科学版)》2007 年第 3 期。

13. 罗丽:《日本能源政策动向及能源法研究》,载《法学论坛》2007 年第 1 期。

14. 胡德胜:《〈矿产资源法〉修改中几个基本问题的研究》,载《中国地质大学学报(社会科学版)》2007 年第 6 期。

15. 周启梁:《资源环境立法的权利本位困境与出路》,载《重庆大学学报(社会科学版)》2007 年第 5 期。

16. 刘小冰、张治宇:《我国新能源与可再生能源立法的检讨与完善》,载《南京工业大学学报(社会科学版)》2007 年第 3 期。

17. 廖欣:《完善我国现行〈矿产资源法〉的构想》,载《矿产与地质》2007 年第 1 期。

18. 戴彦德:《能源立法全方位启动 〈能源法〉即将出台》,载《资源与发展》2007 年第 1 期。

19. 蒋亚娟:《论中国能源税的立法生成:模式与构建》,载《理论与改革》2007 年第 6 期。

20. 孙吉:《中国能源安全的立法问题研究》,载《当代经济(下半月)》2007 年第 12 期。

21. 刘国涛、石岩:《生物质能源及其政策立法重点》,载《中国地质大学学报(社会科学版)》2007 年第 2 期。

22. 亓光:《中国能源基本法立法刍议》,载《煤炭经济研究》2007 年第 4 期。

23. 孙涛:《我国能源立法初探》,载《山东商业职业技术学院学报》2007 年第 2 期。

24. 薛惠锋:《立法是依法保护能源的根本》,载《绿叶》2007 年第 7 期。

25. 徐辉鸿:《新能源开发利用中的安全机制立法研究——以我国核能为例》,载《南京工业大学学报(社会科学版)》2007 年第 3 期。

26. 司坡森、朱喜洋:《加强能源、煤炭立法,健全完善煤炭管理体制》,载《中国能源》2007 年第 10 期。

27. 杨子杨:《能源发展　有法可依——〈能源法〉立法开门纳言》,载《中国科技投资》2007 年第 11 期。

28. 周启梁:《论我国资源循环利用的立法模式选择》,重庆大学博士学位论文。

29. 王华兵:《中国矿产资源储备立法初步研究》,重庆大学硕士学位论文。

30. 葛楠:《我国可再生能源的立法保护研究》,重庆大学硕士学位论文。

(九)循环经济法相关论文材料

1. 徐祥民:《从现代环境法的发展阶段看循环型社会法的特点》,载《学海》2007 年第 1 期。

2. 孙佑海:《循环经济法的基本框架和主要制度论纲》,载《法商研究》2007 年第 3 期。

3. 孙佑海:《关于起草〈中华人民共和国循环经济法〉的若干思考》,载《中州学刊》2007 年第 4 期。

4. 孙佑海:《制定一部适合中国国情的循环经济法》,载《南京农业大学学报(社会科学版)》2007 年第 2 期。

5. 孙佑海:《用循环经济解决资源环境问题——解读〈循环经济法(草案)〉》,载《再生资源研究》2007 年第 5 期。

6. 孙佑海:《对制定循环经济法的基本认识》,载《中国发展观察》2007 年第 8 期。

7. 郑少华:《人与自然和谐:循环经济法的意义》,载《法学》2007 年第 3 期。

8. 陈泉生:《循环经济法初探》,载《福州大学学报(哲学社会科学版)》2007 年第 1 期。

9. 王灿发、李丹:《循环经济法的建构与实证分析》,载《现代法学》2007 年第 4 期。

10. 周庆春、戚道孟:《以生产者为主的责任延伸制度新探——有感于〈中华人民共和国循环经济法草案征求意见稿〉》,载《天津商学院学报》2007 年 5 期。

11. 马成慧、王永强:《试论循环经济法在我国法律体系中的地位》,载《牡丹江师范学院学报(哲学社会科学版)》2007 年第 6 期。

12. 张国华:《循环经济法的经济学分析》,载《兰州商学院学报》2007 年第 6 期。

13. 张国华:《资源保护与经济发展的立法选择——兼论循环经济法与环境保护法的关系》,载《政法论丛》2007 年第 6 期。

14. 侯庆喜:《〈循环经济法〉之定位探析——兼与梁毅雄先生商榷》,《行政与法》2007 年第 8 期。

15. 侯庆喜:《解析〈循环经济法草案〉之缺陷》,载《绿叶》2007 年第 1 期。

16. 王志轩:《从电力行业角度浅议〈循环经济法〉制订中相关法律制度的建设》,载《中国电力》2007 年第 8 期。

17. 李长健、李伟、易小芳:《全球化视野下中国发展循环经济之经济法思考》,载《长安大学学报(社会科学版)》2007 年第 3 期。

18. 魏雅华:《我们能够制止中国的炸楼风暴吗?——〈循环经济法〉与楼房强拆事件》,载《经济导刊》2007 年第 10 期。

19. 冉珑:《自然资源保护法与循环经济法相关性的研究》,西北农林科技大学硕士学位论文。

（十）国际环境法及与国际贸易有关的环境问题论文材料

1. 高晓露、孙界丽：《论风险预防原则的适用要件——以国际环境法为背景》，载《当代法学》2007 年第 2 期。

2. 边永民：《论共同但有区别的责任原则在国际环境法中的地位》，载《暨南学报（哲学社会科学版）》2007 年第 4 期。

3. 王晓丽：《论国际环境法中的风险预防原则》，载《法制与社会》2007 年第 12 期。

4. 孙静：《论国际环境法的渊源》，载《滁州学院学报》2007 年第 2 期。

5. 肖晓春：《论环境 NGO 在国际环境法中的地位》，载《黑龙江省政法管理干部学院学报》2007 年第 1 期。

6. 诺尔·瓦尔蒂、威次佐·西诺·西克维奇、陈懿：《从罗马到尼斯——欧洲环境法发展的历史侧面》，载《研究生法学》2007 年第 1 期。

7. 陈岳琴：《"史东金山工程案"和美国现代环境法的开端》，载《绿叶》2007 年第 1 期。

8. 肖晓春：《论环境 NGO 在国际环境法中的地位》，载《黑龙江省政法管理干部学院学报》2007 年第 1 期。

9. 王红艳：《国际环境法基本原则研究评述》，载《山东省工会管理干部学院学报》2007 年第 1 期。

10. 刘中民、唐斌：《国际环境法基本原则研究评析》，载《中国海洋大学学报（社会科学版）》2007 年第 4 期。

11. 吴颖：《论个人在国际环境法中的主体资格》，载《襄樊职业技术学院学报》2007 年第 5 期。

12. 刘军茹：《国际环境法的基本原则》，载《科技信息（学术研究）》2007 年第 3 期。

13. 刘江伟、李钦若：《试析国际环境法的共同责任原则》，载《财经界（下旬刊）》2007 年第 9 期。

14. 杨松才：《国际人权法中的环境权——以经社文权利公约为视角》，载《学术界》2007 年第 6 期。

15. 赵瑾:《"人类共同关切问题"之国际环境法视角研究》,载《新课程(教育学术版)》2007 年第 12 期。

16. 汪梦:《国际环境法与国家主权理论的发展》,河海大学优秀硕士学位论文全文数据库。

(十一)环境保护法修改及环境刑法相关论文材料

1. 杨朝飞:《〈环境保护法〉修改思路》,载《环境保护》2007 年第 1 期。

2. 廖育恒、黎惠秋:《关于修改我国〈环境保护法〉的若干思考》,载《广西政法管理干部学院学报》2007 年第 3 期。

3. 栾志红:《〈环境保护法〉的修改应加强农村环境保护》,载《理论前沿》2007 年第 11 期。

4. 黄霞、任晓雪:《〈中华人民共和国环境保护法〉修改中环境一词的重构》,载《法制与社会》2007 年第 6 期。

5. 罗嘉明:《关于我国〈环境保护法〉的几点思考》,载《齐齐哈尔大学学报(哲学社会科学版)》2007 年第 6 期。

6. 李义松、张广:《安全、公平、发展:环境法的价值谱系——兼论〈环境保护法〉第一条之修改》,载《江西社会科学》2007 年第 10 期。

7. 衷华:《论我国环境民事纠纷行政处理制度的重构——兼论〈环境保护法〉第 41 条第二款之修改》,载《中国西部科技(学术)》2007 年第 10 期。

8. 胡峻:《大陆和海洋两大法系有关环境刑法的初探》,载《文教资料》2007 年第 1 期。

9. 欧阳梓华:《从曹保章案看我国环境刑法适用的尴尬》,载《长沙大学学报》2007 年第 1 期。

10. 党惠娟:《论我国环境刑法中的严格责任》,载《甘肃省经济管理干部学院学报》2007 年第 1 期。

11. 郭武、邓全福、党惠娟:《过失危险犯之提倡——以环境刑法为视角》,载《兰州交通大学学报》2007 年第 2 期。

12. 欧阳澍、杨开湘:《严格责任原则在环境刑法中的应用》,载《求索》2007 年第 9 期。

13. 谢司:《附属环境刑法规范的立法漏洞及其完善》,载《法制与社会》2007 年第 10 期。

14. 刘润发:《论我国环境刑法的路径选择——基于环境权的刑法保护》,载《湖南税务高等专科学校学报》2007 年第 5 期。

15. 蒋桂祥:《环境刑法法益研究》,河南大学硕士学位论文。

16. 王姝丽:《论我国环境刑法法益的立法完善》,吉林大学硕士学位论文。

（十二）区域经济与区域环境法律及土壤污染防治相关论文材料

1. 陆剑凌、霍喜娟:《太湖流域环境保护立法思考》,载《法学》2007 年第 11 期。

2. 史玉成:《西部区域生态环境法治建设的现状与未来——兼论我国环境立法的完善》,载《甘肃政法学院学报》2007 年第 6 期。

3. 严颂、何跃春:《论西部开发中环境犯罪的刑事立法对策》,载《内蒙古农业大学学报(社会科学版)》2007 年第 1 期。

4. 牛睿:《加强区域立法协调构建东北老工业基地振兴的法治环境》,载《理论界》2007 年第 8 期。

5. 周继红、苏永生:《生态环境保护与青藏高原地区交通立法基本问题研究》,载《攀登》2007 年第 4 期。

6. 孙熹、李乒仁:《环境法中的 NGOs 制度探析——对滇池治理的思考》,载《科协论坛》2007 年第 4 期(下)。

7. 秦天宝:《德国土壤污染防治的法律与实践》,载《环境保护》2007 年第 10 期。

8. 蒋兰香:《土壤污染刑事责任探究》,载《中南林业科技大学学报(社会科学版)》2007 年第 3 期。

9. 雷芸:《农业土壤污染立法重心探析》,载《安徽农业科学》2007 年第 31 期。

二、部分书籍

1. 桥本道夫:《日本环保行政亲历记》,中信出版社,出版时间:2007—01。

2. 万劲波:《生态文明时代的环境法治与伦理》,化学工业出版社,出版时间:2007—01。

3. 朱坦:《中国环境保护与可持续发展——中国可持续发展总纲(第 10 卷)》,科学出版社,出版时间:2007—01。

4. 张帆、李东:《环境与自然资源经济学(第二版)》,上海人民出版社,出版时间:2007—01。

5. 王树义:《可持续发展与中国环境法治——生态安全及其立法问题专题研究》,高教分社,出版时间:2007—02。

6. 刘书俊:《可持续发展环境法律》,化学工业出版社,出版时间:2007—02。

7. 中国环境与发展回顾和展望高层课题组:《中国环境与发展回顾和展望》,中国环境科学出版社,出版时间:2007—03。

8. 武戈、蔡大鹏:《中小企业的可持续发展与环境保全——理论、实证与案例分析》,科学出版社,出版时间:2007—03。

9. 吕忠梅:《环境法原理》,复旦大学出版社,出版时间:2007—03。

10. 吕忠梅、高利红、余耀军:《环境资源法学》,科学出版社,出版时间:2007—03。

11. 李恒远、常纪文:《中国环境法治(2006 年卷)》,中国环境科学出版社,出版时间:2007—04。

12. 徐祥民、陈书全:《中国环境资源法的产生与发展》,科学出版社,出版日期:2007—06。

13. 韩德培、陈汉光:《环境保护法教程》(第五版),法律出版社,出版时间:2007—06。

14. 杨兴、谭涌涛:《环境犯罪专论》,知识产权出版社,出版时间:2007—06。

15. 钱水苗:《环境资源法》,浙江大学出版社,出版时间:2007—06。

16. 徐祥民:《中国环境资源法学评论(2006 年卷)》,人民出版社,出版时间:2007—07。

17. 周珂:《环境与资源保护法》,中国人民大学出版社,出版时间:2007—07。

18. 冷宝林:《环境保护基础》,化学工业出版社,出版时间:2007—07。

19. 张梓太:《环境与资源法学(第二版)》,科学出版社,出版时间:2007—08。

20. 丘国堂:《环境资源法研究》,知识产权出版社,出版时间:2007—08。

21. 蔡守秋:《河流伦理与河流立法》,黄河水利出版社,出版时间:2007—09。

22. 吕忠梅:《环境法新视野(修订版)》,中国政法大学出版社,出版时间:2007—09。

23. 韩广:《中国环境保护法的基本制度研究》,中国法制出版社,出版时间:2007—09。

24. 秦天宝:《碧水蓝天中的百姓环境权益——生活中的环境法》,武汉大学出版社,出版时间:2007—10。

25. 张梓太:《环境纠纷处理前沿问题研究(中日韩学者谈)》,清华大学出版社,出版时间:2007—10。

26. 韩立新:《船舶污染损害赔偿法律制度研究》,法律出版社,出版时间:2007—10。

27. 徐祥民:《生态文明视野下的环境法理论与实践》,山东大学出版社,出版时间:2007—11。

28. 谢军安:《环境法实务教程》,法律出版社,出版时间:2007—11。

29. 李慧玲:《环境税费法律制度研究》,中国法制出版社,出版时间:2007—11。

30. 曹明德:《生态法新探》,人民出版社,出版时间:2007—11。

31. 吕忠梅:《环境资源法论丛(第7卷)》,法律出版社,出版时间:2007—12。

三、学 术 交 流

1. 2007年3月13日,吕忠梅教授在宋哲(北京金之桥知识产权公司副总经理)和张忠民的陪同下,访问了美国自然资源保护委员会(NRDC)中国办事处,受到了NRDC中国项目主任王立德先生、NRDC中国项目官员张晶晶女士和周艳芳女士的热情接待。在友好轻松的气氛中,双方回顾并肯定了前期的合作,并就公益诉讼和公众参与等项目的开展和实施,达成了共识和具体的合作意向。

2. 2007年4月2—6日,比利时国立根特大学环境法中心主任/比利时宪法法院法官Luc Lavrysen教授以及海事研究所所长Frank Maes教授到武汉大学环境法研究所访问。Luc Lavrysen教授、Frank Maes教授与王树义所长以及在所教师进行了多次会谈。在两位教授访问期间,双方对之前达成的合作协议的相关细节问题进行了进一步磋商,并就互派访问学者、交换研究生、合作研究等事宜达成了共识。

3. 2007年4月10—12日,由联合国开发计划署、全球环境基金资助的"减轻黄海大海洋生态系环境压力"项目在韩国红川召开了UNDP/GEF黄海项目战略行动计划特别工作组第一次会议。中国海洋大学法政学院院长徐祥民教授作为该项目的法律专家应邀赴韩参加了此次会议。会议主席邀请徐祥民教授从法律和政策角度对改进黄海区域的管理活动提出建议以解决黄海区域面临的环境问题,实现区域战略行动计划设定的区域目标。徐祥民教授在报告中首先回顾了在项目跨界诊断分析阶段和中韩两国国内管理分析报告中提到的黄海现存的主要环境问题,并据此对黄海的管理活动提出了七项改进目标及行动计划。

4. 2007年4月25—27日巴西里约热内卢市律政公署研究中心主任AR-

LINDO GEIBERT 先生到武汉大学法学院、环境法研究所访问。4 月 26 日上午，武汉大学法学院和巴西市里约热内卢市律政公署研究中心合作备忘录的签字仪式在法学院大楼 209 会议室举行。

5. 2007 年 11 月 21 日至 28 日，武汉大学法学院秦天宝副教授应巴西巴拉那州立大学（Universidade Estadual do Oeste do Parana，UNIOESTE）和中巴学术交流中心（Centro de Intercambio Acadêmico Sino-Brasileiro，IASB）的联合邀请，对上述两个机构进行了访问。秦天宝副教授于 11 月 23 日在巴拉那州立大学福斯校区举办的"环境法专题研讨会"（A Semana Jurídica do Curso de Direito Ambiente）上作了题为"全球视野下的中国环境法"（China's Environmental Law in the Global Perspective）的主题发言，并回答了与会代表关于中国空气污染防治、水资源保护、环境执法、环境公众参与、绿色奥运等方面的问题，澄清了与会代表对中国法治和环境保护事业的一些误解。

6. 2007 年 12 月 1 日至 2 日，由全国人大环境与资源保护委员会主办的"2007 环境立法与可持续发展国际论坛暨《世界环境法汇编》首发仪式"开幕，来自全国人大环资委、联合国环境规划署、世界银行、美国环保协会、欧盟委员会等相关机构的人士出席会议。应全国人大会环境与资源保护委员会"2007 环境立法与可持续发展国际论坛"组委会来函邀请，中国海洋大学法政学院院长徐祥民教授、法政学院副院长刘惠荣教授、环境法研究所田其云博士和梅宏博士参加了此次会议。"2007 环境立法与可持续发展国际论坛"会议的重要内容是学习借鉴发达国家环境立法经验，探讨如何加强环境立法和环境技术规则、环境标准的制定等环境法制建设，加快与国际环境条约、国际惯例的接轨，以求进一步推进中国环境立法。

7. 2007 年 12 月 10—12 日，为了纪念 1907 年海牙和平大会，世界法律大会（WORLD LEGAL FORUM）在海牙举办主题为"为公共主体和私营主体寻求有效的国际争议解决"（EFFECTIVE INTERNATIONAL DISPUTE SETTLEMENT FOR PUBLIC AND PRIVATE ACTORS）的国际法律大会。大会围绕环境、贸易和安全三个领域的国际争端和争议的解决展开广泛的探讨。大会邀请了国际法院、常设仲裁院、国际刑法法院、北约组织、阿拉伯国家联盟等国际组织的代表，美国、中国和荷兰等外交部的代表也应邀参加了会议，并就他们在环境、贸易和安全领域所做的解决国际争端和争议的国际和国内努力进行了主题发言。大会在环境、贸易和安全三个领域召开了一天的专题研讨会，来自欧洲、亚洲等国的法律专家进行发言。会议最后形成了“为公共主体和私营主体寻求有效的国际争议解决的建议”。

8. 2007 年 12 月 15—26 日，为了推动两岸四地的法学学术交流和法律发展，增进彼此间的了解和合作，中山大学法学院主办的“2007 年海峡两岸暨港澳地区法律发展学术研讨会”在广州举行。本次会议的主题是：FTA 法律制度及其与中国对外贸易发展、知识产权的法律保护、环境法前沿问题研究等。

四、2007 年度环境保护相关法律法规及其他

1. 1 月 9 日，国家环保总局发布公告，批准《饮用水水源保护区划分技术规范》为国家环境保护行业标准。

2. 1 月 12 日，为了进一步落实国务院《关于落实科学发展观加强环境保护的决定》，国家环保总局发布《关于加强建设项目环境管理严格环境准入的报告》，首次采取“区域限批”等措施，使环境准入进一步成为国家宏观调控的重要手段。

1 月 15 日，为加强对我国 γ 射线探伤辐射安全和防护工作的监督管理，促进 γ 射线探伤行业的健康发展，国家环保总局印发了《关于 γ 射线探伤装置的辐射安全要求》。

3. 1 月 19 日，国家环保总局发布公告，公布《环境空气质量监测规范（试行）》。

4. 1 月 30 日，国家环保总局修订发布《国家环保总局核事故应急预案》和《国家环保总局辐射事故应急预案》，要求各省、自治区、直辖市环保局（厅）根据预案要求，修订和完善本单位的核事故应急预案和辐射事故应急预案。

5. 2 月 5—7 日，联合国环境署第 24 届理事会暨全球环境部长论坛在内罗毕举行，国家环保总局副局长周建率中国政府代表团出席会议。

6. 2月7日，国家环保总局、建设部、文化部、国家文物局联合发出《关于加强涉及自然保护区、风景名胜区、文物保护单位等环境敏感区影视拍摄和大型实景演艺活动管理的通知》。

7. 2月15日，国家环保总局等六部委联合发布《关于节约资源保护环境反对商品过度包装的通知》，要求相关单位加大力度遏制商品过度包装。

8. 3月1日，国家环保总局发布《加强国家污染物排放标准制修订工作的指导意见》。

9. 3月10日，国家环保总局批准《水质　汞的测定　冷原子荧光法（试行）》等7项为国家环境保护行业标准。

10. 3月14日，国家环保总局公布2006年中国近岸海域环境质量。

11. 3月15日，国家环保总局公布2006年全国环境质量状况。

12. 3月20日，国家环保总局印发《加强消耗臭氧层物质淘汰管理工作的通知》。

13. 3月26日，国家环保总局通报桂林破获一起利用放射性物质制造赌博工具案件有关情况，要求各地认真汲取事件教训，举一反三，严格落实非密封放射性物质的转让审批与备案制度。

14. 3月27日，国家环保总局印发《环境保护科学技术奖励办法》，自发布之日起一个月后实施。

15. 3月28日，国家环保总局批准《清洁生产标准　造纸工业（漂白化学烧碱法麦草浆生产工艺）》、《清洁生产标准　造纸工业（硫酸盐化学木浆生产工艺）》为国家环境保护行业标准。

16. 4月3日，国家环保总局、商务部和科技部联合发出通知，决定在全国开展国家生态工业示范园区建设工作。

同日，国家环保总局批准《重型汽车排气污染物排放控制系统耐久性要求及试验方法》、《非道路移动机械用柴油机排气污染物排放限值及测量方法（中国Ⅰ、Ⅱ阶段）》为国家污染物排放标准，自2007年10月1日起实施；批准《摩托车污染物排放限值及测量方法（工况法，中国第Ⅲ阶段）》和《轻便摩托车污染物排放限值及测量方法（工况法，中国第Ⅲ阶段）》为国家污染物排放标准，自2008年7月1日起实施。

17. 4 月 4 日，国家环保总局印发了《2007 年全国环境监察工作要点》，要求各级环保部门重点开展环保专项行动，推动污染物总量减排，积极预防和妥善处置突发环境事件，逐步建立完备的环境执法监督体系。

18. 4 月 9 日，国家环保总局、中宣部联合发出通知，要求各级环保、宣传部门做好第一次全国污染源普查的宣传工作，营造良好的舆论氛围，保证普查工作顺利开展。

19. 同日，国家环保总局批准《报废机动车拆解环境保护技术规范》为国家环境保护行业标准，自发布之日起实施。

20. 4 月 10 日，国家环保总局、国家发展改革委、监察部、国家工商总局、司法部、国家安全生产监管总局、国家电监会联合印发《2007 年整治违法排污企业保障群众健康环保专项行动的工作方案》，决定于 2007 年 5—12 月在全国范围内继续开展整治违法排污企业保障群众健康环保专项行动。

21. 4 月 13 日，监察部、国家环保总局联合印发了《关于进一步清理违反国家环境保护法律法规的错误做法和规范性文件的通知》，要求对地方规范性文件中违反国家环保法律法规规定的内容进行全面清理。

22. 同日，国家环保总局批准《固体废物浸出毒性浸出方法硫酸硝酸法》等 3 项标准为国家环境保护行业标准，自 2007 年 5 月 1 日起实施；批准《环境影响评价技术导则　陆地石油天然气开发建设项目》为国家环境保护行业标准，自 2007 年 8 月 1 日起实施。

23. 4 月 24 日，国家环保总局印发了《全国环境监测站建设标准》以及《三峡库区及其上游水环境污染事件应急预案》、《南水北调东线工程水环境污染事件应急预案》、《城市光化学烟雾污染事故应急处理预案》、《危险化学品、废弃化学品突发环境事件应急预案》、《生物物种环境安全突发事件应急预案》5 个专题环境应急预案。

24. 4 月 24—25 日，第三届亚欧环境部长会议在丹麦哥本哈根举行，国家环保总局副局长周建率中国代表团参加会议。

25. 5 月 18 日，在同济大学百年校庆之际，由国家环保总局和联合国环境规划署（UNEP）主办、同济大学承办的“创新与可持续发展国际论坛”在上海同济大学召开，国家环保总局副局长吴晓青出席论坛开幕式并作了“环境科技创新与可持续发展”主旨发言。

26. 同日，国家环保总局公布国家环境保护标准《危险废物鉴别技术规范》。

27. 同日，国家环保总局发布《关于加强农村环境保护工作的意见》。

28. 5月22日，2007年国际生物多样性日纪念大会、保护生物多样性公益活动方案征集启动仪式暨中欧生物多样性示范项目签字仪式在京举行，国家环保总局副局长吴晓青出席会议并讲话。

29. 5月28日，国家环保总局印发《中华人民共和国履行〈关于持久性有机污染物的斯德哥尔摩公约〉国家实施计划》的通知。

30. 6月1日，国家环保总局印发《全国辐射环境监测与监察机构建设标准》，以指导和规范全国各级辐射环境监测与监察机构能力建设。

31. 6月13日，国家环保总局印发《关于禁止生产、销售、进出口以氯氟烃（CFCs）物质为制冷剂、发泡剂的家用电器产品的公告》。

32. 6月15日，国家环保总局批准《展览会用地土壤环境质量评价标准（暂行）》为国家环境保护行业标准，自2007年8月1日起实施。

33. 6月22日，国家环保总局和国家质检总局联合发布《储油库大气污染物排放标准》、《汽油运输大气污染物排放标准》、《加油站大气污染物排放标准》为国家污染物排放标准，自2007年8月1日起实施。

34. 6月25日，国家环保总局发布《关于禁止氯氟烃（CFCs）物质生产的公告》和《关于禁止使用氯氟烃（CFCs）物质作为发泡剂的公告》。

35. 7月1日，中国全面淘汰全氯氟烃（CFCs）和哈龙总结大会在江苏省常熟市召开。从2007年7月1日起，中国将停止除必要用途之外的全氯氟烃（CFCs）和哈龙的生产和进口，提前两年半完成履约目标。国家环保总局副局长张力军，江苏省副省长仇和，世界银行，联合国环境规划署臭氧秘书处、蒙特利尔议定书多边基金执行委员会等国际机构和双边政府的代表参加会议。

36. 7月3日，国家环保总局决定对长江、黄河、淮河、海河四大流域部分水污染严重、环境违法问题突出的6市2县5个工业园区实行“流域限批”或“区域限批”，对流域内32家重污染企业及6家污水处理厂实行“挂牌督办”。

37. 同日，中国履行斯德哥尔摩公约国家实施计划启动会在北京召开，国家履约工作组组长、国家环保总局副局长张力军出席会议并致辞。

38. 7月4日，国务院总理温家宝主持召开国务院常务会议，讨论并原则通过《中华人民共和国水污染防治法（修订草案）》，审议并原则通过《民用核安全设备监督管理条例（草案）》。

39. 7月5日，国家环保总局印发《国家先进污染防治技术示范名录》（2007年度）和《国家鼓励发展的环境保护技术目录》（2007年度）。

40. 7月10日，国家环保总局决定自2007年8月1日起，对部分可用作原料的固体废物暂按照限制进口的固体废物进行管理。

41. 同日，为保证渤海海水浴场的水质安全，国家环保总局发布《关于加强渤海沿岸油污染防控工作的通知》。

42. 7月12日，国家环保总局批准《环境污染源自动监控信息传输、交换技术规范》（试行）等7项标准为国家环境保护行业标准，自2007年8月1日起实施。

43. 7月23日，国家环保总局批准《环境标志产品技术要求　生态住宅（住区）》为国家环境保护行业标准，自2007年11月1日起实施。

44. 7月28日，为推进污染减排"三大体系"建设工作，国家环保总局印发《全国环境监察执法标准化建设项目建设方案》和《全国环境监察执法标准化建设项目实施方案》。

45. 8月1日，国家环保总局公布《清洁生产标准　电解锰行业》等5项国家环境保护标准。

46. 8月13日，国家环保总局印发《关于加强环境执法后督察工作的通知》，要求各地切实加强监管区域内环境执法的后督察工作。

47. 8月16日，为加强和规范主要污染物总量减排核查工作，国家环保总局印发《"十一五"主要污染物总量减排核查办法（试行）》。

48. 8月21日，国家环保总局、国家统计局、国家发展改革委发布了《2007年上半年各省、自治区、直辖市主要污染物排放量指标公报》。

49. 8月24日，为推动建立生态补偿机制，完善环境经济政策，国家环保总局发布《关于开展生态补偿试点工作的指导意见》。

50. 同日，为规范矿山生态环境监察工作，国家环保总局发布了《矿山生态环境监察工作规范(试行)》。

51. 9月7日,第六届东盟—中日韩环境部长会议在泰国曼谷举行,应泰国自然资源和环境部长及东盟秘书处的邀请,国家环保总局副局长周建率团出席了论坛,并在会议期间分别与韩国、日本及东盟各国环境部长与东盟秘书处负责人就共同感兴趣的双边和区域合作议题交换了意见。

52. 同日,国家环保总局发布《环境标志产品技术要求 太阳能集热器》等两项国家环境保护标准。

53. 9月26日,国务院总理温家宝主持召开国务院第193次常务会议,讨论并原则通过《国家环境保护“十一五”规划》,国家环保总局局长周生贤参加了会议。

54. 同日,国家环保总局颁布总局令,公布《电子废物污染环境防治管理办法》,自2008年2月1日起执行。

55. 9月29日,国家环保总局发布《国家环境技术管理体系建设规划》。

56. 9月30日,国家环保总局批准《废塑料回收与再生利用污染控制技术规范(试行)》为国家环境保护行业标准。

57. 10月8日,国家环保总局局长周生贤签署41号总局令,公布《关于废止、修改部分规章和规范性文件的决定》,自公布之日起施行。

58. 同日,国家环保总局批准《废塑料回收与再生利用污染防控技术规范(试行)》为国家环境保护行业标准,自2007年12月1日起实施。

59. 10月9日,国务院总理温家宝签署508号国务院令,公布《全国污染源普查条例》。

60. 10月10日,国家环保总局、国家发展改革委、财政部等5部委印发《关于加强松花江流域水污染防治工作的通知》。

61. 10月12日,国家环保总局发布《关于公布现行有效国家环境保护部门规章目录的公告》,公布了现行有效的国家环境保护部门规章目录。

62. 10月23日,国家环保总局局长周生贤签署42号总局令,公布《排污费征收工作稽查办法》,自2007年12月1日起施行。

63. 10月25日,经国务院同意,国家环保总局印发《全国生物物种资源保护与利用规划纲要》。

64. 10月26日,由联合国环境规划署组织编写的《全球环境展望(四)》在北京举行发布研讨会,国家环保总局副局长李干杰和联合国环境规划署副执行主任卡卡海尔出席会议。

65. 10月28日,第十届全国人民代表大会常务委员会第三十次会议通过《中华人民共和国节约能源法》(修订),本法自2008年4月1日起施行。

66. 10月31日,国家环保总局印发《关于实施"十一五"主要污染物总量减排措施季度报告制度的通知》。

67. 11月1日,国家环保总局批准《危险废物(含医疗废物)焚烧处置设施二噁英排放监测技术规范》为国家环境保护行业标准。

68. 11月2日,国家环保总局批准《环境标志产品技术要求 胶印油墨》为国家环境保护行业标准。

69. 11月3—4日,"战略环评在中国"国际研讨会在北京召开。

70. 11月12日,国家环保总局批准《水质自动采样器技术要求及检测方法》等两项为国家环境保护行业标准。

71. 11月13日,为保护和改善农村环境,国务院办公厅转发了环保总局、农业部等部门关于加强农村环境保护工作的意见。

72. 11月21日,国家环保总局批准《防治城市扬尘污染技术规范》为国家环境保护行业标准。

73. 11月22日,国务院印发了国家环境保护总局、国家发展和改革委员会制定的《国家环境保护"十一五"规划》。

74. 同日,国家环保总局批准《环境保护产品技术要求 超声波明渠污水流量计》等5项为国家环境保护行业标准。

75. 11月30日,国家环保总局印发《主要污染物总量减排核算细则(试行)》。

76. 12月3日,国家环保总局发布《总悬浮颗粒物采样器技术要求及检测方法》等19项标准为国家环境保护标准,自2008年3月1日起实施。

78. 12月4日,国家环保总局、国家发改委、交通部联合发出《关于加强公路规划和建设环境影响评价工作的通知》。

79. 12月5日,国家环保总局发布《建设项目竣工环境保护验收技术规范生态影响类》为国家环境保护行业标准，自 2008 年 2 月 1 日起实施。

80. 12 月 5—6 日，第九届中日韩环境部长会议在日本富山举行，中国国家环保总局副局长李干杰、日本环境大臣鸭下一郎、韩国环境部长李圭用出席会议。

81. 12 月 7 日，国家环保总局召开新闻发布会，发布《国家重点生态功能保护区规划纲要》和《全国生物物种资源保护与利用规划纲要》，国家环保总局副局长吴晓青出席并讲话。

82. 同日，经国务院同意，国家环保总局和国家发改委联合印发《核安全与放射性污染防治规划（2006—2020 年）》。

83. 同日，国家环保总局发布《固定源废气监测技术规范》等 4 项标准为国家环境保护标准，自 2008 年 3 月 1 日起实施。

84. 12 月 10 日，国家环保总局、商务部、科技部联合发布《国家生态工业示范园区管理办法（试行）》。

85. 12 月 12 日，国家环保总局、国家档案局联合发布《污染源普查档案管理办法》。

86. 12 月 14 日，国家环保总局发布《压燃式发动机汽车自由加速法排气烟度测量设备技术要求》等两项标准为国家环境保护行业标准，自 2008 年 3 月 1 日起实施。

87. 12 月 17 日，国家环保总局和中国保监会联合印发《关于环境污染责任保险工作的指导意见》。

88. 12 月 20 日，国家环保总局发布《清洁生产标准　烟草加工业》等两项标准为国家环境保护行业标准，自 2008 年 3 月 1 日起实施。发布《生态工业园区建设规划编制指南》为国家环境保护行业标准，自 2008 年 4 月 1 日起实施。

89. 12 月 21 日，国家环保总局印发了《全国农村环境污染防治规划纲要（2007—2020 年）》。

90. 同日，国家环保总局发布《建设项目竣工环境保护验收技术规范　城市轨道交通》等 6 项标准及《环境标志产品技术要求　复印纸》等 5 项标准为国家环境保护行业标准，自 2008 年 4 月 1 日起实施。

91. 12月26日，温家宝总理主持召开国务院常务会议，审议并原则通过水体污染控制与治理等3个国家科技重大专项实施方案。

92. 同日，国家环保总局发布《生态县、生态市、生态省建设指标（修订稿）》和《主要污染物总量减排监察系数核算办法（试行）》。

93. 12月28日，国家环保总局、国防科学技术工业委员会联合公布《民用核安全设备设计制造安装和无损检验监督管理规定（HAF601）》、《民用核安全设备无损检验人员资格管理规定（HAF602）》、《民用核安全设备焊工焊接操作工资格管理规定（HAF603）》、《进口民用核安全设备监督管理规定（HAF604）》，自2008年1月1日起施行。

94. 12月29日，国家环保总局、国家发改委等七部委联合发出《关于加强河流污染防治工作的通知》。

95. 同日，国家环保总局发布《环境信息术语》等4项国家环境保护行业标准，自2008年2月1日起实施。

责任编辑:李媛媛
封面设计:肖　辉
版式设计:程凤琴
责任校对:吕　飞

图书在版编目(CIP)数据

中国环境法学评论(2008年卷)/徐祥民主编.
-北京:人民出版社,2009.7
ISBN 978-7-01-008085-7

Ⅰ.中…　Ⅱ.徐…　Ⅲ.环境保护法学-中国-文集　Ⅳ.D922.681-53

中国版本图书馆CIP数据核字(2009)第125438号

中国环境法学评论
ZHONGGUO HUANJING FAXUE PINGLUN
(2008年卷)

徐祥民　主编

人民出版社 出版发行
(100706　北京朝阳门内大街166号)

北京集惠印刷有限责任公司印刷　新华书店经销

2009年7月第1版　2009年7月北京第1次印刷
开本:710毫米×1000毫米 1/16　印张:26.25
字数:389千字　印数:0,001-3,000册

ISBN 978-7-01-008085-7　定价:48.00元

邮购地址 100706　北京朝阳门内大街166号
人民东方图书销售中心　电话 (010)65250042　65289539